2020年度中央高校基本科研业务费高等教育管理研究项目资助

2020年度中央高校基本科研业务费（"全面加强党对高校的领导，推进高校治理体系和治理能力现代化"专项）资助

# 继续教育"一体两翼"发展模式与路径选择

## ——以中南财经政法大学为例

主　编：刘建明　牛晓丹

副主编：郑　博　叶　昊

U0660143

吉林大学出版社

·长春·

**图书在版编目（CIP）数据**

继续教育"一体两翼"发展模式与路径选择：以中南财经政法大学为例 / 刘建明, 牛晓丹主编. -- 长春：吉林大学出版社, 2020.11
　　ISBN 978-7-5692-7470-7

　　Ⅰ.①继… Ⅱ.①刘… ②牛… Ⅲ.①高等学校—继续教育—研究—中国 Ⅳ.①G72

中国版本图书馆CIP数据核字(2020)第212141号

书　　　名：继续教育"一体两翼"发展模式与路径选择
　　　　　　——以中南财经政法大学为例
　　　　　　JIXU JIAOYU "YITI LIANGYI"FAZHAN MOSHI YU LUJING XUANZE
　　　　　　——YI ZHONGNAN CAIJING ZHENGFA DAXUE WEI LI

作　　者：刘建明　牛晓丹　主编
策划编辑：李承章
责任编辑：高欣宇
责任校对：王　蕾
装帧设计：刘　丹
出版发行：吉林大学出版社
社　　址：长春市人民大街4059号
邮政编码：130021
发行电话：0431-89580028/29/21
网　　址：http://www.jlup.com.cn
电子邮箱：jdcbs@jlu.edu.cn
印　　刷：湖南省众鑫印务有限公司
开　　本：787mm×1092mm　　1/16
印　　张：21.25
字　　数：330千字
版　　次：2020年11月　第1版
印　　次：2020年11月　第1次
书　　号：ISBN 978-7-5692-7470-7
定　　价：158.00元

# 编 委 会

# 依靠学习，走向未来

党的十九大报告指出："领导十三亿多人的社会主义大国，我们党既要政治过硬，也要本领高强。要增强学习本领，在全党营造善于学习、勇于实践的浓厚氛围，建设马克思主义学习型政党，推动建设学习大国。"①中国共产党的发展历程表明，对于一个优秀的政党而言，学习是一个常论常新、常论常需的永恒话题。我们党自成立以来的发展史本身也是一部与时俱进的学习史，实践也证明了每次号召加强学习都对党和国家事业发展起到了很大的推动作用。

随着科学技术日新月异、瞬息万变，新一轮科技革命和产业革命正在孕育兴起，重大科技创新正在引领社会生产新变革，互联网、人工智能等新技术的发展正在不断重塑教育形态，知识获取方式和传授方式、教和学关系正在发生深刻变革。在新时代背景下，教育的基础性、先导性、全局性地位和作用更加凸显。党的十九大报告强调："办好继续教育，加快建设学习型社会，大力提高国民素质。"《中国教育现代化2035》也指出要构建服务全民的终身学习体系，构建更加开放畅通的人才成长通道，完善招生入学、弹性学习及继续教育制度，畅通转换渠道。

从世界范围来看，教育终身化作为继续教育的发展趋势已经被各国政府所认同；就我国而言，如何顺应时代需要建立一套终身教育体系，是我们今后所要思考的重点；就高校而言，中南财经政法大学如何全面把握新时代脉搏，审时度势，科学定位，探索出一条适合校情的继续教育"一体两

---

① 中国青年网.实录：习近平总书记在党的十九大的报告.[EB/OL].[2017-10-18].http://news.youth.cn/sz/201710/t20171018_10888424_6.htm.

翼"发展之路，有效推动学校继续教育的转型发展，为高校人才培养体系建设、高等教育内涵式发展、终身教育体系建设做出贡献，是本书研究的重点。

未来的继续教育应具备"立体融合"的特征。首先，"立体融合"的继续教育是学历与非学历融合的继续教育，是学习型社会的必然要求。非学历继续教育通过教育服务社会，搭建起高校专业学科与行业企业之间的深层次合作桥梁；有效反哺学历继续教育，在教师队伍建设、科学研究推动和行业影响力提升等方面实现了与学历继续教育的融合发展，推动了相关学科建设水平，提升了高等教育质量。其次，"立体融合"的继续教育是时间和空间融合的继续教育。2020年3月9日，由教育部社会科学司与人民网联合组织的"全国大学生同上一堂疫情防控思政大课"在人民日报社人民网"云开讲"，全国高校学生5027.8万人次通过人民网、人民智云客户端、学习大国公众号等观看了在线直播，相关网站、客户端、社交媒体总访问量达1.25亿人次。未来的继续教育摆脱了时间和空间的束缚，从传统的中小学和高等教育到非传统的继续教育，在借助了互联网等高科技之后，突破了时空的约束，为异地教学提供了无限可能。最后，"立体融合"的继续教育是构建现实大学和虚拟大学融合的终身教育。互联网的快速发展，打破传统束缚，为建设终身学习的社会体系提供了良好的思路。未来的大学是线下教育和线上教育的融合，是传统高校和企业大学联合培养的融合。这样的终身教育没有既定的边界，既有传统高校，又有企业大学的多样化办学形式，在产教融合、科学研究、人才培养等方面找到了融合点，将原来彼此孤立的学习价值点不断彼此关联、能量流动、相互作用、和谐共生，打造成一个相互交错、多维立体的网状生态学习圈，实现共融、共通、共享，而所有参与构建终身教育学习体系的人都在书写新时代大学的精神篇章。

本书中，笔者从中南财经政法大学继续教育实践入手，从空间维度学习和调研国内外继续教育的发展情况，从时间维度梳理了学校继续教育的发展历程，通过调查研究，理清继续教育存在的问题和症结；结合学校实际，创新研究出适合我校校情的继续教育"一体两翼"发展模式，即围绕学校"双一流"建设这一核心任务，以大力发展非学历培训教育为主体，以稳步发展高等学历继续教育（函授、业务）和高等教育自学考试为"两翼"，完善体制机制、优化整合资源，实现信息技术与继续教育的深度融合，积极促进普通高等学历教育与学历继续教育、非学历培训教育与学历继续教育之间的相互沟通和衔接，拓宽广大学习者的学习成才之路。此外，本书从宏观角度对学校继续教育发展模式改革进行了整体规划，从微观角度就学历继续教育和非学历继续教育的基本走势、发展路径分别进行了阐述，综合判断新时期学校继续教育的可能发展方向，对于学校的继续教育给出了稳中求进的总体基调，认为应该不断推进继续教育由传统的单一学历继续教育向现代多层次、多形式、纵向衔接、横向沟通的终身教育体系转型。最终，努力实现学校优质教育资源的效益最大化，使继续教育成为推进产学研互动的平台，成为促进学校教育事业发展新的增长点，拓展未来办学空间，加速发展"立体融合"的继续教育。

2020年10月6日

# 目　　录

# 导　　论

## 一、问题的提出

2017年10月18日党的十九大召开，标志着中国特色社会主义进入新时代。习近平总书记在党的十九大报告中针对继续教育提出"深化教育改革，加快教育现代化，办好人民满意的教育""办好继续教育，加快学习型社会建设，大力提高国民素质"[①]；党的十九届四中全会上，习近平总书记再次提出"要构建服务全民终身学习的教育体系，完善职业教育、高等教育、继续教育统筹协调发展机制"[②]。加快建设学习型社会，构建服务全民终身教育学习体系的提出为新时代继续教育改革和发展指明了方向，也是我国在教育发展和提高国民素质方面的重大举措。

2020年是具有里程碑意义的一年，是全面建成小康社会和"十三五"规划的收官之年，继续教育如何适应新形势的发展，满足社会需求值得深思。《国家中长期教育改革和发展规划纲要（2010—2020年）》中指出，"高校继续教育是面向学校教育之后，所有社会成员，特别是成人的教育活动，是终身学习体系的重要组成部分"[③]。高校继续教育是我国教育体系的重要组成部分，主要包含学历继续教育和非学历继续教育。在新的历史时期，高校继续教育担负着重要的使命。继续教育发展要围绕人才培养的核心，从创新发展模式、提高培养质量入手，走一条内涵式可持续发展之路。本书贴近实际需求，关注社会需

---

[①]　习近平. 决胜全面建成小康社会 夺取新时代中国特色社会主义伟大胜利——在中国共产党第十九次全国代表大会上的报告[M]. 北京: 人民出版社, 2017.

[②]　中华人民共和国教育部.构建服务全民终身学习的教育体系——五论深入学习贯彻党的十九届四中全会精神[EB/OL]. [2019-11-13]. http://www.moe.gov.cn/jyb_xwfb/s5148/201911/t20191113_407988. htmlhttp://www.moe.gov.cn/jyb_xwfb/s5148/201911/t20191113_407988.html.

[③]　中国网. 国家中长期教育改革和发展规划纲要（2010—2020年）[EB/OL]. [2010-03-01]. http://www.china. com. cn/policy/txt/2010-03/01/content_19492625_3. htm.

要，着重于中南财经政法大学继续教育发展模式与路径选择的优化改进，总体来看，主要缘于以下三个方面。

**（一）继续教育转型的紧迫性和健康发展的需要**

随着知识经济时代的来临，科学技术的发展日新月异，越来越多的民众认识到提高知识水平和工作能力的重要性，树立起终身教育、终身学习的思想和理念。此外，教育综合改革和现代大学职能拓展都对继续教育改革提出了新的挑战。因此，继续教育转型迫在眉睫。

然而，目前高校继续教育的运行发展存在诸多亟须解决的问题，尤其是高校学历继续教育的负面报道频发，办学定位不明确、传统教学模式陈旧、教学方法单一、课堂质量不高、培养效果不佳、管理监督不到位等问题被人诟病，继续教育"砸高校招牌"的说法时有出现，改革困难重重，发展举步维艰。

一是学历继续教育已不能满足社会多元化需求。继续教育的兴起最初定位是以学历补偿（提升学历）为主，是全日制普通高等学历教育的一种重要补充形式。然而，随着当前社会经济的快速发展和中国高等教育正迈向普及化，国民受教育的机会增加，入学率和毕业生数量显著增加。相比于此，社会各界对成教生和自考生等学历继续教育文凭的认可度则大幅度降低，学历继续教育市场逐渐萎缩，办学受到严峻挑战和威胁。

此外，随着人工智能和大数据时代的到来，为紧跟时代发展的潮流，成人学习者的学历层次得到整体提升，其学习层次从专科逐渐向本科过渡。一方面对专业设置、课程体系、教学内容、师资力量等都提出了更高的要求；另一方面其学习诉求也日益多元化，个性化需求增多，除了对学历文凭本身的追求外，精神层面的需求日益增长，更加注重针对性和实用性，学以致用。

二是学历继续教育教学模式落后。大多数高校的学历继续教育和全日制普通高等学历教育在教学条件和资源、教学内容和技术、教学方式和方法等方面存在高度重叠，是较"简化"的版本。这种模式在教育还未普及化发展的阶段，可以最大限度节约资源和共享资源，但当前已无法满足高精尖产业、高端服务业等领域人才对知识更新换代的迫切需要。

三是社会效益和经济效益之间存在矛盾。发展继续教育是提高学校经济效益的一个重要途径。继续教育学院主要负责全校继续教育活动，是高校下属机构部门，受其管理和资源调配，同时也要受上级教育主管部门的领导和管理，如执行招生政策和编制招生计划的审核。高校继续教育的运行模式与本校全日制普通高等学历教育办学基本一致，坚持社会主义办学方向，收入主要依赖财政拨款，尤其在专业设置、师资力量、软硬件办学条件等方面高度一致，因此相对于市场需求，更加注重社会效益。然而现实中，多数高校继续教育学院只靠财政拨款难以发展壮大，普遍存在资金短缺的问题，如何面向市场需求，有效地扩大生源，实现经济效益和社会效益相统一是其要考虑的重要问题。

为填补财政缺口，继续教育被作为经济创收的重要手段，但因继续教育的教学内容、教学手段等并未根据市场化需求做出改变，未适时打造出符合市场需求的高质量的教学产品和服务，树立起较好的口碑，因此继续教育在社会上逐渐沦为"办班和创收教育"，得不到社会各界的广泛认可。这既损害了高校的社会声誉，也不利于继续教育的和谐可持续发展。

自2017年起，北京大学正式取消学历继续教育，随后清华大学、北京师范大学等越来越多的高校继续教育学院调整战略部署和办学结构，选择不再开展学历继续教育（高等学历继续教育和高等教育自学），集中精力发展非学历培训继续教育。因此，有学者提出，普通高校应该完全放弃继续教育领域，社会中继续教育的办学功能要由国家或省市开放大学等成人高校或者独立办学机构承担。然而在我国国家治理体系和治理能力现代化的推进过程中，高校智库凭借人才、科技等优势扮演着重要角色，放眼全球，各国高等教育兼具继续教育功能早已是国际共识。

高校继续教育是全民终身学习的重要组成部分，特别是对于已经远离普通全日制教育的在职人士，继续教育是其继续深造提升自我的重要渠道和方式。继续教育健康发展对个人、学校和社会都起到不可替代的促进作用，也是高校和社会之间的有效沟通连接。良好发展理念的指导是高校继续教育健康成长的必需，有利于在一定程度上消除社会各界对继续教育的偏见，重整旗鼓，推动高校全方位、多方面健康发展，增强核心竞争力。因此，我校继续教育的改革发展模式和路径选择已经迫在眉睫。

**（二）社会发展、学校"双一流"建设和成人学习者提升自身的需要**

1. 是社会发展的需要

当今世界，国家与区域之间的竞争从自然资源、资本资源的竞争转入先进科技和优秀人才的竞争。习近平总书记在《在欧美同学会成立100周年庆祝大会上的讲话》中指出："综合国力竞争说到底是人才竞争。人才资源作为经济社会发展第一资源的特征和作用越发明显，人才竞争已经成为综合国力竞争的核心。"①而其中高质量人才的作用逐渐凸显，是中坚力量。习近平总书记在党的十九大报告中强调："坚定走人才强国战略。加快建设人才强国，努力形成人人渴望成才、人人努力成才、人人皆可成才、人人尽展其才的良好局面，让各类人才的创造活力竞相迸发、聪明才智充分涌流。"②人才强国的战略归根到底要大力发展教育，高质量人才的培养、经济结构的升级更需要优质教育的支持，因此，最贴近社会实际需求的高校继续教育急需转型发展。

高校继续教育作为高等教育的重要组成部分，是高校人才培养的重要形式。高校继续教育不断为社会培养综合型的高素质人才，在满足多样化教育需求、促进教育公平、服务经济社会发展、推进文化繁荣、建设学习型社会等方面发挥了重要作用。高校继续教育通过给全员提供学历继续教育和非学历继续教育两种学习深造的途径，每年为社会培养并输送着大量的高层次、高质量人才，在推动社会政治经济发展方面发挥了极大的作用。

2. 是"双一流"建设的需要

2017年1月，经国务院同意，教育部、财政部、国家发展和改革委员会印发《统筹推进世界一流大学和一流学科建设实施办法（暂行）》，标志着"双一流"建设的全面实施。③同年9月，教育部、财政部、国家发展改革委联合发布《关于公布世界一流大学和一流学科建设高校及建设学科名单的通知》，正式确认公布世界一流大学和一流学科建设高校及建设学科名单，这标志着我国高等教育进入新的发展阶段。④党的十九大提出："加快一流大学和一流学科建设，实现高等教育内涵式发展。""双一流"建设是我国实施人才强国战略、建设高等教育强国的重要决策，也是我国高等教育领域继"211工程""985工程"之后的又一重大国家战略，有利于提升我国高等教育综合实力和国际竞争

---

① 习近平. 在欧美同学会成立100周年庆祝大会上的讲话 [N]. 人民日报, 2013-10-21.

② 习近平. 决胜全面建成小康社会 夺取新时代中国特色社会主义伟大胜利——在中国共产党第十九次全国人民代表大会上的报告 [M]. 北京: 人民出版社, 2017.

③ 教育部、财政部、国家发展改革委. 统筹推进世界一流大学和一流学科建设实施办法（暂行）[EB/OL]. [2017-01-25]. http://www. moe. gov. cn/srcsite/A22/moe_843/201701/t20170125_295701. html.

④ 教育部、财政部、国家发展改革委. 关于公布世界一流大学和一流学科建设高校及建设学科名单的通知 [EB/OL]. [2017-09-21]. http://www. moe. gov. cn/srcsite/A22/moe_843/201709/t20170921_314942. html? authkey=ojvcf3.

力，为实现中华民族伟大复兴提供强有力的智力支持。

在高校推进"双一流"建设的背景下，"如何定位和发展新时代的高校继续教育？在建设'双一流'中继续教育要发挥什么作用？做出什么贡献？继续教育发展特色是什么？继续教育学院在高校发展中的定位是什么？继续教育学院与专业院系如何合作共赢？继续教育学院的核心竞争力是什么？"等一系列问题值得思考和探索，这也是研究高校继续教育科学发展的根本所在。

3. 是成人学习者提升自身的需要

社会经济的快速发展与高等教育普及化，对成人学习者知识结构和能力水平提出了更高的标准和要求，提升自己的愿望更加迫切。此外，成人学习者学习诉求日益多元化，除了对大学学历文凭的追求外，精神层面的需求日益增加，更加注重学以致用，继续教育要尊重文化的多样性，更加重视人文主义的办学理念。

从学历继续教育方面来看，有些成人学习者通过学习并未取得较满意的效果或并未达到自己预期的学习目标，提升学历、提高综合素质、增强竞争力的需求得不到满足。同时在教材选择、课程目标、教学方法和手段上的"普教化"现象严重，侧重理论概念，忽视运用能力，较难达到成人学习"侧重实践、即学即用"的目的。从非学历培训继续教育来看，高校之间在各类企事业单位培训、干部培训等业务开展方面存在着激烈的竞争，各培训班培训目的针对性强，内容专业化程度和实践操作性要求高，难以精准对焦。非学历培训教育亟待解决培训需求多元化、培训内容模块化、培训过程基地化等日益凸显的问题。

**（三）现有研究以共性分析为主，指导性和操作性不强**

目前，国内关于高校继续教育的研究主要集中于继续教育发展机遇、发展的重要意义、转型发展现状、当前面临的问题、发展路径选择等方面。

在"继续教育发展的重要意义和发展机遇"的相关研究中，学者普遍谈到习近平总书记关于构建终身学习体系，加快建设学习型社会的系列重要讲话，为继续教育发展带来了重要机遇。大众化教育时代到来，高校应积极响应国家构建终身教育体系的号召，主动担当构建学习型社会的责任，结合学校特点、时代特征和社会环境的变化，加快继续教育的转型，实现内涵式发展。

在"继续教育发展现状与面临的问题"研究中，"继续教育边缘化"和

"学历教育与非学历教育关系"两个问题被学者广泛关注。清华大学李建斌指出,在"十三五"期间各高校的综合改革已进入攻坚阶段,特别针对知名高校而言,加快推进"双一流"建设已迫在眉睫,人才培养、招生方面、学生管理以及人事、科研等成为高校改革的关键因素,而继续教育的转型和发展则大多被忽视。继续教育缺乏政策保障、定位不明确、资金投入不足、教学模式陈旧、与其他二级单位协同发展困难等问题是目前国内高校普遍存在的问题。此类问题也是制约各高校继续教育发展的重要因素。

吴佳[①]以广西为例研究高等继续教育时谈到,高等学历继续教育已开始呈现下降趋势,逐步退出历史舞台中心,非学历培训日益凸显其重要性。近几年,北京大学、浙江大学、中山大学等多所知名大学纷纷宣布停招学历继续教育,将发展重点转向非学历培训教育,但作为学历补偿的重要方式,学历继续教育仍然有广阔的市场需求。董玉霞在研究中谈到,高等继续教育与全日制高等教育应该建立和谐发展关系。

在"继续教育发展路径"的相关研究中,"转型发展"是高频词汇。刘刚在《关于高校继续教育学院转型发展思考》中谈道,高校继续教育应该从"以对外合作办学为主要手段,追求规模效应,从创收层面回馈高校"的外延式发展思路转变为"需求约束,服务科研成果转化,服务本校师生,服务社会"[②]的内涵式发展思路。围绕继续教育的发展路径,周文胜[③]、张琦[④]、谢萍[⑤]、董玉霞[⑥]、王善平[⑦]等人提出,应正确定位继续教育,加强顶层设计,将继续教育纳入学校战略发展布局,落实继续教育平等发展的政策;转变管理理念,实现继续教育"放管服";以市场需求为导向、贴近地方经济社会服务;改革教学模式,更新教学内容;建立监督机制、强化教学督导;加强财政支持与信息化建设,提高继续教育质量保障等重要观点。

由以上相关研究可以看出关于继续教育的研究成果丰硕。近年来,许多学者结合构建学习型社会构建背景,对高校继续教育转型发展进行了探讨。但通

---

① 吴佳.广西继续教育转型策略探索——以桂林理工大学为例[J].产业与科技论坛,2019(04).
② 刘刚.关于高校继续教育学院转型发展的思考[J].办公自动化(办公设备与耗材),2019(23).
③ 周文胜."互联网+"背景下继续教育协同发展的因素研究[J].智库时代,2019(43).
④ 张琦.继续教育在成人高校的发展与应用[J].天津职业院校联合学报,2019(10).
⑤ 谢萍.试论新时期高校继续教育发展策略[J].教育现代化,2019(79).
⑥ 董玉霞.高等继续教育与全日制高等教育协调发展研究[J].成人教育,2019(11).
⑦ 王善平.发展高校继续教育策略研究[J].唐山职业技术学校学报,2015(03).

过文献梳理发现，现有研究主要以定性思辨、共性分析为主，结合特定高校的研究并不多。共性的问题和发展路径能够给我校继续教育的发展提供参考，但缺乏针对性，提出的对策建议对我校的指导性和操作性并不强。

综上，为适应新时代发展需求，破解继续教育发展难题，考量继续教育转型的紧迫性和健康发展的需要，满足社会发展、学校"双一流"建设、成人学习者提升自身的诉求，本书从以往研究中各高校的共性问题入手，立足我校继续教育发展个性现状，探索继续教育"一体两翼"发展模式和路径选择，对进一步推动我校继续教育转型升级、提质增效，助力学校"双一流"建设有重要的理论及实践指导意义。

## 二、研究意义和研究思路

### （一）研究意义

党的十九大报告指出："中国特色社会主义进入了新时代，我国社会主要矛盾已经转化为人民日益增长的美好生活需要和不平衡不充分的发展之间的矛盾。"[①]而高校继续教育目前提供的教学层次和教育质量与群众的更高需求之间的不匹配，是社会主要矛盾在高校继续教育上的体现。终身教育在时间上贯穿人的一生，人在一生中的任何阶段都应该进行知识更新、技能充电，为适应时代发展的需要，高校继续教育的改革创新已成为必然趋势。在这一新环境与新要求的推动和冲击下，继续教育"一体两翼"发展模式与路径选择的研究对于创新办学机制、助力继续教育新征程、顺应时代发展具有重要意义。

1. 提供了学历继续教育和非学历培训教育融合发展的新思路

目前学历继续教育和非学历培训教育的融合发展研究主要体现在以下几个方面。一是高校学历继续教育，如高等学历继续教育和高等教育自学考试与学校开展的非学历培训教育之间的联系；继续教育是部分高职院校的一些专业课内容中的部分模块相对应的学分制，一定程度上能够作为学历继续教育的非学历化。然而，学历继续教育与非学历培训教育之间互相促进、深度融合的双赢发展研究却少有涉猎，尤其是在建设"双一流"大学和高水平大学的背景要求下，如何大力发展非学历培训教育是一个研究较少的领域。与此同时，各高校

---

① 习近平. 决胜全面建成小康社会　夺取新时代中国特色社会主义伟大胜利——在中国共产党第十九次全国人民代表大会上的报告[M]. 北京: 人民出版社, 2017.

的继续教育也在全面深化改革的过程中，由过去的单一偏重于学历继续教育的"单腿走路"，转向学历继续教育与非学历培训教育并重发展，或集中精力着重于非学历培训教育的发展和壮大。

通过对学历继续教育与非学历培训教育融合发展的研究，除了对其自身具有重要意义外，也是高校"深化教育改革，加快教育现代化，办好人民满意的教育"①理念落地的一次有益探索和实践。

2. 丰富了继续教育转型发展的理论指导

当前，国内高校继续教育发展正处于转型期，理论指导存在许多有待完善和改进的地方，其中高校继续教育转型发展以及继续教育发展模式和路径研究的相关理论研究更是薄弱环节。高校继续教育发展必须要转型已成为共识，发展模式的改革创新是推动转型的重要保障，具有系统性、整体性和复杂性，但是目前的研究建议存在针对性、操作性不强的问题，或只是浮于表面，并未触及根本，不能实现改革的质的飞跃。

本书研究有利于在新形势新要求下，高校继续教育转型发展完善相关理念，延伸广度，拓展深度，丰富其内涵建设，以发展着的理论进一步指导实践。

3. 探索了继续教育体制机制改革的新方法

在学历继续教育方面，以往的学历继续教育是继续教育发展的重点，因其学历文凭的社会认可度较高，即使在当前上大学渠道越来越通畅，学历继续教育生源严重下滑的情况下，在在职人员中仍然有所升温，存在一定的市场空间（参考图1和图2）。教育部《2019年全国教育事业统计公报》中显示，2019年，高等学历继续教育本专科招生人数第一次突破了300万大关，招生302.21万人，增长10.57%；高等学历自学考试人数也进一步回升，全年报考596.37万人次，取得毕业证书48.98万人。②然而目前高等学历继续教育培养的学生质量很难与"双一流"大学人才培养目标相匹配，影响其学校的品牌和质量。因此，在当前存在较大需求下，本书的研究有利于找到学历继续教育体制机制改革的新方法。

---

① 习近平. 决胜全面建成小康社会  夺取新时代中国特色社会主义伟大胜利——在中国共产党第十九次全国人民代表大会上的报告［M］. 北京：人民出版社，2017.

② 教育部. 2019年全国教育事业发展统计公报［EB／OL］.［2020-05-21］. http：//www. moe. gov. cn/jyb_sjzl_fztjgb/202005/t20200520_456751. html.

**图1　成人本专科招生人数2011—2019年**

图片来源：金融届网站

数据来源：中国教育在线

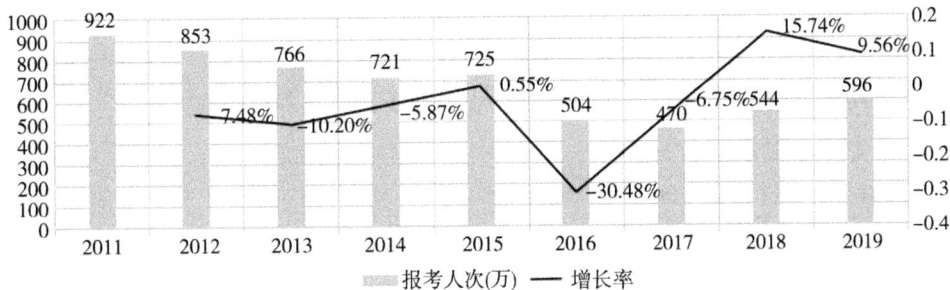

**图2　自学考试参考人次2011—2019年**

图片来源：金融界网站

数据来源：中国教育在线

非学历培训教育层面，其与学历继续教育融合的体制机制方面急需发展。目前的融合多数属于企事业单位培训业务上的拓展，通过校企合作办学的模式，在具体项目、某块业务上涉及部分学历继续教育。然而非学历培训教育校企合作项目涉及的学历继续教育有随机不稳定性，难以长期培育发展。

本书结合教育自身的规律特点，探索继续教育体制机制改革的新方法，研究从体制机制层面上保障。从学校工作大局和高等教育事业中长远发展谋划继续教育工作，加强顶层设计；以市场开发为主线，深化内部改革、创新发展模式，强化内涵建设。既能顶层设计绘出蓝图，又能落地生根推动发展。

4.满足了学校"双一流"建设的新需求

继续教育发展模式与路径选择研究是高校"双一流"建设背景下十分关注

的战略性问题，尤其是对高等教育学科建设、人才培养、社会服务方面具有促进作用，这也是新时期增强高等教育活力，提升高等教育整体质量，建设学习型社会的重要一环。

在"双一流"大学建设中如何定位？如何有效地进行提质转型发展？在立德树人、明确目标、归口管理、清单督查等方面提出相应的发展思路，并通过加强质量内控、教学信息化等措施推进提质转型。非学历培训教育在建设一流师资队伍上，既能有效提高高水平人才引进质量和数量，又能促进原有教师的快速成长与发展；在推动学科建设和研究上，非学历培训教育能够为学科建设发展提供深入生产实践和社会实践的机会，起到桥梁和纽带的作用，尤其是对应用型学科研究发展给予重要支持；在提升学科行业影响力上，非学历培训教育可开发和利用高端培训项目中的一批影响力广的校友资源，帮助优质学科科研成果在基层落地。不仅科技成果在实体行业的深入实践中得以改进和提高，在学科建设的科研项目和资源投入方面也可给予大力支持和帮助。

### （二）研究思路

高校继续教育作为教育体系的重要一环，是学校培养人才和社会服务体系不可或缺的重要组成部分，是学校主动承担社会责任、彰显社会价值的重要平台和窗口，更是学校积极响应国家构建终身学习体系的号召，主动担当构建学习型社会职责的重要举措。我校继续教育包含高等学历继续教育、高等教育自学考试和非学历培训教育三种办学类型，现有学历继续教育在籍学生约1万人次，每年非学历培训教育近2万人次。

为适应新形势、新变化，本书以我校继续教育发展模式与路径选择为研究对象，以大力发展非学历培训教育为主体，以稳步发展高等学历继续教育（函授、业余）和高等教育自学考试为两翼，探索实现"一体两翼"继续教育稳健发展模式。

本书从国内外继续教育的发展概述入手，结合我校继续教育发展实际、当前遇到的困境和难点，积极探索适合我校继续教育发展的路径选择，深入探讨新形势下高校继续教育改革发展，以实现我校继续教育转型升级、提质增效，积极助力学校"双一流"建设的发展目标。

本书首先对学校继续教育发展进行概述，介绍学校继续教育"一体两翼"的发展模式；其次分别从"一体——以非学历培训教育为主体"和"两翼——

以高等学历继续教育与高等教育自学考试为两翼"现状入手，对其发展路径选择进行分析；最后对学校继续教育发展进行展望。

具体研究思路如图3所示。

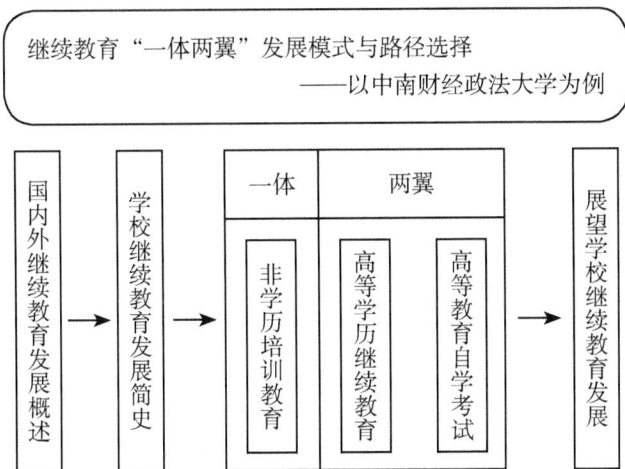

继续教育"一体两翼"发展模式与路径选择
——以中南财经政法大学为例

| 国内外继续教育发展概述 | 学校继续教育发展简史 | 一体 | 两翼 | | 展望学校继续教育发展 |
| --- | --- | --- | --- | --- | --- |
| | | 非学历培训教育 | 高等学历继续教育 | 高等教育自学考试 | |

**图3　研究思路图**

## 三、研究方法和主要内容

### （一）研究方法

#### 1. 文献分析法

文献分析法是对文献进行查阅、分析、整理并力图寻找事物本质属性的研究方法。[①]在本书中，以继续教育"一体两翼"发展模式和路径选择为研究主题，检索查找、分析整理关于高校继续教育、高等学历继续教育以及非学历培训教育等方面的书籍、论文、报刊、录音录像、相关科研项目成果等文献资料，在此基础上归纳总结出观点或结论。通过对国内外继续教育现状的研究，了解国内外高校继续教育发展模式的情况，从过程中获得启发和借鉴，以中南财经政法大学继续教育为例展开"一体两翼"发展模式的分析与路径选择的更高水平、更深层次的研究。

#### 2. 调查访问法

结合自身工作优势，对在继续教育领域发展态势良好的省内省外兄弟高校的发展现状进行实地考察调研，分析其取得优异成绩背后的原因，同时与兄弟

---

① 袁振国. 教育研究方法 [M]. 北京: 高等教育出版社, 2000: 149.

高校一起探讨当前发展过程中的困境和难点，总结研究与之匹配的模式和发展路径，不断寻找新论点和新依据。

同时，本书立足于中南财经政法大学继续教育的实际，通过问卷调查（量化研究）和半结构访谈（质化研究）相结合的研究方法，对相关调研数据进行统计分析，为得出结论奠定基础。

### 3. 比较研究法

通过对国内外高校继续教育发展模式的考察，寻找其异同，探索普遍性和特殊性，更好地认识事物发展的多样性和统一性，从而得出我校继续教育改革和发展的新思路。

### 4. 数据包络分析方法（DEA）

数据包络分析方法（DEA）是根据多项投入指标和多项产出指标，利用线性规划的方法，对具有可比性的同类型单位进行相对有效性评价的一种数量分析方法。

结合各高校的调研数据，引入DEA模型，通过对我校培训教育的绩效和其他高校提供培训教育的相关部门的绩效比较，评估各高校培训教育的投入产出效率，分析各高校培训教育发展模式，以实现我校培训教育的绩效最大化为目标，为我校培训教育绩效最大化的目标提供参考。

### 5. PEST分析

PEST分析法常常用于分析面临的外部环境要素，主要从政治要素（Politics）、经济要素（Economic）、社会要素（Society）和技术要素（Technology）四个方面分析外部环境的影响，有利于从角度把握整体。

本书结合我校继续教育的发展情况、历史沿革以及现实情况，通过PEST分析，从国家及学校政策影响、办学盈利情况、社会需求变化及对社会贡献情况、办学软硬件水平四个方面把握继续教育发展的宏观环境的现状及变化的趋势，制订适合的发展模式和路径，及早避开各方面因素可能带来的威胁。

### 6. SWOT分析

SWOT分析法，又被称为态势分析法，综合各种因素，系统分析研究内部和外部情况，列出优势S（Strengths）、劣势W（Weaknesses）、机会O

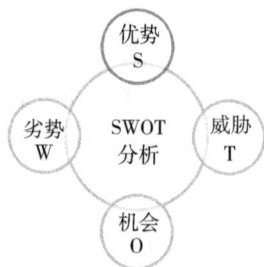

图4　SWOT分析

（Opportunities）和威胁T（Threats），从而得出带有决策性的结论（参见图4）。

本书对学校继续教育情况进行SWOT分析，自我剖析和外部影响分析，从优势、劣势、机会、威胁四个方面整体考虑，找到有益因素，避开不利威胁，及时发现问题，针对性地找出解决对策，确定未来发展理念，明确发展方向。

7.波特五力模型

20世纪80年代，美国迈克尔·波特教授认为行业中存在着决定竞争规模和程度的五种力量，即同行业内现有竞争者的竞争能力、供应商的讨价还价能力、购买者的讨价还价能力、潜在竞争者进入的能力、替代品的替代能力，影响着产业的吸引力以及决策的制定。[1]

结合我校继续教育发展的情况，以继续教育教学提供方签订合同的营收比例、学员的学费、培训费等费用收缴、其他培训行业的竞争、线上课程和公开课等的替代性、其他高校继续教育部门的竞争为五力，开展优势分析，有利于占领制高点，提升竞争力。

**（二）主要内容**

本书从当前国内外继续教育面临的现状入手，以中南财经政法大学为研究对象，构建了以非学历培训教育为主体、以高等学历继续教育与高等教育自学考试为两翼的继续教育"一体两翼"发展模式，并提出相应路径选择。本书分为前言和六个章节。

前言包括问题的提出、研究意义和研究思路、方法、主要内容以及研究发现和不足等。

第一章——国内外继续教育发展概述。主要对国内外继续教育发展的概念、内涵和外延、发展历程、成就与贡献进行概述。

第二章——学校继续教育发展简史。主要从机构、人员、业务、范围划分等角度，对建校72年来学校学历继续教育和非学历培训教育历史阶段发展进行综合论述。

第三章——学校继续教育"一体两翼"发展模式构建。对"一体两翼"的提出背景及内涵进行简要概述，主要利用SWOT分析继续教育发展环境，提出继续教育"一体两翼"发展思路和模式。

第四章——学校以非学历培训教育为主体的发展路径选择。主要从竞争市

---

[1]　迈克尔·波特.战略管理[M].北京:中国人民大学出版社,2009(5).

场主导路径、社会资源转化路径、混合路径三个方面进行了路径选择分析，着重研究了对外参与竞标的竞争市场主导路径、通过校友资源和社会资本进行的社会资源转化路径，以及两者混合路径的选择和分析。

第五章——学校以高等学历继续教育与高等教育自学考试为两翼的发展路径选择。首先，对高等学历继续教育发展路径进行分析，概述高等学历继续教育现状，以做精为战略定位，从创新培养模式、过程式服务管理、与函授站点新型关系构建三个方面开展发展路径研究工作；其次，对高等教育自学考试发展路径进行分析，概述高等教育自学考试现状，从专业和课程体系、网络助学、教学检查和学业评价体系、教育资源整合等方面对其发展路径进行了探索。

第六章——学校继续教育发展展望。总结研究的主要结论，提出相关政策建议，以稳中求进为总基调，向"互联网+继续教育"（在线学习）实现战略转型，同时对继续教育管理体制进行改革，加强继续教育信息公开。

具体研究技术路线如图5所示。

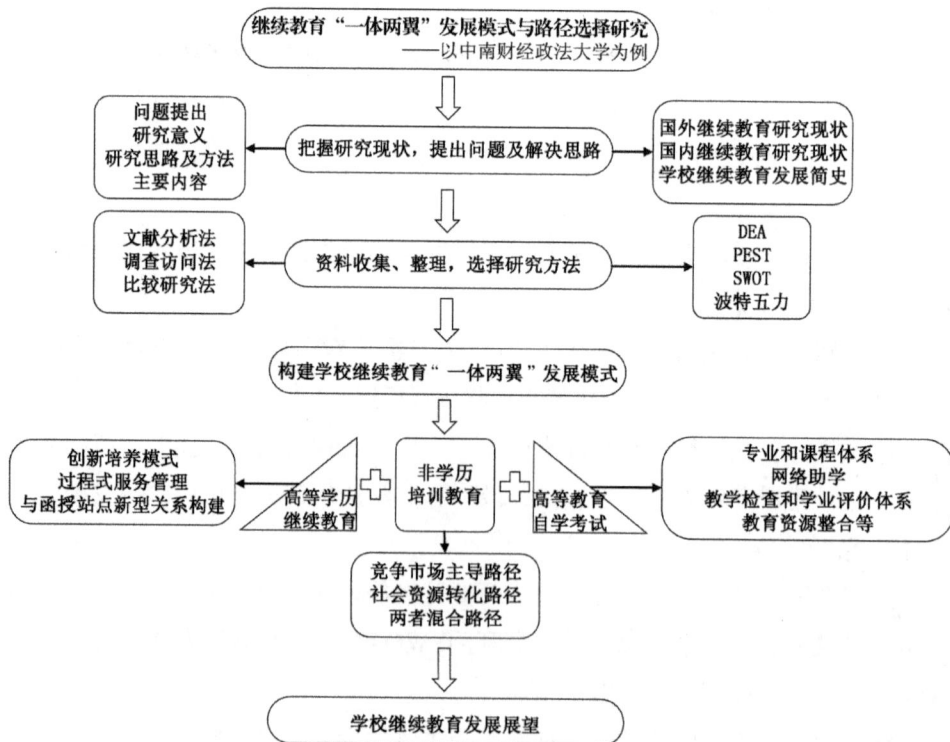

**图5 技术路线图**

## 四、研究发现和不足之处

### （一）研究发现

我校在探索适合继续教育发展的路径选择中深入探讨新形势下高校继续教育改革发展，实现我校继续教育转型升级、提质增效。积极助力学校"双一流"建设的发展目标，面对新时代的新要求、新挑战、新机遇，"危"中寻"机"，实践"一体两翼"发展创新模式，为继续教育事业发展做出了高瞻远瞩的谋划和精准有力的部署。"一体两翼"发展模式有效释放和激发了继续教育发展的新动能。

（1）为继续教育发展指引了明确的社会主义办学方向，坚决依法依规办学，以社会上的各种继续教育办学乱象和反面典型为镜、为鉴、为戒、为训，筑牢防线守初心，维护学校长久以来在社会各界的良好口碑，继续教育发展必须坚持社会效益第一。

（2）完善继续教育办学顶层设计，健全教学质量和教育督导体系，把继续教育工作放在学校的工作大局中来谋划，放在整个高等教育中来思考。面对高等教育的新形势、新任务、新要求，继续教育要提质增效，积极回应社会关切，关注民生，服务国家经济社会发展，从体制机制上破解我校继续教育发展难题，拿出顶层设计方案，长远谋划，坚持质量，以市场开发为主线，深化内部改革，创新发展模式，强化内涵建设，既能顶层设计绘出蓝图，又能落地生根推动发展。既能确保继续教育改革发展蹄疾步稳、有力有序、科学，又能促进教育体制机制改革从点上攻坚到重点突破，再到全面深化。

（3）运用大数据和现代教育技术手段，进一步提高继续教育网络教学和信息化管理的广度和深度，看准高等教育的发展趋势，把握住继续教育升级发展的良机，深挖继续教育新的业务增长点，守正创新，为服务党和国家战略和我校"双一流"目标贡献"中南方案""中南力量"和"中南智慧"，为学校开创继续教育发展新局面。

### （二）不足之处

我校在继续教育"一体两翼"发展模式和路径选择方面做出了积极的探索和教育实践，但同时学校继续教育也面临一些困境与挑战。

1. 体制机制有待进一步完善

现有的办学体制在适应社会、走向市场方面做得不够开放，缺乏科学的绩效考核机制和必要的激励措施，一定程度上束缚了发展潜力，也增加了市场化办学的风险。

2. 学历继续教育进入"平台期"

随着我国高等教育即将进入普及化阶段，高等教育资源日益丰富，高等职业教育大幅扩招，普通高等教育不断挤压学历继续教育的办学空间，学历继续教育的地位日益边缘化，生源数量面临下滑趋势。

3. 传统教学管理方式需要升级

教育现代化对继续教育提出新的使命要求，传统教学和管理实施模式落后于当前社会的科技发展水平，工学矛盾依旧紧张。高等学历继续教育教学管理系统陈旧落后，急需替换更新。

4. 培训教育的现代化程度不高

学校培训教育的现代化程度不高，不能适应现代培训教育需要。设施老旧，硬件条件欠缺，教室、宿舍、食堂、运动场地等无法满足培训教育发展。培训教育教学方法及手段还停留在传统模式上，整体处于落后状态。

5. 对继续教育工作者的个人综合能力提出了更高要求

社会多元化、成人学习者、企业及整个社会的需求日益呈现出多层次、多样性，要求继续教育工作者必须提供更加多元化、专业化的服务和保障。

# 第一章 国内外继续教育概述

## 第一节 国外继续教育发展概述

随着知识经济全球化进程的不断加快，经济、科技、文化的内涵日益复杂，知识的更新速度越来越快，这对人才培养的规格和质量提出了新的挑战，也对继续教育的组织和开展提出了更高的要求。为应对这种变化，世界各国都在大力发展继续教育，并取得了较好的成效，形成了别具特色的经验和做法。尤其是在后金融危机时代，世界各国越来越重视发展继续教育，并将其作为提高国民素质和综合国力的一项重要决策，作为国家可持续发展的动力支撑。联合国教科文组织主席早在2010年就曾指出："对成人教育的投入会带来诸多收益，不仅仅因为成人教育为贫民和弱势群体提高了获取长期被剥削的公共利益的机会，还因为投资成人教育有助于社会内部稳定、经济健康运行和民主的发展。"①

### 一、国外继续教育简述

20世纪初，欧美国家开始出现现代意义上的继续教育，但被称为"继续学习"，当时成人教育涵盖两大块主要内容，继续学习与终身学习。随着工业经济生产的飞速发展，欧美国家需要更多的工程技术人员，基于这种需求，高校为技术人员提供一些针对新技术的培训，帮助其提高技能，因此才产生了早期的继续教育。

#### （一）继续教育的思想基础

继续教育的思想基础是终身教育的理论。1919年，英国成人教育委员会

---

① 戴维森·赫伯恩. 展示各国创新成功实例 构建国际合作有效机制［J］. 高等函授学报（哲学社会科学版），2010，24（05）.

（Adult Education Committee）首先在报告中揭示了"终身教育"（Lifelong education）的意义："成人的一生，是施以长期的、继续的、彻底的、普及的教育过程。"但是"终身教育"这一术语首次是在1965年联合国教科文组织主持召开的成人教育促进国际会议期间，由联合国教科文组织成人教育局局长（后为终身教育局局长）法国教育学家保罗·朗格朗（Paul Lengrand）正式提出，保罗被后人誉为"终身教育之父"。他指出："把人生分成两半，前半生用于教育，后半生用于劳动，这是毫无科学根据的。"他认为，"终身教育所意味的，并不是指一个具体的实体，而是泛指某种思想或原则，或者说是指某种一系列的关系与研究方法。概括而言，也即指人的一生的教育与个人及社会生活全体的教育的总和"①。基于对当时社会挑战的深切关注和思考，他认为教育是一个人从出生到死亡都应持续贯穿的长期过程，为了使教育具有统一性、连续性、开放性、多样性和灵活性的特点，应在教学目的和形式、教育内容和过程等方面进行改革。"终身教育"理念的提出影响深远，很多学者一致认为，社会要尽可能多地提供学习的机会和条件，打破时间和空间的限制，长期持续稳定的学习有利于人才的培养和成长。②国外继续教育由以前散漫的、自发的、零星组织的活动，逐渐发展为有组织、有计划、有目的活动，影响范围迅速扩大。曾任联合国教科文组织教育研究所专职研究员的R.H.戴维表明："终身教育应该是个人或诸集团为了自身生活水平的提高，而通过每个个人的一生所经历的一种人性的、社会的、职业的过程。这是在人生的各种阶段及生活领域，以带来启发及向上为目的，并包括全部的正规的（formal）、非正规的（non-formal）及不正规的（informal）学习在内的，一种综合和统一的理念。"③第三种较具权威性的观点是由1972年起就任联合国教科文组织终身教育部部长的E.捷尔比提出的，终身教育应该是学校教育和学校毕业以后教育及训练的统和；它不仅是正规教育和非正规教育之间关系的发展，而且也是个人（包括儿童、青年、成人）通过社区生活实现其最大限度文化及教育方面的目的，而构成的以教育政策为中心的要素。这三种观点在侧重和表述上都有所不同，但是有一点是一致的：他们都认为终身教育包括人一生所受的各种教育的

---

① 保尔·朗格朗. 终身教育引论 [M]. 北京: 中国对外翻译出版公司, 1985.
② 徐云望. 论保罗·朗格朗的"终身教育"思想 [J]. 高等教育研究 (上海), 1991 (04).
③ 龙敏敏. 开放大学——实施终身教育的"大本营" [J]. 中国科技博览, 2015 (35).

总和。

本书引用国际发展委员会的报告《学会生存》中对终身教育作的定义："终身教育这个概念包括教育的一切方面，包括其中的每一件事情，整体大于部分的总和，世界上没有一个非终身而非割裂开来的永恒的教育部分。换而言之，终身教育并不是一个教育体系，而是建立一个体系的全面的组织所根据的原则，这个原则又是贯穿在这个体系的每个部分的发展过程之中。"[①]对于终身教育比较普遍的看法是终身教育是"人们在一生中所受到的各种培养的总和"，它指开始于人的生命之初，终止于人的生命之末，包括人发展的各个阶段及各个方面的教育活动。既包括纵向的一个人从婴儿到老年期各个不同发展阶段所受到的各级各类教育，也包括横向的从学校、家庭、社会各个不同领域受到的教育，其最终目的在于"维持和改善个人社会生活的质量"。终身教育的概念也在不断发展。国际21世纪教育委员会在其向联合国教科文组织提交的《教育——财富蕴藏其中》[②]的报告中，对终身教育这个概念的内涵做了进一步的揭示，终身教育固然要重视使人适应工作和职业需要的作用，然而，这绝不意味着人就是经济发展的工具。除了人的工作和职业需要之外，终身教育还应该重视铸造人格、发展个性，使个人潜在的才干和能力得到充分的发展。

随着终身教育思想的广泛传播，其重要性得到了强烈的认同，许多西方国家政府在制定教育政策方针和确立国民教育体系时把终身教育思想作为政策基础，并采取行政手段，如出台命令、规定、条例等，快速促进继续教育的发展。此后，终身教育呈现出目标群体更加广泛、教学内容更加丰富的特点，从学校扩展到社会，从学历教育扩展到职业技术类教育等，终身教育的内涵得到不断的充实和拓展，渐渐演变为现代真正意义上的继续教育。本书将在本章第二节具体阐述继续教育的概念。

### （二）继续教育的发展

在20世纪30年代，继续教育源于美国发展起来的名为CEE（Continuing Education Engineering）一个新的教育工程。它的目的是对一些工程技术人员再次进行必要的培训，以便更快更好地满足迅速发展的生产需要，完成越来越难以掌握的新技术、新产业规定的任务。当时美国许多大学都设置了工程技术革

---

① 联合国教科文组织国际教育法制委员会遍. 学会生存 [M]. 北京: 教育科学出版社, 1996.
② 联合国教科文组织总部.教育——财富蕴藏其中 [M]. 北京: 教育科学出版社, 2001.

命专题讲座和培训班。第二次世界大战后，特别是20世纪60年代以后，随着新技术革命的深入发展和终身学习教育思想的广泛传播，人们普遍地认识到继续教育工程的重要性，甚至有些国家开始利用政府的行政手段强有力地推动这一工程。

1962年，联合国教科文组织专门邀请了各国专家成立了"继续教育工程国际专家工作组"，对各国继续教育工程的情况进行调查、分析、研讨和论证，并介绍和推广了先进经验。此后各国继续教育工程如日中天，所设置的继续教育组织和机构也如雨后春笋般出现。

法国在继续教育发展史上的里程碑事件就是较早用法律条文确定继续教育的存在。之后，许多西方国家也采用立法的方式，制定指引性、规范性、导向性和强制性行为和措施。如1969年，德国的《联邦职业教育法》①中规定了职业教育涵盖的范围、目标群体、企业和学校双方的权利和义务等。此外，建立各种继续教育机构也是大力发展的措施之一，如大学内部利用优质师资资源开展短期或者长期的培训项目、研讨会、讲座等。

继续教育的发展问题早已引起西方发达国家的普遍关注和高度重视，继续教育发展有一些共同特点，但因国情的差异，具体在选择发展路径上各有特色。

相同的是，继续教育都是指学校学历教育之外的"学历的继续和补充"，年龄上以成年人为主，既有在职者参与，也有无业者参与，职业多样；课程包括学校已有的，也包括以提高技能或发展个人兴趣爱好为目的的培训课程。

具体到国家就各有差异了，美国的继续教育是指已经接受过一定教育的成年人，为了更新和提高自己专业知识与技能而经常参加的学习活动，主要有从事生产业的在职从业人员、农民和个体经营户。

英国的继续教育是指为已超出义务教育年龄的人提供的除全日制中等和大学教育以外的教育，包括正式教育和非正式教育。其范围极其广泛，形式灵活多样：年龄方面，既包括刚毕业的初中生，也包括已毕业的在职人士；水平方面，有低级和高级两种；课程性质方面，包括职业性课程、非职业课程和社会娱乐活动；举办机构方面，除了由地方教育局负责之外，还有民间团体、工商企业、专业协会等多种组织参与。

---

① 姜大源, 刘立新. 德国联邦职业教育法 [J]. 中国职业技术教育, 2005 (32).

日本的继续教育由政府、企业或社会团体等开展，学生毕业或结业后有提高自身需求的即可参与。

韩国为已经超过上学年龄但并未接受初等教育学习的国民提供继续教育，在韩国的《振兴终身学习综合计划》中，继续教育的目标是"为所有人提供终身学习的机会，实现终身学习的均等化；通过振兴地区学习文化，促进终身学习的地区化；鼓励职场学习组织化以及民间职业教育；提供高质量的终身学习，强化终身学习的根基"[①]。

各国继续教育的办学方式大多采取合作办学、多方参与，但各个国家的具体做法有所不同，主要有以下几种模式，会员公司协议制、与企业合作办学、高校和高校之间联合办学等。其中斯坦福大学的会员公司协议制显得格外与众不同。斯坦福大学建立的继续教育培训体系具有多类型、多层次、多元化等特点，并与企业、工业建立紧密的培训合作模式。不同于其他开放性的特点，斯坦福大学会员制的方式意味着较多培训项目只有会员单位才有资格参与，培训的内容更具针对性。

各个国家在继续教育的管理方面都制订了较为完备的管理制度和相应措施，但具体到国家，存在着集权或分权的差异。美国继续教育分权管理具有代表性，各个高校并不设置统一管理全校继续教育事务的继续教育机构，如继续教育学院，各个学院拥有自主权，可根据本院学科师资专业等优势自行开展和管理继续教育事务。如斯坦福大学面向从事工业的在职人士、企业界在职人士、大众的继续教育分别由职业发展中心、继续学习中心独立开展。与此同时，商学院、法学院、医学院等不同院系也为各自有需求的人士提供学历继续教育与非学历培训教育。[②]此外，哈佛大学继续教育由各个学院根据需求自己设置和规划，也是典型的分权自治管理。而集权管理的代表学校如英国的牛津大学、新加坡南洋理工大学、加拿大多伦多大学等，通过设置统一的继续教育学院管理全校继续教育事业的发展。

在课程设置方面，国外高校依托学科师资等优势开展的课程涵盖范围相当广泛，能够基本满足各界群众提升自我的需求，但各高校优势学科不同，则发

---

① 刘佳. 发达国家继续教育的经验及启示——以美英日韩四国为例[J]. 长春大学学报, 2013-05-30.

② 王红新, 陶爱珠, 沈悦青. 大学使命: 国际视野下的一流大学继续教育[M]. 上海: 上海交通大学出版社, 2013.

展重点也有区别。有的高校继续教育培训开设项目相对专一,更强调深度开发学习,麻省理工学院着重于工程类和管理类培训项目;法国国立技术与职业学院着重于工程技术与经济管理方面;加拿大多伦多大学着重于英语教学项目。[①]但也有高校选择跨学科、跨领域、多元化、创新性相结合的继续教育方式,如哈佛大学继续教育开设的培训课程有数百门之多,医学院、教育学院、商学院等众多学院把不同领域在职从业者的需求和自身优势相结合,开展多样化的培训项目。剑桥大学继续教育学院的课程体系包括本科及硕士的学历教育课程、国家短期非学分证书课程、暑假课程等不同类型的课程,非常丰富。[②]

## 二、国外继续教育发展历程

国外继续教育发展历史悠久,纵观西方国家继续教育的发展历程,可总体分为四个发展阶段,下面主要以英国、韩国以及同为文明古国的埃及为对象,对国外继续教育发展历程的各阶段特点进行阐述。

### (一)萌芽阶段

国外继续教育的出现一般源于国家发展的迫切需要,以某一重大历史事件或社会变革作为标志。

19世纪后期,工业革命加速了欧洲城市化进程,技术更新迭代,促使人们也要不断提升技能,因此,英国继续教育发展进入了第一阶段。从19世纪20年代到19世纪末,英国各行各业的人们,包括工人阶级,开始意识到自身知识和技能的更新跟不上快速发展的工业,加强技能的教育由此兴起。

目前,人们普遍认为英国的继续教育是从两端开始的。一端是机械车间的运动。1832年,伯克贝克在格拉斯哥创立了第一家"技工作坊"。从那时起,半个世纪以来,技工作坊运动迅速发展成为席卷全国的教育运动。技工作坊的最初目的是为提高贫困工人、工艺从业者、技术从业者的技术水平,它所提供的各种技术和职业教育课程实际上是继续教育的雏形。另一端是工人阶级的自助运动。当时多数企业较少培训工人,许多互助协会就承担起工人培训教育的工作,类似职业学校,负责传授新知识和新技术。此外,互助协会提供"补偿式"教育,对文学、科学等缺失的工人阶级进行扫盲式教育,文盲率的降低减

① 陈其晖,田甜.国外高校继续教育的管理模式研究[J].成人教育,2017(6).
② 沈悦青.剑桥大学继续教育现状[J].课程教育研究,2015(16).

少了继续教育普及的难度和障碍。

与此同时，1853年，英国成立了科学技术部，"负责促进科学教育和中等技术教育的发展，许多技术讲习班被改造成技术教育学校，并成为国家技术教育基地"[①]。英国的第一部技术教育法于1889年通过，明确了接受完初等教育学习后再接收技术教育的继续教育法律地位，地方政府要鼓励、支持、保护继续技术教育的发展，并同意以征税的方式保证其持续发展。

韩国的继续教育起步较晚。1948年韩国建国时，全民文盲率高达78.2%，这在世界上是罕见的。为此，韩国政府被迫立即采取行动，并采取一系列措施尽快普及本国语言，摆脱绝大多数人目不识丁的文化落后局面。从1954年起，韩国实施六年制义务教育，提升学龄儿童的入学率。此外，1954年到1958年的全民扫盲五年计划的实施效果显著，社会上迅速展开了以阅读、写作和算术为重点的识字教育。整个人口文盲率到1958年已降至4.1%。1961年，朴正熙从国家发展战略的角度确立了要培养人才、增强国力的政策，大力发展基础教育，推行正规基础教育，实施六年制义务教育。20世纪70年代，韩国小学适龄儿童的入学率得到了飞速的提高，基本实现了100%，中学入学率也高达40.8%。通过建立技工学校积极发展职业教育，兴起"国民重塑运动""生活水平改善俱乐部""农家青壮年俱乐部"等活动，并通过《民办培训机构法》《行业教育振兴法》《科技振兴法》等法律，动员和鼓励民办培训机构、成人教育机构等参与到继续教育中来，尤其是鼓励未参与公立学校学习的人参与进来，形成全社会参与的学习氛围。

### （二）确立阶段

各个国家在经历了继续教育开始阶段后，继续教育发展较为自由，未形成完全统一的标准，"继续教育"等概念并未显现。随着各个国家逐渐意识到继续教育的重要性，继续教育进入了确立阶段。这一阶段的特点是发展过程较为平缓，发展规模并没有明显扩大，但从全球整体看，继续教育开始向系统性、组织性、规划性阶段过渡，从民间自发组织为主发展到政府主导。

英国这段时期内的继续教育是继初等教育和中等教育之后的第三种国家教育体系，并且该体系初步形成。第一次世界大战和第二次世界大战的失败给英国带来了沉重的打击，也使英国意识到国防领域存在重大缺陷，其主要原因

---

① 张新生.英国成人教育史[M].济南：山东教育出版社，1993：204.

是科学技术培训长期以来没有得到应有的重视。"这一新的启示促使英国把科学、技术教育与培训提高到了关系国家存亡的高度去认识。"①

《巴特勒法案》（1944年）正式使用"继续教育"一词，确定其含义，也是用立法的方式在全国国民教育体系中确立了继续教育的重要地位。该法案明确规定，"地方教育当局有义务为16岁以上的公民提供继续教育；要扩大地方教育当局的职责并给予更严格的限定，必须为义务教育年龄以上的青少年提供足够的继续教育服务设施，包括创办和维持郡立学院，以便为15～18岁年龄组的青少年每年接受320学时的部分时间制义务继续教育创造条件；由中央政府和地方教育当局共同为继续教育和高等教育提供奖学金、助学金和其他各种津贴，以便能够扩大师资培训和全日制高等教育的学习机会"②。

韩国在1960年至1970年期间，经济发展如火如荼，取得了一系列发展成果，为之后的教育投资奠定了良好的基础。1971年至1980年，韩国人均GDP从285美元增至1735美元，年平均经济增长率高达8.1%。③韩国经济快速发展，对教育的重视和投资也越来越多，1971年朴正熙的最高指示，在全国范围内开展"新农村运动和新教育运动"，开启了韩国民众的一场精神革命，让"自助、协作、勤勉"的精神深入人心。与此同时，各种职教机构和学校出现，如1972年成立的韩国放送通信大学，有需求的成人群体可以继续深造和学习。

埃及作为世界著名的文明古国之一，继续教育历史悠久，但此时的埃及继续教育有着浓厚的宗教色彩，主要是为了培养虔诚的基督信徒。教师在当时并不是普通的职业，由官吏教授课程，学生以小组为单位参与学习《圣经》、计算等，教学场所在教堂或家庭。阿拉伯穆斯林征服了埃及后，在埃及的教育历史上开始占据主导地位，教授《古兰经》，为伊斯兰教培养大量信徒。此外，埃及教学场所也发生了改变，爱兹哈尔大学的成立让继续教育更加专业化，既传播宗教知识，也注重满足精神层面需求，帮助学生养成良好的品德修养。学生因有宗教机构的捐赠而并不需要为生计奔波，所以学习可以持续一生，是终身学习的模范。此外，男性还可以学习到其他领域的教育，如农业和军事等方面。

---

① 徐辉，郑继伟. 英国教育史 [M]. 长春: 吉林人民出版社, 1993.
② 张新生. 英国成人教育史 [M]. 济南: 山东教育出版社, 1993.
③ 李立绪. 韩国成人教育评述 [J]. 中国成人教育, 2005 (10): 117-118.

埃及以宗教为主要学习内容的继续教育历史有近三千年，底蕴厚重的埃及文化对现代以及未来的继续教育发展都有重要的历史意义和价值。

### （三）发展阶段

国外继续教育发展阶段的到来一般是由于某些重大历史变革等原因，比如埃及是由于封建落后被占为殖民地后才意识到全科学习的重要性，英国是由于二战后经济快速复苏的需求，韩国是因为大规模发展经济的需求促使继续教育发展。

二战以后，英国经济恢复，社会生产生活逐渐发展起来，社会对高素质人才的需求倍增，尤其是企业对人才质量和数量都有了新的要求。因此，政府高度重视高等教育的发展。政府教育的重点即提高教育水平，注重质量和发展。20世纪70年代开始，英国继续教育进入快速发展阶段，继续教育社会认可度提升，培训规模不断扩大，培训人数大幅度增长。其中，白皮书建议，全日制进修和学习人数翻了一番。英国高等教育开始实行双轨制，设立了"国家学位授予委员会"，专门针对"公立"多学科技术学院和高等教育学院等"大众化高等教育"，使技术文凭和技术学院学位的授予不再分离。

此外，职业培训项目数量明显增加，尤其在工程、军事方面，自1944年法案以来，"日间学校"计划重新启动。社会各界的注意力从学校学习转向就业培训，为今后的一系列产业培训方法奠定了基础。《工业培训法》（1964年）表明要把职业培训和经济社会发展需求结合起来，提高培训数量和质量，从此奠定了英国未来职业培训"以市场为导向"的主基调。《就业和培训法》（1973年）确立了"劳工服务委员会"（MSC），劳工服务委员会在政策制定和培训设计规划方面是高度集权化的，是国家意志在职业培训上的直接体现，这一时期国家对职业培训的干预达到了顶峰。

韩国在实现了经济的初步发展并成为亚洲的"四小龙"之后，其继续教育发展目标仍然是为经济建设服务，但其表现形式已经发生了根本变化。继续教育培训的目的从过去为企业培养中低层次的技术人员到20世纪80年代开始发展为企业培养高端的、持续的高层次人才，为在职人员实现知识技术水平更新、为产业升级转型提供智力支持。此外，继续教育更加注重为非就业公民的教育、品味和生活质量的提高做出贡献。"终身教育"的概念由此产生。这一阶段是韩国成人教育向"终身教育"（lifetime education）升级的重要阶段，如成立"终身教育院""文化中心"等。

19世纪,埃及受到侵略,人民陷入水深火热,但同时也传入了西方的新思想和新技术,使全国受到了极大的震撼,统治者决心开始一场彻底的教育改革。被誉为"埃及现代教育之父"的穆罕默德·阿里通过引入思想、建立世俗学校的方式进行自上而下的教育改革。改革开始于成人教育领域,打破了宗教在埃及几千年的教育统治历史,建立了技术教育学校。

但埃及政府因资金垮台,进入被英国统治的时期,1922年,被统治了近40年的埃及独立了。经济迅速发展,成人教育规模扩大,且培育了大批教师为以后的发展做准备。这一时期,成人教育的发展以适合工业生产为目标,着重传播现代科学技术知识,培养新型劳动力。此外,注重实践能力的提升,课堂不再是培养虔诚的宗教信徒,而是为国家工业发展、经济发展储备优质人才,因此教学内容增加了工程技术、医学、经济学等更具实践性的内容,而不只是宗教知识、古典人文社科知识等。

### (四)改革阶段

各个国家的继续教育改革阶段的时间相近,基本从20世纪下半叶开始,为了顺应全球经济发展和国际贸易,对继续教育的一些老模式、老做法进行改革,推进市场化进程,逐渐向国际化发展。

英国在《为了每个人的成功——改革继续教育和培训》(2002年)中表明,继续教育发展要以雇主、学习者、社会的需求为指引。2010年这一观点得到进一步的深化,卡梅伦政府连续出台多个与继续教育和技能体系有关的报告,再次强调雇主和学习者个人需求是关键,要整合一切可以支持的力量,深入了解政府、企业和个人,用学徒制和"基于社区的学习"的形式开展继续教育活动。

此外,英国政府在《新挑战,新技能,继续教育与技能体系改革计划:建立世界一流的技能体系》报告中明确了决策、管理和执行三者在继续教育培训系统中的作用和意义,指出了政府作为管理者要提高战略能力、加强管理、提供可靠的信息、评估监管师资水平等,以此提升继续教育的培训质量和效果;给予办学主体充分的自主权和灵活度,激发活力和动力,使办学经费效用最大化。而后,为避免利益相关者之间的不利竞争,英国行业技能委员会联盟成立,旨在加强政府、机构等多方力量的团结合作,推动继续教育健康有序发展。

1996年，韩国成为世界经济合作与发展组织的32个正式会员国之一，为了达到"世界化"的目标，继续教育的发展在韩国也随之发生了根本性的变化，提出了新要求，不但在国内发展，更要走向全世界。因此，越来越多的韩国人提高自身能力，出国留学，韩国的继续教育发展视野也更具国际化和前瞻性，而不仅仅只盯住国内。这一阶段可以说是韩国成人教育"上档次"的阶段。

从20世纪60年代开始，埃及政治上与美国的紧密联系也影响到了国内成人教育的发展，高等教育机构得到资助，承担成人教育的责任。例如，在美国的资助下，开罗美利坚大学成立了继续教育管理组织、公共服务部，用英语上课，教授商务、技能谈判等商业知识。公共服务部迅速发展壮大，到80年代，英语教学被细分为17个不同水平，可有针对性地教授不同水平的学习者，因材施教，提高学习效果。此外，参加培训的证书认可度高，便于学习者找到更好的工作，报名这个项目的人数特别多。2006年，公共服务部改名为成人与继续教育中心。埃及继续教育发展为高等教育的扩大版，高校拥有较好的师资设施条件、学习氛围等，尤其是开展培训的先天优势，因此，依托高校开展继续教育培训是这一时期效益最大化的做法，而这也是英美国家继续教育早期发展的表现。

### 三、国外继续教育成就与贡献

继续教育由西方发达国家发展而来，下面主要从美国、英国、法国、韩国、日本等继续教育发展历史悠久的国家入手对国外继续教育发展的成就与贡献进行阐述。

#### （一）美国

美国是世界上第一个倡导并积极推动终身学习的国家。美国将继续教育视为"正规教育之后的广泛教育，目的是使人们能够不断获得与其职业有关的教育，或获得专业职位转换所需的新知识和技能"[1]。它有自己鲜明的特点，全面发展，并取得了确定的发展成果。

第一，在法律层面，20世纪以来美国政府制定了一系列法律来倡导继续教育。《莫里尔法案》（1862年）中提到，"赠地学院"的建立是为了给农业发展培养优秀人才，这也是美国成人教育最初的状态。直到1966年，《成人教育

---

[1] 王向军. 美国的继续教育与企业教育 [J]. 中国成人教育, 1988（05）.

法》的颁布明确确立美国成人教育的法律地位。在1970年和1978年经过多次修订后，它逐步得到了完善，使继续教育和终身教育成为美国教育法规的重要指导原则和组成部分。在某种程度上，它为发展终身教育提供了法律基础。1976年，《终身学习法》是在《蒙代尔法案》的基础上颁布的，作为世界上第一部比较完整的终身教育法，明确了美国终身学习的法律地位。通过了1997年提出的"2000年目标：美国教育法""四个主要目标"和"十项教育原则"，并通过了一系列有关加强就业培训的法案，以向公民提供不同领域的继续教育，其权利、义务和保障都得到了规范，使人员培训和教育教学质量体系的继续教育成为国家实力的保证。从那以后，美国相继颁布了一系列特殊教育法，如有关就业和培训的《青年就业和示范教育计划法》《再就业法》，并逐步建立了较为完善的终身教育法律体系，促进继续教育快速发展。

第二，在投入层面。充足的经费支持是继续教育事业发展的必要条件，美国对教育经费做出了明文规定，以促进教育发展，明确规定中央和地方在教育经费中所占比例，还明确了企业、行业部门和用人单位应在职工教育经费中所承担的责任和义务。同时，鼓励和倡导多元化办学主体加入继续教育办学，增加投资渠道，保证教育经费来源稳定性，尤其是非政府组织和个人投资等。同时，采取"谁投资、谁受益"的原则，鼓励企业和个人参与继续教育的发展和建设，突破生产和研发瓶颈，发挥各自的资源优势，这不仅有利于提高学生的前沿知识和创新技术，增强企业竞争力，也有利于继续教育资源的多元化。

第三，美国高度市场经济的背景使得继续教育市场化导向明显，政府干预较少。首先，美国还没有设立专门的成人继续教育机构，也没有设立统一的管理机构，只有美国成人教育协会，但也未明确介入成人继续教育，只提供成人教育的参考提案。另外，不会直接妨碍成人继续教育的具体实施。成人教育可以在国内法律许可的范围内独立发展。政府向成人教育部门提供的资金相对较少，只定期进行成人教育检查。成人的继续教育单位承担各自的利益和损失，成人教育管理有一定的自律性。其次，教学质量是由市场需求决定的。学校根据市场的需要设立自己的专业方向和培养计划，根据企业的需要修改教学大纲和课程，并确定招生注册的测试方法和定价标准。其中比较突出的是林肯理工学院和施乐大学，从能力素质的角度，正在加强成人高等教育改革，以保证高等教育的质量。

第四，从主要办学机构对实施终身教育的态度来看，可以大致将办学机构分为四个类别：一是普通高等教育机构，美国的成人教育绝大部分是由普通高等教育机构承担，普通高等教育机构作为成人教育最主要的机构之一，各类大学、高等院校都设立了继续教育中心、学院等分支机构，将继续教育视为与本科、研究所教育具有同等地位，专门管理继续教育，即使是全日制高校、研究型大学也不例外。从20世纪30年代开始直到现在，继续教育类别的博士、硕士学位课程已经多达70多种。二是工厂、银行等大企业及服务部门组织的对本单位人员的继续教育、专业培训等。三是一些重点行业协会组织的本行业人群参加的继续教育培训，更具针对性，如律师、工程师、医生等。四是社区学院，主要培养训练有素的技术人员和普通劳动者，以技术培训为教学核心，以底层蓝领为教育实施主体。

第五，在教育方式方面。在美国，继续教育的方式多种多样。办学层次涵盖小学到高等教育；办学方式有日校、夜校、周末大学、网络教育等；教学内容以满足不同层次不同群体的需求为目标，开设基础教育辅助课程、专业知识技能培训、成果的实践运用推广、养生、娱乐等课程；培训时间有长有短，给予充分自主选择权。美国作为联邦制国家，具有多元化和鲜明的地域特色，继续教育在各州的发展模式纷繁多样，人才培养模式不同。各州和地方机构在遵守原则的前提下，在制度设计、教学计划、课程设置、教学内容等方面都根据自身情况，设计具有自己的特点的继续教育，以便满足本地民众对成人继续教育的多样需求。此外，监督机制上，联邦一级负责支持、审查和监督各州的情况，以提高质量。

**（二）英国**

英国的成人教育有100多年历史，政府高度重视，全国上下普及继续教育和培训，发展体系完善且可持续，因此被称为"世界继续教育之乡"。

1. 政府法规政策全方位支持

根据20世纪40年代的巴特勒法案，英国提供继续教育的历史最早。根据该法，继续教育已成为英国继初等教育（5～11岁）和中等教育（11～18岁）之后的一个关键阶段。之后，英国政府先后颁布了《罗宾斯报告》（1963年）、《教育改革法》（1988年）和《继续高等教育法》（1992年），继续教育法制体系逐渐发展健全。

随着经济全球化的发展，1998年英国政府出版了《学习的时代》绿皮书，提出英国成人教育应建立学习型社会，使不同阶层、不同背景的人有机会继续学习和终身学习。这份报告再次强调了终身学习的重要性，也表明英国政府着力加大对教育的支持力度，尤其加大投资力度；并且致力于在政策和资金方面支持有需求的工业大学和建立远程学习网络，打造英国全国的终身学习框架。利用信息技术，政府建立了一个全国性的学习网络，以促进学习。注重运用激励机制、资助资金支持社区和家庭人员实现继续教育。鼓励培训机构发展，通过法律法规和监管机构规范培训市场。

此外，英国政府采取措施改革了国家教育证书制度，在注重通识教育的同时，也注重发展职业培训，加深两者之间的融通融合，建立起职业技术教育资格证书与通识教育证书同等效力，得到社会广泛认可。因此，民众参加成人教育培训不仅可以学习到科学知识，提高自身学术水平，还可以获得国家证书的认定，也可以通过"职业教育培训中心"的职业教育和培训，获得普通公民职业证书。这种国家级证书制度的颁布有利于学员根据个人意愿进行自由择业，也使得企业、工厂等更加认可继续教育。

2.教学机构多样化

英国成人教育起步之初，是通过大学的平台来实现的，众多大学都承担着成人教育的任务，如牛津大学、剑桥大学、爱丁堡大学等。它们不仅建立了成人教育学院，课堂教学也采用统一的标准，旨在培养和推动未来从事成人教育行业的管理者和教学者。从1970年起，为了让更多的英国人参与继续教育，为了满足成人学习者的学习需求，需要建立扩充继续教育学习的场所和地点，保障每个公民的终身学习权是继续教育体系建设的重要任务。为了满足经济全球化发展和国内经济发展需要，减少失业率，英国对继续教育机构进行了横向整合，既能促进各继续教育机构协同发展，又增设了以社区为基础的地方学习中心。

互联网高速发展的今天，成人学习已经不受固定空间和时间的限制，各种公共区域空间都可以开展成人教育普及活动，如社区、图书馆、博物馆等。各继续教育机构共同参与整合资源，发挥合力，实现多元化有序发展，包括大学、学院、成人教育机构、私立机构等。与此同时，英国建立了学习网络中心或成人学习中心，以达到全国范围内每个成人都有机会和时间参与学习，中心以每个社区或更小的组织为单位开展成人学习培训工作，这种方式有效地弥补了经济集聚效应对欠发达地区的忽视。地方设置的成人学习中心是整个国家继续教育学习网络的重要组成部分，既可以作为学习补充知识的场所，也可以作为连接成人和教育机构的信息纽带。

3. 师资力量雄厚

虽然进修学校不同，但师资来源基本一致。继续教育的所有专业教师的教育文凭不是必需条件，只做参考，最关键的是教师要有企业和行业的相关从业经验及与专业相关的资格证书。继续教育师资中不仅有高校毕业生，还有大批一线企业员工，甚至还有一些高级学徒。

在英国的继续教育学校里，有一个团队，负责人力资源的建设，主要负责招聘引进新教师，规划职业发展以及绩效评估审核。各个学院精心组织，进行宣传，以吸引求职者；明确拟招聘员工的能力要求，以吸引合适的专业人才进入招聘体系；在学院网站上发布信息和海报，吸引求职者报名，积极提交个人简历；审查、评估和考核候选人，以确定他们是否满足学校的需要；最后是人事任命。完成候选人测试后，学校应任命候选人，包括签署相关合同、确定养老金和福利以及了解个人情况。教师入职后要经历试用期，新教师的试用期一般为一年；确定教师在教学实践中的需求和有哪些专业需求，定期向负责部门如人力资源部和所在部门的负责人等详细汇报工作；人力资源部将支持教师发展。在绩效考核方面，英国的继续教育机构有多种形式的考核，如教学观察、分享成功与管理绩效、人才管理等。

4. 以人为本，学习者利益最大化

无论是最初的工业革命，还是随后的经济危机，或是全球化驱动的终身教育趋势，都是以提升成人的知识和技能为出发点的。当鼓励成年人参加学习或培训时，他们都更相信就业能力和经济效益的提高所带来的收益。成人学习者最大的特点是个性突出，处于不同的学习层次、不同的学习阶段，有着不同的学科背景，因此开放大学寻求专门的研究团队分模块、分专业研发新课程，最大化满足各种学习诉求，相关的继续教育涉及15个专业领域，课程多达600门以上。此外，社会上的其他成人培训机构办学也采取因材施教的方式，根据不同的兴趣爱好提供不同的课程，课程种类繁多，有陶艺、绘画、戏剧、园艺、诗歌、烹饪、计算机，等等。英国的继续教育，无论是公办还是私立，可以说都秉持着以人为本的办学理念，最大化地保证学生利益。

5. 全民参与度高

在英国,继续教育是全民参与的。例如,早期开放的大学并没有入学考试,报名对象针对全国学生,有入学的意愿即可,无论其年龄、学历、国籍、种族等条件,可选择全日制或者非全日制学习。为了使学生尽量不受各种外在因素影响,英国继续教育设置了"宽条件",提供尽可能多的学习机会,保证学生平等的受教育权利。此外,在政府的鼓励支持下,很多学校的学习中心为了方便学生提供成人的在线学习服务,英国的在线学习中心开设的数量之多全球知名。

英国的"勤工助学"模式较为有特色,将学校知识和生产实践密切结合起来,结合工作所需,理论融入实践,提倡教师教学过程中注重学生个人能力的培养;大力倡导教育行政部门、事业单位和民间组织加强合作,明确企业在办学合作中的主体地位,增强校企合作,尤其是知名企业、校外专家课堂教学,积极引导社会和企业家参与教学管理中,全过程参与,提高合作质量,更具操作性。

### (三)法国

法国作为终身教育的故乡,继续教育是国民教育规划体系中重要的一部分,发展得较为完备。法国政府从立法、经费、多元化办学等方面保障,鼓励推进继续教育向终身化发展。

1. 立法保障完善

法国内阁的职业教育部是负责继续教育规划、立法、经费以及实施的政府部门。从1919年到1963年,法国政府高度重视继续教育,颁布了多部涉及继续教育的法律(参见表1-1),保障合法性和秩序性,有着深远的影响。

直到1971年,法国政府颁布《职业继续教育法》,是《继续教育法》《职业训练法》《技术教育法》和《企业主承担初等阶段职业技术教育经费法》[①]四部法律的统称,明确劳动者有权利和机会享受继续教育,是里程碑式的发展和进步,更加系统化地制定了继续教育相关法条。此后,1976年的《终身培训法》、1984年的《职业继续教育法》,再到1998年振兴终身学习政策执行体制的法律的制定,法国继续教育日趋成熟,尤其是在立法方面完善补充,详尽的法律条文使得继续教育管理工作更具组织性、纪律性和协调性,在时间上也证

---

① 邢克超. 战后法国教育研究[M]. 南昌:江西教育出版社,1993:267.

明了多年来法国继续教育是比较成功的，值得借鉴。

**表1-1 法国有关继续教育的法律（1919—1963年）**

| 时间 | 法律 | 有关继续教育的主要内容 |
|---|---|---|
| 1919年 | 《阿斯杰法》 | 为满足工业快速发展的新要求，国家要承担工人的职业教育培训任务 |
| 1947年 | 《郎之万——瓦隆教育改革方案》 | 青年离校后可继续接受社会再教育 |
| 1956年 | 《终身教育草案》 | 第一次在官方文件中正式使用"终身教育"概念，对法国战后继续教育理论和实践的发展都产生了很重要的影响 |
| 1963年 | 《职业训练法》 | 明确指明继续教育的重要地位，把发展继续教育作为国家政策从法律上固定下来 |

2. 财政大力支持

法国对继续教育高度重视的表现之一是其经费方面是由法律条文来保障的，政府在经费上大力支持继续教育，且投入逐年增加，

从1972年28亿法郎到1982年高达150亿法郎[①]，短短十年之间增加了122亿法郎。2004年，法国对教育投入1163亿，其中132亿用于继续教育和课外活动。[②]2009年，法国在继续教育上投入高达271.1欧元，占当年GDP的1.5%，其中政府和企业在继续教育上投入最多，是主要资助方，其中约100亿欧元用于受培训的工资和补贴，165亿欧元用于支付培训费，包括教材费、辅导费等。[③]此外，继续教育有投资相对较少、收益较大、性价比高的特点，因此法国继续教育不止有政府的大力资助，还有企业、社会其他团体组织的多方投资和捐赠，主体的多元化使得办学资金相当充裕，为继续教育实现可持续健康发展奠定了基础。

3. 教育与实践联系紧密

法国的继续教育发展紧跟经济社会发展，因此教育不能只满足于当下的学习，更应考虑长远动态化的发展。雇主单位也不只是单纯信赖职员学历，学历

① 关世雄，张念宏. 世界各国成人教育现状 [M]. 北京：北京出版社，1986：319.
② Torsten Dunkel, Isabelle Le Mouillour. Continuing Higher Education in France [A]. Michaela Knust, Anke Hanft. Continuing. Higher Education and Lifelong Learning [C]. Speinger Netherlands, 2009：186.
③ 王文新. 法国教育研究 [M]. 上海：上海社会科学院出版社，2011：45.

只能证明所学的知识范畴，并不能证明拥有知识转化为实践、实际解决问题的能力，因此，雇主单位更加注重工作经验和个人实践。法国的在职人士流动性很大，能坚持在一个岗位五年以上的并不多，频繁地轮换岗位带来频繁的岗位培训，而继续教育就承担了为企业在职人士培训的任务。在职人士在轮换岗位过程中通过一轮一轮的培训学习，不止提高了自身职业能力和工资水平，也增加了企业效益，因此企业和在职人士都有较高的学习积极性，形成了"岗位—培训—新岗位"的良性模式。

经过多年的发展，法国的继续教育机构与高等院校、科研院所建立了紧密的联系，形成与经济、产业等相协同的不同领域组织机构。机构通过聘请有丰富经验的高级技术型人才或者大学教授担任授课教师，一方面保证所教理论处于领域前沿，另一方面保证具有可操作性，使教育与实践相结合。因此，这些继续教育机构是法国教育系统不可缺少的一部分。

4. 教育机构由单一走向多样

早期的法国，继续教育或终身教育主要由中学、职业高中、高等教育机构等负责，并没有设立独立专门的继续教育或终身教育机构，学校设立的继续培训组由学校委员会管理，设定发展目标和制定政策措施等。直到1984年，高等教育法确定了公立高校有负责继续教育培训的使命和任务，此外，法国继续教育办学资质审查十分严格，能够一定程度保证办学质量，逐渐建立起多种类型、多种层次、多种机构的继续教育体系可供选择（参见表1-2）。

表1-2　法国继续教育办学机构类型

| 类型 | 特点 |
| --- | --- |
| 国立工艺博物馆 | 创办最早、影响最大的成人教育机构；隶属教育部，有权授予高等教育国家文凭，学生主要面向在职科技人员；还从事科学研究，并有专门的"技术陈列馆"展示科学技术成果 |
| 高等学校的成人教育机构 | 培训完成按规定发放各种文凭和学位。大学远距离教育中心也是高等学校成人教育的重要机构，主要招收高中毕业生或同等学力者 |
| 企业的培训中心 | 企业自己的培训中心，及时培训在职人员，更新换代知识 |
| 全国远距离继续教育中心 | 创办于1939年，最初为全国电视教学中心，后改为全国函授中心，隶属国民教育部。1993年，该中心总部设在法国中西部古城普瓦提埃，下设7个教学中心，主要任务是开展远距离教育 |

续表

| 类型 | 特点 |
|------|------|
| 各类专业协会 | 隶属劳动就业和职业培训部，有各自的重点培训专业，主要对象是技术人员和工人，既是管理机构，也负责培训业务 |
| 工商业协会培训中心 | 是法国各地工商界雇主们按地区组织起来的培训组织，主要对象是当地技术人员和工人等；与大学合办培训点，为公司培养尖端技术方面的人才 |

**（四）日本**

二战以后，日本开始大力发展继续教育，尤其是教师行业。日本高校坚持本科、研究生、继续教育三大业务板块发展，经过多年的发展已具有相当的规模，继续教育的发展是本科和研究生阶段完成后继续深造的一个窗口，是其补充和拓展，也是迈向"终身教育"的重要环节之一。

1. 以法律形式保障继续教育

日本重视继续教育可从立法工作上看出，从《教育委员会法》（1948年）开始，《社会教育法》（1949年）、《国家博物馆法》（1951年）、《生涯教育振兴法》（1990年）等一系列法律法规的出台，对管理、实施、课程、内容、师资、经费等多个继续教育环节都提供了立法保障。20世纪80年代初，日本通过法律规定："凡雇佣10人以上的企业雇主必须用雇员工资15%左右的资金作为其接受继续教育的经费。"[①]日本企业非常重视继续教育，实际经费投入远高于15%，仍在逐年增长。经济社会发展的重要前提就是发展教育，提高人的素质，这也是日本社会各界的共识。日本继续教育能够发展得较为完善的主要原因是能够建立大量培训机构、完善的学习制度和条件、便捷简单的信息服务。

日本的社会教育是独立于正规教育体系的，主办机构多元化，有公民馆、民办教育文化产业和非营利性社会团体等，各类教育培训机构都要依法设立，依法开展工作，制度严明，管理规范，高质量健康发展。

2. 以充足经费保障继续教育

日本政府每年给继续教育充足的经费支持，1995年到2000年期间，每年主要由地方政府拨款的社会教育费人均2万多日元。政府经费支持主要用于公民

---

① 胡晶，冯丽伟. 论国际继续教育发展特征及其带来的启示 [J]. 继续教育研究，2001（4）：17-18.

馆、图书馆、博物馆、体育设施等，使日本社会教育快速发展，受教育人群数量增多，学习次数也得到了显著增加，年人均学习次数多达10次以上（如图1-1所示）。

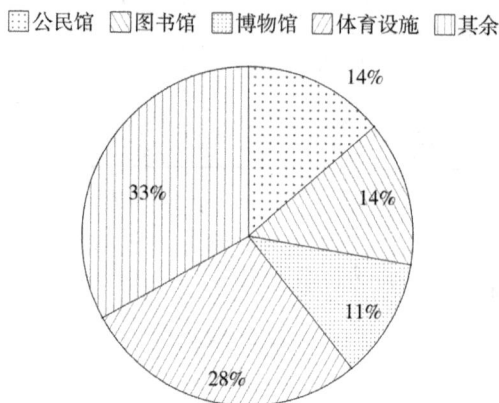

**图1-1　日本社会教育经费的投入（2002年）**

3.内容形式丰富多元

日本各个高校针对不同的学习者开设内容丰富多彩的讲座，如历史研究、艺术文化、生活技能、运动养生等。此外，日本注重学以致用，在大学和企业之间开始"产学合作办学模式"振兴产业发展，把学术研究和工厂实践紧密结合在一起，不仅提高知识储备，更加注重提高实际职业能力水平，开发创新创造的潜能。校企合作、产学结合、政府提供资金等多种政策支持鼓励，创造良好的校企合作、产学结合的大环境，多层次、多样化、灵活性、开放性的合作机制的建成，有利于继续教育深入交流，促进继续教育发展，也有利于成果转化，提高经济效益。

4.企业参与助力继续教育

日本企业经营战略中培训教育占了举足轻重的地位，作为"最有效且最值得的投资"，继续教育受重视程度与终身雇佣制度、年功序列工资制度、企业内劳动组合一样处于同等地位[①]，年人均教育费用高达86万日元。日本企业认为每年员工的继续教育远比投资机器设备更为重要，因为没有教育培训，再高精尖的机器设备也不能发挥功能和作用。很多规模较大的企业拥有自己的企业继续教育培训机构，组织培训学习更为方便，如丰田工业大学、松下电器工学

---

① 沈晓慧.日本继续教育发展概述[J].世界教育信息，2009（08）.

院，而中小规模的企业则会根据自身情况，单独开设或者联合其他企业或研究所开设继续教育培训机构。日本企业对员工的继续教育形式多样，得到了员工的积极响应（参见表1-3）。

表1-3 日本企业继续教育培训的主要措施

| 培训方式 | 主要目的 |
| --- | --- |
| 开办经理（厂长）研修班；派遣有关人员到欧美发达国家的大学进修，组织海外考察团 | 开阔视野，提升技术水平 |
| 学习英语，重视基础教育；新职工从入厂之日起要刻苦学习 | 熟练掌握英语以适应世界经济国际化、集团化发展的需要 |
| 由企业负责人或社会经济界名流向职工推荐经济书籍 | 了解国内外经济发展动态 |
| 设置教育研究机构，向政府争取投资 | 加速培养能活跃于国际社会的经济管理和工程技术方面的人才 |

5.继续教育突出个性化和国际化

日本在1984年的教育改革中，着重强调了要突出个性化培养，要抛开以往传统封闭的教育思想，提倡尊重个人学习意愿和自身实际情况，自主决定培训。新改革给予学生充分的自主选择权，提倡对自己负责，有专长和个性化发展；受教育机会增多，多元主体参与办学，可供选择的学校、学习内容、入学形式、考核方式等较多；尊重学生个体差异，避免一刀切，因年龄、职业、学历、专业等存在不同，所以更加注重因材施教和个性化教学。

除此之外，日本积极主动探索国际化的交流和合作，注重培养国际化和现代化人才。不仅加强了与欧美大学间的合作与交流，并且重视发展中、日、韩三国大学的实质性交流和共享。为此，日本于2010年4月在东京召开的中、日、韩大学合作交流促进会上提出了"亚洲校园"的构想，并于同年8月在北京召开的第二次会议上签署了中、日、韩三国大学间互换学分、互认成绩的协议。

6.高度重视教师群体培训再教育

教师群体培训再教育是日本政府高度重视的事情，日本法律明确规定了教师入职后要参加在职进修（参见表1-4）。

表1-4 日本法律有关教师在职进修的部分举例

| 法律 | 年份 | 法条 | 具体内容 |
|------|------|------|---------|
| 《教育公务员特例法》 | 1949年 | 第十九条 | （1）教育公务员为尽其职责，必须不断地研究和进修<br>（2）有教育公务员任命者，必须提供有关教育公务员的进修所需的设施，制订奖励进修的办法以及有关的进修计划并负责实施 |
| | | 第二十条 | （1）必须向教育公务员提供进修的机会<br>（2）以不妨碍教学为限，在经所属领导同意后，教师可以脱产进修<br>（3）教育公务员可以在岗位上进行长期进修 |
| 《审议经过概要之三》 | 1986年 | | 在国立公立中小学和特殊教育学校任教的新教师，应有一年左右的进修时间 |

除了法律保障，政府还设置了教师培训专款资助，鼓励支持日本全国教育研究组织举办各种培训活动。有了经费支持，专门培训机构经常组织内容丰富的学习活动，如1977年，为了方便教师研究，日本成立了放送大学（广播电视大学），主要通过广播、电视等手段实现远程培训教育。日本教职员组合又被称为日本教育工会，涵盖了全日本各个阶段的公立、私立学校教职员工，每年为全国教职员工提供进修的机会，如研究会和讲习会。政府委托各级各类学校举办教师培训，形式多样，如公开讲座、研究会、大学夜间开设夜间部和函授部等。[①]

**（五）韩国**

韩国的继续教育较英美两国起步稍晚。韩国建国较晚，朝鲜战争结束后，国民识字率才21.8%，文盲人口数量非常多。为此，韩国政府花费了大量时间和精力，通过半个世纪的努力，人民的受教育水平发生了根本性的变化。在成人教育方面，韩国把成人教育体系称为"平生教育"，已形成了一个"只要愿意学，随时随地可以学"的学习社会，尤其注重专业化农民的培养。

1.管理逐渐完善

从1982年开始，韩国继续教育立法工作逐渐完善，为建立终身学习型社会奠定了良好的基础（参见表1-5）。

---

① 沈晓慧.日本继续教育发展概述[J].世界教育信息，2009（08）.

表1-5　韩国继续教育立法工作举例

| 法律名称 | 时间 | 内容 |
|---|---|---|
| 《社会教育法》 | 1982年 | 核心理念是终身教育、终身学习 |
| 《大韩民国宪法》 | 1983年 | "国家要振兴终身教育"，"包括学校教育及终身教育的教育制度及其运营、有关教育财政及教师地位的基本事项以法律来规定"，这是韩国首次在宪法中明确了终身教育的法律地位 |
| 《终身教育法》 | 1999年 | 对立法目的和原则、中央和地方政府对终身教育的管理和财政支持、教育师资建设、终身教育的主要设施以及管理细则和奖惩方法等都做出了明确规定 |

韩国的继续教育从以往由政府的多个部门管理到现在主要是由教育与人力资源部管理。2007年新修订的《终身教育法》中规定，为支持和推进终身教育事务，韩国成立全国终身教育振兴院。2008年，韩国自学学位考试院、学分银行以及终身教育中心三部门整合后成立了全国终身教育振兴院，主要负责国家层面继续教育的推行和协调工作，主要给予课题研究、财政、监督审查等支持和帮助。在韩国除了国家级的促进，还有省、直辖市级和市（县、区）级的多方支持，且为保证教育质量，国内终身教育机构的设立都需要经过严格的审查挑选，如终身教育中心、终身学习馆。经过多年发展，韩国从国家到地方逐渐形成了终身学习的大网络。

此外，韩国大力开发和提升公共图书馆建设与服务功能。公共图书馆的资源是提供终身教育的一个窗口，除了丰富的藏书数量、优质的学习环境，还可以提供各种公益性的系列讲座、举办文化活动，提升全民知识水平和文化素养。除公共图书馆外，韩国还大力支持博物馆、文化馆、活动中心等公共文化活动场所的兴建，这些非正式的教育机构为韩国全民终身教育发展起到积极的促进作用。

2. 多元教育发展

一是发展职业教育。随着经济的快速发展，与经济社会发展相配套的职业教育也越来越受到重视，《产业教育振兴法》（1963年）、《职业教育和培训促进法》（1996年）等相关法律中都对保障职业教育发展做了规定，保证其有序健康发展。此外，韩国也改革了职业资格证书制度，简化了资格等级审定，并给予了较多政策和资金支持，甚至多于普通高中，并在国立和私立机构之间引入合作竞争机制,最大化激发办学动力。多方措施下,产学研融合创新模式迅速建立起来,为经济社会发展提供优质的人才资源。

二是发展企业大学。针对因各种原因错过接受正规教育的学生,韩国成立了企业大学对在职人员进行岗位培训。企业大学原则上费用是由法人承担的,设立专属"企业教育发展基金",减轻了在职人员再教育的经济压力,企业大学的文凭已得到了广泛的认可,且达到一定规模经过许可后,可以转变为专科大学或相当于本科的终身教育学校。教学内容上,企业大学紧跟企业所需,教学重点是实用性极高的科学技术。韩国较多的大型企业都开办了自己的企业大学,如三星集团、LG集团、大宇集团等。

三是发展网络远程教育。韩国互联网业发达,用户数量居于世界前列,为网络远程教育的发展奠定了良好的基础。韩国法律保障公民受远程教育的权利,其好处在于不受时间和空间的限制,扩大受教育群体,照顾到特殊群体。《终身教育法》中明确规定,"根据《终身教育法》第22条,以远程教育形式存在的成人教育大学在办学方面享有与其他高等学校同等的待遇。毕业生可以作为其他同等高等学校的毕业生申请相应的学位"[①]。

3.高度重视农民教育与培训

与其他国家不同的是,韩国的继续教育高度重视农民群体,以培养专业的农民为目标,开展多方农民职业教育合作。韩国农民协会主要负责组织培训教育,提供最新的农业知识、农业技术、实践经验、管理经验等,农村生产力得到提升,农民收入也逐渐增加。农林部下的乡村振兴司是政府层面负责推进农民教育的部门,从农业、农村、农民等多方面开展工作。此外,韩国的大学也积极参与到农民教育与培训中,农民根据自己的需求自主选择,培训结束合格后可颁发大学授予的结业证书。多样化、个性化的农民教育培训服务有利于韩国整体经济实力的提升。

综上,继续教育的改革任重而道远,是培养与经济社会发展相适应的人才和提升国民综合素质的重要途径。继续教育的发展既需要国家层面的支持,制定相关政策和法律法规,也需要大学等机构树立大力发展继续教育的责任意识,创新办学体制机制,采用多种路径和方式方法创造社会在职人员接受学历和非学历继续教育的机会。要充分借鉴和学习国外继续教育的有益经验和优秀

---

① 杨芳.韩国终身教育体系研究[J].继续教育,2011,25(11).

做法，加快深化高校继续教育体制机制和实现路径的改革创新，构建更高水平的继续教育人才培养体系，促使我国继续教育发展焕发新的活力，更好地为国家经济社会发展和构建全民终身学习的教育体系服务。

## 第二节 国内继续教育发展概述

### 一、继续教育概念诠释

随着经济社会的发展，科学技术日新月异，越来越多的人认识到提高知识技能的重要性，国家也越来越重视继续教育，对继续教育提出了更高的希望和标准，继续教育的形式越来越多样化、内容越来越丰富、实践越来越深入。与此同时，继续教育概念的内涵和外延也在不断地泛化和扩展，随着经济社会的发展，经常会被赋予新的时代含义。

#### （一）继续教育概念的现状分析

关于继续教育的概念有很多，不同国家地区的学者在不同时期、从不同的视角对继续教育的诠释是不同的，其中最常提到的有"成人教育""继续教育"和"终身教育"等，这些概念在政府文件、学术著作及媒体报道中频繁出现，而且经常相互混用，容易造成一定的混淆。实际上，这三个概念之间不论从内涵还是外延都是有区别的，并且随着时代的发展，还会被赋予新的时代含义。笔者以"继续教育概念"为篇名或关键词，在中国知网数据知识服务平台共检索出23篇期刊论文，时间跨度集中在2001—2019年，学者们从多个视角和层面对继续教育概念进行了诠释和分析，讨论的焦点主要有以下三点。

1. 继续教育与成人教育、终身教育的关系

终身教育的含义最为广泛，包含成人教育和继续教育。也有学者提出"继续教育是成人教育中实施高层次教育的部分。成人教育包含继续教育，继续教育不能代替成人教育，两者也不是完全等同的"[①]。从概念涵盖的广度来讲，从大到小依次是终身教育、成人教育、继续教育。三者虽然在某些阶段或某些层面有一定的融合现象，但又存在差异，不能够替代彼此。

---

① 罗四清. 浅谈高校辅导员的角色领悟［J］. 湖北师范学院学报, 2014.

2. 继续教育的源头

有学者提出"继续教育是继学校教育之后的大学后教育，即继续教育必须是在前教育基础上的追加教育"。

1990年职工教育出版社出版的关世雄主编的《成人教育辞典》中提出：继续教育是"对受过大专以上高等教育和中级以上职称的专业技术人员和管理人员进行最新知识的教育活动"[①]。

3. 继续教育的对象是否在职

多数学者认为继续教育是指大学后人们的再教育，即指在职工作人员的再教育。也有学者认为继续教育是在前教育基础上的追加教育，是对前教育的进一步延伸，年龄上的"成人"不是继续教育的本质，而是"成人教育"的属性。这些观点上的不同和分歧，表明继续教育的复杂多样性，如果仅从年龄、类别、对象、起点去定义继续教育，难免会有失偏颇，但人们始终坚持对继续教育研究的探索和深化，使对继续教育的认识和定义更符合时代发展的特征，从而推动继续教育的发展。

**（二）继续教育核心概念**

1. 成人教育（Adult Education）

成人教育概念源于欧洲，1816年英国托马斯·波尔撰写的《成人学校的起源与发展》一书中最早使用了"成人教育"的表述，用来阐述有别于常规学校教育的成人学校的教学活动。成人教育在我国兴起于20世纪初，改革开放后成人教育得以蓬勃发展，1982年教育部正式成立成人教育司，这是成人教育在我国历史上首次被用来命名政府职能部门。在20世纪的相关文献综述中，涉及成人教育问题的基本上都是使用"成人教育"这一表述，且将继续教育包含在成人教育中。2002—2007年期间，在相关政策文件的表述中"成人教育"与"继续教育"这两个概念并行存在，没有包含关系；自2007年以后，"成人教育"这个名词逐渐淡化在人们的视野中，"继续教育"一词开始频繁出现。

对于成人教育的理解，多数是从对"成人"的界定出发来阐释的。成人教育是指对社会各类成年人实施的有组织的教育过程的全部，也就是说，只要是成年人，其所接受的教育都属于成人教育。但是，不同国家、地区或组织对"成人"的理解是不一致的，这就造成"成人教育"概念本身的不确定性和多样性。

---

① 关世雄. 成人教育辞典 [M]. 北京: 职工教育出版社, 1990.

成人教育代表着一种教育手段，对于成人教育的定义和理解，我们并不能简单地理解为"成人"与"教育"的结合，它是与基础教育、高等教育、职业教育等教育体系既有内在联系又有所区别的教育体系。联合国教科文组织国际教育委员会撰写的著名文献《学会生存——教育世界的今天和明天》中指出："成人教育可能有很多定义。对于今天世界上许许多多成人来说，成人教育是代替他们失去的基础教育。对于那些只受过很不完全的教育的人们来说，成人教育是补充初等教育或职业教育。对于那些需要应付环境的新的要求的人们来说，成人教育是延长他们现有的教育。对于那些已经受过高等训练的人们来说，成人教育就给他们提供进一步的教育。成人教育也是发展每一个人的个性的手段。"①由此可见，成人教育概念的外延相当广泛，既包括成人学历教育，也包括成人非学历教育，当中还蕴含着"继续教育"的意味。

2. 继续教育（Continuing Education）

继续教育的概念最初是在国外诞生的，最早出现于20世纪60年代的欧美发达国家，继续教育概念由美国的"继续工程教育"一词延伸和拓展而来，迄今已有100多年历史。最初的"继续工程教育"主要是对工程技术人员进行的再教育和培训活动，后来适用范围逐渐拓展和宽泛，通常指完成基础教育之后针对成人所进行的教育。

继续教育作为时代发展的产物，其概念和内涵也在随着时代变迁和经济社会的发展而变化，传统的定义已经不能适应当今社会对继续教育的需求，对继续教育概念的定义应该是一个不断发展变化的过程，经济社会的发展也将不断赋予其新的内涵。由于价值观和方法论的不同，不同学者对继续教育概念的理解有着明显的差异，存在多元化的观点，出现了很多不同的定义，使之成为一个"仁者见仁，智者见智"的过程。在继续教育历史发展过程中，常见的具有代表性的有关继续教育的定义有如下几种。

（1）我国教育部在《面向21世纪教育振兴行动计划》中指出："我国继续教育的重点是对大学专科以上学历或具有中级以上技术职称的在职专业技术人员和管理人员进行的教育活动。"②

---

① 联合国教科文组织国际教育发展委员会. 学会生存——教育世界的今天和明天［M］. 北京: 教育科学出版社, 1996.

② 王丽, 王晓华. 成人教育、继续教育与终身教育——概念的解读与辨析［J］. 继续教育研究, 2010.

（2）继续教育是"对已获得一定学历教育和专业技术职称的在职人员进行的教育活动。学历教育的延伸和发展，使受教育者不断更新知识和提高创新技能，以适应社会发展和科学技术不断进步的需要，是现代科学技术迅猛发展的产物"[①]。

（3）"继续教育在成人教育中作为一个术语，具有特定的含义，专指大学本科后的在职教育而言，包括理、工、农、医、文、法、管理等。大学本科教育在整个高等教育中已被列为'初始教育'，即它是基础，是起点，而继续教育则是初始教育的延伸、补充、扩大和发展。"[②]

（4）我国2010年颁发的《国家中长期教育改革和发展规划纲要（2010—2020年）》中明确指出，"继续教育是面向学校教育之后所有社会成员的教育活动，特别是成人教育活动，是终身学习体系的重要组成部分"[③]。

上述有关继续教育的定义虽然都有其局限性，但是它们有一个共同特点，即都提到了继续教育的起点。在美国，继续教育的起点是指在正规教育以后；联合国教科文组织定义的就更为广泛，针对不同的主题，教育的起点也不同，既可以是正规教育，也可以是知识的更新或补充；在中国，继续教育的起点由开始的"大学专科以上学历或具有中级技术职称"，逐渐过渡到后来的"大学本科"，统称为"初始教育"，继续教育的起点在不断地提高。由于继续教育是一个不断发展变化的过程，所以继续教育的起点也是随着社会、教育发展而变化的，不是一蹴而就，而应该与时俱进，可以看作一个辩证发展的过程，在不同的历史时期、不同国家地区都是存在差别的。与此同时，在终身教育体系框架下，我们对继续教育概念应持宽泛的理解，继续教育一般是指在完成某一段学业以后，为寻求某种专业技能或其他所需要的知识而继续学习的一种教育形式，可以是学历继续教育，也可以是非学历继续教育。

人类发展的终身性和可持续性是新时代对继续教育认识的前提，社会发展和技术进步暴露了一次性学校教育的弊端，学校教育越来越不能满足人们踏入社会之后不断发展的新需求，使得学校教育之外的继续教育得以盛行。此外，由于学校教育和继续教育边界的不确定性，使继续教育概念的内涵伴随国民基

---

① 顾明远. 教育大辞典 [M]. 上海：上海教育出版社，1991.
② 张维. 世界成人教育概论 [M]. 北京：北京出版社，1990.
③ 中共中央、国务院. 国家中长期教育改革和发展规划纲要（2010—2020）[EB/OL]. [2010-07-29]. http://www.moe.gov.cn/srcsite/A01/S7048/201007/t20100729_171904.html.

础教育的水平和层次的改变而不断地变化和发展。

3.终身教育（Lifelong Education）

终身教育思想博大精深，各国学者对终身教育的概念理解各持其说，不尽相同。终身教育概念最初是由法国著名成人教育家保罗·朗格朗于1965年在联合国教科文组织成人教育促进委员会第三次会议上提出的，随后受到了国际组织的积极响应，并首先在发达国家得以应用和推广。继续教育作为一种有别于传统教育的新型教育，最早出现于20世纪60年代的欧美发达国家，是"继续工程教育"概念的拓展和延伸。1979年，清华大学张宪宏把"继续教育"的概念引入国内。1983年，我国著名科学家和知名人士华罗庚、王大珩等人在第六届全国人民代表大会上共同提出开展并建立机构的倡议，得到政府的高度重视，并于1984年11月成立"中国继续教育工程协会"。①

在我国，1995年实施的《中华人民共和国教育法》（以下简称《教育法》）第一次用法律的形式确立了终身教育在我国教育事业中的地位和作用。《教育法》中明确规定"建立和完善终身教育体系""为公民接受终身教育创造条件"。据此，终身教育理念在20世纪90年代中期在我国得以确立。

结合终身教育思想的基本内涵，笔者认为终身教育是对人一生持续不断进行教育的要求和状况的概括。横向而言，它涵盖家庭教育、学校教育和社会教育等领域，包括个体的正规学习、非正规学习和非正式学习。纵向而言，从时间上来看，终身教育伴随人的一生，贯穿人生的婴儿期、幼儿期、少年期、青年期、中年期和老年期，也就是说，个体从出生开始学习，并一生持续进行；从效果上看，终身教育体现了促进人的一生追求自我发展、自我实现的完整过程，用我国的一句谚语来表达就是"活到老学到老"，生命尚存，学习不止，教育不停。从终身教育与继续教育的关系来看，终身教育包含了继续教育。

综上所述，成人教育、继续教育和终身教育三者在概念的外延和内涵方面有着诸多的包容和交叉，容易混淆。从内在逻辑上分析，成人教育、继续教育和终身教育又有着不可分割的联系，这也是不可否认的。但无论从外延上看还是内涵上讲，成人教育、继续教育和终身教育三者之间是有区别的，不能混为一谈。首先，根据受教育对象的年龄来界定，成人教育包含继续教育；根据教育的连续性来划分，继续教育包含成人教育。其次，随着整体社会文化水平的

---

① 周珽.多源流视角下中国继续教育政策变迁研究[D].上海：复旦大学，2014.

不断提升，以及受教育对象的多元化，成人教育与继续教育之间越来越相似。再次，成人教育、继续教育和终身教育三者又有着不可分割的联系，这也是不能否认的，联系总是以区别为前提的，但联系都是有差别的联系，没有差别就谈不上联系。从发展时间路线上来讲，终身教育是在成人教育和继续教育发展的推动下产生的教育理念；从包含关系上来讲，成人教育、继续教育共同包含在终身教育之中。

### （三）继续教育发展理念

我国继续教育发展遵循的理念包括终身教育理念、以人为本理念、质量至上理念、泛在学习理念和开放共享理念等。

1.终身教育理念

终身教育是持续人的一生的教育，这里的"人"是指愿意接受终身教育的所有人，不受年龄、性别、种族、贫富等的限制。终身教育突破了正规学习的框架，把教育看成了人的一生中连续不断的学习过程，在终身教育的推动下，继续教育呈现普及化和终身化的趋势。

2.以人为本理念

以人为本，是科学发展观的核心。继续教育作为促进人自身和谐发展的重要途径和方式，在以人为本理念的指引下，需要以学习者为中心，围绕人的发展需要和个性化需要，提供丰富多样的学习服务支持。

3.质量至上理念

质量至上理念就是以质量管理为中心，质量是继续教育发展的生命线。要切实提高继续教育的体系质量和教学质量，从而提高继续教育整体质量。优质的继续教育通常具有这些特点：办学理念先进、人才培养模式清晰、质量标准明确、专业设置合理、制度建设完善、资源平台完备、经费投入有保障等。

4.泛在学习理念

继续教育应遵循泛在学习的基本原则，为学习者提供实用而便捷的学习服务，使学习者能在任何时间、任何地点、以任何能够使用的方式获得个性化、高质量的学习资源，参与继续教育学习。

5.开放共享理念

开放和共享是国家"十三五"规划提出的"五大发展理念"中的重要内容。伴随着教育国际化和信息化步伐的加快，我们要大力推进继续教育资源的开放和共享，扩大继续教育领域的合作空间，促进新时期继续教育顺利实现转型。

## 二、国内继续教育发展历程

2010年，中共中央、国务院印发《国家中长期教育改革和发展规划纲要（2010—2020年）》，首次明确定义继续教育的基本内涵——"继续教育是面向学校教育之后所有社会成员的教育活动，特别是成人教育活动，是终身学习体系的重要组成部分"，强调要"加快发展继续教育"，规定各类继续教育的发展任务，即"以加强人力资源能力建设为核心，大力发展非学历继续教育，稳定发展学历继续教育"，建立健全继续教育体制机制，构建灵活开放的终身教育体系，促进全体人民学有所教、学有所成、学有所用。[①]

### （一）继续教育内涵的变化

继续教育是现代工业社会的产物，兴起于英美等西方国家，后来逐渐在全球范围展开，并成为当今世界一种重要的教育理念和教育实践活动。世界各国、各地区的不同学者对继续教育的概念、内涵的表述众说纷纭，尚未形成统一的认识，认识的差异集中表现在对教育对象、教育内容和教育形式的界定等方面。尽管各国对继续教育的内涵理解有所不同，但都强调继续教育应该在社会成员接受或完成一定阶段的学校教育后，在其一生的进程中不断进行，以适应社会和人自身不断发展和进步的要求。从我国的国情出发，继续教育可以理解为面向已脱离了学校教育、进入社会的成员特别是成人的各种教育活动。[②]

结合实际，我国继续教育具有以下特点和内涵。

（1）继续教育的对象主要是成年人，是指已完成了某一阶段学业以后走上工作岗位的社会成员为寻求某种专业技能或其他所需要知识的教育活动。

（2）继续教育的形式可以是学历教育，也可以是非学历教育，正规教育抑或非正规教育，包括讲座形式、培训形式、进修形式、证书形式、学位形式或休闲形式等。

（3）继续教育的办学理念、体制机制、功能定位、办学模式、办学类型等

---

① 中共中央、国务院. 国家中长期教育改革和发展规划纲要（2010—2020）[EB/OL]. [2010-07-29]. http://www.moe.gov.cn/srcsite/A01/S7048/201007/t20100729_171904.html.

② 郝克明. 学习型社会建设的重要支柱——中国继续教育的发展[J]. 中国教育科学, 2014.

与传统教育存在很大差别，继续教育是开放共享、灵活开放、多元化、"互联网+"等背景下的终身教育，最大限度地满足不同社会成员多样化的学习需求。

4. 继续教育采用双轨并进、多元并举型的发展模式。"双轨并进"指的是既有补充文凭教育又有职业继续教育；"多元并举"指的是拥有学校、党政机关、政府、企业机构、工会和民间机构等全社会广泛参与的多元化格局的办学主体。

**（二）继续教育的基本任务**

（1）对从业人员以及具有创业、择业、转岗需求和待业、失业的人员开展相应的职业技能和岗位培训，使他们在政治思想、职业道德、文化知识、专业技能和实际运用能力等方面达到岗位规范和职业能力的要求。

（2）对未达到中等或高等文化程度和专业水平的从业人员开展相应的专业和学历教育。

（3）对社会成员开展丰富多彩、形式多样的科技文化、文明生活和休闲文化的教育，建设文明、健康、科学的生活方式，提高生活品质，满足人们日益增长的精神文化需求等基本任务。

**（三）办学主体、办学规格和办学类型**

我国继续教育是涉及全社会的事业，人数多、范围广、内容丰富、形式多样，必须充分发挥各级政府、各行业部门和社会各方面力量的积极性，共同办学。因此，继续教育拥有高校、政府和全社会广泛参与的多元化办学主体，其办学理念、体制机制、功能定位、办学模式、办学类型、办学方法等与传统教育存在很大差别，呈现多样化态势。

我国继续教育包括学历继续教育和非学历继续教育两大类。学历继续教育包括中专、专科、本科和研究生等不同层次规格，在部分普通高校和成人高校开设专科、本科和研究生课程，使在职人员通过一定的学习进修取得更高层次的学历文凭。非学历继续教育包括在职人员岗位培训、职业能力培训、职业资格证书教育、"专业证书"教育等职业导向的非学历继续教育，以及面向基层、面向社区，丰富多彩、形式多样的社会文化生活教育等。

我国继续教育的办学类型和形式也是多种多样的，建立了多序列的教育培训体系，形成了以各级各类学校为主体的继续教育办学与服务体系；构建了以岗位培训为重点，由业务部门、行业主导的继续教育办学与服务体系；探索了城乡社区教育和学习型社会学习服务体系建设；发展了多元化社会培训机构网络，并逐步成为我国继续教育办学和服务体系的有益补充。

改革开放四十多年来，随着我国经济的发展和社会的进步，继续教育得到长足发展，取得了巨大的成就。

### （四）继续教育蓬勃兴起

我国继续教育起步相对较晚，1979年，我国代表参加在墨西哥举办的世界继续教育工程教育大会后，继续教育的概念才被引入国内，并逐步被借鉴和吸收。最初继续教育是包含在成人高等教育中，特指大学及大学后的继续教育，是成人教育的高层次部分。1983年，我国著名的科学家华罗庚、王大珩等人在第六届全国人民代表大会上共同提出开展继续教育并建立机构的倡议，受到中央政府的重视，于1984年11月，在北京成立"中国继续教育工程协会"。清华大学继续教育学院也于1984年成立，为我国首家继续教育办学机构。[①]1986年，全国人大六届四次会议关于"七五"规划的报告明确指出"要逐步建立和完善对科技人员继续教育的制度"，第一次把继续教育列入政府工作的范畴。改革开放的浪潮搏击各行各业，为了更好地适应经济社会发展，1987年12月颁发的《关于开展大学后继续教育的暂行规定》提出："大学后继续教育的对象是已具有大学专科以上学历或中级以上专业职务的在职专业技术人员和管理人员，重点是中青年骨干。"[②]此时，继续教育的对象就从工程技术人员扩大到了专业技术人员，继续教育的范围已扩大到所有的科技人员和管理人员，促进并形成了我国各个领域继续教育齐头并进的良好态势，为我国的经济建设做出了重大的贡献。

函授教育、夜大学（业余）教育迅速发展。在20世纪50年代新中国成立初期，为了使刚走上社会主义建设领导岗位的一大批工农干部更好地适应新的岗位要求，1950年中国人民大学最早开办了马列主义夜大，成为我国最早的成人高等教育形式。随后，1952年在中国人民大学、1953年在东北师范大学开始开展函授教育，并逐步扩展到理、工、农、医、文、财经、政法、管理等学科领域，其中师范函授教育发展的规模最大、速度最快。随着改革开放的步伐，普

---

① 周蜓. 多源流视角下中国继续教育政策变迁研究 [D]. 上海：复旦大学，2014
② 国家教育委员会，国家科学技术委员会，国家经济委员会，劳动人事部，财政部，中国科学技术协会. 关于开展大学后继续教育的暂行规定 [EB/OL]. 1987-12-15.

通高等学校函授、夜大学（业余）以及独立设置成人高校相继恢复和发展，满足国家发展对人才的需求，学历补偿教育逐渐成为成人高等教育的主要任务之一。1978年"文革"结束，普通高校逐步恢复办学和招生，相继建立了成人教育机构，通过夜大和函授等多种形式，开展学历补偿性质的成人高等教育。

高等教育自学考试应运而生。高等教育自学考试是一种个人自学、社会助学和国家考试相结合的高等教育形式，始于1981年，最初是在北京、天津、上海、辽宁开始试点，1983年面向全国推广开来。高等教育自学考试制度从建立至2000年主要经历了两个发展阶段：第一阶段是从1981年至1988年的学历教育补偿阶段，自学考试为大批被"文革"耽搁的一代人提供了学习机会，缓解了"青年要上学，干部要学历，国家要人才"的社会矛盾；第二阶段是从1989年至2000年的高等教育补充阶段，这一阶段的自学考试很大程度上为高考落榜生提供了接受高等教育的机会，缓解了"千军万马过高考独木桥"的社会矛盾。为促进青年同志自学成才，教育部研究出台了《高等教育自学考试试行办法》，高等教育自学考试制度的建立为更多的社会人员提供了业余自主学习、参加国家考试的机会。

非学历干部培训教育逐步崭露头角。1990年颁布的《关于普通高等学校举办非学历教育管理暂行规定》中提到非学历教育包括大学后继续教育和其他各类培训、进修、辅导（不含以获得高等教育自学考试毕业证书为目的的自学辅导）等。1996年，教育部在教育"九五计划"中，提到要重视入职前后的各类培训和继续教育工作，通过终身教育将各阶段的教育衔接起来，构建面向21世纪的现代教育体系。这也是首次明确提出要重视非学历培训教育。2002年党的十六大报告中指出："要加强职业教育和培训，发展继续教育，构建终身教育体系。"2003年《中共中央、国务院关于进一步加强人才工作的决定》中提到"构建中国特色的终身教育体系，加强各类人才的培训和继续教育工作"。2007年，党的十七大报告指出："发展远程教育和继续教育，建设全民学习、终身学习的学习型社会。"[①]2012年，党的十八大报告中强调："积极发展继续教育，完善终身教育体系，建设学习型社会。"[②]2017年，党的十九大报告提

---

① 胡锦涛. 高举中国特色社会主义伟大旗帜 为夺取全面建设小康社会新胜利而奋斗——在中国共产党第十七次全国代表大会上的报告[M]. 北京：人民出版社, 2007.

② 胡锦涛. 坚定不移沿着中国特色社会主义道路前进 为全面建成小康社会而奋斗——在中国共产党第十八次全国代表大会上的报告[M]. 北京：人民出版社, 2012.

出："办好继续教育，加快建设学习型社会，大力提高国民素质。"[1]在这一系列政策指引下，我国继续教育办学中心逐渐转移到发展非学历教育方向，非学历教育已经成为继续教育办学的主要形式，也为继续教育体系健全和多元化办学格局的形成做出了重要贡献。

#### （五）继续教育调整改革

进入21世纪，科学技术日新月异，社会发展瞬息万变。在新时代背景下，党和国家全面深化各领域改革，经济转型步入重要战略时期，社会对人才的需求呈现多元化、层次化的态势，人的学习已经不是一次学完就能适应这种变化，需要不断学习。新时代赋予了继续教育新的内涵和担当，人民群众接受多样化、高质量高等教育的需求与日俱增，高等教育从精英化走向大众化，继续教育发展的机遇和挑战并存。作为培养可持续发展型人才的主战场，继续教育在推动国家经济发展、提高人口素质方面扮演着极其重要的角色，是实现人的全面发展和构建学习型社会的重要途径。从《国家中长期教育改革和发展规划纲要（2010—2020年）》提出"加快发展继续教育"到《国家教育事业发展"十三五"规划》中提出"大力发展继续教育"，再到党的十九大报告提出"办好继续教育，加快建设学习型社会"，反映了国家对于继续教育发展要求的换挡升级，也体现出在我国教育现代化发展战略中对继续教育的重视度越来越高。

相关教育政策的颁布和推动是继续教育发展的必要外部条件。党的十八大报告中强调"积极发展继续教育，完善终身教育体系，建设学习型社会"。党的十八届三中全会审议通过的《中共中央关于全面深化改革若干重大问题的决定》，提出要"深化教育领域综合改革，推进继续教育改革发展"；为社会提供终身教育服务，促进终身学习的社会化，实现有教无类、因材施教、终身学习、人人成才的"中国教育梦"，这无疑会成为高校义不容辞的职责和推进高校高等教育改革的一种动力。普通高校在举办普通高等学历教育培养人才的同时，也要集中力量大力发展面向全体社会成员的继续教育，办好继续教育，加快建设学习型社会，大力提高国民素质。

根据党的十七大关于"优先发展教育，建设人力资源强国"的战略部署，

---

① 习近平. 决胜全面建成小康社会　夺取新时代中国特色社会主义伟大胜利——在中国共产党第十九次全国代表大会上的报告［M］. 北京：人民出版社，2017.

2010年颁布的《国家中长期教育改革与发展规划纲要（2010—2020年）》将继续教育单列一章，明确提出"加快发展继续教育，建立健全继续教育体制机制，构建灵活开放的终身教育体系，大力发展教育培训服务，统筹扩大继续教育资源"①。第一次从国家政策层面系统阐述了"继续教育"的概念、内涵和任务，转变了人们一度认为的"成人教育包含继续教育"的观念，极大地推动了成人教育和继续教育的发展。同时，也肯定了继续教育在构建终身教育体系中的突出作用，明确了发展继续教育的具体措施和保障条件。《国家中长期教育改革与发展规划纲要（2010—2020年）》还将继续教育与学前教育、义务教育、高中阶段教育、职业教育、高等教育、民族教育、特殊教育并列为教育的八项发展任务之一，到2020年，基本形成学习型社会，进入人力资源强国行列的战略目标。②

在建设高等教育强国的背景下，教育部印发的《关于全面提高高等教育质量的若干意见》中提出要"加快发展继续教育，推进高校继续教育综合改革，引导高校面向行业和区域举办高质量的学历和非学历继续教育"，这为我国高校继续教育的综合改革和发展指明了方向。

"十三五"时期是全面建成小康社会的决胜阶段。为加快推进教育现代化，2017年国务院印发的《国家教育事业发展"十三五"规划》中明确指出"建立面向全民的终身学习成果认证、积累与转换公共服务平台"，"全民终身学习机会进一步扩大，形成更加适应全民学习、终身学习的现代教育体系，现代职业教育体系更加完善"，"大力发展继续教育，加快构建终身教育制度，加强继续教育平台建设，统筹扩大继续教育服务"。从而提高继续教育的参与率，使学习型社会建设迈上新台阶，这是"十三五"时期我国教育改革发展的行动纲领。

2017年党的十九大提出"办好继续教育，加快建设学习型社会，大力提高国民素质"新要求，做出了"中国特色社会主义进入新时代，我国社会主要矛盾已经转化为人民日益增长的美好生活需要和不平衡不充分的发展之间的矛

---

① 中共中央、国务院. 国家中长期教育改革和发展规划纲要（2010—2020）［EB/OL］.［2010-07-29］.http://www.moe.gov.cn/srcsite/A01/S7048/201007/t20100729_171904.html.

② 中共中央、国务院. 国家中长期教育改革和发展规划纲要（2010—2020）［EB/OL］.［2010-07-29］.http://www.moe.gov.cn/srcsite/A01/S7048/201007/t20100729_171904.html.

盾"的重大论断。①新时期高等继续教育领域的主要矛盾集中在人民日益增长的终身学习需要和高等继续教育不平衡不充分发展之间的矛盾。一方面，因社会经济发展、科技进步、自我职业技能提升等原因导致人民群众的终身学习的需求尤为迫切，广大人民群众对优质高量的高等继续教育的需求日益增长；另一方面，我国高等继续教育在各类教育中仍然是薄弱环节、突出短板，现有关于继续教育的各种政策法规还不健全，对继续教育的宏观指导和全面规划还没有完全建立，还有继续教育本身也存在重规模轻质量、重经济效益轻社会效益等问题，导致高等继续教育发展存在不平衡、不充分等现象。所以，要办高等继续教育必须要以提升质量为前提，这也是建设教育强国、实现教育现代化的基本前提。

2018年4月，教育部印发《教育信息化2.0行动计划》（教技〔2018〕6号），提出要办好网络教育，积极推进"互联网+教育"发展，加快教育现代化和教育强国建设，主要提到三点主要任务："三通"提效增质、两平台融合发展；教育信息化从融合应用向创新发展演进，全面提升师生信息素养；构建一体化的"互联网+教育"大平台，引入"平台+教育"服务模式，整合各级各类教育资源公共服务平台和支持系统，逐步实现资源平台、管理平台的互通、衔接与开放，建成国家数字教育资源公共服务体系。②

2019年2月，中共中央、国务院印发了《中国教育现代化2035》，中共中央办公厅、国务院办公厅印发了《加快推进教育现代化实施方案（2018—2022年）》等一系列政策和规则，不仅从顶层设计层面搭建了中国教育现代化的"四梁八柱"，更从改革落实层面勾画出清晰的"时间表"和"路线图"。特别是全面阐述了到2022年和2035年的教育现代化总体目标，明确要求建成服务全民终身学习的现代教育体系，实现各级各类教育纵向衔接、横向沟通。在建设教育强国的道路上，哪一类教育都不能落下，要真正实现中国教育的现代化，也不能缺失继续教育的现代化，办不好继续教育，人民对教育的整体满意度就会下降。对此我们要有清醒的认识，明确自身肩负的职责和使命。然而，在各类教育中，继续教育还属于薄弱环节，如期实现教育现代化的任务还很艰

---

① 国家教育委员会, 国家科学技术委员会, 国家经济委员会, 劳动人事部, 财政部, 中国科学技术协会. 关于开展大学后继续教育的暂行规定[EB/OL]. [1987-12-15].

② 教育部. 教育信息化2. 0行动计划[EB/OL]. [2018-04-18]. http://www.moe.gov.cn/srcsite/A01/S7048/201007/t20100729_171904.html.

巨，需要适应新形势新变化，推动继续教育规范与创新。在指导原则上，我们要以习近平新时代中国特色社会主义思想为指导，以"两个一百年"奋斗目标和"五位一体"总体布局为引领，以改革创新为动力，以现代信息技术为支撑，全面推进继续教育现代化。在发展方向上，坚持"更多供给""更高质量""更优制度""更新技术""更全保障""更强治理"。

上述一系列方针政策可以视作政府重视发展继续教育的表征，构成了高等继续教育发展的政策红利。这对高等继续教育来说，是千载难逢的机遇，更是前所未有的挑战。高等继续教育机构要珍惜并抓住这一宝贵机遇，科学规划顶层设计，完善办学体制机制，积极推进继续教育综合改革，促进继续教育在新时期乃至更长时期科学快速发展。

**（六）新时期继续教育转型创新**

随着知识经济的迅猛发展，党和国家高度重视人才，将人才资源提升到最重要的战略资源这一高度，并提出了要实施"科教兴国"战略和"人才强国"战略，强调加快构建终身教育体系、促进学习型社会的形成，这些为继续教育的发展提供了理论依据和现实支持。当前，继续教育在我国受到前所未有的重视，如2010年《国家中长期教育改革和发展规划纲要（2010—2020年）》提出的到2020年基本形成人人皆学、处处可学、时时能学的学习型社会；2006年中共中央颁布《干部教育培训工作条例（试行）》，提出大规模培训干部队伍，大幅度提升干部素质，构建学习型政党；各单位也纷纷制订各类《专业技术人员继续教育条例》，继续教育工作被许多政党机构和企事业组织提上了重要日程，这必将大大促进继续教育的发展。与此同时，继续教育也肩负着重要的历史使命，面临着转型发展的更高要求，主要有以下几个。

1.建立和完善灵活开放的终身教育体系

终身教育体系主要包括学校教育和继续教育两大部分，重点发展高层次的大学后继续教育，发展和规范教育培训服务，统筹扩大继续教育资源，鼓励学校、科研院所、企事业单位等相关组织开展继续教育。大力发展非学历继续教育，稳步发展学历继续教育，积极、稳妥发展现代远程教育，搭建终身教育"立交桥"，促进普通教育、继续教育、职业教育等各级各类教育纵向衔接、横向沟通，建立终身学习网络和服务平台，为社会成员提供多次学习机会和途径，满足个人多样化的学习和发展需要。建立继续教育学分积累与转换制度，实现不同类型学习成果的互认和衔接，努力为建设与世界一流大学相称的继续教育新体制奠定必要的基础。

2.建立健全继续教育保障机制

推动继续教育相关法律政策的建立和整合，政府成立跨部门继续教育协调机构，统筹指导继续教育发展。建立健全继续教育激励机制和质量评价机制，健全继续教育经费投入保障制度与机制，切实把加快发展继续教育摆在更加重要的战略位置，动员各方参与，研究制定政府、企业和个人共同分担的政策，强化对继续教育的统筹和协调，为继续教育发展提供有效的体制机制保障，促进继续教育的持续健康发展。

3.着力提高继续教育质量

全面提高学历继续教育的质量，建立宽进严出的学习制度，办好开放大学，改革和完善高等教育自学考试制度，建立和完善继续教育质量监测评价体系，搭建远程开放继续教育及公共服务平台。加强高等学历继续教育专业建设，细化工作措施，完善工作机制，合理控制招生规模，调整优化专业布局，健全专业建设评价、检查和评估机制，突出办学优势和特色，保证人才培养质量，办好新时代高等学历继续教育。把握继续教育运行规律，充分利用云计算、大数据、物联网等新技术的教学理念、资源建设和管理模式，积极开展继续教育的互联网学习模式，促进新技术与继续教育的融合发展。

**（七）高校在继续教育中发挥的作用**

高校继续教育是高校人才培养和社会服务体系不可或缺的重要组成部分，和本科生教育、研究生教育一起构成高校的人才培养体系。我国高校继续教育于20世纪50年代开始起步，经过多年的发展，形成了多层次、多形式的办学体系，在不同历史阶段发挥了不可替代的作用和价值。在我国经济发展方式转变、产业结构调整、人力资源强国和学习型社会建设中发挥着重要作用，是实现国家富强、民族振兴、人民幸福的中国梦的重要支撑。

1.探索和起步阶段

新中国成立初期到"文化大革命"前的17年（1949—1966年），针对当时文盲占人口总数80%以上的具体情况，国家将工农教育列为继续教育工作的重点，各种类型的工农干部教育、职工教育、农民教育得以广泛开展，此时的高校继续教育尚处于探索和起步阶段。为了积极发挥高校的优势，国家提出通过创办函授教育和夜大学等方式满足工农干部进一步提升文化素养和业务水平的需求，成人高等教育成为那一时期高校继续教育的主要形式。1963年，教育部印发《关于全日制高等学校举办的函授部和夜大学人员编制的暂行规定》，明确函授部和夜大学应用单独的人员编制，并且规定了函授部、夜大学的行政干部定额。高校继续教育得到了进一步的制度保障。到1965年年底，各类业余高等学校共有964所，在校生人数超过41万人。

"文化大革命"十年，高校继续教育发展进入停滞状态。

2. 成长和发展阶段

1977年至1998年是我国高校继续教育成长和发展壮大的时期。这一阶段，我国进入改革开放和集中力量进行社会主义现代化建设的新时期，国家发展需要大量人才，社会学历补偿需求激增，高校继续教育规模不断扩大，并呈现多样化发展的趋势。

"文革"期间被迫中断的高等函授教育、夜大学教育再度发展壮大。1980年，国务院批准教育部下发的《关于大力发展高等学校函授教育和夜大学的意见》提出"积极恢复、大力发展"高等函授教育和夜大学的方针，并将函授、夜大学教育纳入高等教育事业计划。国家大力发展高等函授教育与夜大学的决心促进了成人高等教育的蓬勃发展，普通高校先后恢复了成人高等教育。到1998年，成人高等学校共有960多所，大部分普通高校都举办了函授、夜大，在校生人数达282.22万人。与此同时，一种新的成人高等教育形式——全日制成人脱产班也应运而生，特别是2000年前后，许多普通高校相继开始举办全日制成人脱产班，其人才培养质量和社会认可度较高，曾一度成为很多高考落榜生的优先选择。

高等教育自学考试制度的兴起，触发了全社会继续教育的学习热潮。1981年1月13日，国务院批准教育部《关于高等教育自学考试试行办法的报告》，决定建立高等教育自学考试制度。该试行办法规定，凡属中华人民共和国公民，不受学历、年龄的限制，可以自愿申请，由各省、直辖市、自治区根据不同情况，采取不同的方式组织考试，自学考试委员会给考试合格者颁发单科成绩证明书或毕业证书，国家承认其学历，不受在职或业余的限制。高等自学考试作为教育制度的创新，为广大求学者开辟了一条方便灵活的学习道路，极大地推动了我国高等教育事业的发展。

高校非学历继续教育开始蓬勃发展。党的十三届三中全会以后，为适应"四个现代化"建设需要，高层次岗位培训和非学历继续教育开始受到高校的重视。虽然这一时期非学历教育在高校继续教育的总规模中所占份额不大，但却显示了极强的生命力和活力，成为高校继续教育未来发展的最强有力的增长点。

3. 变革和转型阶段

1999年起，高校继续教育进入机遇与挑战并存的转型阶段。互联网技术的发展引发高校继续教育变革浪潮。1999年3月，教育部批准清华大学、浙江大学、湖南大学、北京邮电大学四所高等院校开展远程教育试点；到2002年2月，教育部先后批准61所普通高等院校开展远程教育试点，加上中央电大、"首批四校"和2003年批准的东北师范大学，全国共有68所试点高校举办网络教育，从此进入网络教育兴起并逐步成为高校高等学历继续教育发展新的主力军阶段。基于网络教育在学习时间、空间上的灵活性，越来越多的继续教育学习者开始选择网络教育，分流了相当一部分传统成人高等学历教育的生源。为了吸引更多的生源，如何妥善处理工学矛盾成为摆在传统高等学历继续教育面前的首要问题，这些高校开始尝试改变以面授为主的教学模式，将网络技术手段引入教学中，采用混合模式的教学，提升学习方式的灵活度，各种类型的在线学习平台不断涌现，网络手段开始广泛应用于各种类型的继续教育中。

高校非学历培训教育的复合功能逐步彰显。随着普通高等教育在1999年起大规模扩招，高等学历继续教育的学历补偿教育逐步走向下滑局面，以职业素养提升为目的的大规模、周期性的非学历培训教育成为高校继续教育新的增长点。2001年，首次提出要"构建终身教育体系，创建学习型社会"的目标。继续教育是构建学习型社会不可或缺的组成部分，高校继续教育也必须从建设学习型社会的高度重新审视自己的定位，主动应对社会需求的变化。近年来，中央对干部培训工作高度重视，每五年印发一次干部教育培训规划，对党政机关和企事业单位各级干部都提出了年度学习要求，并对学时做出了具体规定，因此全国各级各类干部培训需求量非常大。目前，越来越多的高校为适应新形势的发展，在稳定发展学历继续教育的基础上，大力发展非学历培训教育和远程在线教育，以中短期培训为主的非学历培训教育已成为各大高校继续教育发展新的增长点，不断创新办学模式，高校继续教育的内涵、理念、方式和手段正在发生深刻的变化。

### （八）高校继续教育发展现状分析

知识更新速度的加快和现代化信息时代的到来，使终身教育理念深入人心，国家逐步提升继续教育的战略地位，构建学习型社会、建设全民学习的终身教育体系成为当今实施人才强国战略的重要举措，使得我国高校继续教育事业得以快速发展。高校继续教育在面临空前机遇的同时，也存在严峻的挑战，是机遇与挑战共存的局面。

1.高校学历继续教育面临生源和质量双重危机

我国继续教育以"学历补偿"为主的时代已经过去，学历继续教育的地位日益边缘化，生源数量迅速下滑，以至于学历继续教育"取消论"再度蔓延，近些年包括清华大学、北京大学等在内的高水平大学相继宣布不再举办学历继续教育，把更多的精力和目光聚焦在非学历继续教育市场。

目前，高校学历继续教育包括函授、夜大学、网络教育、高等教育自学考试、开放教育等多种类型。在众多学历继续教育中，只有成人教育（函授、夜大学）是有入学门槛的，需要通过全国成人高考入学考试，达到各省成人招生办统一规定的录取分数线后方可被志愿学校录取。但是由于近年来成人高考报名人数大幅下降，绝大多数高校的录取线只需达到最低控制线即可录取。而网络教育和高等教育自学考试根本就没有统一的入学考试，生源质量无法得到保障。

高校学历继续教育人才培养质量方面也是存在诸多问题和风险的，效果不容乐观。从专业设置来讲，为了追求经济效益，大部分高校没有根据学历继续教育学生生源质量和在职学习的特点制订专业培养方案，多是全日制普通高等教育相应专业培养方案的缩减版；从师资力量来看，经费投入不足，很多高校安排研究生来完成学历继续教育的教学任务，并且从学生自身角度讲，很多学生只是单纯地想取得一纸文凭，学生到课率非常低，教学质量难以保障。

2.非学历继续教育已成为我国高校继续教育新的主力军

一方面，由于普通高校教育的不断扩招，高等教育进入大众化阶段，高校继续教育的学历补偿功能逐渐弱化，各类学历继续教育的入学率持续走低；另一方面，随着经济社会发展和终身教育理念的深入推广，继续教育需要多元化的办学格局，为进一步满足人民日益增长的美好教育愿望，非学历继续教育开始频繁出现在人们的视野中，并成为继续教育的主要形式之一，这也是终身教育发展的必由之路。近年来，无论从招生规模还是增长速度来看，非学历继续教育都已成为高校继续教育新的增长点，而且将在今后高校继续教育的发展中占据更大的市场份额。

各高校间的非学历继续教育发展不均衡。一些"双一流"高校，依托雄厚的师资力量、学科特色和灵活的体制机制，已经建立起一套较为成熟的非学历培训体系，拥有相对稳定的培训资源，培训规模和培训效益都相当可观，同其他一些高校已经拉开了相当一段距离。比如，浙江大学以合作共建方式获得了14个继续教育培训基地资质并开发了继续教育项目2000余个，每年办班超过5000个，每年培训学员达30万余人次；中央财经大学2019年共完成了484期国内高端财经培训项目，共有4万余位国内政府官员、事业单位管理者等参加了培训；上海财经大学年培训项目超过200期，年培训学员约2万人次。

3. 高校继续教育面临的新挑战

回顾我国高校继续教育的发展历程和功能变迁史，可以看出，高校继续教育在任何一个历史阶段都是我国教育事业的重要组成部分，在终身教育体系中发挥着不可替代的作用。当前高校继续教育所处的宏观背景复杂多变，各方对继续教育的需求日趋多样，继续教育的发展在面临空前机遇的同时，也存在一些问题和挑战。

（1）部分高校对继续教育重视程度不够。我国继续教育发展历史较短，发展速度较快，许多高校继续教育的观念和意识尚未完全更新，思想观念陈旧、重视程度不够，对继续教育工作长期缺乏正确的定位；再加上目前"双一流"建设的高峰，很多高校担心继续教育会抢占学校的教学资源，学历继续教育会拉低学校的档次，影响学科建设的发展，因此对发展继续教育积极性不高，还有些高校只是将继续教育作为学校创收的副业，缺乏长远的顶层设计。

在适应社会、走向市场方面做得不够开放，高校继续教育没能与市场需求有效接轨，新兴教育机构和企业大学等严重掠夺或挤占生源严重，其发展空间不断被压缩；大多高校对继续教育的理论和实践研究较少，没有形成专业性极强的理论成果来科学地指导继续教育的实践与发展。

（2）国家相关政策法规还不健全。在各级各类教育中，继续教育仍然是薄弱环节、突出短板。我国现有关于继续教育的各种政策法规还不健全，对继续教育的宏观指导和全面规划还没有完全建立，这也使得继续教育的发展举步维艰。目前除了上海市、福建省、河北省等少数地区出台了地方性终身教育法规外，大多数地区的终身教育法处于缺位状态，即使出台了相应的法律法规，在执行过程中也会面临着保障机制缺失等诸多问题。

各高校涉及继续教育的管理制度也有待进一步完善。一是缺乏与继续教育配套的教学服务、后勤保障、财务管理等方面相适应的规章制度和激励政策；二是缺少管理抓手，难以把控继续教育办学过程，防范办学风险；三是培训办学管理制度有待健全，涉及工作流程、合同管理、师资管理、班级管理、教学管理等方面。

（3）传统教学管理方式需要升级。教育现代化对继续教育提出新的使命要求，传统教学和管理实施模式已经严重落后于当前社会的科技发展水平，缺乏开放性、灵活性和针对性，亟待升级改造。在线教育发展已成为世界趋势，继续教育的手段已向多样化、信息化方向发展，而传统体制机制下的高校继续教育则发展缓慢。信息化水平有待进一步提高。包括信息化综合管理系统、数字化课程资源管理系统和服务平台均未建成，管理方式信息化水平较低，不能为学习者提供便捷、灵活、个性化的学习环境，工学矛盾依旧紧张；未能创新教学及支持服务模式，包括多样化教学及支持服务模式、混合式教学模式、实践教学师资建设和建立时间教学评估制度。

（4）学历继续教育地位日益边缘化。首先，继续教育以"学历补偿"为主的时代已经过去，学历继续教育的地位日益边缘化，生源数量迅速下滑，以至于学历继续教育"取消论"再度蔓延。其次，很多高校学历继续教育没有对高等教育大众化带来的冲击有充分的思想认识，学历继续教育没有主动去解决我国高等教育普及化发展所带来的挑战，多数高校为了保持规模，只是一味地降低入学门槛和录取分数线，从而影响继续教育的质量，进入恶性循环，导致高等职业教育大幅扩招，普通高等教育不断挤压学历继续教育的办学空间。

（5）经费投入不足，办学硬件急需大力改善。多数高校对继续教育经费投入采取自给自足的方式，经费支持上缺少有效保障，制约了继续教育的发展，进而限制了继续教育规模水平。一些高校非学历培训教育的相关硬件设施条件较差，供培训使用的教室、宿舍、食堂、运动场地等教育资源匮乏，培训学员对学校的培训教育办学的硬件条件意见很大，普遍认为学校当前的硬件条件不足，这严重制约了培训教育的规模扩大和效益提高。

（6）成人学习者对继续教育提出了更高要求。伴随社会多元化的不断发展，成人学习者个体的需求、企业的需求及整个社会的需求日益呈现出多层次、多样性，这就要求继续教育必须为此提供多元化服务，在教学设计、教学内容方式、教学管理等方面不断进行创新，要求学历继续教育要尊重知识和文化的多样性，重视人文主义办学理念。特别是从提高非学历教育供给侧质量的角度，加快促进我国从人力资源大国转变为人力资源强国，这个方面还有很多工作需要做。

## 三、继续教育成就与贡献

### （一）国内继续教育的成就与贡献

20世纪70年代以来，尤其是近些年来，在中央和各级政府以及全社会的共同努力推动下，我国继续教育取得突破性进展，为提高国民素质、人才培养、提高从业人员的知识技能水平，加快形成全民学习、终身学习的学习型社会，促进我国经济的持续快速发展和社会的进步做出了巨大贡献。

1.继续教育为广大人民群众提供了合适的学习及发展机会

面对知识更新周期的缩短和科技迅速发展的新形势，广大在职职工对相关新知识、新技能的继续深造和培训有了更为迫切的需求，他们对继续教育的自觉性和积极性有了很大的提高，通过继续教育学习进一步提高自身的综合素质和专业水平，提升自身的竞争力，增强服务经济和社会发展的能力。

继续教育为因各种原因失去进入高等学校学习机会的社会成员提供了接受高等教育的机会，为数以万计已经走上工作岗位的从业人员和其他社会成员提供提升知识水平和学历水平的平台，一定程度上满足了广大学习者对接受高中阶段教育和高等教育的需求。同时，以丰富人民的精神文化生活和提高生活质量为主要内容，满足社会成员不同的学习需求，各种形式的继续教育也逐渐蓬勃发展，如老年人的学习教育活动，全国有成千上万的老年人参加老年教育机构的各种形式的学习，以丰富老年生活。

2.继续教育提供方式更加多样灵活，更好地满足了受教育者的需求

随着现代信息技术的高速发展，运用信息技术和网络等多种手段推进继续教育的发展取得显著成效，为广大受教育者提供了更多的选择和更为便捷的学习方式。首先，依托成熟的互联网、数字卫星网、广播电视网等远程教学管理

平台的搭建和发展，使继续教育优质资源得以开放与共享，数字化教育资源建设得以迅速提升，逐步为我国社会成员时时处处进行继续教育学习创造机会和条件。其次，积极推动高校数字化学习资源开放与联盟。2011年，启动了"网络教育数字化学习资源中心建设"；2014年，组建了"高校继续教育数字化学习资源开放与在线教育联盟"，参与联盟的高校建设和开放网络课程达15000余门，由此受益的学习者达一亿多人。第三，我国开放大学的建立与发展，为推动广播电视大学系统的战略转型升级做出了重要贡献。根据2010年党中央、国务院《国家中长期教育改革和发展规划纲要（2010—2020）年》中关于"办好开放大学"①的要求，以现代信息技术为支撑，2012年成立了国家开放大学、北京开放大学、上海开放大学、江苏开放大学、广东开放大学和云南开放大学。六所开放大学积极探索、大胆试验，在创新办学管理与运行体系、推动信息技术与教育教学改革的深度融合、积极探索与国内外高水平大学密切合作，根据国家和地区发展需要，引进国内外优质高等教育资源、改革人才培养模式、提高教育质量、更好地为广大社会成员的终身教育服务、构建终身学习"立交桥"等方面都取得了重大进展，带动了广播电视大学系统的整体转型，在开拓具有中国特色开放教育发展的征程中迈出了一大步。

3.继续教育推动了学习型社会的建设

继续教育要为每个人的学习提供服务，以一个社会成员的一生为时间轴的纵向角度来讲，学习型社会，顾名思义，学习要贯穿一个社会成员的一生，是一个终身学习的社会。从全社会的横向角度来讲，学习型社会又是一个全民学习的社会，是一个人人时时处处都需要学习的社会，使其都能掌握所需要的知识和技能，全面提高素质和创造力。继续教育的充分发展使每个年龄段的每个人可以通过适当的方式获得必要的知识和技能。

近年来，我国继续教育事业逐步呈现出欣欣向荣、蓬勃发展的良好势头，社会各领域继续教育发展出现了新的局面，学习型社会的建设和发展是推动全民终身学习和建设学习型城市的基石，在促进每个社会成员全面发展的同时，也将大大增强和激发社会各组织的活力和创造力，促进我国社会和谐、健康和可持续发展。

---

① 中华人民共和国教育部.国家中长期教育改革和发展规划纲要（2010—2020年）[EB/OL]. http://www.moe.gov.cn/srcsite/A01/s7048/201007/t20100729_171904.html

**（二）高校继续教育的贡献与取得的成就**

继续教育不仅是连接高校与社会的桥梁，更是转化高校教学与科研成果以服务社会的重要途径。在高校继续教育的发展过程中，充分依托各个高校的专业学科特色优势，科学把握继续教育发展规律，着力增强高校继续教育的内涵建设，充分发挥继续教育作为学校社会服务窗口的功能，以提高人才培养质量为核心，以人才培养模式改革为突破，在稳步发展高等学历继续教育的同时，大力发展非学历继续教育，打造属于各自学校的继续教育品牌特色，为当地的经济社会发展、产业结构调整提供人才保障。而探索与高校地位、等次相适应的继续教育办学模式，更是各高校在人才培养中对社会做出贡献的中心内容之一。

1.高校继续教育为国家经济建设培养了数以万计的合格人才

高校肩负着为地方经济社会发展服务的社会责任，要实现这一社会责任，继续教育是服务的重要载体和途径。随着我国社会经济进入新常态，创新型国家战略的提出和学习型社会的大力建设，人们的学习愿望不断被激发，作为高校人才培养体系的重要组成部分，地方高校继续教育依托各高校雄厚的师资力量，积极拓展学校"教育服务社会"功能平台，为国家科技进步、地方经济建设和社会发展培养了数以万计的合格人才，为经济欠发达地区培养了大批社会急需而又能留得住、用得上的实用型、复合型和技能型人才。特别是改革开放以来，地方高校继续教育对国家人才培养的贡献是巨大的。

除清华大学、北京大学、中山大学等少数高校明确宣布不再举办学历继续教育以外，学历继续教育仍是当前我国高校继续教育的重要组成部分，包括函授、夜大学、自学考试和网络教育，这些学历继续教育与普通本科教育相比，拥有入学形式开放、培训目标多元、办学层次多样和学习方式灵活等特点，将是人们学历补偿的主要途径，也将成为我国建设终身教育体系的主要力量，并将在今后相当长的一个时期内继续扮演着重要角色。

2.高校继续教育对教育大众化的贡献

促进高等教育大众化的发展，也是高校继续教育对我国高等教育做出的重要贡献之一。据统计，从20世纪90年代至今，成人学历教育共计为国家培养了2700余万建设人才。而非学历教育作为继续教育的新形式，在推进我国高等教育大众化进程中发挥着更重要的作用。自20世纪50年代开始，各大高校响应国家"走出校门，面向社会，面向生产实践"的号召，纷纷在学校内部开展函授、夜大学研修班和干部短训班，为国家和社会发展培训急需的各类人才。20世纪80年代后，即改革开放以来，为适应国家"四化"建设需要，各大高校除了举办函授、夜大学、短训班外，也纷纷开始重视在职干部岗位培训和非学历继续教育，对在职人员进行知识传授和技能提升培训，参与各种形式的社会服务活动。在咨询决策方面，这些大学与社会紧密联系，参与地方发展规划，提供各种咨询，与企事业单位政府机关进行合作研究。同时，还与社会研究、生产部门建立了各种形式的教学–科研–生产联合体。在近些年的发展中，非学历继续教育发挥的作用更为明显。

# 第二章 学校继续教育发展简史

## 第一节 学校继续教育发展概述

### 一、学校历史沿革

#### （一）中原大学时期（1948年6月—1953年7月）

1948年6月，以邓小平同志为第一书记的中共中原局决定并报经中共中央批准筹建中原大学。由第二书记陈毅同志担任中原大学筹备委员会主任。

1948年8月，中原军区司令员刘伯承同志在河南宝丰正式宣布中原大学成立，任命范文澜同志为校长，潘梓年同志为副校长。

1948年12月，中原大学迁往开封。

1949年5至8月，迁往武汉。

#### （二）中南财经学院时期（1953年8月—1958年9月）

1953年全国高校院系调整时，以中原大学财经学院为主体，集中中山大学、湖南大学、南昌大学、河南大学、广西大学、武汉大学、中华大学等一批高等院校财经学科的师资力量和图书资料合并组建中南财经学院。马哲民任院长，朱明远任党委书记兼副院长。中南财经学院隶属教育部。

#### （三）中南政法学院时期（1953年8月—1958年9月）

1953年成立全国高校院系调整时，以中原大学政法学院为主体，合并了湖南大学、中山大学、广西大学的政治系和法律系组建中南政法学院。李伯钊任院长，林山任党委书记兼副院长。中南政法学院隶属国家司法部。

#### （四）湖北大学时期（1958年10月—1970年11月）

1958年湖北省接收了教育部和司法部移交的中南财经学院、中南政法学院并将两校与中南政法干校、武汉大学法律系合并组建为省属湖北大学，同时扩充了文史和数理化专业，拟将湖北大学建设成为综合性大学。校长由湖北省副省长孟夫唐兼任，党委书记朱劭天，主持工作的副校长李光斗。

**（五）湖北财经专科学校时期（1971年12月—1977年12月）**

在"文化大革命"的肃杀气氛中，高等教育园地一片凋零。湖北大学被迫撤销，缩编为湖北财经专科学校，是当时全国原有18所财经院校仅存"一所半"中的"半所"。在极端困难的条件下，剩下的教职员工坚守财经教育阵地，并尽力保存政治、法律专业的师资力量。

这是学校发展史上最萧条的六年。但全校师生员工讲党性，讲团结，顾全大局，坚守岗位，积极工作，保住了学校的发展阵地，为"文革"后学校迅速恢复重建奠定了基础。

**（六）湖北财经学院时期（1978年1月—1985年9月）**

次年元月，学校领导体制发生变化，改由财政部领导，从此学校进入快速发展时期。

1978年元月，学校更名为湖北财经学院，恢复四年制本科教育和研究生教育，成为"文革"以后最早恢复本科生、研究生招生的高等学校之一。

**（七）中南财经大学时期（1985年9月—2000年5月）**

1985年9月30日，湖北财经学院更名为中南财经大学。

**（八）中南政法学院时期（1984年12月—2000年5月）**

1984年12月，以湖北财经学院法律系为基础另辟新区，恢复重建。中南政法学院隶属司法部。

**（九）中南财经政法大学时期（2000年5月至今）**

创一流、办特色。把中南财经政法大学建设成为全国一流的人文社会科学大学。

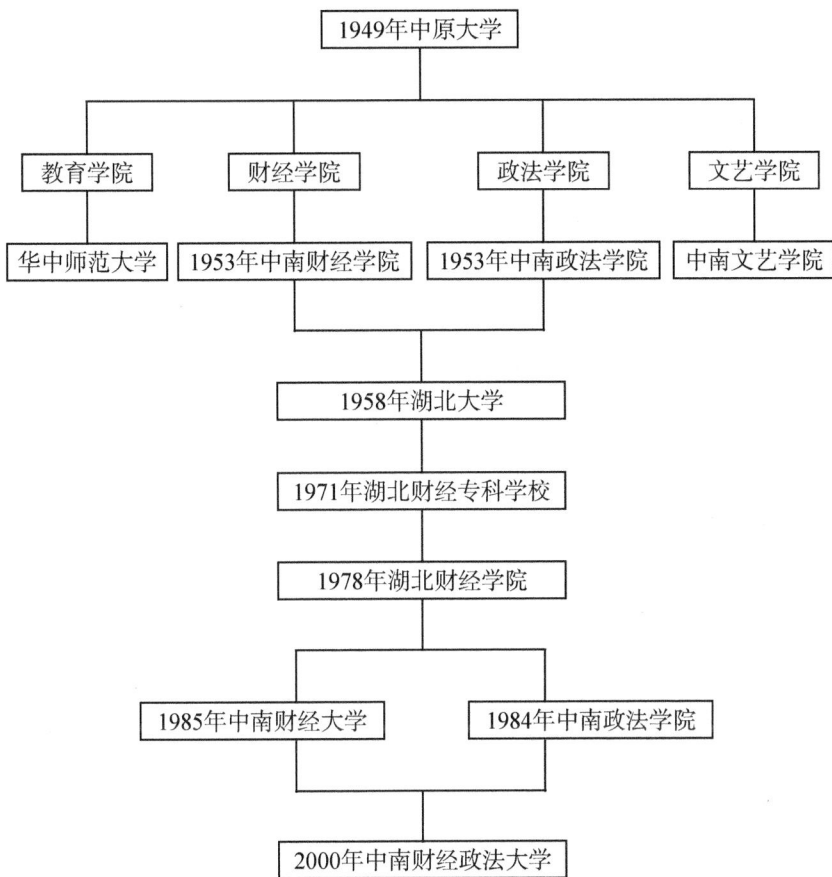

图2-1　中南财经政法大学历史沿革

## 二、学校继续教育发展概述

1948年，中南财经政法大学创建于河南省开封宝丰县。从第一声晨读开始，学校继续教育就历经72年风雨，一路征程，一路弦歌。中南财经政法大学是全国较早举办高等成人教育的几所学校之一，从1955年创办至今，已走过了65年的历程，已成为学校人才培养和服务社会体系的重要组成部分。65年间，学校从举办成人教育转型到继续教育改革创新，办学规模不断扩大，办学空间不断拓展，办学结构不断优化，办学质量不断提高，办学理念随时代发展而进步，先后为国家和社会培养了数以十万计的财经、政法和管理专业人才，受到国家主管部门的多次表彰，赢得了良好的社会声誉。

2006年3月，为适应转型发展的需要，在原成人教育学院的基础上成立了继续教育学院，负责统筹、协调、组织和管理全校成人学历教育、高等自学考试教育、非学历培训教育，兼有管理职能和办学职能。学院设有党政办公室、招生学籍管理办公室、教学管理办公室、自学考试办公室、自考助学管理办公室、培训中心6个科室。针对构建终身教育体系和建设学习型社会的新形势，继续教育学院坚持面向国家经济建设和社会发展，大力推进传统成人教育向现代继续教育的转型；以社会发展和市场需求为导向，充分依托学校学科优势，广泛利用社会优质资源，以改革创新为动力，以提高质量为核心，稳步发展成人学历教育，探索自考教育新途径，大力拓展非学历培训教育，努力促使各种办学形式的规模、质量、结构和效益相协调，不断开创继续教育的新局面。继续教育已成为学校服务社会、展现教育形象的一个重要平台和窗口。

在六十多年的办学历程中，继续教育学院依托学校雄厚的师资力量、优质的教育资源，拓展学校"教育服务社会"功能的平台，为地方经济建设培养了大量优秀人才，积累了丰富的办学经验，以科学规范的管理、良好的教育质量赢得了社会的广泛赞誉，先后荣获全国成人高等教育评估"优秀学校"、全国高等教育自学考试先进集体、全国继续教育先进院校、湖北省自考评卷工作先进集体、武汉市优秀考点等多项荣誉称号。

历经半个多世纪的孜孜求索与积淀创新，中南财经政法大学继续教育事业始终关注党和人民的利益、国家的前途和社会的发展。在新的发展时期，学校继续教育学院将以习近平总书记的系列思想为指导，发扬"砥砺德行、守望正义、崇尚创新、止于至善"的大学精神，秉承"博文明理，厚德济世"的校训，积极探索与学校建设高水平人文社科研究型大学战略目标相适应的继续教育办学体系和质量保障体系，培养具有终身学习能力、知识更新和技术创新能力的应用型人才，促进教育公平和人的全面发展，为实现经济社会发展目标提供人才保障和智力支持，为全面构建我国终身教育体系和落实人才强国战略做出更大的贡献！

自创办以来，中南财经政法大学继续教育（成人教育）先后经历了艰苦创业时期、曲折发展时期、蓬勃发展时期、转型发展时期和改革创新时期共五个时期。

## 第二节  学校继续教育发展简史

### 一、艰苦创业时期：1955—1966年

中南财经政法大学继续教育最早可追溯到1948年（河南开封）。只是具有"继续教育"或"成人教育"确切定义则是学校创办于1955年的函授教育。从1955年到1966年6月"文化大革命"开始前，是学校成人教育艰苦创业、探索前进的11年。在此期间，学校成人教育先后开办了12个专业，累计招生18557名；立足湖北，面向中南，先后设置4个函授教学辅导站，27个教学点，共培养大学本科和专科毕业生5852人，在一定程度上缓解了中南地区经济建设人才不足的矛盾。

当时，学校党委明确办学总的指导思想是坚持两种高等教育同时并举，实践中又经历了一个逐步深化的认识过程。起初的提法是"全校同心同德，为把函授教育办成以在职干部为培养对象的业余高等专业教育而努力奋斗"；20世纪60年代初，在总结实践经验的基础上，又明确提出："贯彻党的'两条腿走路'办学方针，在办好全日制教育的前提下，办好函授教育"；后来，为避免误解，防止偏废，又将上述提法中的"前提下"改为"同时"，并将学校教育事业的指导思想确定为"统筹兼顾，全面安排，在办好全日制教育的同时，努力办好函授教育"。正是始终坚持和持续贯彻这一指导思想，学校函授教育经过1955—1966年11年的探索，形成了独具特色的成人教育办学理念。

#### （一）严格入学条件，确保新生质量

学校函授教育从创办之日起，就特别重视新生质量，在报考条件中明确规定，考生必须思想进步，身体健康，具有高中或相当于高中毕业的文化程度等。在第一次招生时，就提出了起点要高、把关要严、宁缺毋滥、确保质量的要求。例如，首次招收的工业经济、贸易经济、财政信贷3个专业的477名函授生，都是武汉地区185个机关和企业单位推荐、基本达到高中文化水平而保送的，这批学员后来大都学有所成，取得了大专或本科学历，成为单位的工作骨干。

### （二）针对学员特点，探索教学模式

函授教育通常是以在职干部为对象，具有业余、分散、远距离教学等特点，其教育方式不能完全沿用全日制教育的套路。自1955年成人教育办学之初，学校坚持不懈地努力探索，通过教学实践的比较、总结和研究，到1960年，学校函授教育方式基本成型。即在自学为主、面授为辅的原则下，通过相互联系、相互补充的自学、面授、作业、辅导、复习、考试6个环节进行函授教学。

### （三）编制教学计划，规范教学秩序

编制教学计划、规范教学秩序是这一时期鲜明而突出的特点之一。教学计划一般分为三个层次，即全程教学计划、年度教学计划和教学进度计划。拟订计划目标，对稳定教学秩序、提高教学效果起到了积极的促进作用，是强化教学管理的一项重要措施，也为提高教学质量、培养合格人才打下了坚实基础。

### （四）建立规章制度，实行规范管理

根据函授教育特点，学校进行了一系列的制度建设。1955年后，制订了《中南财经学院函授部暂行工作条例》《函授部学生暂行学生守则》《函授部辅导答疑暂行细则》《函授部教学辅导站工作细则》《函授生教材资料供应暂行办法》等规章制度。1960年7月，将《函授部暂行工作条例》修订为《湖北大学业余教育处暂行工作条例》，1963年又在总结实践经验的基础上，对各项管理制度进行了综合修订，形成了《湖北大学函授教育暂行工作条例》（以下简称《条例》）和《湖北大学函授生守则》（以下简称《守则》）。《条例》共7章33条，《守则》共7章29条，是函授生学习期间的行为准则。管理制度的建立和完善，提高了学校函授教育规范化程度，使学校成人教育逐步走向健康发展的轨道。

### （五）选派优秀教师授课，赢得社会赞誉

鉴于函授教学面对的是具有一定社会实践经验的在职干部，要求高，随机性强，教学难度较大，学校十分重视选派优秀教师任教。在中南财经学院时期，许多骨干教师，如张寄涛、赵德馨、刁田丁、杨怀让等都曾担任函授教学任务。现在的博士生导师和资历较深、成绩卓著的教授李贤沛、周骏、彭星闾、林友孚、邬义钧、王时杰、朱信诚、陈启中、夏兴园、卢石泉、周肇先、黄卓炎、周彦文、余鑫炎、陈远敦等都曾长期在函授教学工作中发挥中坚作

用。学校始终注重教学力量的配置，从而保证了教学质量，赢得了社会赞誉，提高了学校的知名度。

**（六）加强课外辅导，展现师道风采**

为帮助函授生克服学习困难，提高学习效率，完成学业，顺利成才，学校在认真抓好面授教学的同时，大力加强课外辅导，通过书面辅导、集中辅导、书信辅导、小组辅导、巡回辅导、重点辅导、录音辅导和总复习辅导等方式使他们克服困难，耕耘不辍。此外，学校还组织力量，狠抓教材建设。根据函授教育的特点和需要，学校从1955年起，就把教材建设提到重要的议事日程，组织人力、物力、财力编撰函授系列教材，到"文革"前，各门课程都配备了教学大纲、讲义、自学辅导书、参考资料和辅导资料，颇受广大学员的欢迎。

**（七）加强"视导"工作，畅通信息渠道**

从1955年起建立了视导员制度。按地区、专业，依据必备条件选配了一定数量的视导员，实践证明，视导员在函授教育中的作用不可低估，是教师的助手和依托。1958年又实行了学习情况汇报制度，并印发了《函授生学习情况汇报表》，定期发给学生填报，并由函授站寄回学校，强化了学校与学生之间的信息沟通，为学生顺利完成学业发挥了重要作用。此表对学员来说简单易行，是学校进行信息沟通的一个重要渠道，在学生管理工作中发挥了明显的作用。

## 二、曲折发展时期：1966—1978年

这一时期历时12年，是学校成人教育曲折发展的时期。"文化大革命"爆发后，学校函授教学工作也被迫在1966年7月中断。曲折发展阶段的学校成人教育，在十年内乱的大背景下，经历了撤销、中断、低谷、坎坷的发展过程。1972年湖北省革委会决定，湖北大学保留财经部分，更名为湖北财经专科学校。校领导在百废待兴、困难重重的情况下，果断决定在恢复普通教育的同时恢复成人教育，其指导思想是：采取同相关业务部门合作举办各种类型的培训班、短训班的形式，锻炼队伍，积累经验，为恢复函授教育做准备。

1974年初，学校派人到随县进行社会调查，探索农村举办函授教育的可行性，应当地要求，学校在随县的部分公社举办了农业会计培训班；翌年根据上山下乡知识青年的迫切需要和县委要求，选择7个有代表性的公社进行知识函授教育试点，开设了政治、语文、农业会计3个科目，累计培训了3200余人，经过

1年的试点，产生了良好的社会效果。

1976年初，学校在试点培训的基础上，同当地县委商定，成立了随县知青函授大学。在县辖范围的28个公社设立分校，将原来的235个知青点合并为120个教学点，聘请兼职教师95名，形成了县、社、点三级知青函授教育网。学校的主要职责：制订教学计划，选编课程教材，培训兼职教师，巡回进行指导，编印《知青函授》刊物等。知青函授大学的招生工作采取"自愿报名、组织推荐、学校批准"的办法。1977年，国家恢复了高考制度后，知青函授大学为有志参加高考的知青举办了高考辅导班，第一次高考，知青函授大学学员就有95人考取大学。学校从决定恢复成人教育到成立知青函授大学，历时6年之久，仅知青函授大学学员高考中榜者就达1600余人，使广大青年，尤其是上山下乡的知青，在迷茫彷徨的蹉跎岁月，获得了学习知识、增长才干的机会，为以后的升学深造和建功立业打下了坚实的基础。

## 三、蓬勃发展时期：1978—1997年

这一时期历时19年，是学校成人教育蓬勃发展的时期。需要指出的是，1982年，经国务院批准，以原湖北财经学院法律系为基础，筹建中南政法学院，并于1984年12月正式恢复重建。下面就中南财经大学和中南政法学院的成人教育分别叙述。

### （一）中南财经大学的成人教育

1977年，湖北省革委会批准湖北财经专科学校更名为湖北财经学院。学校各项工作逐步走上正轨，全日制本科开始招生，与此同时，学校在举办知青函授教育的基础上，恢复了以在职干部为培养对象的正规高等函授教育。1979年初，学校与湖南省经委、武汉市公交政治部合作，招收了"工业经济管理"专业专修科函授生455名，这标志着学校成人教育进入了一个新的发展时期。这个时期的办学指导思想：大力发展以专科层次为主的成人教育，快出人才，多出人才，以解决人才断层问题；坚持正规化办学，不断深化教学改革，以适应社会发展的需要。

办学形式和办学层次的多样化。1981年秋，经财政部和教育部批准，学校开始举办干部专修班，开设了工经、商经、财税、金融和国民经济计划5个专业，培养具有5年以上工龄、专业对口的年轻干部。1983年，经财政部和教育

部批准，学校成人教育首次进行了学制改革，将三年制专修班单一学制改为五年两段的双重学制。1984年12月，经省自考办批准成立"湖北自修大学财经分校"，后更名为中南财经自修大学，并于次年2月首次招收工经、商经和会计学3个专业共计3216人。1985年开办了高中起点的五年制函授本科班；1985年4月，经财政部和教育部批准，学校开始举办夜大学。1988年，又增加了大专起点的三年制本科和大专专业证书班。至此，学校成人高等教育多层次、多形式的办学格局已经形成，进一步适应了经济建设和社会发展对人才需求的多样性，为学校成人高等教育的发展注入了新的活力。

建立联合办学体制。为了使函授教育走向全国，1979年恢复函授教育之后，学校吸取"文革"前的教训，总结和借鉴了知青函授大学的办学经验，建立了学校同业务主管部门联合办学的办学体制。凡要求招生的地区、部门和单位，首先必须同学校签订联合办学协议书，明确学校和函授站权利、责任和义务。函授站主要提供教学基地和设施，对函授生进行教学辅导、组织管理和思想政治工作，为上课教师和管理人员提供后勤保障。通过这种形式，学校先后在长沙、南宁、重庆、广州、郑州、青岛等地开办了70多个函授站，为学校成人高等教育的发展打下了坚实的基础。

组建了一支专兼职相结合的师资队伍。由于学校成人高等教育的迅速恢复和发展，招生规模不断扩大，公共基础课教学工作量越来越大，师资力量相对不足。为解决这一矛盾，1981年，学校组建了一支成人高等教育专职师资队伍，成立了政治理论课、经济应用写作和经济应用数学3个教研室，承担了10多门函授、夜大学公共基础课的教学任务；专业基础课和专业课教师则定额到系，相对稳定，本着统筹兼顾、合理安排的原则，在完成全日制教学任务的前提下，承担函授、夜大学的教学任务。这支专兼职相结合的师资队伍，朝气蓬勃，结构合理，素质较高，积累了丰富的教学经验，体现出了较强的教学实力，形成了学校成人高等教育的一大特色，为我校函授教育的品牌形成做出了重大贡献。

教材建设方面。教材建设是函授教育的一项基本建设，但十年浩劫使学校的函授教材几乎荡然无存，恢复函授教育后，教材建设迫在眉睫。据不完全统计，自1985年至1995年间，学校新编和修订的函授专用教材达61种，其中公开出版42种，发行80万册，内部出版19种，印刷9万余册；编写教学大纲、自学指导书、辅导资料94种，印刷26万余册，这极大地满足了函授教学的需要。

课程设置方面。为了适应我国经济发展和不同时期人才培养的需要，自1985年以来陆续开设了一些新兴学科、边缘学科和涉外经济等方面的课程，较好地贯彻了"面向现代化、面向世界、面向未来"的方针。

与此同时，成人教育学术研究也十分活跃。1988年10月，召开了成人高等教育理论研讨会，参加会议的专兼职教师、函授站长和特邀代表共80人，收到论文30余篇。1995年10月召开了理论研讨会，并编辑出版了《成人高等教育的理论与实践》一书。

1979年，《知青函授》更名为《函授通讯》，1988年恢复《函授教学》原名，1993年又更名为《成人教育》，后再次更名为《中南财经大学成人教育学院学报》，成为公开发行的学术刊物。无论是《函授教学》还是《学报》，都是学校成人教育沟通教学信息、传播科学知识、展示学术成果的重要园地。

此外，在 1995年到1997年间，财政部按照国家教委的统一部署，对部属成人院校成人教育进行了全面评估，学校被评为"财政部部属成人高等院校函授、夜大学教育评估优良单位"，被国家教委授予全国"普通高校成人教育优秀学校"光荣称号。

### （二）中南政法学院的成人教育

中国的司法领域遭受了"文化大革命"的十年浩劫之后，法律人才青黄不接，后继乏人，法律从业人员，尤其是公、检、法在职人员法律素质急需提高，法学教育任务十分艰巨。在此背景下，原中南政法学院顺应时代要求，责无旁贷地肩负起了法学教育的历史使命。原中南政法学院以教学内容的针对性、办学形式的多样性、学习方式的灵活性、课程设置的实用性为特色，在为国家培养急需的法律人才方面做出了极大的贡献。

1985年4月，教育部批准招收函授专科学生，1991年批准招收函授专科起点本科生，1994年批准招收四年制脱产高中起点本科学生。中南政法学院的成人教育也随之蓬勃开展起来，开办的专业先后有法律、经济法、国际经济法。后专业目录修订，整合为法学一个专业，办学的层次有高中起点专科、高中起点本科、专科起点本科；形式有成人专修班、成人脱产班和函授等。1985年至1990年间，招生对象主要为公、检、法系统工作人员，教育目标是对教育对象进行法律知识的培训和学历层次的提高，招生层次为专科，形式主要为函授教育，兼有少量的干部专修班。1991年开始招收业余三年制专科起点本科生和脱产四年制高中起点本科生。这一时期，学校共为社会培养了专科层次毕业生5414人，高中起点本科层次毕业生365人，专科起点本科层次毕业生2074人。这些毕业生绝大多数都成了司法战线上的业务骨干，有的通过了研究生入学考试，进入更高层次的学习。

鉴于学校在法学高等学历继续教育中所做的贡献，1992年，司法部授予中南政法学院成人教育学院"法律函授教育十周年先进集体"称号；1996年，司法部组织对5所部属政法院校函授教育进行评估，学校被评为优秀单位。

在作为高等教育重要补充手段的高等教育自学考试方面，学校承担了面向社会开考的长线自学考试经济法专业的主考任务。1987年承担经济法专业专科、1995年承担经济法专业本科主考任务，先后有近6800人报考该专业专、本科，毕业4900余人。同时，学校还适应社会需求，在1992至1996年间，开办了面向主考学校开考的应用法学（行政法、检察学）、经济法（金融法）等专科专业，招收学生4300余人；承担了面向司法系统开考的律师、监所管理专业主考任务，其中，1989年承担法律（律师）专业专科、1996年承担律师专业专科、后承担监所管理专业专科及承担律师专业本科的主考任务，以上专业先后有近12000名考生报名，毕业6000余人。

### 四、转型发展时期：1997—2003年

这一时期是中国高等教育由计划体制逐步转向市场体制、由"精英教育"逐步转向"大众教育"的转型发展时期，是学校成人教育加速发展、提高质量的全盛时期。

2000年5月，中南财经大学和中南政法学院合并为中南财经政法大学，两校合并后，成人教育进入了一个新的发展阶段。在此期间，共招收成人高等学历教育学生12000余人，招收全日制自考助学班学生9000余人，开办中、短期培训班4期，培训人员500多人；开办各类专业30多个，毕业生共2万余人，为国家社会主义建设输送了大批合格人才。成人教育学院的出色表现得到了上级主管部门和学校党委、行政的充分肯定：2001年，被教育部授予"全国高等教育自学考试先进集体"光荣称号；2001年，被湖北省教育考试院评为"2001年度湖北省高等教育自学考试优秀评卷点"；2001年和2003年，学院被省委高校工委

授予"湖北省高等学校先进基层党组织"称号；2001年，被学校党委授予"先进分党委"称号；2002年，成人教育学院在学年度考评中，被评为"先进工作单位"；2001—2002年度，被学校评为"最佳文明单位"；2003年3月，被校党委、校行政评为"最佳文明单位"；2003年7月，被校党委推荐到湖北省高校工委参加"先进基层党组织"评选。

### （一）贯彻学校发展战略，适当压缩成人教育规模

学校从创建全国一流人文社会科学类大学的战略高度出发，果断做出了"稳定本科教育，发展研究生教育，缩减成人教育"的战略举措。为此，成人教育招生规模开始压缩，成人教育学院于2000年实际招生3789人，2002年实际招生3734人，比2000年下降1.5%，使学校能腾出更多的精力来提高普通本科生、研究生的教育质量。

### （二）调整招生专业、层次结构，压缩函授站点

坚持"面向社会、服务社会"的原则，以市场需求为导向，在原有法学专业四年制本科的基础上，开设了经济类、管理类四年制本科脱产班和专升本两年制脱产班，较好地满足了社会需求。从1997年到2003年，根据从生源市场和就业市场调研到的信息，及时调整招生专业、层次结构。专业调整基本趋势：财政学、金融学呈萎缩趋势，工商管理、法学、会计学等专业呈扩张趋势；层次、类型结构调整的趋势：专科生比例减少，本科生比例大幅度上升，函授生比例减少，夜大生、脱产生的比例增加。通过调整，2003年基本实现了办学种类的多样化，满足了社会的多层次需求，会计学、法学、工商管理等品牌专业的社会影响日益提升。

扩大招生地区，压缩函授站点。2000年，学校成人教育学院提出"向西倾斜，向东延伸，拓宽区域，走以内涵发展为主的道路"的发展思路。2000—2003年，在巩固中南六省、云南等省（自治区）函授站点的基础上，在新疆、福建、浙江3省增设函授站点3个。两校合并之初，原中南财经大学、中南政法学院在各地共有函授站点70多个，为避免重复建设，停办了一些站点，合并了一些站点；截至2003年，学校函授站点总数调整为40个，招生规模都比较大，运转情况良好。

### （三）加强教学改革和管理，提高教学质量

学校成人教育学院对教学改革和管理提出了"系统管理"的思想，严把

"入口关"，达不到分数线的坚决不录，尽量杜绝"跟读生"现象。一是重新审定成人高等学历教育分专业全程培养计划，按照社会需要和知识的内在逻辑性修改必修模块，增加选修模块的内容。二是排课表基本上与学校教务处同步，尽量做到统筹兼顾，保证了同一位教师给成教生上课和给普通生上课不冲突。三是加强了函授教师信息沟通制度，坚持了函授课前与授课教师联系制度，避免了函授教师上课不到位现象。四是注重教学过程管理，经常召开教学座谈会，对教师授课备课、讲授、考试等方面提出了严格的要求，提高授课质量；定期、不定期地组织听课，对教学效果进行检查、反馈，保证了授课质量。五是坚持实行考试资格审查制度和监考教师培训制度，严格了考风，端正了学风。六是经常召开脱产班班主任培训会，聘请校外专家、校内管理经验丰富的老教师上课，提高班主任的思想政治教育工作水平和日常管理水平。

**（四）完善制度建设，强化信息化管理手段**

为提高教学质量和提升服务意识，学校成人教育学院完善和修订了一系列规章制度，先后出台了《新生入学教育材料》《中南财经政法大学函授教育辅导站管理办法》《中南财经政法大学成人教育本科毕业生学士学位授予办法》《中南财经政法大学成人高等学历教育学生守则》；组织编写了《中南财经政法大学成人教育学院年鉴》，年鉴中的规章制度篇和政策法规篇收入现行规章制度，基本涵盖了学校成人教育工作的各个环节和方面。积极推进信息化管理手段，对"学籍管理系统"进行了优化，增加了"学籍异动统计模块"，实现了学籍异动情况的实时统计；完善了"成教毕业生电子注册系统"，使之既能注册应届毕业生信息（包括打印毕业证书），又能回溯登录往届毕业生信息，满足教育部关于对往届毕业生回溯登录、上报电子数据的要求；开发了"学位申报系统"，实现了申报学位学生信息录入、修改、打印名册和学位证书等功能。

**（五）积极开展科学研究，探索成人教育办学规律**

从20世纪50年代起，为配合我校函授教育，就有了不定期的函授刊物；到了70年代，随着广大知识青年上山下乡，当时学校领导为了满足这部分青年的学习要求，在极其困难的情况下，创办了知青函授教育，《知青函授》作为内部刊物有力地支持了知青函授教育。党的十一届三中全会以后，我校恢复了正规的成人函授教育，《知青函授》随之更名为《函授教育》；随着成人教育多样化形式的蓬勃发展，由函授扩展为夜大学、专升本、脱产班、自学考试等多种教育形式，1999年，《函授教育》更名为《中南财经大学成人教育学院学报》（以下简称《学报》），正式公开出版发行，这是切准时代脉搏、自身成长发展的必然结果。我校以《学报》为阵地和依托，进行成人教育理论探讨，介绍工作经验，开展学术争鸣，取得了一定的成绩。2002年1月，接上级通知，《学报》停刊。为了继续进行成人教育研究，成教学院成立了一个15人左右的研究小组，先后共发表学术论文50余篇，其中在核心期刊上发表的论文有10多篇。

### （六）加强学生思想政治教育和管理，提高培养学生的质量

根据学校校务会议决议，从2001年起将脱产成教生纳入与普通本科生一样的正规化管理上来，统一组织发展党员，统一办理饭卡，统一办理图书借阅证，统一寄收邮件包裹。在学生管理工作方面，成人教育学院提出了"过程管理"的工作思路，健全了学生工作管理机构，配备了分管学生工作的专职副书记、团委书记，成立了学生工作管理办公室、院团委和学生会；同时，坚持入党积极分子重点培养制度，选拔入党积极分子进入学校党校学习，系统地掌握党的基本知识、《党章》等。2000—2003年，学校成人教育学院共推荐400多名积极分子参加党校学习，发展了160多名同学加入党组织。此外，对学生进行思想品德教育，进行社会主义、爱国主义和集体主义教育，开展了丰富多彩的文体活动，增强了学生的体质和艺术鉴赏能力，陶冶了情操，增强了拼搏奉献精神和集体荣誉感；组建了青年志愿者服务队，积极参加了无偿义务献血活动，组织了多项公益活动。2001年的校足球赛上，成人教育学院足球队获得冠军；在2002年的"天伦杯"律师辩论赛中，成人教育学院选手获得全校第三名；在2003年硕士研究生入学考试中，成人教育学院有9名考生上线。

### （七）广泛开展学术交流活动，借鉴有益经验

1997—2003年，学院多次派出管理骨干、学术骨干到美国、加拿大、香港、澳门等国家和地区考察成人教育工作，参加中国成人教育协会、中国继续教育协会及财经政法类院校举办的学术会议，这些活动的开展，开阔了眼界，拓展了办学思路。

从2000年起，学校每两年召开一次成人教育工作会议。2001年，在湖南长沙召开了第一次成人教育工作会议。徐敦楷书记致开幕词，覃有土副校长作

重要讲话，刘可风副书记致闭幕词；副校长张中华、赵凌云、陈小君出席了会议；成人教育学院院长陈柏东作"实质融合，开拓创新，积极推进成教事业"的主题报告。与会代表一致认为，主题报告实事求是，正确地分析了当前形势，提出了明晰的发展思路和目标，并提出了切实可行的工作措施，为今后的成人教育工作指明了前进的方向。

### （八）调整自学考试招生专业结构，加强规范管理

学校全日制自学考试助学班于1997年开始招生。2000年，学校全日制自考助学班招生专业为电子商务、企业财务管理、大众传播、广告学、外贸英语、计算机网络、国际贸易、国际金融、律师、刑事侦查等11个专业。2002年又增加了涉外秘书、计算机信息管理、注册会计师、证券投资与管理4个专业。2002年，学校全日制自考助学班在校生规模达到9000多人，在武汉地区高校中名列前茅。

为加强自学考试教育的规范管理，成人教育学院编撰了高等教育自学考试《法规与管理文件汇编》，加强了对各院系自考试点班教学全程的管理，加强了对自考助学班班主任的培训和管理，加强了自学考试试卷管理，提高了自考助学质量和通过率。2002年，毕业生办证率超过80%。此外，积极推进信息化在自学考试中的应用，实现了自考管理手段现代化、全日制自考助学班考务管理电脑化、学校主考的各类自考毕业生档案查询电脑化。由于成绩突出，学校年年被省教育考试院评为"湖北省高等教育自学考试评卷工作先进集体""湖北省高等教育自学考试先进评卷点"。

### （九）转变思想观念，努力开拓非学历培训市场

2000年以前，学校的继续教育以财政部、司法部下达的财经和政法管理干部的培训教育为重点；自学校在2000年划归教育部以后，培训教育的重点由原来的行业委托转移到市场主导上来。成人教育学院积极开拓市场，加强了与政府机构和企事业单位的联系，举办了高、中、低多种层次的培训班。

## 五、改革创新时期：2003年至今

这一时期我国高等教育大众化已成为现实。一方面，普通高等教育大众化使传统高等学历继续教育面临诸多问题和困境；另一方面，改革开放也给中国的教育带来了新的活力和机遇。为此我校继续教育始终致力于发展创新，依

托学校雄厚的师资力量、优质的教育资源，积极拓展学校"教育服务社会"功能的平台，以科学规范的管理、良好的教育质量为地方经济建设培养了大量优秀人才，赢得了社会的广泛赞誉，先后荣获全国高等学历继续教育评估优秀学校、全国高等教育自学考试先进集体、全国继续教育先进院校、湖北省高等教育自学考试命题先进单位、湖北省自考评卷工作先进集体、武汉市优秀考点、学校离退休工作先进集体等多项荣誉称号。

**（一）适应新形势，进行机构改革与重组**

1.普通高等教育大众化使传统成人教育面临困境

为了迎接学校本科教学评估，学校从长远发展的战略高度出发，2004年做出了"压缩成教办学规模"的决定，并将成教招生的规模确定为"脱产生招生规模压缩至不超过100人或成教总招生规模不突破527个学生的量"。2007年，对于我校继续教育来说是不平凡的一年，也是充实的一年。2007年4月，教育部颁发9号文件，明确要求部属高校停止招收成人脱产班和高等教育自学考试社会助学脱产班学生；2007年湖北省成人教育招生出现招生计划大于成人高考报名人数的状况；同年11月，教育部下文，省属高校也停止招收成人脱产班和高等教育自学考试社会助学脱产班；2007年，教育部对高职高专以及中专学校学生学费实行减免制等，种种信息表明，传统成人学历教育和自学考试社会助学班将面临严峻挑战，成人脱产班教育形式将退出历史舞台。

2.机构改革，传统成人教育升级为现代继续教育

中南财经大学、中南政法学院成人教育学院分别成立于1988年、1995年。2000年两校合并后，两个成教学院实质性融合成中南财经政法大学成人教育学院。

为了适应新形势，2004年12月，经学校研究同意，成立中南财经政法大学继续教育学院，与成人教育学院两块牌子、一套人马、合署办公。之后，成人教育学院与继续教育学院两个名称同时使用了一年左右时间，经院党政联席会议研究决定，原成人教育学院的职能由继续教育学院接管和行使。从2006年1月1日起，对内对外统一使用"中南财经政法大学继续教育学院"名称。2009年2月，网络教育学院正式挂牌运行。

3.统一办学，实行大部制改革

学校2013年第36次校务会议决议，在继续教育学院招生办公室、教务科和

学籍学位管理科的基础上组建成人教育中心；在自学考试办公室、自考助学管理办公室和教学设备管理科的基础上组建自考教育中心；加上培训教育学院和网络教育学院，继续教育学院形成两个中心、两个学院新的办学格局。同时，承接自修学院原自考衔接教育近万名学生的办学任务，在全校范围内首次实行学历继续教育"归口管理，统一办学"的新体制。

4. 继续教育全面吹响改革号角

进入2004年后，面对新形势、新情况，我校继续教育发展思路调整为"优化函授站点布局，调整专业设置，着力发展夜大学、函授教育，稳定传统成人学历教育；积极发展自学考试衔接班，加强自考衔接班的管理工作；全力发展现代继续教育，积极申办现代远程教育，拓展、规范培训教育，加强国际合作教育，积极在经济发达地区设立继续教育学院基地，努力实现由传统成人教育向现代继续教育转型"。

（1）成立"中南财经政法大学河南继续教育学院"。根据学校82号文件和河南省教育厅84号文件，学校于2005年在河南郑州设立"中南财经政法大学河南继续教育学院"，这是我校在校外举办的唯一一家二级学院。主要从事在职硕士教育和围绕社会需求的各类培训，为河南省经济发展培养高层次人才。

（2）为稳定发展传统成人教育，采取了一些措施。调整专业结构，充分发挥会计、法学专业的比较优势，形成了具有较大影响的两大专业品牌。调整了层次结构，将专科生的招生比例由原来的62%调整为35%，使本科的招生比例进一步增大。积极组织生源，加大招生宣传力度，合理调整函授站点布局，改变了函授站主要集中在中南地区的局面，通过结构调整，扩大了单班规模，提高了办学效率，稳定成人学历教育的办学规模。积极加强质量内涵建设，创新教学手段，大力推荐函授教育的网络化。2012年3月，广东东莞函授站作为我校首个函授教育远程化教学试点正式启动实施；截至2018年6月，继续教育网络学习平台共有"管理学通论""市场营销学""运作管理""商法学"等18门课件已上线供学生使用。

（3）在全面停止招收全日制自学考试助学班学生后，积极探索自考办学新模式。充分利用首义校区教学资源，调整招生思路和规范管理模式，大力开展非住校业余自考衔接班招生助学活动，使我校自考衔接班的学生总数连续多年稳居湖北省第一。

（4）大力发展培训教育和远程继续教育。根据学校2012年第30次校务会议研究决定，组建成立了"中南财经政法大学培训教育学院"，挂靠继续教育学院。充分发挥我校财经、政法、管理的专业优势，彰显专业学科特色，打造财经政法培训品牌，成功申请成为国家知识产权培训基地、财政部定点培训基地、湖北省干部教育培训高校基地等，学校培训教育也形成了"立足湖北、辐射中南、面向全国"的良好格局。

**（二）高等学历继续教育**

1.高等学历继续教育招生对象发生根本性变化

20世纪90年代前，我校高等学历继续教育招生主要依托系统内办学，生源主要是在职人员的高等学历补偿教育。90年代后普通高校扩招，司法、财经等系统内职工高等学历补偿教育趋于完成，高等学历继续教育招生普遍萎缩，全日制脱产班于2007年停止招生，招生对象也发生了根本性的改变。

2.培养形式有了新的改变

教育部《关于进一步加强部属高等学校成人高等教育和继续教育管理的通知》（教高2007〔9〕号）中指出，部属高校从2007年秋季起停止招收高等学历继续教育脱产班和高等教育自学考试社会助学脱产班，部属高校也不能与其他机构合作举办上述脱产班。针对新情况，学校充分论证，利用首义校区资源，与武汉美佳辅导学院联合举办双证特色班，探索"双证"教育新模式。

3.加大高等学历继续教育的改革力度

1）规范招生，优化函授站点布局

进一步防范办学风险，加强函授站点管理。主要措施：停止一些招生不理想、存在办学风险、管理不规范的函授站点。函授站点由2003年的21个逐步压缩到2019年的13个，引导教学站点向规模化方向发展；依托武汉市，扩大本校夜大学招生规模；依托学校品牌和专业优势，与部分社会声誉好、管理规范的民间办学机构展开合作办学，拓展了生源来源，实现生源结构多样化。2013年为了响应国家总体西部战略布局，在宁夏设立了西北继续教育基地，杨灿明校长亲自举行了揭牌仪式。这是我校继续教育由传统的函授教育向继续教育综合改革的方向迈出的坚实步伐。

2）建章立制，保证高等学历继续教育依规有序发展

质量是生命，是主题。为此学校继续教育学院切实转变观念，由过去数

量拓展型向质量优先型转变，全方位地提高高等学历继续教育质量。自2003年起，陆续起草修订了《函授教材管理和发行办法》《中南财经政法大学教学质量评估办法》《中南财经政法大学关于加强成人教育评卷管理工作的规定》《中南财经政法大学成人教育学生课程考核与成绩管理办法》《中南财经政法大学关于提高成人高等学历教育质量的若干规定》《中南财经政法大学关于积极推进继续教育信息化的意见》等规章制度；积极完善学籍学历毕业等各项规章制度，教育部从2005年开始，逐步推行学籍学历电子注册制度，同时加强档案清理、信息登录、审核办证、发放毕业证书等工作，严格毕业资格审查，先后有45000多名学生顺利毕业；严把高等学历继续本科毕业生学位授予工作的质量关，2009年，学校成立了继续教育学院学位评定分委员会，负责高等学历继续教育学士授予工作；2017年12月开始，湖北省学位办不再进行学位复审，权力下放学校，由分委员会上报校学位评定委员会直接终审；自2009年起，继续教育学位评定委员会召开了二十二次会议，先后审议通过了42000万名学生（含高等学历继续教育、高等学历自学考试）的学位授予资格。

2019年12月编制完成了《中南财经政法大学高等学历继续教育管理文件汇编》，涵盖部门职责、招生、学籍、档案管理、教学管理、学生工作、考试管理等方面，进一步规范了工作程序，提高了管理效率和水平，促进教学质量的提升。

3）顺应时代需要，不断对培养方案进行修订

2004年，我校制订了《中南财经政法大学成人学历教育专业教学方案制定（修订）总则》，为高等学历继续教育、高等学历自学考试以及有关管理工作提供了制度保证。修订了函授、夜大学会计学、金融学、工商、法学、市场营销等专科、本科不同层次、不同学制35个专业全程教学计划；汇编了《中南财经政法大学成人教育教学方案》。2007年根据社会需要，调整了高等学历继续教育全程培养计划、年度执行计划和教学大纲。为了保质保量地完成教学计划，学校继续教育学院召开专门的教学工作会议，对各学院教师教学提出了具体、明确的要求，并狠抓学生考勤，考前进行了严格的资格审查，对不符合考勤要求的学生取消其考试资格。

2009年，我校主动适应高等学历继续教育发展的新形势和社会发展对人才培养的客观要求，制订了《关于修订中南财经政法大学成人教育全程教学计划

的实施方案》，对涉及法学院、会计学院等在内的8个学院18个专业的高起专、专升本和高起本不同层次的培养方案进行系统修订，优化了课程结构，提升了办学质量。

2017年，学校继续教育学院启动了高等学历继续教育各专业全程培养方案修订工作，拟定了《关于修订成人高等学历教育专业全程培养方案的指导意见》。本次修订旨在把握高等学历继续教育教学特点，以社会需求为导向，以提升职业能力为重点；认真研究高等学历继续教育各层次、各专业的人才培养目标和规格，按照知识、能力、素质协调发展的要求，结合学校实际，科学设置课程体系；针对高等学历继续教育的特点，加大教学内容、教学方法和教学手段的改革力度，突出我校高等学历继续教育的特色，培养具有较高综合素养、适应职业发展需要、具有较强实践能力的应用型人才。

4）加强信息化建设，提升高等学历继续教育教学质量

为了加强信息化建设，2005年开始研发了教学管理平台和考试管理系统并投入使用，实现了无纸化、网络化、即时性办公，提高了管理水平和工作效率，促进了教学质量的提升。

为进一步解决工学矛盾，学校以重点学科、优势专业和精品课程为依托，全面整合学校现有的网络教育资源，大力推进网络教学平台的建设，积极探索传统函授教育与网络教育的结合，降低函授办学成本，实现优质教育资源共享，提高函授教育质量和管理效率，为函授生学习提供最大限度的便利和服务。2012年3月，广东东莞函授站作为我校首个函授教育远程化教学试点正式启动实施。函授教育网络化在东莞函授教学点的顺利启动，标志着我校函授教育模式发生了质的突破，将网络学习与函授面授有效地结合起来，取长补短，既是发展的需要，也是发展的必然趋势，这一创新性的举措将极大推进继续教育信息化进程。

5）加强质量监管，努力提高学生培养质量与水平

2014年起，学校继续教育学院参照湖北省教育厅的有关规定，制订了《中南财经政法大学函授站、教学点教学及管理工作检查指标体系》，督促函授站、教学点进行严格自查，提交自查报告；在函授站、教学点自查的基础上，教务科组织了8个专家组，制订了检查方案，对我校大部分函授站、教学点进行了全面检查，并按要求在检查工作结束一周内提交了专家组检查报告，在各函

授站、教学点自查、专家组检查基础上，形成了检查工作的总报告。随后汇编制作的《2014年函授站（点）教学及管理工作检查报告》，包括了函授站检查报告和自评报告两个部分，所反映的信息真实、情况客观、图文并茂、内容全面，是对近年来我校继续教育的发展与现状的真实反映。此后每年，我校都依据此规格，对我校函授站（点）进行教学及管理工作检查，进一步加强了质量监管，一定程度上为提高学生培养质量和水平提供了有力支撑。

同时，实行期末考试巡考与函授站检查相结合的方法，在学期末组织安排人员到各函授站进行期末考试巡考，同时对函授站、教学点本学期的教学管理工作进行检查，巡考结束后形成报告并提交检查报告。

6）加强教学调研，例行举办高等学历继续教育工作会议

会议分析以当时期面临的形势和存在的问题为主题，提出了下一阶段的工作部署，通过各函授站代表做经验介绍、交流，就函授教育招生、教学改革、管理服务等进行研讨，达到了交流信息、分析形势、激励斗志、寻求对策、联络感情、增进团结的目的，力求在大家的共同努力下，为函授教育和学校的继续教育事业再创佳绩。奠定基础的同时，为树典型、立标杆，对先进函授站、高等学历继续教育工作者、成教教师进行表彰，学校自2003年起，对我校各省、地区的优质函授站进行表彰，促进和提升我校高等学历继续教育的办学水平。

4.高等学历继续教育硕果累累

我校高等学历继续教育立足地方、服务全国，为湖北、广东、广西、海南、云南、新疆、宁夏等省、自治区培养了会计学、工商管理、法学、人力资源管理等人文社科专业大量人才，有45000多名学生顺利毕业，他们为地方经济的快速发展做出了贡献。

2006年继续教育学院学生陈文震当选"感动校园"十大杰出青年。2007年11月，继续教育学院学生游琦同学当选学校第二届"感动校园"十大杰出青年。

**（三）高等教育自学考试**

2003年至2019年期间，我校始终坚持党的教育方针和"育人为本、教考分离、严谨施教、规范管理、主动服务、质量第一"的办学指导思想，认真履行主考学校职责，努力完成各项高等教育自学考试工作，取得了显著成就，获得了广泛的社会赞誉。我校高等教育自学考试硕果累累，截至2019年，我校自考

毕业生达18万人，其中授予学位的人数约占毕业生人数的20%~30%，他们中有的考上硕士研究生、博士研究生继续深造，有的在工作岗位不断晋升，这为社会输送了大量实用型人才，也是我校高等教育自学考试不断前进与发展的动力源泉。学校也多次被教育部、全国高等教育自学考试指导委员、湖北省和武汉市等表彰为"全国高等教育自学考试先进集体""湖北省高等教育自学考试评卷工作先进集体""湖北省高等教育自学考试工作先进集体""武汉市先进考点"。

1.我校高等教育自学考试办学模式变迁

1）全日制助学班的蓬勃兴起

全日制高等教育自学考试本科助学班是高校充分利用其丰富的教学资源，在校内对自学考试人员实行全日制教学助学，与校内普通本科生共享同等教学资源。我校全日制等教育自学考试助学班始于1997年。2003年至2007年是全日制等教育自学考试助学教育的鼎盛时期。截至2007年，我校全日制等教育自学考试助学教育招生专业已经从最初的4个发展到后来的二十多个，相继招收涉外秘书、治安管理等二十多个专业4万多名学生，为社会培养并输送相关专业毕业生近3万名，颁发学位证2万余份。他们之中一部分学生以优异成绩考上硕士研究生；2013年，我校自考毕业生刘锦秀荣获"中国青年五四奖章"。同时，为了丰富自考助学工作，按照省教育考试院的统一部署，我校分别于2006年、2008年、2009年、2010年举办了四次"自考校园文化节"，内容包括文艺汇演、自考生风采大赛、篮球赛、自考生专场招聘会、系列讲座活动等，获得了最佳组织奖、个人演讲比赛第一名等荣誉，展现了我校的良好形象，丰富了我校自考生的课余生活。

2）全日制助学班的停办与自考衔接教育的兴起

根据《教育部关于进一步加强部署高等学校成人高等教育和继续教育管理的通知》（教高〔2007〕9号）[1]精神，我校从2007年秋季开始停止招收自考社会助学脱产班，也不与其他机构合作举办上述脱产班。面对教育政策的重大变化，我校迅速将发展思路调整为积极发展自学考试衔接址。至2012年，我校衔接自考教育注册在籍学生达3万人，为湖北省自考第一大户。

---

① 中华人民共和国.教育部关于进一步加强部属高等学校成人高等教育和继续教育管理的通知[EB/OL].[2007-03-13].http://www.moe.gov.cn/srcsite/A08/s7056/200703/t20070313_124504.html

全日制助学班停办之后，通过"集中管理，分散办学"的管理方式，我校将工作重点转移至非全日制衔接班的管理与运行当中。2014年春，根据湖北省招生形势，我校将办学形式转变为"归口管理，统一办学"。

2. 自学考试的改革与创新

1）自考毕业证、学位证办理工作的改革

根据湖北省考试院有关文件精神，2017年下半年起，毕业证或学位证申请实现照片电子化，自考生在申请毕业或学位时直接使用系统中的电子照片。我校也将会实现学位申请的全部系统化改革。

2）毕业论文答辩模式的优化

为发展和繁荣学校的科学研究事业，践行"博文明理，厚德济世"校训，弘扬优良学风，维护学术诚信，规范学术行为，鼓励学术创新，有效预防和严肃查处学术不端行为，促进学校的科研事业健康发展，根据《中南财经政法大学学术不端行为查处细则》的文件要求，从2017年下半年开始，我校对所有自考生的毕业论文查重进行了工作改革，要求知网平台重复率低于15%的学生才能参加我校毕业论文答辩。

同时，为更好地对我校自考生和学院指导教师进行管理与帮助，我校与有关单位建立"中南大教学云平台"，并于2018年上半年开始运用于具体工作中，实现毕业论文初稿定稿阶段的完全信息化管理。

3）学业综合评价工作的开展

根据湖北省考试院课程计划要求，自考课程体系中取消沟通课程与加试课程。同时，为促进学校自学考试社会助学课程学业综合评价管理，加强学习过程的指导、管理、考核和评价，改善学习效果、提高学习质量，根据《湖北省高等教育自学考试社会助学课程学业综合评价管理办法（试行）》（鄂自考〔2016〕12号）[①]，我校于2016年10月召集各下设教学点开会商议学业综合评价管理实施办法，在充分听取各方意见和建议之后，我校特制订《中南财经政法大学高等教育自学考试社会助学课程学业综合评价管理实施细则》，并由分管副校长签发学校文件于2016年10月20日起正式实施。由于"学业综合评价"是我校自考助学一项重大改革，时间紧、任务重且涉及面广，学校继续教育学院在

---

① 湖北省教育考试院.湖北省高等教育自学考试社会助学课程学业综合评价管理办法（试行）[EB/OL].[2016-1-14].http://www.hbea.edu.cn/html/2016-01/11194.shtml.

暑假时期抽调精兵强将加班加点工作，从调研信息到形成实施细则，做了大量工作，做到了规范程序、严格标准、实事求是地把好过程评价各个环节，打好了学业综合评价第一仗。2017年上学期《中南财经政法大学高等教育自学考试社会助学课程学业综合评价管理实施细则》首次具体实践。

为加强对自考生学习过程的监督、检查、指导和管理，促进学生自主学习，提高学生综合素质和能力，保证助学单位的教学质量，2018年初，经过评审，与武汉启明讯网信息技术有限公司签订合作协议，认可其开发的"讯网云平台"（http：//www.whxunw.com/，以下简称"平台"）作为开展我校学业综合评价工作的网络平台之一。与我校合作的各助学单位可选择通过该平台开展学业综合评价工作，助学单位若不选择通过平台开展我校学业综合评价工作，亦可按鄂自考〔2017〕7号文件要求以课堂面授助学方式（即传统线下的方式）开展学业综合评价。至此，我校学业综合评价工作进入了"线上+线下"互通互联的新局面。

与此同时，经过专家评审和省考试院备案，我校金融学院将与金融相关自考专业的6门课程（金融学概论、金融营销、房地产投资、投资学原理、理财学和金融衍生品投资）的教学课件上传至"云平台"，将我校优质教学资源与社会共享的同时方便了我校相关专业自考生获取知识，对提高其考试通过率大有帮助。为了进一步推进学业综合评价的课件学习工作，经过专家评审和省考试院备案，我校会计学院、金融学院、工商学院、刑事司法学院等已研究开发了55门课程的学习课件并上传至"云平台"。学习课件的不断完善，为学生提供了更多既便利又优质的教育资源，显著提高了我校自考工作效率与网络助学规模，目前我校网络助学人次已占到湖北省总数的三分之一。2018年，自考中心接受学业综合评价报名8000余科次，共审核4000余科次学业综合评价电子数据与纸质材料，最终上报成功面授形式4000余科次、网络助学形式2000余科次、网络试点形式200余科次。2019年，我校接受自考生学业综合评价报名60000余科次，共审核7000余科次学业综合评价电子数据与纸质材料，共组织4次计7000余科次学业综合评价综合测验，最终上报成绩面授形式7035科次、网络助学形式33615科次、网络试点形式6033科次、社会网络形式13819科次。

4）自学考试工作信息化创新

2013年4月起，湖北省高等教育自学考试所有课程开始全部实行网上评卷。

我校继续教育学院现在已启动学位申请、毕业论文答辩工作、学业综合评价工作网络化改革，其中毕业论文初稿、定稿工作已经实现网上评审，这样能使学业综合评价成绩更客观、更直观；论文答辩实现网上信息化管理，不仅可以省去许多手工程序，还能让工作人员直接在后台进行精确的计算机计算与筛选，在提高工作效率和数据准确性的同时，也为学生提供了便利。截至2019年，我校已将信息技术应用到了自学考试的教学管理中，初步形成了网上注册、网上报考、计算机网上评卷、网上转考、网上申请毕业论文答辩，申报毕业完成网上报名、网上审核、网上缴费等工作。下一步将实现网上答辩、网上考试，把微课、慕课等新的教学形式引入教学中，为广大考生提供更便利的学习方式和最优质的教学内容。

3. 积极参与国家自考课程体系的构建

我校积极地参与了湖北省自学考试课程体系的构建和开考等工作。2004年，受省交通厅委托，我校负责我省系统开考专业物流管理（独立本科段）的主考工作；2007年，我校在全国率先成功申报自考"投资理财"专业自考助学工作的开展，成为全国首个投资理财专业主考院校；2007年，我校会计专业开始开展自学考试"注册学习"试点，作为全国考委"北斗工程"的一部分，"注册学习"把主考学校、网络资源加以整合，以"网络+面授"形式试点，在选定助学机构、指定部分专业的情况下小范围推行运作，在考生有效学习、完成规定学习任务的基础上，将统一考试与国家教育考试机构指导下的过程性考核结合起来，实行科学的学业综合评价。

2013年，我校成为中英合作国际商务、国际金融（本科段）专业主考单位；同年学校成立了"湖北省高等教育自学考试学习服务中心"，并以建立省级自学考试学习服务中心为契机，利用自考平台、依托我校（主考学校）、整合教育资源、逐步建立起高等教育自学考试由终结性考试向与过程学习并重的趋势转变，由注重理论学习向理论与实践并重转变。

2016年，我校承担了湖北省12个自考专业的课改任务，占全省任务总量的八分之一。根据课改要求，部分专业停止招生，部分专业学习课程需进行更换，并取消免考政策，强化实践课和助学过程评价。截至2017年底，我校已完成课改任务。在学习认证方面，我校全面取消自考"沟通课"，全面推行"学业综合评价"。

2003年至2019年，我校一直是国家自学考试试题命题单位，每年承担命题任务近百套。其中2003年至2013每年四次；2014年至2015年每年三次；2015年以后每年两次。由于工作成绩优异，我校多次荣获"命题工作先进单位""优秀命题教师""优秀命题管理人员"等殊荣。

4.精心组织，认真履行主考学校的考务职责

作为主考学校，我校认真履行了主考学校的职责。在完成了繁重的自考考试工作任务的同时还做好了自考评卷工作。我校每年要承担湖北省自考评卷任务150000份以上。无论是在2013年4月份之前的手工评卷还是之后的网上计算机评卷，在学校评卷工作领导小组的领导下，评卷教师严格遵守评卷纪律，认真履行评卷职责，圆满地完成了评卷任务，也体现出我校一流大学风范。学校也因此连续被授予"湖北省高等教育自学考试评卷工作先进集体""湖北省评卷先进单位"等荣誉称号。

论文答辩和上机考核作为实践课的考核环节，我校以学生为本，精心组织，合理安排，能够有效地对自考"准毕业生"进行公平公正的学术综合考核。

**（四）非学历培训教育**

1.认真履行服务社会职能，培训教育实现跨越式发展

非学历培训教育是学校人才培养体系的重要组成部分，是展现学校教育形象、为社会服务的主要平台和窗口，是高校、政府、企业之间有效沟通的桥梁。2003至2019年间，学校切实履行高校社会服务职能，着力推进培训教育供给侧改革，不断提升培训管理服务质量，较好地实现了高校以学科学术发展来服务和促进国家和地方经济发展的办学宗旨。近17年来，我校非学历培训教育规模不断提升，年办班数由数十个到百余场，培训学员人数从数百人增长到近2万人；培训对象日益丰富，依托学校人文社科类大学特色、经法管学科专业优势，已涵盖全国各级财政系统、税务系统、司法系统、审计系统等行业系统；培训生源逐步扩展，遍及北京、江苏、安徽、浙江、江西、山东、河南、湖北、广东、广西、海南、四川、云南、新疆、西藏等15个省、市、自治区。学校非学历培训教育逐渐形成了"立足湖北、辐射中南、面向全国"的良好格局，积极推动了终身教育体系构建和学习型社会建设，深度契合了办好人民满意教育的定位和宗旨，实现了从无到有、从弱到强的跨越式发展。

2.与政府部门深度合作，打造高校社会服务一流智库

学校"经、管、法"三大优势学科和"应用型、融通性、开放式"人才培养特色与当代领导干部"懂经济、知法律、精管理"的时代要求高度契合。学校培训教育坚持彰显科学性、时效性和针对性，责任意识强烈，积极推进与政府部门的深度合作，服务地方经济社会发展。2006年5月我校校长吴汉东教授为中央政治局第31次集体学习做了关于《国际知识产权保护的法律与知识建设》的讲课。2010年，学校被湖北省委组织部确定为首批高校干部教育培训基地，成功承办了湖北省对外开放专题研讨班（经济学院）和全省市州财政局局长培训班（2期）、武汉市委组织部的2010年经济发展与知识产权保护（知识产权学院）、产业转型与经济发展方式转变（工商学院）主题培训班（2期）。此外，在2010年全省政法系统青年干部成长工程培训班中，我校还选派了3位专家教授授课。2016年，为德州市工商联合会、中国人民银行荆州市中心支行、河南电视台、洛阳市统计局以及广州市戒毒管理局等单位举办培训班。新行业、新系统的培训，进一步拓展和丰富了我校培训教育工作领域，成为"新引擎"助推我校培训教育事业蓬勃发展，使我校成为国家与地方经济社会发展，尤其是财税改革与发展的一流"思想库"和"人才库"。

3.切实夯实部省共建，全力创建培训高端教育

2012年教育部、财政部和湖北省人民政府正式签订了共建中南财经政法大学协议，构建财政部定点培训基地和部省共建平台。同年，根据财政部《关于开展干部教育培训基本情况调研的通知》（财人干函〔2012〕5022号）精神和要求，完成财政部干部教育培训调研工作，全面梳理了学校干部教育培训资料，积极建言献策，主动适应新时期干部培训教育需要。2013年至2017年间，我校先后承办财政部2014年度决算培训班，财政部教科文司和干部教育中心共同举办的全国财政教科文业务培训班、加强专员办财政预算管理工作培训班、财政部2016年西部地区地（市、州、盟）财政局局长培训班、2017年中央部门和代理银行国库集中支付培训班、2017年西部地区地（市、州、盟）财政局局长培训班，充分检阅和肯定了我校培训教育办学的实力和水平，树立高端培训品牌。学校将优势资源、湖北经济社会发展实际和湖北财政干部需求相结合，创造出互相融通的立体交互式培训模式，切实将与湖北省财政厅的干部培训合作向纵深推进。同时，依托财政部定点培训基地平台，积累了丰富的财政干部

培训经验，经湖北省财政厅引荐，2015年建立山东财政厅培训基地。本着"以服务求支持、以工作促共建"的宗旨，2019年，学校承办了财政部地方国库现金管理培训班、财政部2019年西部地区暨援疆援藏援青财政局局长培训班等。这是落实部省共建协议的具体举措，也使学校成为国家与地方经济社会发展，尤其是财政事业改革与发展领域的一流"思想库"和"人才库"。

4.响应精准扶贫号召，探索高校智力扶贫新模式

贯彻落实教育部"扶贫先扶智"的工作要求，积极响应国家精准扶贫、持续扶贫的号召，先后承办2014年云南省德宏州党办系统干部财经政法专题研修班、2015年西藏山南市财政干部业务培训班、2015年滇西领导干部民族文化传承与旅游产业发展专题培训班、2015年恩施市屯堡乡党员干部素养提升工程培训班、2016年新疆博州乡镇财政干部培训班、2016年云南省德宏州委组织部乡镇党政干部培训班。初步形成学校培训教育智力扶贫品牌与模式，为服务"精准扶贫"、援疆支边以及学校"文澜金孔雀工程"事业贡献力量。

"财政部西部地区地（市、州、盟）财政局局长培训项目"是落实西部大开发战略、服务西部地区人才能力建设的重要举措。自2016年起，财政部干部教育中心已连续委托学校举办了4期培训班。此次培训班的举办旨在帮助学员增强贯彻落实国家宏观财政政策的意识，提高财政知识水平和综合领导能力，进而配合国家西部大开发战略，针对西部地区财政改革与发展中出现的新情况、新问题提出新的对策，促进西部地区经济与社会和谐发展。

5.强强联合，共建全国财经高校培训联盟

为了实现财经高校间的资源共享、优势互补，共同推进高等财经教育培训事业的发展，2012年学校携手中央财经大学、上海财经大学、西南财经大学、东北财经大学、江西财经大学、山东财经大学等7所财经高校签约成立"全国高等财经院校教育培训联盟"。全国高等财经院校教育培训联盟的成立，为财经高校教育培训相互交流协作，发挥多校协同优势，提升财经教育培训水平质量，创建财经教育培训品牌，积极主动抢占开发教育培训市场，搭建了良好的广阔的平台。2014年培训联盟第二次工作会议一致推选我校为全国财经培训联盟轮值主席单位，起草了《全国高等财经院校教育培训联盟服务全国财政系统干部教育培训方案》和《全国高等财经院校教育培训联盟信息化建设方案》，努力促进财经院校协同优势发挥，合力创建财经培训品牌，共同引领全国财经

培训市场健康发展。

6. 服务学校干部教师发展，进一步规范干部培训管理

2014年至2017年间，成功举办了2014年学校科级干部培训班、2015年学校第二期科级干部培训班、学校2015年新进教师岗前培训班、2017年学校第三期科级干部培训班，树立了培训专业化形象，形成了示范效应，积极助力学校管理干部队伍、师资队伍建设。2008年，为整合我校培训教育资源，规范教育管理，起草了《中南财经政法大学培训教育管理办法（试行）》，有力促进了全校培训教育健康有序发展。2010年，召开全校培训教育工作会议，大会主题报告《审时度势，发挥优势，做大做强我校培训教育事业》深入分析了培训教育面临的形势和机遇、我校发展培训教育的有利条件和面临的挑战，提出了我校开展培训教育的基本思路。2017年，学校召开全校干部培训教育工作会议，继续教育学院院长回顾了三年学校培训教育事业的发展状况以及取得的阶段性成果，并厘清了学校培训教育工作的未来发展思路。校长杨灿明强调继续教育学院作为培训工作的归口管理单位，要发挥好统筹协调作用，各办学单位必须进一步规范培训工作，加强过程管理，优化培训环境。

7. 注重培训教育课题研究，引领培训实践创新发展

作为全国干部培训调研基地，深度调研新形势下干部教育社会需求，着力推进培训教育供给侧改革创新。在完成常规培训工作的同时，积极申报财政部、湖北省委组织部、学院研究课题。2015年申报继续教育学院院级科研立项一项，提交"我国高校教育培训发展现状与策略研究——以中南财经政法大学为例"项目论文。申报湖北省委组织部的创新试点项目，提交"发挥财经学科优势 打造财政干部培训品牌"项目总结报告。与湖北省财政厅共同申报了财政部科研项目，参与了"财政干部"省级统筹，分岗施训"教育培训模式研究——以湖北省为例"课题研究。将培训理论和实践相结合，深入开展培训教育理论研究，为培训教育事业创新发展献计献策。

8. 筹建建行学院，开启银校合作新模式

2018年，学校与中国建设银行开启银校合作办学新模式，共同成立中南财经政法大学建行学院（建行大学华中学院），开启了校企合作新征程，培训教育进入一个新的里程碑。2018年6月27日，学校与中国建设银行签署合作办学意向书；7月23日，合作办学及揭牌仪式在学校隆重举行。学校为筹建建行学院推

动学校与建行在人才培养、社会服务、科学研究等方面全方位合作做了大量工作。继续教育学院积极参与建行学院筹建工作，推动校内部门联动、整合优质教育资源。

### （五）国际预科教育

进入新时期，为了探讨继续教育国际化，经学校批准，2006年3月成立了中南财经政法大学国际预科教育中心，这是美国高考ACT Education Solutions. Limited授权我校在华中地区创办第一个、湖北地区唯一一个公办的GAC—ACT特许教学中心。

1. GAC—ACT课程体系

GAC—ACT（Global Assessment Certificate-American College Testing）课程是美国大学入学考试委员会联合美加澳英百所一流大学研制，专门针对母语非英语国家学生克服进入英语国家大学所存在的英语能力不足和学习能力缺陷，无缝衔接所设计的过渡课程。

GAC—ACT课程包括四大模块即语言模块、学习技能（巧）模块、计算机技术模块、基础知识模块，数学、科学、计算机、商务、社会科学、英语（听说、读写）七门文理科课程。分为三个级别，由浅至深地帮助学生实现文、理科知识的英语转化，由ACT选拔专业外教全英教学，通过资料查询、分组讨论、演讲、报告、答辩等全英互动学习过程完成大量的课后论文作业，在应用中快速提高英语能力。GAC—ACT课程唯一包含ACT官方辅导体系，由ACT提供官方指导集训美国高考，学生在我校可以参加全球同步的美国高考。

2. 我校国际预科教育

1）GAC—ACT的引入与开办

我校2006年引进GAC—ACT课程并于当年在首义校区招生，开始了GAC预科教育。我校充分利用学校优质平台、高端管理及优质服务翻开国际预科教育全新一页。

2）GAC—ACT的教学与管理

我校国际预科班为小班教学，学生全日制学习。按GAC官方要求，每个教学班级人数不超过25人，且为全日制学习。

全部师资团队来自我校优秀中（海外名校硕、博毕业）、外籍教师，并全部通过了ACT.Inc上海总部严格的培训、考核和筛选；专业外教团队保障了国际预科教育"名师出高徒"。

学生为国内高中生，经过入学考试严格筛选后进入我校国际预科教育中心学习。中心按照国际化教育要求和国际化大学教育环境对学生系统地实施国际预科教育，所甄选出的精英"苗子"可直接参加美国高考。学生在我校学习期间所获取的GAC—ACT成绩被全球100所顶尖大学所认可，并在海外留学时获取最多一年的学分减免，GAC直通海外百所名校。

我校国际预科教育是华中地区最优质的预科教育之一。有下列显著特色：科学的课程体系；优秀的师资队伍；严格的教学管理措施；突出"以人为本"的学生管理机制；针对学生不同特点的严密管理与跟踪服务体系；良好的育人环境与优质的生活服务；完善的延伸服务及强有力的签证支持。从入学—教学—考试—选校—签证—接机安顿—学生信息反馈—赴海外探望学生—学生就业指导等方面提供完整的配套服务，为家长解决后顾之忧。高效和有保障的优质服务保证了我中心学生的海外大学录取率和获签率均达到100%。

3）突出的办学成果

2008年4月经GAC全球教学负责人Gaye Pullyn严格考评，审定我中心为"GAC 2008年检合格教学中心"。2011年、2012年先后被《楚天都市报》《武汉晚报》《长江商报》等授予"最受欢迎留学机构""最具影响力美国高考留学品牌""出国留学行业突出成就品牌"等荣誉称号。国际预科教育中心先后为美国、英国、澳大利亚、新西兰等海外著名大学输送了220名优秀人才。其中，1人获取美国大学一年的学分减免，3人获得海外奖学金50万元人民币，1人获得海外大学奖学金50万元人民币另加带薪实习。

# 第三章　学校继续教育"一体两翼"发展模式构建

## 第一节　国内外高校继续教育发展模式分析

### 一、国外继续教育发展模式分析

#### （一）校企合作型继续教育发展模式

校企合作型继续教育发展模式是指学校与企业共同合作，有针对性地提供联合培养教育项目，是一种让社会学习者带薪学习的继续教育发展模式。美国的继续教育发展模式是较为典型的校企合作型继续教育发展模式。

美国是工业改革与技术萌发较早的国家之一，也是较早诞生继续教育的国家之一。拥有百年发展历史的美国继续教育，注重将理论教育融于社会实践，形成具有特色的校企合作模式。

1.有偿性带薪学习

美国继续教育的校企合作模式是在学校与知名企业长期合作的基础上，针对企业职员提供的若干教育合作项目。在学习过程中，继续教育学生均为带薪学习或实习。

2.在教学环节突出体验式学习

美国继续教育充分尊重社会学习者的职业特点与学习需求，在教学环节充分发挥继续教育的市场性与特殊性，多采用情景式、体验式教学，注重帮助学生将理论知识转化为实际应用技能。

3.多元化认证继续教育学习经历

为提高继续教育学生的学习积极性，促进继续教育学生学习经验的有效转化，美国形成了继续教育学习经历多元化认证体系。无论是学习时长、学习成绩还是学位等学习指标，均可通过向权威机构申请获得官方认证与相应证书。

### （二）工学交替型继续教育发展模式

工学交替型继续教育发展模式是指社会学习者可以在学习与工作间灵活转换，自由选择短期或长期交替方式，是一种更灵活、更开放的继续教育发展模式。英国继续教育发展模式是较为典型的工学交替型继续教育发展模式。

作为老牌资本主义国家，英国的继续教育萌芽较早，长期以来都延续着工学交替的发展模式。其发展模式特色鲜明，主要包括：

1.灵活、开放的交替模式

英国继续教育的工学交替模式为社会学习者提供了短期和长期两种交替方案。短期交替方案通常以月为计时单位，学习者可以按需选择学习时长，实现在学校与企业间的快速、灵活转换。长期交替方案通常以年为计时单位，学习者可以更稳定地从事工作或投入学习。两种交替方案让社会学习者可以更灵活自主地选择适合自己的学习模式，大大提高了继续教育的市场匹配度。

2.专业设置突出"择优扶持"原则

英国继续教育在专业设置中，始终坚持"突出重点、选优扶优"原则，将市场需求大、技能前沿度高的专业作为重点对象进行全面扶持。例如，2014年英国政府颁布的《支持继续教育领域培养卓越劳动力的政府战略报告》中曾明确提出要以教育和幼儿保育、数字化与信息化建设、建筑与工程等重点科目为重点，通过加大投资的方式，大力扶持重点、优势、新兴的继续教育专业的发展，使更多社会学习者能够通过继续教育学习掌握最前沿理论知识与工作技能，从而更好地适应工作需求。[1]

3.继续教育内容包罗万象

英国继续教育的显著特点之一就是专业百花齐放，内容丰富多彩，层次包罗万象。无论是美容化妆师还是程序员，无论是飞机维修员还是家政护理师，无论是幼儿保育师还是工程设计师，各行各业的从业人员都可以在短期或长期交替班中找到适合自己的继续教育学习类型。在英国继续教育教学中，充分尊重社会学习者的原有基础，注重量身定制，因材施教，真正做到了学有所成，学有所获。

### （三）双轨并进、多元并举型继续教育发展模式

双轨并进、多元并举型继续教育发展模式中"双轨并进"指的是既有补充

---

[1]　余晖，匡建江，沈阳.英国支持继续教育领域培养卓越劳动力的政府战略[J].世界教育信息，2015（3）.

文凭教育又有职业继续教育;"多元并举"指的是拥有政党学校、教会、工会和民间机构等多种办学主体。双轨并进、多元并举型继续教育发展模式是对校企合作型继续教育发展模式和工学交替型继续教育发展模式的延伸与发展,也是目前大多数国家采用的继续教育发展模式。德国继续教育发展模式是较为典型的双轨并进、多元并举型继续教育发展模式。

配合终身学习体制,德国继续教育在具体操作中更加关注服务地方经济,培养新技术领域人才,为广大社会学习者创造学习深造的机会,形成了具有特色的继续教育发展模式。

1.突出企业主导地位的双轨并进模式

德国继续教育强调突出企业的主导地位,无论是补充文凭教育还是职业继续教育,企业实训在继续教育教学中都占据重要地位。在补充文凭教育中,一般会安排一半以上时长作为企业实训操作。在职业继续教育中,则由德国企业牵头,在企业总体战略框架、中长期发展规划中明确人力资源培训与开发的内容。换言之,德国企业是职业继续教育的设计者,负责主导设计职业继续教育的目标、教学方案与具体实施。

2.突出政府主导地位,多元办学主体并举的办学模式

长期以来,德国政府都致力于让全民共享职业技能培训机会,深入开发所有社会潜力。2004年6月起,德国政府主导,企业界各大联合会共同缔造的"德国培训和专业人才新生力量国家契约"正式实施。以这一联合契约精神为指导,德国政府不断联合政治、经济和社会合作伙伴,逐渐形成了拥有政党学校、教会、工会和民间机构等多种办学主体的多元并举办学模式。

3.不断完善的职业培训等值转换体系

为激发社会学习者的学习积极性,推动社会劳动力技能提升,德国继续教育建立起了较为完善的职业培训等值转换体系。在德国,接受职业培训后,其学习时长、学分、学习成果等要素均可以通过等值转换体系合理换算成普通教育成果。这意味着更多社会学习者可以通过职业培训形式,获得与普通教育学生相等级别的学位认可。职业培训成为一种与普通教育同等的教育提升方式。

## 二、国内继续教育发展模式分析

伴随着国家教育事业的突飞猛进,各种各样的教育形式也在各显神通。在

教育市场百花齐放的时期，继续教育身处教育腹地，难以做到独善其身，不可避免地经历着前所未有的冲击和洗礼。

传统继续教育发展存在着教育目标不明确、办学机制不合理、教育模式创新不足、运作方式单一等问题。当前，普通高校和职业高校不断扩招，继续教育市场不断被压缩。新形势下的新挑战使继续教育必须思考转型发展问题，在困境中寻求破局之法。高等学历继续教育传统的补偿功能已经难以继续打开市场，继续教育必须从"规模化"发展道路转型，转向"内涵式"发展道路。继续教育"内涵式"发展道路必须以人才培训质量为核心，更加注重教育质量的提升，更加注重"成人性"的凸显，更加注重服务社会，更加注重灵活办学手段。

目前，我国高等学历继续教育正处于办学改革的关键时期。各省、各高校也在全面深化改革，继续教育呈现多元化发展。

**（一）高等学历继续教育与非学历培训教育齐头并进的发展模式**

"高等学历继续教育与非学历培训教育双轨发展"的发展模式是改革转型中的继续教育发展模式。此类发展模式依靠政策和市场两种资源共同推动继续教育转型。以上海财经大学、西南财经大学等高校为代表，此类高校开始由过去的偏重学历继续教育"单腿走路"转向高等学历继续教育与非学历培训教育的"同轨发展"。

1.上海财经大学继续教育发展模式

1921年，上海财经大学迁址上海伊始就开设了夜校。历经夜校部、夜大学、成人教育学院，2007年4月更名为继续教育学院。2011年12月，继续教育学院被教育部授予"高等学校继续教育示范基地"称号。目前，上海财经大学继续教育学院是上海财经大学的下属二级学院。

以"做精学历教育，做强政企培训"为战略定位，上海财经大学继续教育的业务涉及三大板块，涵盖非学历培训（政府企业培训、教育考试培训和职业资格培训等）、高等学历继续教育（夜大学）和高等教育自学考试。继续教育学院以三块业务为基础，不断丰富教学形式，扩展办学版图，探索海外项目；不断健全管理机构，完善教学设施，提高教学质量，打造了一个规模巨大、架构完整、业务丰富的继续教育基地。

1）机构设置

上海财经大学继续教育学院下设学历部教育、自学考试办公室、培训部、国际合作与从业资格培训部、网络教育与信息管理部、行政部和综合科研室7个科室。从组织架构上确立了高等学历教育与非学历培训教育同轨发展的管理体制。

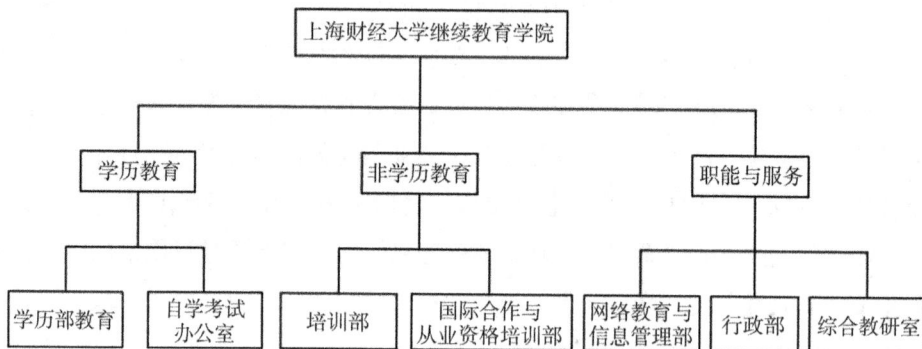

**图3-1　上海财经大学继续教育学院组织架构**

2）做精高等学历继续教育

目前，上海财经大学高等学历继续教育招收高起本、专升本两个层次的学生。其中，高起本层次开设会计学、金融学两个专业，专升本层次开设会计学、金融学、工商管理、投资学、人力资源管理五个专业。为缓解学生工学矛盾、家学矛盾，提高学生的学习获得感，上海财经大学高等学历继续教育在教学安排、教学模式、管理模式等方面不断改革，形成了独具一格的办学特色。

教学地点广泛。虹口、普陀、黄浦、浦东（南汇）、嘉定、闽兴、川沙等均设立了教学点。

教学安排灵活。开设三种不同教学方式的班级：①远程班，通过网络下载课件学习或在线学习，学院在期中、期末安排课堂辅导；②面授（单休）班，周六或周日一天加周一至周五的1个晚上课堂学习；③面授（双休）班，每周六和周日（上午连中午、中午连下午、下午连晚上）课堂学习。

教学模式多样。拥有"全部面授""在线+面授"以及"全部在线学习"三种教学模式。

教学计划弹性。在规定的学籍有效期内，允许学生有一定的选修课程的自由，在学有余力的基础上可以实现"爱我所选、选我所爱"，只要思想品德鉴定符合要求，学完指导性教学计划规定的全部课程，成绩合格，获得相应学分，即可毕业并发给毕业证书。

管理模式创新。第一，证书课程纳入教学计划。为使学生掌握所从事行业必要的知识，为将来取得各类相关证书打好基础，学院开设专升本会计学时，将会计职称相关证书课程纳入其教学计划；开设专升本人力资源管理专业时，将人力资源管理相关证书课程纳入其教学计划。第二，已持有证书的学分转化。为实现不同学习成果转化，学院构建了资格证书和学分的转化制度。学生取得各类资格证书可申请免修免考对应课程。

优秀学生奖励。设置丰厚的优秀考生奖学金和优秀毕业生奖学金，奖励品学兼优的学生。

3）做强政企培训

作为学校唯一官方指定开展高等学历继续教育和非学历培训教育的专门学院，上海财经大学继续教育学院以社会服务职能为己任，在继续教育领域勇于创新，积极拓展，承接政府、企业、事业单位及其他社会组织教育（培训）和各类公开课。以"终身学习、知行合一、经济匡时"为培训发展理念，上海财经大学年培训项目超过200期，年培训学员约2万人次。

政府培训项目以承接财政、税务、审计、统计、国资委、组织部系统以及财会干部的高层次、专业性、实战性的综合教育与培训为主。企业培训面向各类企业管理层和财务骨干提供财务、内控、审计、税务、保险、精算、决策、管理等方面的高端实战性的综合培训。同时，根据企业需求，量身定制特色课程，开设决策与高层管理者、金融资本运作、企业文化等系统项目。在课程学习中融入移动课题、沙盘模拟演练、团队拓展、实地考察交流等形式，培养学员的创新思维，从而提升企业运营能力。

以传统政企培训为基础，上海财经大学积极承办财政部、教育部的委派项目，上海对口援建地区项目，各地区财政、税务系统项目以及企业创新改革实战项目等特色项目。通过运用自身雄厚的科研、师资、人才库等优势，解决问题，促进各地区、各单位经济事业的健康发展，彰显学校社会发展"智囊库和推进器"功能，践行"厚德博学、经济匡时"社会责任。

2.西南财经大学继续教育发展模式

新中国成立伊始，百废待兴，职业教育应时而生，工农夜校、干部进修班、短期培训班等继续教育形式开始萌芽。西南财经大学顺应时代教育需求，成立了业余教育处，负责培养和培训社会迫切需要的经济管理型人才。随着继续教育规模的扩大与业务的拓展，1964年西南财经大学在原业余教育处的基础上，成立了函授部。1978年，西南财经大学开始拓展干部专修和业务培训项目。1982年，西南财经大学成为四川省经济类专业高等教育自学考试的主考院校，并于四年后正式设立自学考试办公室与成人教育处。1997年，西南财经大学正式组建成人教育学院。2002年，获得现代远程教育试点资质后，西南财经大学设立了网络教育学院，负责成人高等学历教育现代远程教育试点的相关工作。顺应继续教育业务转型发展需求，西南财经大学于2008年正式成立培训中心。2013年，继续（网络）教育学院在原成人教育学院和网络教育学院基础上合并形成。

目前，西南财经大学继续（网络）教育学院既是管理机构又是办学机构，负责统筹组织全校高等学历继续教育、高等学历自学考试、网络教育、干部培训和职业资格证书培训等工作。

以"经世济民、孜孜以求"的大学精神为指引，西南财经大学继续（网络）教育学院始终致力于社会服务。以"立足西部，面向全国，筑梦财经"的发展战略为指导，西南财经大学继续（网络）教育学院建立起了涵盖学历继续教育（函授、业余、现代远程教育和自考助学等）与非学历培训教育（干部培训、企业培训、各类证书培训和高级研修等）多种办学形式为一体的教学体系。以"突出财经专业优势"为基础，西南财经大学继续（网络）教育学院形成了囊括工商管理、金融、财税、会计、经济学等优势专业，财经专业特色鲜明的办学格局。作为学校社会服务的窗口，西南财经大学继续（网络）教育学院将西部"智力"不断输送全国，为国家培养了学历教育学生13万余名，为各行各业培训了经济管理专业人员数万人次。

贯彻落实党的十八大和学校第十二次党代会精神，西南财经大学以效益提升、内涵发展为主题，以转型发展、创新发展、规范发展为核心，深入实施学历继续教育和非学历教育双轮驱动，不断推进学校继续教育事业迈上新台阶。

1）高等学历继续教育

1964年，西南财经大学成立函授部，开启高等学历继续教育之路。秉承"严谨、勤俭、求实、开拓"的校训，西南财经大学经过长期发展，积累了丰富的高等学历继续教育办学经验。

办学层次完整。目前，西南财经大学在四川省内招收高职（专科）、高中起点本科、专科升本科三个层次的高等学历继续教育学生；在四川省外招收专科升本科层次高等学历继续教育学生，形成了办学层次完整的高等学历继续教育体系。

函授站、教学点分布广泛。西南财经大学在四川、云南、广西等十余个省（市、自治区）广设函授站、教学点，形成了"立足西部、面向全国"的战略布局。

专业竞争力强劲。西南财经大学以经济学、管理学为主体，金融学为重点，多学科协调发展为办学特色，拥有国家重点学科4个，包括统计学、政治经济学、金融学和会计学，同时还拥有5个省级重点一级学科。高等学历继续教育各层次专业设置以会计学、金融学、工商管理等专业为主，均依托学校重点学科专业，师资力量雄厚，教学资源丰富，专业的市场竞争力强劲。

2）高等教育自学考试

西南财经大学一直是四川省高等教育自学考试的主考院校，也是四川省教育考试院首批试点建设的四川省高等教育自学考试学习服务中心之一。为适应我国经济社会发展需要，充分发挥重点大学的办学优势，为社会培养更多应用型人才，西南财经大学经四川省高等教育招生考试委员会、四川省教育厅批准，面向社会招收高等教育自学考试应用型专业助学班学生。

目前，西南财经大学共有两类招生单位，分别是西南财经大学校本部（光华校区）和西南财经大学校外合作助学点。

学校本部（光华校区）招收专升本层次高等教育自学考试应用型专业助学班学生，共开设5个专业，分为"白班""白班+网络班"和"网络班"三种学习形式。其中，白班学生在两年助学期内，学习和生活均在光华校区内进行，能够更加深入地体验校园生活。

校外合作助学点共26个，招收专科和专升本两个层次高等教育自学考试应用型专业助学班学生。其中，专科层次开设4个专业，专升本层次开设7个专业，能够全面满足市场需求。

3）现代远程教育

2002年，获得现代远程教育试点资质后，西南财经大学设立了网络教育学院，负责高等学历继续教育现代远程教育试点的相关工作。经过十余年发展，学校现代远程教育校外中心遍及四川、广东、云南、广西、浙江、上海、新疆等三十余个省（市、自治区）。其中，四川省内设28个学习中心，四川省外设

37个学习中心。

目前，西南财经大学现代远程教育招收专科、专科升本科、高中起点本科三个层次的学生。其中专科层次开设3个专业，均为2.5年基本学制，均在四川省内进行招生；专科升本科层次开设11个专业，均为2.5年基本学制，部分专业允许在四川省外进行招生；高中起点本科层次开设5个专业，均为5年基本学制，在全国范围内进行招生。

现代远程教育以在职业余学习为主，学校统一免费配置数字化学习资源，包括教学视频、作业、电子教材等。学生在充分利用WEB学习平台、移动学习APP等数字化资源自学基础上，还可以通过各种交互教学手段接受在线辅导，最后通过相关课程考试和助学活动即完成学习活动。

4）非学历培训

西南财经大学培训中心前身为中国人民银行成都分行培训中心，与继续（网络）教育学院实行一套班子两块牌子，是学校专门从事非学历教育培训的教学单位。西南财经大学培训中心是中国建设银行总行指定的干部培训高校基地，拥有四川省组织部干部教育培训高校基地资质，四川省专业技术人员继续教育基地资质，中国注册税务师协会授予的"中国注册税务师西部培训基地"资质，国际金融理财标准委员会（中国）授权开展金融理财师AFP资格认证教育培训机构资质。

中心借助长期从事高等学历继续教育、网络教育的办学优势和管理平台，面向社会开展各类非学历教育培训，培训项目包括金融培训、党政培训、财税培训、财会培训、企业定制培训、财经从业人员职业资格培训、高端研修班等。

金融培训紧密结合当前金融行业发展趋势、货币政策及金融监管要求，服务于各类金融机构业务发展和行业人才需求等。根据市场需求，金融培训开设科技金融创新发展专题，商业银行风险控制专题，初级客户经理能力提升专题，中高级客户经理能力提升专题，个金业务条线员工能力提升专题，金融办、金融学会培训专题，农信社风险控制专题，农信社信贷管理专题，农村金融专题，少数民族地区金融专题，农信社经营管理专题，农信社财务管理专题等专题项目。

党政培训适应中国特色社会主义新时代对党政干部的要求，紧抓当前社会热点，服务各省市县区各级党政机关领导干部等。根据市场需求，党政培训开设宏观经济发展与政府公共管理专题培训班、十九大精神学习专题培训班、领导干部管理能力提升专题培训班、领导干部综合素质能力提升培训班、产业发展转型升级专题培训班、区域（县域）经济发展专题培训班、新型城镇化与城市管理专题培训班、现代服务业发展专题培训班、新农村建设与村干部培训班、人大干部履职能力及素质提升培训班、政协委员履职能力及素质提升培训班、基层干部（街道社区干部）综合素质能力提升培训班等专题项目。

　　财税培训紧密结合当前社会经济发展现状与趋势，围绕国家财政政策、税收政策热点问题，以财政税收业务工作为重点，服务全国各级省市区县财政局、税务局等。根据市场需求，财税培训开设财政热点与财政管理专题，财政系统干部能力提升专题，财政体制改革与综合能力提升专题，财政预算管理与投融资专题，税务系统领导干部、业务骨干能力提升专题，税务系统干部综合能力提升专题，税务系统纪检监察干部专题，税务系统征管业务能力提升培训班，财政、税务系统干部素质提升与知识更新专题等专题项目。

　　企业培训以企业持续健康发展，针对性提高企业管理干部的理论素养、知识水平、业务素质和管理能力为目标，服务各省市区国资委国有企业、民营企业、中小微企业等中高层管理人员、部门负责人、业务骨干等。根据市场需求，企业培训开设市场营销管理专题，人力资源管理专题，企业战略管理与公司治理专题等专题项目。

　　财会培训紧紧围绕当前政府事业单位和企业财务会计工作制度，通过财务管理知识、新会计准则、内控制度的理论与实务的专题学习，服务各省市区县各级政府部门财务分管领导、财务负责人、财会工作人员，企业财务部门负责人、财务经理及财会人员、各地会计学会单位等，根据市场需求，财会培训开设行政事业单位财会培训专题（热门精品课程），企业财会培训专题（热门精品课程、财务分析与战略决策、企业内控与准则运用、资金管理与税务处理）等专题项目。

　　同时，西南财经大学面向审计系统、经信委系统、教育系统、卫健系统、旅游系统、统计系统等各送陪单位提供定制培训服务，有针对性地开展短期及中长期培训。

**（二）以非学历培训教育为主的发展模式**

　　此类继续教育发展模式是改革转型较为彻底的发展模式，将非学历教育作为继续教育的唯一模式，不涉足任何其他高等学历继续教育。以清华大学、浙江大学等高校为代表，此类高校全面停招高等学历继续教育学生，将继续教育的重点转向了非学历培训教育市场。

1.清华大学继续教育发展模式

1955年，清华大学开始筹建成人高等教育，1956年成立夜大学。1985年，清华大学独占鳌头，成为第一个获批成立继续教育学院的高校。自此，清华大学全校继续教育工作开始统一归口继续教育学院管理。时至今日，继续教育学院已经成为清华大学对外开展培训教育的实体机构。建院35年来，清华大学继续教育学院认真贯彻落实党的教育方针，主动服务国家战略需求，开展高层次、高水平、高质量的继续教育，形成了在国内继续教育行业具有较大影响力的清华继教品牌。1985至2019年，为政府部门、企事业单位等累计培养近140万人次，远程教育累计培养300多万人次，2003年启动的清华大学教育扶贫累计260多万人次受益。

1）改革转型

在清华大学继续教育的发展历程中，改革与转型始终是促进其发展的主要动力。

1996年，在国内高校中率先开展现代远程教育。

1999年，成为全国高校第一批现代远程教育试点单位，联合国教科文组织继续工程教育教席。

2002年，实施继续教育体制机制改革，首推"管办分离"管理体制；停止招收高等学历继续教育（夜大学），转为以非学历非学位教育为主；成立了教育培训管理处（2016年更名为"继续教育处"），负责对全校非学历非学位继续教育行使行政管理职能；继续教育学院改制成为二级实体学院，专门从事非学历继续教育。

2003年，启动清华大学现代远程教育扶贫工作。

2013年，搭建非学历继续教育综合信息管理服务平台，以信息技术手段进一步推进了继续教育管理规范化进程。

2014年，启动继续教育综合改革，加强规范管理和师资管理。

2019年，学校组建终身教育处，履行原继续教育处、在线教育办公室职能。

2020年，提出新时代高质量内涵发展改革，"回归教育，创新学习"。

在每一个发展阶段，清华大学继续教育学院坚持服务国家战略、服务社会发展的大局，始终站在将继续教育作为学校人才培养重要组成的高度，不断探索自身发展战略定位，深化内部体制机制改革，在运营模式、业务领域、发展方式等方面推动创新和突破，致力于建设打造中国特色、世界一流的继续教育品牌和模式。

2）服务对象

经过多次转型发展，清华大学建立了以非学历教育与培训为主的继续教育发展模式，并把继续教育放在全日制本科教育、研究生教育同等对待的重要位置。以党政管理干部、专业技术人员和企业管理精英为主要办学对象，清华大学培训教育每年面向各行各业开展的高层次培训成果丰硕，年均面授规模超过10万人次。自2003年启动的教育扶贫同样成绩斐然，十余年间已向251万人次提供扶贫培训服务。面向社会与产业发展需要，清华大学继续教育着重以下几点。

服务企业家成长，开设了新时代企业家科学与人文学堂项目、企业经营创新与丰田精益生产管理研修项目。

服务教育系统人才发展，构建了高等教育、职业教育、基础教育系列项目体系和"教育专业课程为核心、清华优势课程强特色、规模实践课程促内化、事业拓展课程厚基础"的课程体系。

服务清华"双一流"建设，围绕干部队伍履职尽责能力和教职工队伍职业化、专业化能力要求，承担学校干部选学和教职工培训任务，助力学校管理干部和教职工职业发展与成长；建立校友终身学习平台，实施"清华校友终身学习支持计划"，为校友职业发展和终身学习提供支持和服务。

服务地方干部队伍建设，培养又博又专、底蕴深厚的新时代复合型干部。

服务地方社会经济发展，举办多形式、多层次的区域社会发展和产业转型升级定制项目；服务重点企业人才战略，为大中型企业打造学习型组织、提升企业创新经营核心竞争力提供智力支持。

3）项目设置

以学习者为中心，弘扬终身学习理念，清华大学继续教育坚持大学后非学历为主的办学定位，整合校内外优质教育资源，常年面向社会开设各类公开招生项目（Open Enrollment Programs）、中外合作办学学位项目（Joint Degree

Programs）、专业认证项目（Professional Certificate Programs），并为党政机关和企事业单位提供定制内训服务（Custom Programs），为创造"人人皆学、处处能学、时时可学"的学习型社会贡献出"清华智力"。

公开招生项目。清华大学面向在职从业人员开设涵盖经济、管理、艺术、人文、设计、法律、工程、医卫等多个领域的培训课程，学习跨度从为期一周左右到超过一年，满足学习者更新知识、提升能力、拓宽视野、促进发展的需求。学员按规定完成学习任务，可获得清华大学继续教育的结业证书。

定制内训项目。服务组织需求，提供定制化、个性化、专业化学习培训方案。清华大学积极参与学习型组织、学习型行业、学习型社会建设，紧密对接各级党政机关和企事业单位人才队伍建设需求，常年接受上述各类机构委托开展定制内训项目，开发具有针对性、前瞻性、实效性的内训课程，深受组织方及学员好评。学员按规定完成学习任务，可获得清华大学继续教育的结业证书。

专业认证项目。学有所专、学有所长。依托自身专业学科优势，清华继续教育面向国家社会紧缺岗位的人才需求，开展特定专业的认证培训，使专业领域的从业人员通过比较系统化、集中式的教育培训，达到特定专业从业所需的能力和水平。学员按规定完成学习任务，符合条件可获得清华大学继续教育的专业认证证书。

学位项目。立足中国、放眼世界。清华大学按照中外合作办学相关法律法规，依托自身专业学术力量及与国外和港澳地区大学的合作关系，开展经教育部批准、研究生层次、为期一年半及以上的合作办学学位项目，学员按规定完成学习任务，符合条件将获得清华大学继续教育的结业证书和合作高校颁发的学位证书。教育部留学服务中心根据认证注册信息库提供的信息，对学生获得的学历学位证书进行后续认证并出具相应的证书。

2.浙江大学继续教育发展模式

1956年，浙江大学继续教育开始萌芽。六十余年风雨兼程，浙江大学继续教育历经创立、停滞、恢复、改革等发展过程，逐渐在探索中形成了独树一帜的办学特色，为地方经济社会发展和国家人才强国战略做出了重要贡献。

近几年，会同国家有关部委、地方政府和大中型企业，浙江大学以合作共建方式获得了14个继续教育培训基地资质，并开发了继续教育项目2000余个。以国家干部、企业中高级管理人员和专业技术人才为重点办学对象，浙江大学面向全国15个省市自治区的政府、大中型企业举办了系列培训教育，每年培训学员达30万余人次。在培训教育中，浙江大学主动服务国家西部大开发和中部崛起战略，为云南、贵州、新疆、内蒙古等地培养了大量科技人才和中高级管理人才，得到了教育部和社会各界的充分肯定。以省内外82个远程教育校外学习中心为基地，浙江大学每年通过网络教育培养学生6万余人，为各行各业输送了大量专业人才。2011年，浙江大学被教育部确定为首批高等学校继续教育示范基地。

1）改革转型

面对新时代、新形势，浙江大学始终敢为人先，大胆探索，全面停止高等学历继续教育（函授、夜大）招生。回顾"十一五"到"十三五"期间浙江大学的改革转型历史，可分为重要的三个阶段。

第一阶段："管办分离"管理体制改革。2006年，浙江大学正式成立继续教育管理处，将继续教育管理职能与办学职能分离。继续教育管理处设立后，全校继续教育培训质量与资源管理、高等教育自学考试与网络学历教育方面的行政管理工作均归口到继续教育管理处。继续教育学院则负责开展教学工作，并从人员管理、财务管理与绩效考核等方面进行市场化运营管理探索。

第二阶段：全面实施继续教育综合改革。2015年，浙江大学进一步梳理了学校培训教育发展思路，全面停止与校外培训机构合作，开始"放水养鱼"，鼓励校内各单位自主办学。校内各院系趁势而上，不断扩大自主办学规模，实现了培训教育的高速发展。

第三阶段：向"高端化、品牌化、全球化"转型。以学校"双一流"建设方案中关于继续教育的发展思路为指导，浙江大学全面停办了远程学历继续教育，将继续教育重点彻底转向非学历培训教育。同时，浙江大学全面启动"调结构、提层次和品牌建设"的建设方案与"品牌化建设为核心的高端培训"发展计划，开始探索浙江大学非学历培训教育"学科交叉、校企融汇、中外汇通、东西互动、产学结合、定制培养"的发展模式。

经历"管办分离"管理体制改革、全面实施继续教育综合改革和向"高端化、品牌化、全球化"转型，浙江大学继续教育已经由传统的学历教育为主转向了非学历培训教育为主的发展模式。以学校学科优势为依托，浙江大学主动服务国家人才强国战略要求，面向社会各行各业开展各类高层次人才培训班，每年办班超过5000个，年均培训人次超过30万，实现了从无到有、从弱到强的跨越式发展。

2）全国干部教育培训浙江大学基地

2009年，依托雄厚的办学实力和良好的干部培训教育基础，浙江大学顺利通经中组部考察研究，被确定为第一批全国干部教育培训基地。

2009年以来，全国干部教育培训浙江大学基地（以下简称"浙江大学干训基地"）充分发挥浙江是习近平新时代中国特色社会主义思想的重要萌发地和实践地的优势，依托浙江大学继续教育学院专业化队伍和办学力量，整合浙江大学学科、人才等综合优势，聚焦一流，凝练特色，深入挖掘、宣传习近平新时代中国特色社会主义思想在浙江的探索和实践，将其转化为浙江大学干训基地开展教育培训的核心优势，举全校之力积极承担党和国家教育培训工作任务，取得了显著成效。

目前，浙江大学干训基地已形成以华家池校区为主、其他校区为辅的良好办学格局。华家池校区占地1257亩，校区内共有独立教学楼1幢，综合教学办公楼3幢，学员宿舍8幢，报告厅、U型教室、情景模拟室等各类教室43间，座位数3400余个；可同时容纳住宿1100余人、就餐3000余人；图书馆拥有藏书百余万册；田径场、篮球场、排球场、网球场等设施齐全，为教育培训提供了完善的教学和生活保障。

近年来，经过教育部和人社部考察研究，浙江大学再次获得教育部高等学校继续教育示范基地资质、人社部国家级专业技术人员继续教育基地资质和全国工商联"全国非公有制经济人士理想信念教育基地"等，提升了浙江大学干训基地的办学实力与核心竞争力。

3）继续教育学院

浙江大学继续教育学院主要负责举办高端培训，学院性质属于直属单位，与全国干部教育培训浙江大学基地一体化运行。充分发挥人社部国家级专业技术人员继续教育基地、中组部全国干部教育培训浙江大学基地、全国工商联"全国非公有制经济人士理想信念教育基地"等基地资质，浙江大学以中央和国家各部委、各省（区、市）相关党政部门以及重点行业、企业为目标市场，持续推进高端培训事业发展，开设党政培训、高级研修、企业培训、教师培训、国际教育等专题，年均培训逾10万人。

近年来，学院承办中组部等15个部委以及全国20多个省（区、市）委组织部委托的重点班次，其中包括厅处级干部班1800余个，培训11万余人。在企业培训方面，学院承办了中组部、国资委、全国工商联和各省（区、市）委组织部委托的重点企业负责人培训班以及30多家世界500强企业委托的培训班。此外，学院还举办了工商管理高级研修班160余期，研发了包括高绩效人力资源官研修班在内的多个特色项目。

### （三）其他发展模式

1.中央财经大学继续教育发展模式

中央财经大学高等学历继续教育的历史可以追溯至20世纪50年代。早在60余年前，中央财经大学就开始通过干部培训班、专业进修班等形式探索高等学历继续教育。

以校训"忠诚，团结，求实，创新"为指导精神，以"求真求是，追求卓越"为办学理念，以财经管理类学科优势为依托，中央财经大学坚持"以市场需求为导向、强化办学质量、突出办学特色、稳步发展学历教育、不断调整办学结构、大力发展多层次办学模式"，不断开创继续教育的新局面，逐步树立起良好的"中财继续教育"品牌形象。

1）"管办分离"管理模式

（1）继续教育学院。

继续教育学院下设办公室、教学管理部、学籍管理部（招生办公室）、夜大学部、培训部。各科室之间分工协作，相互支持配合，为中央财经大学继续教育事业发展提供了坚实的基础。

（2）继续教育工作管理办公室。

2009年，中央财经大学成立继续教育工作管理办公室，负责学校继续教育管理的日常工作。中央财经大学继续教育工作管理办公室与中央财经大学培训部合署办公，两块牌子，一套人马。中央财经大学继续教育工作管理办公室（培训部）的职责为：

①及时了解并传达国家和北京市有关继续教育的各项政策和规定。

②建立健全我校继续教育的管理制度（包括但不限于准入、考核与退出制度）。

③论证、审批并委托我校相关单位举办继续教育的办学项目。

④审批我校继续教育的招生简章及相关宣传资料。

⑤收集、发布我校继续教育的项目信息。

⑥监管我校继续教育的办学质量，制订评估指标和体系，开展评估工作，公布评估结果。

⑦协调校内各单位做好与继续教育相关的工作（包括教学设施、学员住宿、餐饮、校园出入等工作）。

⑧代表学校统一颁发或授权颁发继续教育的结业证书或证明。

⑨继续教育相关的其他工作。

（3）培训学院

中央财经大学培训学院成立于2005年11月，是中央财经大学为充分发挥优势教育资源、强化社会服务功能而专门设立的面向社会各类人员开展教育培训的机构。培训学院适应高等教育发展新形势对高校的要求，整合校内外资源，为学校通过多种教育形式服务社会做出了贡献，同时也为高层次的国际合作搭建了一个崭新的平台。

2）高等学历继续教育

1982年是中央财经大学高等学历继续教育的转折点。自此，中央财经大学开始了以函授、夜大为主要办学形式的高等学历继续教育新阶段。长期以来，学校领导高度重视继续教育发展，把高等学历继续教育的发展纳入学校工作中，使高等学历继续教育工作同本科教育、研究生教育一起构成学校教育事业的"三大支柱"，统一筹划，协调发展。

目前，中央财经大学高等学历继续教育具有两种学习形式，分别是函授、业余（夜大学）；三种培养层次，分别是高中起点专科、高中起点本科和专科起点本科；13个函授招生站点，分布在全国10个省（自治区、直辖市）。30年来，中央财经大学为国家培养了45800余名财经管理人才。他们分布在全国25个省（市、自治区、直辖市）的68个地区，涵盖了财政、会计、金融等20多个专业，为国家的经济建设和社会发展做出了巨大贡献。

3）非学历培训教育

坚持"高端财经培训为主导"的市场定位，中央财经大学目前已经形成了校政合作、校市合作、校企合作、校银合作以及校市企三方合作的5大合作模式。除承接集团客户内训和定制项目课程外，还不断推出各类高端财经公开课项目。学院依托中央财经大学在金融、财税、会计、管理等领域的专业优势，制订了以专业性和实战性为特色的高端财经系列培训课程，课程涵盖了20个模块，共计600个专题。

截至2019年底，培训学院共完成了484期国内高端财经培训项目，共有4万余位国内政府官员、企事业单位管理者、金融机构高管、高校专业教师等参加了培训。

与此同时，中央财经大学依托优势学科及师资力量，充分发挥学科专业及人才培养优势，整合校内外资源，以线上线下学习相结合的形式，通过现代信息技术为当地无偿输送优质教育与培训资源，为宕昌县的财政、税务、金融、保险、中小学教师、团委、宣传、农金办、农村信用社等系统干部人才队伍建设提供助力，为当地电商从业者提供技术指导，为宕昌县社会、经济的可持续发展提供智力支持。

4）工商管理国际本科项目

中央财经大学自2003年起开办教育部中外合作办学项目。为深入贯彻教育部关于"协助规范出国留学市场秩序，建立出国留学示范样板"的有关精神，2017年，中国（教育部）留学服务中心与中央财经大学签署协议，正式建立战略合作伙伴关系，共同举办工商管理国际本科项目。

中央财经大学工商管理国际本科项目在借鉴国际先进经验的基础上，充分发挥教学资源、师资、办学经验等优势，致力于为学生出国留学提供全方位的培训和服务。

中央财经大学工商管理国际本科项目面向全国，向应届和往届高中毕业生或同等学力者招生。学生培养模式分为两个阶段：第一阶段为国内学习阶段（2年），在中央财经大学进行，学生在国内完成国外大学1～2年级通识课程，以及针对性的英语强化训练，所学课程经国外对接院校评估可获得相应学分豁免；第二阶段为国外学习阶段（2～3年），在英国、新西兰、澳洲等高校进行，学生完成国内两年学习、通过雅思或托福考试后，可选择申请国外对接院校继续完成本科阶段专业课程的学习，成绩合格即可获得国外对接院校颁发的学士学位证书，回国后中留服予以认证，也可直接申请继续攻读硕士学位。

5）援外短期研修项目与援外学历学位教育项目

在中央财经大学王广谦校长等领导的鼎力支持下，在学校主管培训工作的领导史建平教授与学校国际合作处、培训学院以及其他有关学院的竭诚努力下，2006年，中央财经大学首次承办了商务部"非洲国家财政金融研修班""发展中国家中国市场经济建设研讨班""南太平洋国家官员审计研修班"三个委托培训项目。

截至2019年底，中央财经大学承接了72期商务部援外财经培训项目，来自全球98个发展中国家的1800余位上至部级、下至科层骨干的政府财经类官员参加了培训。同时，中央财经大学承办的商务部援外学历学位教育项目（经济学硕士和金融学硕士）中，2015级和2016级经济学硕士已分别于2017年6月、2018年6月顺利毕业回国；出国留学项目共培训了300余名学生，分别进入美国、英国、加拿大、澳大利亚、新西兰等国高校深造。

2. 对外经济贸易大学继续教育发展模式

2017年6月，对外经济贸易大学继续教育学院和远程教育学院合并成立继续教育与远程教育学院。立足学校特色，对外经济贸易大学形成了"非学历教育、中外合作办学、学历教育"三轮驱动发展的新模式，创下了学院财务收入增长的历史新高。2017年全年，继续教育学院收入突破1个亿，原远程教育学院收入突破7000万；2018年，继续教育与远程教育学院收入达到1.82亿元。

在坚持稳中求进、内涵发展的基本方略指导下，对外经济贸易大学持续推进新时代学校继续教育事业的发展"四大战略"，即非学历继续教育优先发展战略、中外合作办学融合发展战略、学历继续教育平稳发展战略，以及推动线上线下相结合的混合式教学法在继续教育与远程教育领域的全面运用，持续推动学历继续教育、非学历培训教育与中外合作办学"三驾马车"在线上线下相互联通，进而将继续教育打造成能够将学校"双一流"建设成果应用于助推国家经济社会发展的转换平台和服务平台。

1）非学历继续教育优先发展

以"非学历继续教育优先发展"为战略，对外经济贸易大学充分发挥多学校多科性财经外语类学科特色，不断提高非学历教育办学层次和办学质量。

（1）高级研修学院。

2002年3月，对外经济贸易大学正式成立高级研修学院，负责全校高层次非学历教育。高级研修学院的办学特色是充分发挥本校师资的集约优势，充分吸收北京地区的智库能量，面向社会各界的学习进修需求，以各级在职领导干部为主要学习对象，举办各种短期研修班。

目前开设有各地党政干部高级研修班、企业家研究班、英国ACCA和美国CFA财经资质证书考试培训班。同时，也在积极探索研究生考试辅导、公务员考试辅导等多种形式的社会服务方式。

（2）国内培训部。

对外经济贸易大学继续教育学院国内培训部是对外经贸大学从事高端培训的专业机构。通过整合经贸大学和社会的优质教育资源，优化课程配置，突出培训单位个性需求，强化理论与实践的有机结合，配以高效细化的管理，在国际贸易、工商管理、金融、财税、涉外法律等领域成功开设了多个培训班。

（3）高远多国语言教育中心。

对外经济贸易大学高远多国语言教育中心由对外经济贸易大学外语学院和对外经济贸易大学继续教育学院联合创办，并吸收其他著名高校和社会资源精华加盟。对外经贸大学高远多国语言中心拥有日、韩、阿、德、法、俄、西、意、葡、越等11种语言班级，设有应试导航、能力培养、职场晋升、企业团训、海外留学和国际交流等不同导向的教育与培训。依托"国际化人才培训基地"资质，对外经济贸易大学高远多国语言教育中心是市场化运营的全新模式尝试。"贸大高远——现代外语教育与培训的主流品牌"近期热招项目包括：

留学类：英美澳加大学预科、英国学籍硕士预科、意大利留学桥、高端留学桥—美加英澳留学预科、高端留学—加拿大升就业预科和高端留学—意大利留学预科等。

亚洲语言类：日语系列班、阿拉伯语系列班和韩语系列班等。

欧洲语言类：德语系列班、法语系列班、俄语系列班、西班牙语系列班和意大利语系列班等。

应试英语类：雅思班、BEC考试培训班、同等学历升硕英语、升硕英语联考、托福班和GRE培训班等。

特色英语类：商务英语系列班、英美外教口语班、新概念+外教口语、实用英语交流、英语写作和语法、英语听说读写、综合英语系列精品班和语培中心听口精英班等。

四六级培训类：四级培训和六级培训。

企业团培类：实用语言类培训、实用经济类培训、"外语+经济"类培训、特别设计类和国际化企业家研修课程等。

为提升教育培训效率与质量，对外经济贸易大学与全球著名的在线语言培训解决方案服务提供商德国dp公司（Digital Publishing AG）联合创建了贸大高远在线多语言培训系统（以下简称"贸大高远在线"）。

贸大高远在线引进dp公司参照《欧洲语言纲领》研发的多国语言课程体系，并根据该课程体系研发和实施在线答疑及定时辅导，从而完美地结合了对外经济贸易大学的国际商务学术资源和德国dp公司的技术产品，以崭新的方式引领着中国国际商务语言学习的新潮流。

（4）紫荆谷创新创业发展辅导中心。

响应国家"大众创业、万众创新"的政策号召，积极服务国家"支持港澳中小微企业和青年人在内地发展创业"和"支持内地与港澳开展创新及科技合作"等计划，2016年中国香港商会牵头，香港经纬集团发起并联合多家香港和海内外华侨华人相关商协会成立"紫荆谷创新创业发展中心"。"紫荆谷创新创业发展中心"在全国范围内选择了12所相关学科优势突出、办学经验丰富的高校，联合设立了"紫荆谷创新创业发展辅导中心"。对外经济贸易大学凭借学校优越的办学条件与综合地位成为12所高校之一。

目前，对外经济贸易大学"紫荆谷创新创业发展辅导中心"推出了创业加速营、金融创新研修营、从大湾区到雄安——粤港澳企业家创新发展研修营和"一带一路"全球华人青年创新成长营等项目。海外华人华侨青年、港澳台青年以及内地部分"创二代"、海归青年聚集"紫荆谷"，共同学习、交流、合作，共同探讨创新创业的思路，碰撞出了许多"思维火花"。对外经济贸易大学"紫荆谷创新创业发展辅导中心"不仅给学员们提供聚集的平台，更遍请名师，邀请众多专家学者、企业家以及政府官员传道授业解惑，帮助学员们更快融入国家整体经济发展，形成"创二代+海归"的发展合力，为国家"双创"发展贡献力量。

2）中外合作办学融合发展战略

目前，对外经济贸易大学设有3个经教育部正式批准的中外合作办学项目，分别是美国西雅图城市大学工商管理硕士、法国巴黎第一大学企业管理硕士和法国欧诺商学院零售管理理学硕士。

对外经济贸易大学与西雅图城市大学联合举办的MBA项目在中国已经合办

了近20年。该项目主要针对供职于政府部门、企事业单位与大型跨国企业的中高端管理人才举办。MBA项目的整个教学环节涵盖15门面授课程和一份个人商业计划，共计48个学分。参与该项目的学员可在中国境内完成所有教学环节。

法国巴黎第一大学企业管理硕士1991年在中法政府支持下创办，是国内最早的中外合作企业管理硕士项目之一，迄今已有20余年的办学历史。该项目学制为18个月，共设14门课程，其中战略管理与组织结构课程在法国巴黎完成。

对外经济贸易大学与法国诺欧商学院联合举办的零售管理理学硕士是全国首家零售管理理学硕士，弥补了我国零售管理领域专业教育和专业资格认证的空白。该项目学制为18个月，上课时间为周末，中方课程采取中文授课，法方课程采取英文授课且全程配有翻译，所有面授课在对外经济贸易大学校内完成。

3）高等学历继续教育平稳发展

（1）夜大学。

对外经济贸易大学的夜大学，追溯源头，始建于1951年建校之初。北京外贸学院（即对外经济贸易大学前身）旨在通过理论化、系统化、专业化的学习和培训，培养大批政治合格、专业对口、业务精湛的对外经贸干部和专业人员，以满足当时新中国轰轰烈烈、日新月异的经济建设的实际需要。从创始的单一专业、单一层次、仅几十名学生，发展至今已形成多层次、多专业、师资一流、管理规范、质量稳定、具有较强竞争力且多元化、高效率的教学体系。现开设专科、专科升本科、高起本三个学历层次。夜大部恢复办学20余年来，累计毕业生已逾20000余人。目前，在校生已达6000人左右，不但是学院高等学历继续教育的重要品牌和综合效益增长点，而且也成为名副其实的"没有围墙的对外经贸大学"。

为推进高等学历继续教育事业的进一步发展和完善，对外经济贸易大学提出夜大学的"四个化"发展目标，即多元化、规模化、品牌化和信息化。

多元化：包括办学形式多元、办学层次多元、师资来源多元和社会生源多元。在办学形式上，夜大学将在学年制的基础上引入学分制，并建立学分银行，与远程教育、函授教育、证书教育有机结合，搭建高等学历继续教育"立交桥"，从而使夜大学习更为灵活、方便，修业时间进一步缩短。在办学形式上除现有专科、本科教育外，将引入在职研究生教育，以提供夜大学生学历增值空间。在师资方面，除充分利用我校师资优势外，还将在社会上广泛延聘国内外著名专家、学者、教授担任夜大教师,以提升教师队伍整体素质。在生源方面,把大批进城务工人员纳入生源范围,以提升社会各阶层综合素质。

规模化:目前夜大在校生已达6000人左右。今后,夜大学将在力争获得更多的国家成教招生指标前提下,逐年扩充招生规模,保持10000人左右的常量规模。

品牌化:紧密联系我国现阶段经济领域实践,跟踪相关学科理论前沿,并根据社会实践和国际经济的发展不断充实、调整、提升课程设置及教学内容,增设具有时效性、实用性、前沿性特色的新型专业,以及适应目前我国经济社会发展要求的热门、实用专业,以及体现学校特色,多年来叫得响、过得硬的拳头专业。

信息化: 充分利用各种现代化高科技教学手段,除现有多媒体教学外,也将引入远程网络教学手段,如使用网络课件辅助面授、使用网络即时答疑进行实时辅导等,使夜大学习更为人性化及高效化。

(2)函授教育。

1984年,经原外经贸部和原国家教委批准,对外经济贸易大学开始举办函授教育并开设了对外贸易专科专业,在北京、天津和河北设立函授站,招收学员263人。经过20余年的发展,建立起多学科、多层次、多形式的办学模式。目前,对外经济贸易大学函授教育设有国际贸易、金融学、会计学、工商管理、物流管理和法学专业,办学层次有专科和专升本。在全国现有函授站点22个,函授教育顺利毕业学生2万多人,其中有2000余人获得学士学位。

在规范管理函授教育的同时,对外经济贸易大学积极推动传统函授教育与现代网络技术的结合,应用现代远程教育管理手段进行函授教育教学和学籍管理;适应市场需求,突出办学特色,推进教学改革;加强制度建设,建立、修订、完善、试行了25项规章制度和函授教育指标评估体系;规范管理,组织教学大检查,注意强化考务管理,树立良好考风,规范各地学费收取标准和上缴程序,并完善文档资料的管理;实行激励政策,改函授教育发展基金为奖励基金,实行学费分成浮动机制,充分调动各函授站的积极性;根据新的形势和要求,积极主动整合教育资源。

### 三、国内外继续教育发展经验借鉴

国外尤其是发达国家的继续教育普遍起源较早,部分在工业革命时期就初见雏形，而我国继续教育多启蒙于新中国成立初期。相较国外发达国家上百年的继续教育发展历史，我国继续教育起步较晚，发展历程较短。经过对国内外继续教育发展理论与发展实践的对比研究，我们可以发现国内继续教育扎根中国大地办学，具有鲜明的"中国高校继续教育"特点。在60余年的发展历程中，国内继续教育经历了巨大变化，但继续教育体系仍然有待完善，改革转型仍然有待深入。国外发达国家的继续教育发展模式有许多值得我们参考与学习之处。

### （一）加强继续教育顶层设计

继续教育发展至今已不再是"边缘化"的学历补偿教育，而是一种对建设终身学习型社会、服务人才强国战略具有重要意义的教育形式。因此，各级政府应加大对高校继续教育的支持，从法律建设层面，不断建立健全继续教育相关法律法规，引导继续教育规范化、标准化开展；从经济投入层面，不断改善继续教育办学条件，支持高校配备继续教育办学场地，提升软硬件条件；从宣传定位方面，不断提高继续教育地位，提升社会认同感与认可度。同时，各高校也应注重顶层设计，将继续教育纳入高校章程、发展战略，明确继续教育发展定位，引导继续教育健康持续发展。

### （二）推动学校与社会组织的深入合作

继续教育是注重理论与实践双重提升的一种教育形式，更具有"定向培养"特征。国外主流继续教育发展模式均高度重视与企业的合作，多通过政府主导、校企合作、"订单式培养"、多元办学机构参与等方式实现工学交替，有效缓解工学矛盾。这种与社会组织深入合作的继续教育发展模式能够将学校的师资、专业、课程等优势资源与社会市场资源有效结合，帮助学校继续教育更好地满足市场需求，实现信息共享，因材施教。目前，公办高校是我国继续教育的主要办学主体。公办高校有着天然的办学优势，但同时也与"院校"之外的市场有着天然的距离与阻隔。这导致很多学校继续教育在办学中漂浮于"理论世界"，不够接地气。为此，我们应该学习校企合作的经验，积极探索教学体制改革，完善相关制度保障，做好学分互认准备，使高校继续教育更好地与市场接轨，应社会之所需。

### （三）提高培养目标的针对性与实用性

社会学习者在参与继续教育时，更多的希望获得相关技能的提升和学历层次的提升。因此，在参与继续教育学习过程中，社会学习者也更关注继续教育的针对性与实用性。我国高校继续教育在办学中，更多的是依托学校的专业优势与师资力量，参考普通高等教育教学方式，继续教育 "同质化" 与 "普教化" 明显。因此，我们应该学习国外先进的继续教育发展经验，针对不同受教对象对继续教育项目进行分类细化，不断提高培养目标的针对性与实用性，避免 "纸上谈兵" 和 "一厢情愿"。

### （四）构建完善的继续教育评价体系

目前，国内继续教育缺乏统一的评价标准与评价体系，多为各高校依据自身特色办学，"各显神通"。甚至部分高校内部多个下设单位独立办学也无统一标准进行管理。评估与评价体系的缺乏，督导与质量监督体系的缺位，一定程度上给继续教育带来了市场风险。因此，我们应该在加强内部评价机制建设的基础上，不断探索专业评估与认证体系，将内部风险管控与外部监督管理结合，不断提升继续教育的质量建设。

## 第二节　学校继续教育发展SWOT分析

SWOT分析方法是通过对研究对象进行分析，全面、系统地把握其优势（Strengths）、劣势（Weaknesses）、机遇（Opportunities）和挑战（Threats），并以分析结果为依据制订对应发展战略的分析方法。

SWOT分析是从整个价值链的每个环节上，将目标对象与竞争对手做详细的对比，研究目标对象产品是否新颖、制造工艺是否复杂、销售渠道是否畅通、价格设置是否具有竞争性。优势，是组织机构的内部因素，具体包括有利的竞争态势、充足的财政来源、良好的企业形象、技术力量、规模经济、产品质量、市场份额、成本优势、广告攻势等。劣势，也是组织机构的内部因素，具体包括设备老化、管理混乱、缺少关键技术、研究开发落后、资金短缺、经营不善、产品积压、竞争力差等。机会，是组织机构的外部因素，具体包括新产品、新市场、新需求、外国市场壁垒解除、竞争对手失误等。威胁，也是组织机构的外部因素，具体包括新的竞争对手、替代产品增多、市场紧缩、行业政策变化、经济衰退、客户偏好改变、突发事件等。一般情况下，优势、劣势用于分析内部条件，机遇、挑战用于分析外部条件。

引入SWOT分析方法，能够较为全面地分析学校继续教育发展的内外部条件，进而以继续教育发展现状为基础，探索继续教育的发展模式。

表3-1　学校继续教育发展SWOT分析矩阵

| 优势（S：strengths） | 劣势（W：weaknesses） |
|---|---|
| （一）历史底蕴深厚<br>（二）师资力量雄厚<br>（三）科研成果斐然<br>（四）智库实力强劲<br>（五）优势学科突出<br>（六）精品课程丰富<br>（七）区位条件优越<br>（八）管理团队专业<br>（九）继续教育内部管理制度不断完善<br>（十）发展经费保障 | （一）继续教育"普教化"<br>（二）继续教育"同质化"<br>（三）学历继续教育"低质化"<br>（四）继续教育管理机制不健全<br>（五）继续教育供给侧结构不合理<br>（六）继续教育硬件设施亟待改善<br>（七）继续教育信息化进展缓慢<br>（八）考核机制有待进一步完善 |
| 机会（O：opportunities） | 挑战（T：threats） |
| （一）"十三五"期间经济社会发展对人力资源的新要求<br>（二）建设学习型社会对继续教育的新要求<br>（三）国家规章制度对干部教育的重视<br>（四）"双一流"建设背景下继续教育发展机遇 | （一）普通高等教育由"大众化"向"普及化"转变<br>（二）国家政策调整带来对成教招生的冲击<br>（三）国家开放大学迅速发展抢占市场份额<br>（四）工学矛盾突出，学习流于形式 |

## 一、学校继续教育发展优势（S：strengths）

### （一）历史底蕴深厚

20世纪50年代，国家经济社会建设对人才需求不断增加，社会对学历补偿需求巨大。1955年，学校面向市场需求办学，继续教育应运而生。随着继续教育业务扩展，2003年，以原成人教育学院为雏形，继续教育学院正式成立，履行办学管理双职能，负责统筹、协调、组织和管理全校成人学历教育、高等自学考试教育与非学历培训教育。60余年的办学历程中，学校积累了丰富的办学经验，以科学规范的管理、良好的教育质量赢得了社会的广泛赞誉，共计为社会培养了近20万名应用型人才。先后荣获"全国高等学历继续教育评估优秀学校""全国继续教育先进院校""全国高等教育自学考试先进集体""湖北省高等教育自学考试命题先进单位""湖北省自考评卷工作先进集体"和"武汉市优秀考点"等荣誉称号。

### （二）师资力量雄厚

学校培育和凝聚了大批高水平的专家学者。截至目前，学校共有教职工2500余人，其中专任教师总数1500余人，教师中教授300余人，副教授580余人，博士生导师200余人。我校先后聘任海内外"文澜学者"讲座教授30名，"文澜学者"共计126人。此外，4人入选中宣部文化名家暨"四个一批"人才工程，8人入选国家百千万人才工程，11人入选教育部教学指导委员会委员，20余人入选"教育部新世纪优秀人才支持计划"和"霍英东青年教师"基金资助，全国模范教师、全国优秀教师8名，全国高校名师1人，享受"国务院政府特殊津贴专家"82人，湖北省新世纪高层次人才工程31人，湖北省中青年突出贡献专家、省政府专项津贴专家58人。

表3-2  学校专任教师队伍职称、学位、年龄结构统计表

| 项目 | | 数量 | 比例（%） |
|---|---|---|---|
| 总计 | 1443 | / | |
| 职称 | 正高级 | 304 | 21.07 |
| | 其中教授 | 303 | 21 |
| | 副高级 | 570 | 39.5 |
| | 其中副教授 | 569 | 39.43 |
| | 中级 | 511 | 35.41 |
| | 其中讲师 | 502 | 34.79 |
| | 初级 | 19 | 1.32 |
| | 其中助教 | 19 | 1.32 |
| | 未评级 | 39 | 2.7 |
| 最高学位 | 博士 | 967 | 67.01 |
| | 硕士 | 381 | 26.4 |
| | 学士 | 95 | 6.58 |
| 年龄 | 35岁以下 | 336 | 23.28 |
| | 36~45岁 | 499 | 34.58 |
| | 46~55岁 | 442 | 30.63 |
| | 56岁及以上 | 166 | 11.5 |

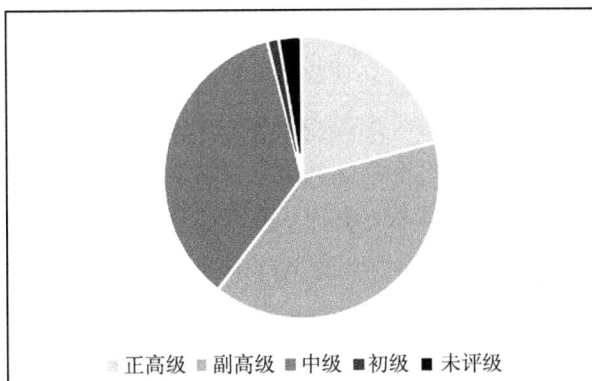

图3-1 学校专任教师队伍职称一览图

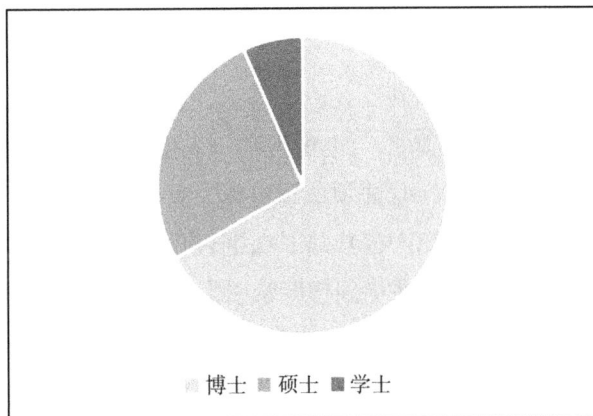

图3-2 学校专任教师队伍最高学位一览图

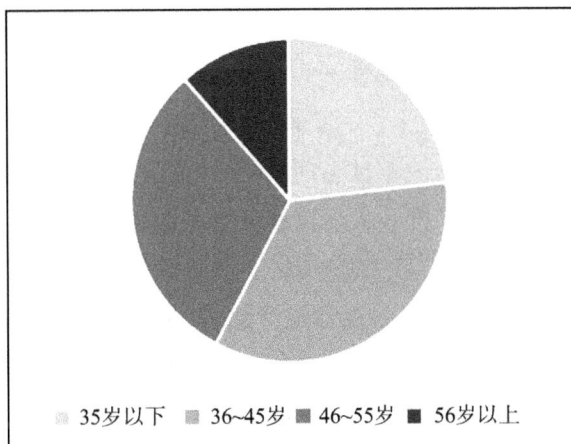

图3-3 学校专任教师队伍年龄一览图

### （三）科研成果斐然

近年来，学校国家社科基金立项数基本稳定在全国高校前列，财经、政法类高校第一的位次。近10年，学校教师共承担完成国家级、省部级重点科研项目共计1100余项，其中国家社会科学基金项目、国家自然科学基金项目和国家教育部门重大攻关科研项目共560余项，教育部、财政部、司法部和科技部及其他省部级科研课题共620余项，共取得科研成果13000余项，其中专著800余部，编著及教材800余部，论文11000余篇。尤其是2013年，学校获得代表我国社会科学研究领域最高水平的"高等学校科学研究优秀成果奖（人文社会科学）"9项，斩获该奖项全部等次和类型，体现了学校在人文社科领域一流的科研实力。

### （四）智库实力强劲

坚持"顶天立地"（即基础研究追求高深、应用研究贴近实际）的发展战略，学校牢固树立起"立足湖北、面向全国、特色鲜明、主动服务"的思想，发挥学科优势，全力缔造财经政法领域思想库，努力打造"中部崛起"的智力服务品牌，形成了为国家知识产权战略、法制建设、经济建设提供强大智力支持的格局。2016年12月，学校在中国智库索引发布的"211"高校智库MRPA测评综合分排序中以100分荣获第一名。学校现有1个教育部人文社科重点研究基地、1个"111"创新引智基地、两个湖北省协同创新中心、3个省委智库、8个湖北省人文社科重点研究基地，以及与最高人民法院、最高人民检察院等联合组建的行业研究基地等20多个高水平学术平台。

### （五）优势学科突出

学校以经济学、法学、管理学三大学科为主干，多学科交叉融合、协调互动。学校现有国家重点学科4个、国家重点（培育）学科1个、湖北省一级重点学科10个，国家级专业综合改革试点项目6个、省级专业综合改革项目6项、普通高校战略性新兴（支柱）产业人才培养计划专业13个，入选教育部首批"卓越法律人才培养"3个基地，即"复合型应用型法律人才培养基地""西部基层法律人才教育培养基地""涉外法律人才培养基地"。2017年，学校正式入选"双一流"建设高校名单，法学入选"双一流"学科建设名单。2019年，学校经济统计学、财政学、金融工程等13个专业入选国家级一流本科专业建设点名单。

### （六）精品课程丰富

学校现有国家精品课程13门、国家级精品视频公开课6门、省级精品视频公开课4门，国家级精品资源共享课12门、省级精品资源共享课22门、国家级双语教学示范课程6门，国家精品在线开放课程5门、省级精品在线开放课程3门，入选湖北省"荆楚卓越"协同育人计划项目5项，获批教育部首批"新工科"研究与实践项目两项。

### （七）区位条件优越

学校位于湖北省武汉市，现有两个校区。南湖校区位于风景秀丽的南湖水畔，首义校区位于历史悠久的黄鹤楼下。武汉市位于中国腹地中心，长江、汉江交汇处，既是湖北省省会城市，也是华中地区和长江中游的经济、科技、教育和文化中心，更是全国重要的交通枢纽，素有"九省通衢"之美称。

航空运输方面，武汉天河国际机场是中部地区首个4F级机场，拥有定期通航点76个，是国家公共航空运输体系确定的全国八大区域性枢纽机场之一。铁路运输方面，武汉是中国高铁客运专线网主枢纽，中国四大铁路枢纽、六大铁路客运中心、四大机车检修基地之一，是京广高铁、沪汉蓉高速铁路两条国家级高速铁路的交汇地。公路运输方面，武汉国道、国家高速公路、省级高速公路、城市环线、桥梁隧道公路网完备，市内市外四通八达，向全国各地辐射。城市铁路方面，武汉现有地铁运营线路9条，总运营里程339千米，车站总数228座，线路长度居全国第五、中西部第一，逐步实现"主城联网、新城通线"。

优越的区位优势与便利的城市交通为学校"立足湖北、辐射中南、面向全国"的继续教育布局提供先天优势，为各地学子走进中南财经政法大学奠定了良好的基础。

### （八）管理团队专业

学校高度重视继续教育工作，明确了一名副校长直接分管继续教育工作，并配备了相应的管理队伍。继续教育学院作为学校继续教育工作的归口主管部门，现有职工31人，均为本科及以上学历，其中硕士研究生达49%。近十年来，学校每年都分配1～2名年轻职工到继续教育学院，继续教育管理队伍的年龄结构得到明显改善。学院下设党政办公室、招生学籍办公室、教学管理办公室、自学考试办公室、自考助学办公室、培训中心6个科室。继续教育招生、学籍、教学、学生、考务管理等工作基本能做到专人专职、设置合理，与现有办学规模相适应。校内各学院均由一位院领导分管继续教育工作并配备相关工作人员，以具体落实下达学历继续教育的教学任务以及非学历继续教育项目工作安排。同时，各函授站点、合作办学单位均配备较健全的管理机构和若干专职管理人员，以满足站点教学与管理的需要。从校内各单位到校外合作站点，学校继续教育建立起了一支团结敬业、精干高效、责任心强的管理队伍。他们既是沟通任课教师与学生联系的桥梁和纽带，又是学生的良师益友。

**（九）继续教育内部管理制度不断完善**

为加强内部质量管理，学校不断梳理完善各项规章制度，深入推进院务治理。一方面，加强学院内部管理，完善决策。制订了《继续教育学院院长办公会议制度实施细则》《继续教育学院科室会议制度实施细则》《分层决策清单》等，梳理《继续教育学院廉政风险预警防范管理信息表》，完善内部制度建设。另一方面，建立健全业务工作制度，规范办学。

（1）在高等学历继续教育（函授、业余）中，先后重新修订了《中南财经政法大学高等学历继续教育学生学籍管理办法》《中南财经政法大学高等学历继续教育函授站管理办法》《中南财经政法大学高等学历继续教育招生工作管理办法》《中南财经政法大学成人教育学生课程考核与成绩管理办法》，重新制订了《中南财经政法大学成人高等教育教学管理办法》，编制了《中南财经政法大学高等学历继续教育管理文件汇编》，同时拟在院学位分委员会上提请对《中南财经政法大学成人高等教育本科毕业生学士学位授予工作办法》进行修订。

（2）在高等教育自学考试中，认真研讨、把握、执行国家、省、市颁布的制度规定，在现行制度的基础上积极稳妥地开展工作，先后起草了《中南财经政法大学自学考试助学管理办法》《中南财经政法大学高等教育自学考试本科生毕业论文（设计）撰写与管理规定》《中南财经政法大学高等教育自学考试社会助学课程学业综合评价管理实施细则》《中南财经政法大学高等教育自学考试实践考核管理实施办法》《自学考试命题管理及保密制度》《高等教育自学考试试卷保密室值班制度》。

（3）在非学历继续教育培训中，制订了《中南财经政法大学非学历继续教育班级管理制度》《中南财经政法大学非学历继续教育班主任工作流程》《中南财经政法大学非学历继续教育财务报账制度与流程细则》《中南财经政法大学非学历继续教育方案设计要求细则》《中南财经政法大学非学历继续教育办学酒店考察与开发调研报告》《中南财经政法大学非学历继续教育现场教学点与教学模式开发》。通过精细化管理，规范办事流程，明确岗位职责及分工，强化工作人员的服务意识，积极探索用现代化技术手段进行管理的新途径，切实提高办事效率和服务水平。

为提高学历继续教育的教学质量，学校坚持督导制度，由班主任组成的教学督导组随堂听课，范围覆盖每学期课表安排的所有课程；班主任通过随堂听课、学生反馈等全方位了解教学情况，学校根据反馈情况调整教学方法，以满足学生的学习需求。认真督促各函授站点依照专业教学计划组织教学活动，在每学期的期末巡考过程中，派出教师对函授站点的教学工作进行检查评估，发现问题及时处理。

为提高服务水平，制订了详细的服务指南，公开在学校官网"快速通道-服务指南"上，对包括补办学历（学位）证明书、在校信息更改学籍异动、学位外语报名、成人高等学校招生全国统一考试报名等工作流程透明化、公开化，尤其是近年来各地组织部门加强对在职人员的学历学位档案清查工作，本着对毕业生负责的态度，积极配合用人单位对毕业生的学籍或毕业（学位）证书进行查询，出具证明或补办学历（学位）证明书的工作，流程清楚、效率高，切实提高办事效率和服务水平，受到社会各界的一致好评。

**（十）发展经费保障**

学校为鼓励继续教育的发展，加大对继续教育的投入，在教学硬件建设、职工队伍建设、师资力量的提供和函授站点建设等方面都给予了很多支持，并提供了重要保障；同时不断加大教学支持，保证了规模、效益和质量的协调发展。学校对继续教育学院办学活动不断增加经费投入，2019年，学校对继续教育在基本运行经费、专项经费、业务经费等方面的日常支出达936万多元。

学校继续教育学院不设财务人员，执行学校财务管理制度。学校高等学历继续教育学生的学费是由学校财务部按照湖北省物价部门核定的收费标准收取，严格执行"收支两条线"，与函授站点、合作办学单位按合同分成。2019年学校收取函授学生学费约290万元、业余学生学费约687万元、高等教育自学考试衔接班学生学费约336万元，共计约1313万元。学校实行统收统支，收缴的学费主要用于招生、教学、毕业、学生管理等教学日常运行，以满足继续教育人才培养的需要。

## 二、学校继续教育发展劣势（W：weaknesses）

### （一）继续教育"普教化"

与普通高等教育不同，继续教育旨在帮助成年人增长知识、提高技能。以没有机会进入普通高校接受普通高等教育的成人学生为主要生源对象，因此，继续教育学生的年龄、职业经历、学历、学习时间与空间等条件与普通高等教育学生明显不同。

然而，与大部分普通高校一样，学校在继续教育办学中并没有充分考虑继续教育的市场性与特殊性，往往缺乏对继续教育的顶层设计与目标定位。在实际教学实施过程中，无论是教学计划与课程设置，还是教材选用，或是考试考核，往往都与普通高等教育趋同。单一的教学方法与单调的教学评价使得继续教育教学与成人学生学习目标脱离，形成继续教育"重学术、重理论、轻实践、轻实际"的局面，导致"成人教育普教化"。

### （二）继续教育"同质化"

依托经济学、管理学、法学三大学科门类，学校继续教育极具财经与政法院校特色。在高等学历继续教育的专业设置上，主要开设会计学、金融学、法学、市场营销、人力资源、行政管理、安全工程、计算机科学与技术和工商管理等专业。在高等教育自学考试中，主要开考助学工商管理、会计学、金融学、网络与新媒体、投资学和治安学等专业。在非学历培训教育方面，学校主要面向全国各级财政系统、税务系统、公检法系统、会计系统、金融系统以及各类企业开展培训教育服务。

经过对同类高校高等学历继续教育与非学历继续教育的调查研究发现，学校继续教育与同类高校继续教育无论是在人才培养类型上，还是专业设置上，或是培训模式上，都无明显差异。各高校继续教育同质化与社会需求多样化背驰，导致学校继续教育在开拓市场工作中举步维艰，失去竞争优势。

### （三）高等学历继续教育"低质化"

与普通高等教育学生相比，学校高等学历继续教育学生的入学门槛较低，整体水平呈现"低质化"现象。

表3-3　2017—2019年学校普通高等教育与高等学历继续教育

（函授、业余）湖北省录取分数线汇总表

| 年份 | 普通高等教育 | | 成人高等教育 | |
|------|------|------|------|------|
| | 理科 | 文科 | 高中起点专科 | 专科起点本科 |
| 2017 | 580 | 590 | 148 | 130 |
| 2018 | 606 | 618 | 135 | 122 |
| 2019 | 595 | 593 | 142 | 127 |

如表3-3所示，近三年，学校普通高等教育对普通高等学校招生全国统一考试的考生的录取分数线平均在600分（满分750分）左右徘徊；而高等学历继续教育对成人高等学校招生全国统一考试的考生的录取分数线仅为100多分（满分450分）。相较于普通全日制高考学生的高水平、高门槛，高等学历继续教育学生入学门槛低且整体学习能力存在差距。高等学历继续教育"低质化"生源一定程度上背离了高校人才培养目标，影响了人才建设口碑。因此，许多高校围绕是否继续举办高等学历继续教育这一问题不断研究与探索。部分高校率先转型，大幅缩减高等学历继续教育招生规模或全面停办高等学历继续教育，均是出于高等学历继续教育生源难以匹配大学发展战略的考虑。

**（四）继续教育管理体制机制不健全**

1."一级管理"机制

目前，继续教育学院负责全校继续教育的归口管理、教学具体实施等工作，兼具教学和管理双重职能，是较为典型的"一级管理"机制。在对高等学历继续教育的管理中，继续教育学院负责招生、学籍管理、教学计划、教学实施、考试考核、质量控制、毕业管理、学位授予等系列工作。在对高等教育自学考试的管理中，继续教育学院承担着从招生到毕业、从考试组织到论文答辩的各项管理工作。在非学历培训教育中，继续教育学院既统筹管理全校培训工作，又作为"替补队员"开办干部培训班。从三大块业务模块来看，继续教育学院几乎承担着学生"从进到出"全面、系统的教育管理工作。庞大复杂的业务内容，使得继续教育学院难以腾出空间研究孵化新项目，转型发展速度缓慢。

2.教学管理模式沿用全日制普通高等教育管理模式

在继续教育的教学管理中，学校较少考虑继续教育的特殊性，基本参考全日制普通高等教育管理模式。

目前，学校从事继续教育教学工作的专任教师不隶属继续教育学院。继续教育任课老师由继续教育学院从各个教学院系中选聘，或从行业实务专家中选聘。这一管理模式虽然扩大了继续教育师资队伍，但也导致继续教育学院对教师队伍的管理难度增加。继续教育学院很难对授课老师进行考核，并保证其授课效果。

目前，继续教育与普通全日制本科教育、研究生教育一样，以向学院下达教学任务、计算课时的方式给任课老师发放课酬。面对日渐繁重的全日制本科、研究生教学任务和日益严格的职称评定标准，专任教师队伍将更多时间和精力放在了普通高等教育教学与科研工作上。继续教育现有绩效考核机制和薪酬机制难以满足教师需求，难以调动专任教师队伍的积极性，一定程度上影响了继续教育的教学质量。

近年来，学校为规范继续教育教学，在函授站点管理上坚持"宁缺毋滥、选好配强"原则，进行全国合理布局，不定期督察和评估；在教学督导工作中，不断加强，通过听课、抽查等方式，一定程度上约束了合作站点的教学行为，"不上课、少上课、上短课"等现象得到一定好转。但教学评估后的评价考核机制不严，导致继续教育教学督导整改落实不到位。许多教师仍然将继续教育作为兼职任务，照本宣科，不关注学生的学习感受，敷衍了事；许多学生仍然保持"混文凭"的心态，对学习不重视，迟到早退，屡见不鲜。

### （五）继续教育供给侧结构不合理

随着我国经济社会的蓬勃发展，社会对人才的专业背景、职业经历和综合素质提出了新要求。高端人才、创新型人才和复合型人才已经成为社会需求的主流。高等学历继续教育学习者对学习深造的需求也随之改变。不同于过去简单的学历补偿需求，高等学历继续教育学习者更加关注专业技能的提升、理论性修养的提升和综合素质的提升，更加关注继续教育教学质量与服务水平，更加需要通过继续教育"充电"，实现"技能点加满"。更个性化、专业化与高端化的非学历培训教育开始替代低层次的学历继续教育，逐渐成为市场对继续教育的需求主流。

一方面，继续教育需求端已经发生巨大变化；另一方面，学校继续教育供给端却转型缓慢。虽然，学校逐渐将继续教育重点转向非学历培训教育，但是非学历培训教育的教育层次与服务质量仍然无法满足个性化、多样化、高端化的市场需求。

### （六）继续教育硬件设施亟待改善

学校占地2800余亩，建筑面积110余万平方米，是全国最早开通校园网络的百所高校之一。校直属夜大与高等教育自学考试办学主要集中在首义校区，校区内设有5栋教学楼，共134间教室（每个教室都配有多媒体教学设备），4个计算机机房（共266个机位）。

由于首义校区历史悠久，故校内教学设施较为陈旧。自考工作需要的机房机位紧张，硬件、软件配置均已落后，无法满足高等教育自学考试无纸化考核和评卷的需要。培训教育相关硬件设施条件较差，教室、宿舍、食堂、运动场地等教育资源匮乏，培训学员意见较大。对比同类高校设有独立培训教室、酒店与餐厅的硬件条件，学校硬件设施仍是制约培训教育大规模发展的重要因素。

### （七）继续教育信息化进展缓慢

目前，学校继续教育信息化综合管理系统、数字化课程资源管理系统和服务平台等均未建成；高等学历继续教育所使用的教学管理平台系统老旧，存在崩盘隐患；继续教育管理方式信息化水平较低，不能为学习者提供便捷、灵活、个性化的学习环境，工学矛盾依旧紧张。教学及支持服务模式有待创新，包括多样化教学及支持服务模式、混合式教学模式、实践教学师资建设和实践教学评估制度等。

### （八）考核机制有待进一步完善

目前，继续教育干部晋升空间过窄，不能充分调动他们的积极性，致使干部队伍建设得不到加强。面对白热化的继续教育市场竞争形势，学校现有的办学体制机制、绩效考核机制和相关激励措施都难以激发教职工开拓市场、提升服务品质的积极性，这也一定程度上束缚了继续教育的发展潜力，增加了市场化办学的风险。

## 三、学校继续教育发展机遇（O：opportunities）

### （一）"十三五"期间经济社会发展对人力资源的新要求

"十三五"期间，经济发展进入新常态，新型工业化、信息化、城镇化、农业现代化深入发展等，对人力资源和劳动力素质提出了新要求。国家人力资源社会保障部《关于印发人力资源和社会保障事业发展"十三五"规划》中提出，"建设规模宏大的高素质人才队伍"，"加强技能人才队伍建设，完善高技能人才成长机制"[①]。继续教育作为普通高等教育的补充，对社会人才培养具有重要意义。"十三五"规划期间经济社会发展对人力资源队伍建设的迫切需要，也是对继续教育人才培养的迫切需要，为继续教育深入发展创造了良好环境。

### （二）建设学习型社会对继续教育的新要求

中国成人教育协会原会长朱新均指出，学习型社会是一种创新、开放、充满活力的新型社会。学习型社会以服务社会学习者为核心，通过构建终身教育体系与终身学习服务体系，形成终身学习文化，满足和保障社会成员进修学习的需求与基本权利，进而不断促进社会成员的潜能发掘与社会价值的充分实现。

进入21世纪以来，国家将终身学习上升到国家战略层面，强调全民学习、终身学习、灵活学习和创新学习。

2012年，党的十八大提出要"把立德树人作为教育的根本任务。推进高等教育内涵式发展，积极发展继续教育，完善终身教育体系，建设学习型社会"。

2013年，教育部副部长鲁昕在国际学习型城市大会全体会议上提出"建设学习型城市，促进全民终身学习，任务之一就是发展继续教育。要进一步高度重视继续教育对于建设学习型城市、学习型社会的重要作用。以加强人力资源能力建设为核心，大力发展非学历继续教育，稳步发展学历继续教育"。

2015年，党的十八届五中全会确定了"创新、协调、绿色、开放、共享"五大发展理念，提出了要"推进产教融合、校企合作。建立个人学习账号和学分累计制度，畅通继续教育、终身学习渠道。推进教育信息化，发展远程教育，扩大优质教育资源覆盖面"。

2017年，习近平总书记代表第十八届中央委员会向党的十九大作报告时明确提出要"办好继续教育，加快建设学习型社会，大力提高国民素质"。国务院印发的《国家教育事业发展"十三五"规划》中提出要"加快发展继续教育，大力发展非学历继续教育，稳步发展学历继续教育，加快各类学习型组织

---

① 中华人民共和国中央人民政府.关于印发人力资源和社会保障事业发展"十三五"规划纲要的通知[EB/OL].[2016-7-6].http://www.gov.cn/gongbao/content/2017/content_5181097.htm

建设，基本形成全民学习、终身学习的学习型社会；建立健全继续教育体制机制，鼓励个人多种形式接受继续教育；构建灵活开放的终身教育体系，为学习者提供方便、灵活、个性化的学习条件，提供多次选择机会，满足个人多样化的学习和发展需要"。

2019年，党的十九届四中全会上，习近平总书记再次提出"要构建服务全民终身学习的教育体系，完善职业教育、高等教育、继续教育统筹协调发展机制"。

倡导终身学习，构建学习型社会对促进教育发展、全面提升国民素质具有重大意义。因此，在我国教育体系改革中明确提出要突出"终身学习"理念，建设学习型社会。作为教育事业的重要组成部分，继续教育是普通高等教育的补充、延续与发展，是践行"终身学习"理念的重要方式。

继续教育是学校面向社会市场进行人才培养、发挥"智力"支持的重要途径，是学校承担社会责任、彰显社会价值的重要平台和窗口，更是学校积极响应国家构建终身学习体系的号召，主动担当构建学习型社会职责的重要举措。

**（三）国家规章制度对干部教育的重视**

一日不读书，胸臆无佳想。一月不读书，耳目失精爽。通过传统课堂讲授、专题研讨、短期培训，配合研究式、案例式、体验式教学，不断强化干部教育培训，对培养干部队伍，使干部做到"工作学习化、学习工作化"具有重要意义；对打造干部队伍，使干部忠诚干净、勇于担当具有重要意义；对提升干部队伍，使干部具备高素质专业化能力具有重要意义。

以强化干部培训为目标，国家先后发布了《干部教育工作条例》[①]《2018—2022年全国干部教育培训规划》[②]等制度文件；相关部门先后印发了《关于进一步规范和加强中央企业中长期经营管理培训工作的通知》[③]《事业单位工作人员培训规定》[④]等管理规定。

---

① 中央政府.干部教育培训工作条例[EB/OL].[2015-10-14].http://www.gov.cn/xinwen/2015/10/18/content_2948961.htm

② 中华人民共和国教育部.2018—2022年全国干部教育培训规划[EB/OL].[2018-11-1]. http://www.moe.gov.cn/s78/A04/A04_zcwj/201903/t20190301_371769.html

③ 中华人民共和国中央人民政府.关于进一步规范和加强中央企业中长期经营管理培训工作的通知[EB/OL].[2016-10-19].http://www.gov.cn/xinwen/2016/10/19/content_5121422.htm

④ 中华人民共和国中央人民政府.事业单位工作人员培训规定[EB/OL].[2019-12-17].http://www.gov.cn/xinwen/2019/12/27/content_5464421.htm

1.《干部教育工作条例》

2015年，中共中央印发了《干部教育培训工作条例》（以下简称《条例》）。《条例》第二条强调了干部教育培训的先导性、基础性和战略性作用；第十五条对省部级、厅局级和县处级党政领导干部的培训时长等进行了具体要求；第三十二条明确指出符合条件的高校可承担干部教育培训任务。

2.《关于进一步规范和加强中央企业中长期经营管理培训工作的通知》

2016年，中共中央组织部、财政部、教育部联合印发《关于进一步规范和加强中央企业中长期经营管理培训工作的通知》（以下简称《通知》）。《通知》明确指出：为适应经济发展新常态、供给侧结构性改革、经济全球化、坚持党的领导和加强党的建设等对企业改革发展和领导班子、人才队伍建设提出的新要求，进一步提升中央企业管理水平和竞争力，努力造就一大批德才兼备、善于经营、充满活力的优秀企业家，可以借鉴工商管理硕士项目的相关做法，采取一次性集中脱产培训，或者多次短期集中、在一定年限内完成培训任务等方式，对中央企业中高级经营管理人员开展非学历学位教育的中长期经营管理培训。

3.《2018—2022年全国干部教育培训规划》

2018年，中共中央印发《2018—2022年全国干部教育培训规划》（以下简称《培训规划》）。在《条例》的基础上，《培训规划》对干部培训的内容、课程以及教学方式进行了细化规定。

4.《事业单位工作人员培训规定》

2019年，国家人社部发布《事业单位人员培训规定》（以下简称《规定》）。《规定》第五条，根据培训阶段与内容的不同，对事业单位人员培训进行了分类；第六条、第十条、第十三条、第十八条对事业单位人员培训重要性、培训时间与培训方式等内容进行了明确；第二十八条对事业单位工作人员无正当理由不参加培训的情况该如何处理进行了有关规定。

系列规章制度的出台，明确了各级各类人员培训的总体要求、内容体系、保障体系、制度体系、组织领导等内容。尤其是明确了各级各类人员的培训学时，明晰了高校可以承担干部培训的资质。高校作为人才培养的主要基地和优质教学资源的聚集地，是人力资本形成与提升的主要场所，在干部教育培训中承担重要地位。广大的培训市场需求进而转化为学校培训教育发展的内生动力，为学校继续教育发展创造良好环境。

**（四）"双一流"建设下继续教育发展机遇**

2017年，继"211工程""985工程"之后，中共中央、国务院做出了高等教育领域的又一重要国家战略——建设世界一流大学和一流学科。为全面提升国家高等教育综合实力和国际竞争力，"双一流"建设工作以《统筹推进世界一流大学和一流学科建设实施办法（暂行）》[①]为依据全面铺开。同年9月，世界一流大学和一流学科建设高校及建设学科名单由教育部、财政部、国家发展和改革委员会联合发布。

"双一流"建设以提高高等学校人才培养、科学研究、社会服务和文化传承创新水平为总体目标，提出要建设一流师资队伍，培养拔尖创新人才，提升科学研究水平，传承创新优秀文化和着力推动成果转化等具体任务。这对各高校深化改革发展提出了新要求与新目标，也为各高校内涵式发展转型提供了新机遇与新空间。

"双一流"建设背景下，高校必须主动服务国家创新驱动发展战略，主动服务社会经济发展。作为高校由传统教育向终身教育转型的重要教育制度模式，继续教育承担着高校人才培养、社会服务的重要职能。继续教育能够通过各种学习类型、学习形式满足社会成人学习者的各种政治、经济、文化和科学的综合学习需求。尤其在非学历培训教育中，继续教育可以通过省市部共建、校企合作等多种形式，精准对接市场需求，按需匹配课程设置，发挥市场性与应用性优势，推动高校理论研究成果转化。

新的历史时期，社会经济发展需要与高校社会服务责任都赋予了继续教育新的内涵与使命。一流的大学也必须有一流的继续教育，这成为新的社会共同认知。继续教育也逐渐成为高校科技创新、信息交流、人才培养和文化辐射的中心。

## 四、学校继续教育发展挑战（T：threats）

**（一）普通高等教育由"大众化"向"普及化"转变**

高等教育毛入学率是指高等教育在学人数与适龄人口（18～22岁）之比。根据美国学者马丁·特罗的研究成果与国家教育界的共识，以高等教育毛入学率为指标，则可以将高等教育发展历程分为"精英、大众和普及"三个阶段。当

---

① 中华人民共和国中央人民政府.统筹推进世界一流大学和一流学科建设实施办法（暂行）[EB/OL].[2019-01-25].http://www.moe.gov.cn/srcsite/A22/moe_843/201701/t20170125_295701.html

高等教育毛入学率在15%以下时，高等教育属于精英教育阶段；当高等教育毛入学率达到15%～50%时，高等教育属于大众化教育阶段；当高等教育毛入学率达到50%时，高等教育进入普及化教育阶段。

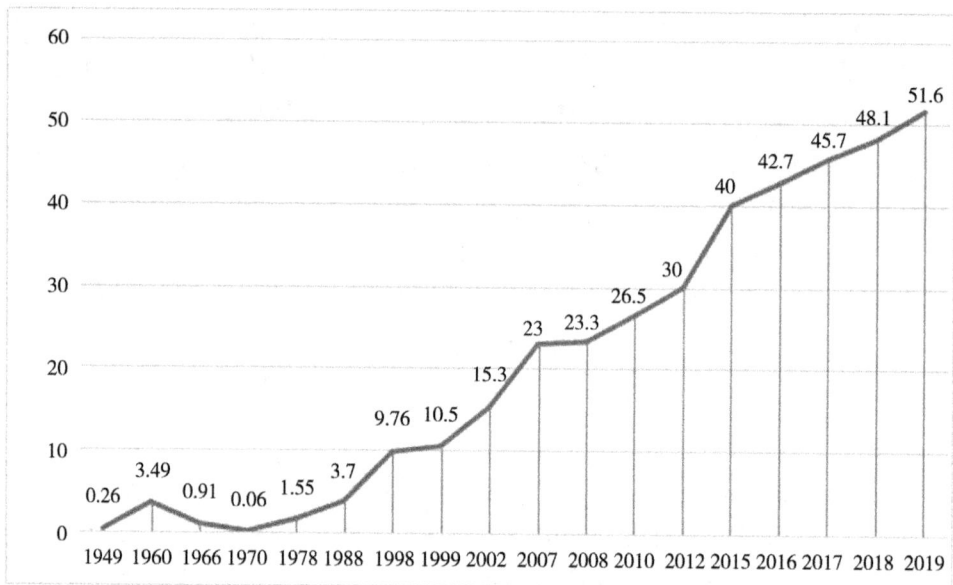

**图3-4 我国高等教育毛入学率各年份统计图**

2002年，我国高等教育毛入学率首次突破15%，达到15.3%，高等教育进入大众化阶段。2019年，中国高等教育毛入学率越过50%这一关键节点，达到51.6%，实现高等教育大众化到高等教育普及化的历史性"转段"。

我国高等学历继续教育与高等教育自学考试经过60余年的发展，形成了强大的学历补偿教育体系，为许多因各种原因错失大学梦的人提供了更多的教育学习机会，是实现教育公平的一项有效措施。但随着高等教育进入普及化阶段，普通高等教育大幅扩招，使更多人有机会接受大学教育，继续教育学历补偿的市场需求随之锐减，面临招生少、生存难的境况。

**（二）国家政策调整带来对成教招生的冲击**

2016年，国家教育部发布《高等学历继续教育专业设置管理办法》（教职成〔2016〕7号），其中第十一条明确提出"普通本科高校、高等职业学校须在本校已开设的全日制教育本、专科专业范围内设置高等学历继续教育本、专科专业，并可根据社会需求设置专业方向，但专业方向名称不能与高等学历继续教育本、专科专业目录中已有专业名称相同，不能涉及国家控制专业对应的相关行业"[①]。

长期以来，学校与同类高校生源结构一致，高等学历继续教育招生以专科为主、本科为辅。

**表3-4 学校2014—2019年高等学历继续教育招生专业与招生规模统计表**

| 年份 | 专科层次 | | 本科层次 | | 招生总人数 |
|---|---|---|---|---|---|
| | 招生专业（单位：个） | 招生规模（单位：人） | 招生专业（单位：个） | 招生人数（单位：人） | |
| 2015 | 10 | 2830 | 9 | 780 | 3610 |
| 2016 | 9 | 1916 | 8 | 640 | 2556 |
| 2017 | 10 | 2040 | 9 | 751 | 2791 |
| 2018 | 2 | 250 | 7 | 412 | 662 |
| 2019 | 2 | 1103 | 7 | 828 | 1931 |

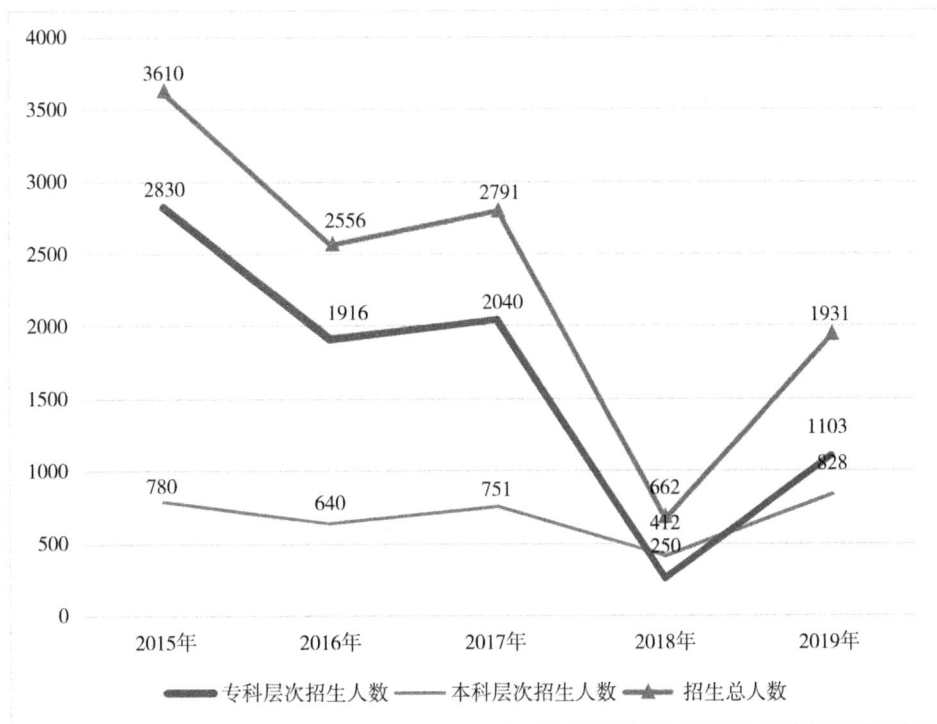

**图3-5 学校2014—2019年成人高等教育招生规模统计图**

---

① 中华人民共和国中央人民政府.高等学历继续教育专业设置管理办法［EB/OL］.［2016-12-03］. http://www.moe.gov.cn/srcsite/A07/moe_743/201612/t20161202_290707.html

《高等学历继续教育专业设置管理办法》的出台，明确限制学校高等学历继续教育专科层次招生。学校专科层次招生专业数量由2017年的10个断崖式下跌为2018年的两个，直接导致了学校2018年高等学历继续教育生源大幅萎缩，招生规模由2017年的2791人减少至662人。2019年，经过申请，学校扩大了专科层次招生规模，配合招生结构调整，学校招生规模开始回升。但国家政策的调整无疑给学校高等学历继续教育带来了新的挑战。

**（三）国家开放大学迅速发展抢占市场份额**

国家开放大学是一所中华人民共和国教育部直属的国家重点大学、世界一流公立成人高校。它始建于2012年6月21日，是《国家中长期教育改革和发展规划纲要（2010—2020年）》中提出的继续教育试点模式。以社会成人学习者为目标市场，国家开放大学是以现代信息技术为支撑，学历教育与非学历教育并举，实施远程开放教育的新型高等学校。学校在中央广播电视大学基础上组建，面向全体社会成员，强调优质教育资源的集聚、整合和共享，强调以现代信息技术为支撑，探索现代信息技术与教育的深度融合。学校有权授予学士学位，由学校向北京市学位委员会申请并获批后，报国务院学位委员会备案。[①]

为适应国家产业结构调整，满足各行业持续发展需要，国家开放大学牵手相关部委、行业协会与企业，以"学院—中心"两级模式为基础，成立了若干行业、企业学院，并在学院之下设若干学习中心。目前，设各地方、中心、行业、企业学院共58家。截至2019年6月，国家开放大学共计招生1900万人，在校学生近405万人，本科生102万人，专科生303万人。年龄结构上，30~40岁的学生160万人，40岁以上的学生40万人。

国家开放大学的迅速发展，抢占市场份额，不断挤占各高校学历继续教育发展空间，成为高校继续教育的"强劲竞争对手"。

**（四）工学矛盾突出，学习流于形式**

在成人高等教育中，业余、函授是目前主要的学习形式；在高等教育自学考试中，许多学校都取消了脱产班；在非学历培训教育中，虽然学员短暂脱产几天参加学习，但仍然有许多学员边学习边工作，难以做到完全脱产。整体来说，继续教育学习主体仍然是社会在职人员，处于"边工作，边学习"状态。

---

① 中华人民共和国中央人民政府.国家中长期教育改革和发展规划纲要（2010—2020年）[EB/OL].[2010-07-29].http://www.moe.gov.cn/srcsite/A01/s7048/201007/t20100729_171904.html

无论是函授还是业余，学生不可避免地需要为继续教育学习预留时间，在集中的时间段、集中的时间点接受集中的学习培训。部分学生甚至需要异地就读、异地参考。学习与工作之间的时间、精力、经济等矛盾不断凸显，导致继续教育学习逐渐流于形式。

由于工学矛盾突出，学生到课率始终是继续教育难以解决的难题。学生出于工作、家庭原因，或请假、或迟到早退、或缺课旷课，老师面对无秩序的课堂，也逐渐习惯成自然，甚至开始放松教学要求，使得教学质量难以保证。

在现行继续教育评价体系，尤其是高等学历继续教育与高等教育自学考试的评价体系中，往往都是重考试、轻实践，重结果、轻过程。学生只要按照培养计划，修完相应学分，通过所有考试，达到毕业或学位授予条件即可获得毕业证、学位证。这种结果导向性评价体系导致学生将时间、精力更多地放在如何顺利通过考试上，进一步加剧了学习流于形式的困境。

## 第三节 我校继续教育"一体两翼"发展模式分析

新时代，新一轮的科技革命与产业革命正在跃跃欲试。科技创新带来的社会大洗盘、行业大洗盘、人才大洗盘正在改变着人们对知识的需求。一方面，科学技术的更新和产业结构的调整给传统行业带来了新的挑战，越来越多职业开始被人工智能所替代，越来越多行业开始被新兴产业取代。2018年，国家撤销了416个本科专业，某种程度上就是这一趋势的体现。另一方面，5G、人工智能与互联网等新技术也为社会求职者带来了全新的机遇。互联网行业、在线教育行业等新兴产业正成为行业新风向，人工智能工程技术人员、数字化管理师等新兴岗位虚位以待。无论是在传统行业转型的浪潮里逆流而上，还是在新兴行业发展的风口扬帆起航，社会学习者的"知识与技能"已然成为自身最重要的"硬通货"。

时代的变化日新月异。知识不断更新迭代，"终身学习"这一观念已然深入人心，"知识付费"已然成为时代风潮。人们对知识和技能需求不断扩大的同时，对知识需求的结构也发生了翻天覆地的变化。过去，"学历"是社会学习者求职过程中最大的门槛、障碍，大家对知识的需求更基础、更理论。现在，"技能"已跃然成为影响社会学习者终身发展最重要的因素，大家对知识的需求也逐渐转向专业化、前沿化与科技化。

学习者的需求端发生巨大变化，教育界的供给端也随之深刻变革。经济全球化、社会知识化、文化多元化与信息网络化的今天，教育形态不断被重塑。一方面，教育的内容正在不断更新，不断扩展；另一方面，教育的方式也在更多地引入信息化手段，线上培训、慕课、翻转课堂等信息化教学方式开始走进教育舞台的中心。

"办让人民满意的教育"是新时代赋予高校的职责与使命。而继续教育面向社会办学，更是高校践行人才培养、社会服务与发展科技等职能的重要途径。继续教育正在成为高校与社会、科技与生产的重要纽带，为满足社会知识更迭与产业结构调整不断输出"高校智力"。

新的历史时期，高校作为继续教育办学主体，作为知识的供给者，更应该主动了解时代变革带来的常态，主动适应知识更新带来的新需求，主动对接社会学习者变化带来的新市场。只有顺应教育发展规律，遵循市场需求，并以此为依据确定继续教育产品与服务的供给方向，才能够不断增强继续教育的针对性和适用性，进而实现从"在规模上出效益"向"在质量提升上出效益"的转变。

市场的需求包罗万象，高校继续教育很难满足所有市场需求。因此在具体办学中，需要高校深度挖掘自身优势与特色，精准提供高品质的继续教育产品与服务。这并不是朝夕之工，而是久久为功。高校要不断进行继续教育市场调研与分析，对继续教育市场进行全面分析与细分，精细化定位目标市场；不断进行内部资源调研与研判，充分了解自身办学条件的优势与劣势。只有在此基础上，聚焦弱点，补齐短板，夯实基础，扬长避短，才能跟上时代发展的需求，顺应继续教育的发展趋势，寻求学校继续教育的长远发展。

## 一、学校继续教育"一体两翼"发展思路

### （一）战略思想

以习近平新时代中国特色社会主义思想为指导，深入贯彻落实党的十九大和十九届二中、三中、四中全会精神，全面落实习近平总书记关于教育的重要论述精神，紧紧围绕构建服务全民终身学习的教育体系，坚持社会主义办学方向，落实立德树人根本任务，紧紧把握继续教育发展改革趋势，全面深化综

合改革，不断推进继续教育现代化进程，切实提高教学质量，站在构建终身教育体系和建设学习型社会的角度高度重视继续教育的发展和转型，不断构建与"高水平、有特色人文社科类研究型大学"相匹配的继续教育体系，积极助力学校"双一流"建设。

**（二）发展目标**

学校继续教育始于1955年，目前包含学历继续教育与非学历继续教育两个类别，其中学历继续教育包含高等学历继续教育、高等教育自学考试。

办好继续教育需要结合时代背景，立足学校特色，理清思路、明确定位、提升能力、创新实践和示范引领。第一，要深刻领悟党的十九大会议精神，贯彻落实习近平总书记关于新时代继续教育发展的新要求，全面把握继续教育对建设终身学习型社会的重大意义，进一步发挥继续教育促进国民素质提高的重要作用。第二，要深入研究继续教育转型发展的优秀案例，学习同类高校继续教育发展的成功经验与有效途径。第三，要将继续教育纳入学校"双一流"建设大格局，纳入学校章程，纳入学校中长期发展规划，明确继续教育的定位，通过顶层设计带动继续教育转型发展。第四，要以市场需求为导向，结合学校继续教育发展实际，推动继续教育"学历教育+非学历教育"转型，走内涵式发展道路。

在此基础上，学校新时代继续教育的发展模式是贯彻党的教育方针，落实立德树人根本任务，突出内涵式发展要求，围绕学校"双一流"建设这一核心任务，以大力发展非学历培训教育为主体，以稳步发展高等学历继续教育和高等教育自学考试为两翼，探索实现"一体两翼"的发展模式。

完善体制机制，优化整合资源，将信息技术与继续教育进一步融合，积极促进普通高等学历教育与高等学历继续教育、非学历培训教育与学历继续教育之间的相互沟通和衔接，拓宽广大学习者的学习成才之路；实现继续教育由传统的单一学历继续教育向现代多层次、多形式、纵向衔接、横向沟通的终身教育体系转型，努力实现学校优质教育资源的效益最大化，使继续教育成为推进产学研互动的平台，成为促进学校教育事业发展新的增长点。

在稳步发展学历继续教育的同时，大力发展非学历继续教育；统筹校内办学资源，对学历继续教育集中办学，对非学历继续教育归口管理，将有限的教育资源整合，集中力量树立我校继续教育品牌；建立统筹管理、职责明确、规范有序的继续教育管理体制；明确职能部门和各学院的职责分工，创新利益分配机制，建立继续教育收入反哺学校学科建设的制度。

### （三）发展思路

基于以上分析，中南财经政法大学明确以非学历培训教育为主体，以高等学历继续教育与高等教育自学考试为两翼的发展路径。

构建"一体两翼"发展模式，发展的重点是非学历培训教育。非学历培训教育是我校继续教育"一体两翼"发展的主体。

1.非学历培训教育年度现状

办学规模持续扩大。依托财经政法类优势专业，积极履行社会服务职能，不断拓展培训教育市场，助力党政和企事业干部队伍素质提升，培训班次和人次逐年扩大，呈稳步增长态势。2016至2019年，全校总计承接各类培训班612期，培训学员61 760人，培训生源遍及31个省（自治区、直辖市）。

培训质量稳步提升。培训教室、培训设备等硬件办学条件得到一定改善；以财政干部培训项目为"主引擎"，精心打造了财政、税务、会计、司法等一系列特色培训项目，建立一批校内外知名学者专家库，深入开展教学评价和管理服务评价；课程设计的针对性、实效性进一步增强，管理和服务的规范化和科学化水平逐步提高，培训教学体系逐步完善，办学质量稳步提升。

干部教育培训平台有所突破。2016年，依托部省共建平台，承办了三期财政部共建培训班。2016年、2019年学校连续两次获得中共湖北省委组织部培训机构资格。2018年，学校与中国建设银行开启银校合作办学新模式，共同成立中南财经政法大学建行学院（建行大学华中学院），开启了校企合作新征程。

1）2019年度总体规模与学员分析

学校坚持高层次、高质量的办学目标，承担各类社会培训，助力国家和地方经济社会发展。2019年学校共培训各类人员20 010人，与2018年相比基本持平，培训总体规模保持稳定。2019年校内各单位培训学员人数详见图3-6。

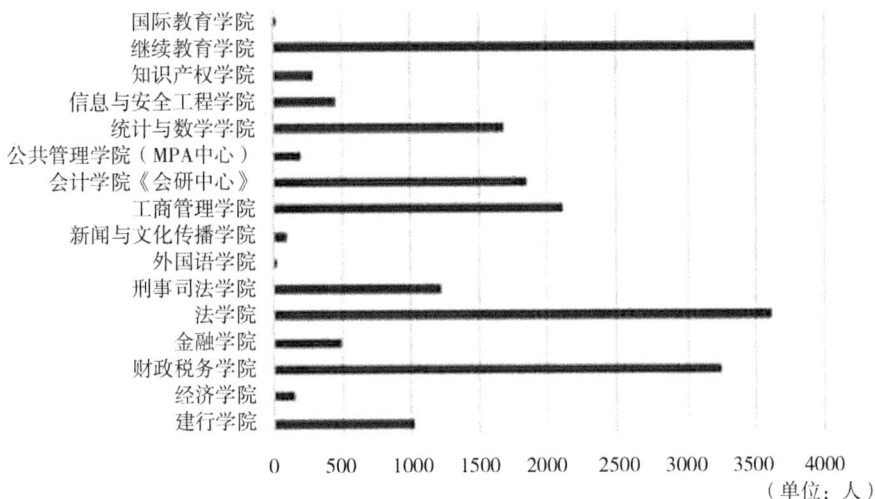

**图3-6　2019年校内各单位培训学员人数**

学校基于人文社科类大学特色、经法管学科专业优势，培训教育服务主要面向全国各级财政系统、税务系统、公检法系统、会计系统、金融系统以及各类企业开展。学校主要学院各类型培训学员规模占比情况详见图3-7。

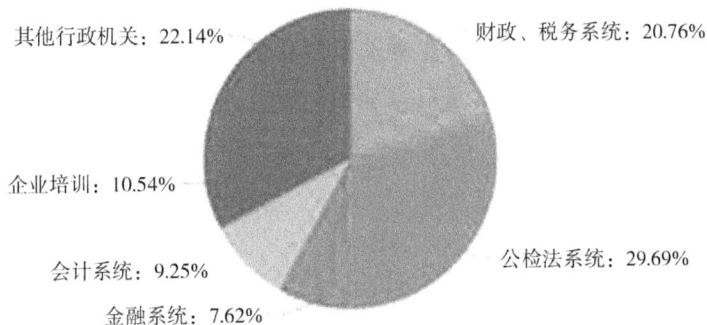

**图3-7　2019年学校主要学院各类型培训学员规模占比**

学校以"立足湖北、辐射中南、面向全国"为布局，培训生源主要分布在广东、广西、江苏、浙江、福建、山东、河南、湖北、四川、陕西、内蒙古、宁夏等地区。

2）培训模式

为更好地满足学员需求，提高培训效率，学校采取"1+N"培训服务模式，即教学形式以课程面授为主，兼有交流座谈、现场教学、案例分析、小组讨论等。

积极探索个性化选学。以学员需求为导向、以精学管用为原则，实行个性化、差别化培训，探索适应干部专业化、多样化、多层次学习需求的教学组织模式。推行"菜单式"教学，让学员"吃什么点什么"，更好地满足学员多样化学习需求，解决传统教学中存在的"一锅煮"现象。

积极探索互动性教学。大胆借鉴现代培训教学新理念，不断改革传统的满堂灌式教学方法，积极运用"讨论式""答疑式""辩论式""案例式""情景式"等教学方法，变单向灌输为双向互动，充分调动学员的学习兴趣和参与热情。

积极探索课题式研学。坚持读书学习与研讨问题相结合、理论强化与调查研究相结合，鼓励学员结合工作实际开展专题研讨，帮助大家提高分析和解决实际问题的能力，实现培训工作由知识传授向提高能力转变。

3）人才培养中的思政教育

学校非学历培训教育始终坚持"基地姓党"，把提高政治觉悟、政治能力贯穿培训教学全过程，把政治思想理论教育和党性教育作为核心课程模块推荐给全体委托培训单位，引导学员自觉加强党性修养，坚定理想信念，筑牢信仰之基，实现"全过程和全方位育人"。

2.非学历培训教育的管理办法

1）总则

为落实上级主管部门关于"放管服"有关文件精神，统筹校内外培训教育资源，规范办学行为，提高办学质量和效益，促进培训教育可持续发展，结合学校实际，特制订管理办法。培训教育是学校人才培养体系的有机组成部分，是学校服务国家经济社会发展的重要载体和途径。学校鼓励校内各单位依托学校学科特色，充分发挥师资优势，积极拓展市场，合法合规地开展各种类型的培训教育。本办法所称"培训教育"是指学校及校内各单位承接党政部门、企事业单位、群团组织等举办的各种层次、规格和形式的非学历教育培训办学活动和项目。培训教育必须坚持中国共产党的领导和社会主义办学方向，遵守国家和地方的法律法规，符合上级主管部门的政策要求，维护学校声誉，服从学校统一管理，保障学校权益。

2）组织与机构

学校继续教育工作领导小组全面指导培训教育的管理和办学。继续教育学院在领导小组和分管校领导的领导下，统筹校内外资源，对全校的培训教育工作统一归口管理。继续教育学院在培训教育工作中的主要职责：

负责学校培训教育工作的规划和管理，建立健全培训教育规章制度。负责对全校培训教育收入进行归口统计，登记备案校内各单位培训合同。负责学校培训教育学员信息的电子注册和结业证书的统一管理、印制和发放。负责学校培训教育项目的监督、质量检查和绩效评价；与校内各单位共建共享培训教育师资课程库。负责开拓培训市场，发掘培训资源，开展综合性培训项目和新项目的开发孵化工作；组织申报校外各类培训基地资质；搭建服务平台，协调研究生院、教务部、财务部、信息管理部、后勤保障部和资产管理部等部门积极支持服务培训教育工作，配合有关部门调查处理培训教育中发生的重大问题。

培训教育的办学主体为校内各教学单位和直属单位，包括各学院和专业硕士中心、人文社会科学研究基地、各级智库和研究机构平台等（以下简称"办学主体"）。鼓励各办学主体充分发挥优势学科办班，加强品牌建设。允许各办学主体依托学校资源跨学科联合办班。

培训教育办学主体是培训教育活动的责任主体，实行办学主体领导责任制和项目负责制，执行"三重一大"决策制度。办学主体在培训教育活动中的主要职责：

加强领导，明确培训教育工作负责人和项目负责人，健全责任体系；按照"谁举办、谁负责"原则对本单位培训教育项目负责。

坚持正确的育人导向，对教师选聘严格把关，选聘思想政治素养高、业务水平好的校内外学者和实务专家担任授课教师，对其授课内容负责，确保意识形态领域的安全。

建立稳定的培训管理队伍，完善项目过程管理制度和质量保障体系。

坚持以学员为中心，强化学员纪律，做好培训教育服务保障工作。

根据学校档案管理工作的要求，对培训档案进行立卷、整理和归档以及培训结业证书等信息材料的报送。

3）培训教育的管理

办学主体开展培训教育的教学工作应坚持马克思主义立场、观点和方法，坚持党的路线方针政策，坚持立德树人的根本任务，加强培训教育领域的意识形态管理工作。严禁散播违反党的理论和路线方针以及中央决定的内容，严禁传播封建迷信和违反社会公序良俗的言论。

办学主体应严把培训教育类招生宣传关，不得有违反国家、地方各类招生政策规定的行为。培训教育招生广告和简章经办学主体负责人审核同意，并报继续教育学院备案。未经学校批准，任何个人和校外单位不得以"中南财经政法大学"的名义开展培训教育活动，不得使用"中南财经政法大学"的名称和校徽等标志刊登和发布培训教育招生广告、招生简章以及各种招生信息。

培训教育招生宣传的内容须真实准确和合法合规，不得冠以中组部和教育部等上级机关发布文件禁用的词语，不得出现学历教育信息和使用模糊虚假信息误导学员。

办学主体与培训委托单位签订培训合同须事先取得学校校长授权。培训合同的签订须坚持学校办学的主体地位，遵守学校关于合同管理的相关规定，严格合同责任，防范合同风险，维护好学校声誉和合法权益。

培训合同原则上使用学校统一制订的规范性合同文本。如有相关条款需要修订的，可以参照《中南财经政法大学合同文本起草指南》中的一般合同示范文本起草。合同一般应对培训项目名称、培训起讫时间、地点、招生人数、收费项目、收费标准、收费总额、收费账户、甲乙双方的权利义务、违约责任和争议解决等关键信息予以明确。

培训合同归口继续教育学院统一管理，采用备案制。具体备案流程：

办学主体签订培训合同。办学主体指定专人对培训项目和合同进行分析论证，草拟合同文本，提交本单位主要负责人审核签订。

培训合同登记备案。办学主体通过OA办公系统将本单位培训合同原件扫描上传提交继续教育学院，继续教育学院安排专人进行电子登记。办学主体10个工作日内将合同原件及相关文本提交继续教育学院备案。学校财务部以经继续教育学院备案和加盖培训合同备案专用章的合同文本作为办学主体确认收入的依据。

为避免校内不良竞争，培训教育项目由继续教育学院和财务部共同核算指导价格，办学主体的培训合同价格原则上不低于该指导价格。举办涉外培训项目的单位，须先将申报材料提交学校国际交流部（港澳台办公室）审核，获得通过后再报送学校审批。

学校对培训教育工作实行年度核查统计制度。办学主体定期对本单位培训教育的办班类型、名称、规模、收费、教学和师资情况等进行核查统计。办学主体负责人应高度重视，指定专人负责信息统计和上报工作，并按照学校档案管理要求将培训资料在本单位进行立卷、整理和归档。

4）监督与处理

学校建立培训教育质量监督体系，定期组织培训教育工作人员交流和培训，开展培训教育项目质量检查和绩效评价，强化责任追究。具体办法另行制订。

对在培训教育工作中存在违规违纪行为的单位或个人，一经查实，将对相关责任主体视情况分别给予通报批评、停办整改直至取消培训教育举办资格等处理，同时依纪依法追究各相关负责人的责任。处理意见由学校继续教育工作领导小组会同学校纪检监察部门集体研究提出，报请学校进行处理。

培训教育工作遵守国家和学校的财经纪律和财务管理规定，严格执行"收支两条线"。严禁自行开立任何形式的银行账户收取教育培训相关经费，严禁坐收坐支，严禁私设"小金库"和账外资金。培训教育经费由学校财务部统一收取、管理和核算，审计和纪检监察等部门对培训经费的收取、使用和管理等实施监督。

办学主体严格遵守学校教育资源使用管理的各项规章制度。任何个人和校外单位均不得使用我校教育资源独立在校内举办培训教育活动。

根据《教育部关于推进高等教育学分认定和转换试点工作的意见》（教改〔2016〕3号）精神，学校建立继续教育与校内其他层次学历学位教育的课时学分互认制度。具体办法另行制订。

5）非学历教育管理的角色定位

面对学校培训事业在新阶段的各项挑战，结合学校发展实际，非学历教育的角色定位为：

引领与指导——扮演好"教练员"角色：深入二级学院，指导项目开发。每个月深入二级学院，倾听学院办学声音，针对学院学科特色和服务行业特点，协助学院制订培训专题，包教包会，扶上马，送一程。

评估与监督——扮演好"裁判员"角色：加强顶层设计，完善办学体制机制。落实学校工作部署，明确2020年为"基础建设年"，夯实培训教育发展的基础，梳理规章制度，对培训教育归口管理，指导院系间差异化发展，评估各二级单位办学情况，培训办学全过程管理，培训学员全人员管理，培训服务全方位管理。

统筹和协调——扮演好"服务员"角色：改善办学软硬条件，提高办学服务水平。推进办学与管理信息化建设，上线培训教育信息化管理平台，方便各二级办学单位进行数据上报和备案；完成线上教学平台注册备案，推广线上"云端"培训授课模式；规划校区办学功能与定位，统筹办学资源配置，充分利用学校多校区办学资源，首义校区计划功能定位为社会化高端培训，新增规划数间培训教室，优化和提高物理闲置空间利用率，实现办学能力的最大化和最优化。

兜底与保障——扮演好"替补运动员"角色：布局高层次培训教育，打造一流培训教育品牌。围绕"六个一流"打造培训教育品牌，以学校全面铺开智库建设的战略为依托，开展高层次继续教育项目品牌建设，同时开发国际访学项目，引进国外一流大学的优质教育资源；逐步形成项目和种类齐全、高水平服务国家经济社会发展大局的继续教育工作局面；面对综合性强、协调难度大、课程任务重的项目，培训中心主动靠前站位。

搜集与反馈——扮演好"统计员"角色：统计全校非学历培训教育数据，创新利益分配机制；围绕学员的培训需求，转作风、换态度，主动上门服务，形成"能上能下、能进能出"的动态服务意识；规划和制订回访调研计划，利用节假日时间，开展大调研、大回访，主动收集一线客户需求和反馈，增加客户黏性，培养一批优质"超级用户"。

3.非学历教育的项目内容

1）事业单位培训

围绕国家大政方针，深入贯彻国家相关部门的培训要求，实时更新相关领域的政策法规、技术要求、单位需求，依托优势学科及师资力量，充分发挥学科专业及人才培养优势，整合校内外资源，以线上线下学习相结合的形式，通过现代信息技术为全国各级财政、税务、公检法、会计、金融等系统干部人才队伍建设提供培训方案和智力支持。为国家、政府部门培养财经政法深度融通的一流人才。

2）企业单位培训

同企业保持深度合作，构建校企合作机制，建立大学生实习基地、产学研实习基地和企业发展研究中心等机构，帮助企业量身定做未来发展战略规划、管理人才与专技人才培养、公司队伍建设等培训计划和方案。以企业持续健康发展，针对性提高企业管理干部的理论素养、知识水平、业务素质和管理能力为目标，服务各省、市、区国资委国有企业、民营企业、中小微企业等中高层管理人员、部门负责人、业务骨干等。根据市场需求，企业培训开设市场营销管理、人力资源管理、企业战略管理与公司治理等专题项目。

3）国际项目

针对国际项目，设计多层次、多元化的培训项目，满足各类单位、个人海外继续教育的需求，包括：①国外硕士项目。在我校建立国外名校的国内校区，培养硕士人才，最终获取国外名校的硕士文凭。②香港副学士项目：招收高考成绩不理想的学生进入中南财经政法大学学习2年制的副学士课程，成绩达到香港接收副学士申请的大学要求，申请成功后，继续完成本科后两年的学习，最终拿到本科学位。③海外研学（修）项目：组织企业、学生团体进行各种专业的海外研学（修）项目。

## 二、高等学历继续教育与高等教育自学考试为两翼

"十三五"期间，面对高等学历继续教育市场的日益萎缩和非学历培训市场的激烈竞争，在校党委、校行政的正确领导下，继续教育学院及时转变思路，迎难而上，努力开拓办学渠道，调整办学结构，加强质量监管，防控办学风险，较好地完成了各年度工作目标。继续教育学院每年被湖北省、武汉市表彰为"自学考试先进集体"、湖北省"自考命题优胜单位"，连续四次获得学校"社会贡献奖"等。

### （一）高等学历继续教育（函授、业余）取得新成效

优化站点布局。坚持依法依规办学，加强组织领导，严格履行备案程序，完备函授站建站手续，积极扩展新的合作办学单位，目前共有函授站点13个。始终把办学质量放在首位，强调教学过程管理，定期到函授站进行检查和评估，评估分为"合格、限期整改和不合格"三种，评估合格的函授站才可续签

联合办学协议，规范办学行为，切实维护学校声誉。

强化制度建设。结合实际，落实整改，及时对不适应时代发展需求的规章制度进行修订和完善，包括《中南财经政法大学高等学历继续教育招生管理办法》、《中南财经政法大学高等学历继续教育函授站管理办法》、《中南财经政法大学高等学历继续教育学生学籍管理办法》、《中南财经政法大学关于修订高等学历继续教育专业全程培养方案的指导意见》（以下简称《全程培养方案》）、《中南财经政法大学成人高等教育教学管理办法》等，内容涵盖招生、学籍、档案管理、教学管理、学生工作、考试管理等方面。

优化生源结构。2016至2019年，高等学历继续教育共招生7940人，根据教育部《高等学历继续教育专业设置管理办法》要求，积极调整专、本科招生计划，本科层次占总招生量比例由2016年的30%扩大到2019年的50%，为今后我校高等学历继续教育转型升级打下了基础。

深化教学改革。2018年，新修订的《全程培养方案》共涉及专科、专升本两个层次12个专业，增强了适应性、融通性与应用性；创新了课程体系与课程类别的设置，将同一门课程分为课内与课外两种教学形式、线上与线下两种教学方式，有效缓解了工学矛盾；首次引入学分制，为进一步实施学分制银行制度进行积极有益的探索提供了可能。

**（二）高等教育自学考试步入新局面**

优配优设教学点。严格执行教育部和湖北省教育厅的各类政策规定，坚持规范管理，自考招生规模稳中有进，现有11 000余人，合作助学单位从原来的24个优化至11个，提高了生源质量。

推进自考助学改革。2016年，新开展的学业综合评价工作显著提高了考试通过率，增加了考生人数，2019年报名数据已达到60 000余科次；2017年，组织并完成自考12个专业的课程体系改革工作，受到了省自考办的高度评价。

加快信息化建设。2018年，我院与第三方网络公司合作开发了"中南大讯网云平台"（以下简称"云平台"）。目前已将报考高等教育自学考试专业人数较多的55门教学课件上传至"云平台"，并在平台上陆续开展了毕业论文考核、实践课考核、网络助学、学业综合评价、学位审核等工作，开创了高等教育自学教育"线上+线下"互通互联的新局面。

### 三、构建"一体两翼"发展模式重点

构建"一体两翼"发展模式，必须把握好三个关键点，处理好三个关系，重点在十个方面着力。

#### （一）把握三个关键点

1.品牌

品牌建设是一个系统性工程，前提是明确自身定位，找准薄弱环节，凝心聚力进行重点突破。近年来，学校在中国大学智库的建设取得突出成绩，5个智库入选中国大学智库百强。这为学校建设一流继续教育品牌提供了扎实基础和发展方向，为咨政建言成果转化提供了新渠道。智库成果进入继续教育的课堂教学，直接更新在职人员的认知观念和知识结构，成为智库成果传统"自上而下"转化模式的有力补充，将形成高端科研成果转化为"上下共同发力"的良好局面。

2.协同

学校继续教育事业的发展，与学校人才培养和科学研究等主要工作的发展密不可分。高质量的学历学位教育和科学研究可以为继续教育事业的发展提供充足的养分和支撑，继续教育工作则为"一流学科群"和"智库群"提供最直接的社会需求信息反馈，从而明确和深化人才培养与科研工作的新方向。在教育现代化与产教融合背景下，继续教育事业与学校其他主要工作的协同将实现继续教育事业的转型发展。

3.标准

在全国高校范围内，关于继续教育准入门槛、教学内容与教学质量等方面尚未出台统一的规范性文件。在学校内部，各办学主体自主开展培训教育，虽有统领性文件指引，但监督、评价体系尚处于建设之中。学校继续教育的可持续发展必须要建立统一的标准，既能提升继续教育发展品质又能规避继续教育办学风险。因此，为实现精品化、品牌化发展道路，继续教育必须在准入门槛、教学内容、考核评价和管理服务等方面设置标准。以学习者需求为中心，研发、扶植优秀的项目、课程和团队，通过标准化的质量监管体系建设来进一步提升继续教育的人才培养质量。

### （二）处理好三个关系

**1.处理好市场化办学与教育机制体制的关系**

在继续教育发展的新阶段，市场化办学成为学校继续教育工作的必经之路。受教育人员和社会各行业系统自身发展的多元化需求，对继续教育工作的管理和服务需求提出了许多新的要求。学校对继续教育工作的考核激励机制需要进行分类指导、分类考核和分类评价，市场化与教育机制体制的深度融合是提高继续教育资源配置效益的关键。

**2.处理好理论教学与工作实践的关系**

由于受教育对象为在职人员，理论教学与工作实践结合的紧密程度决定了学校继续教育工作的建设质量。"'医学院'和'医院'之间有多远"就是这个关系的贴切表达。在职人员需要增强理论知识的学习来进一步推动工作发展，而理论教学的内容设计需要增加更多、更贴近工作实践的思考和研究，从而进一步提升理论教学的指导能力。

**3.处理好社会效益与经济效益的关系**

继续教育工作不仅具备教育公益的本质和特征，还是重要的创收渠道。但学校的根本职责是立德树人，不能只追求经济收益，而应该将社会效益放在经济效益之前。学校在开展继续教育活动时，应坚持教育公益本质特征和非营利性特点，服务于终身教育体系建设，坚决杜绝"逐利"导向偏差，维护好社会效益与经济效益的共生关系。

### （三）重点在十个方面着力

**1.加强顶层设计，完善办学体制机制**

学校要加快内部管理体制、运行机制梳理，不断完善继续教育发展保障体系。以2020年"基础建设年"为契机，夯实继续教育发展的基础，在稳步发展学历继续教育的同时，大力发展非学历继续教育；统筹校内办学资源，对学历继续教育集中办学，对非学历继续教育归口管理，将有限的教育资源整合，集中力量树立学校继续教育品牌；建立统筹管理、职责明确、规范有序的继续教育管理体制，明确职能部门和各学院的职责分工，创新利益分配机制。

**2.完善专业设置，择优培育新站点**

学校学历继续教育实施新版全程高等学历继续教育方案，完善专业设置，提高人才培养质量；以需求为导向，优化生源结构，逐步调整到以本科生源为主；优化教学点设置，择优培育新站点，稳定招生规模。

3.改善办学软条件，提高办学服务水平

推进办学与管理信息化建设，上线非学历教育信息化管理平台，方便各二级办学单位进行数据上报和备案；升级或重建学历继续教育教学管理平台，防范管理系统老化风险；自学考试进一步完善网络助学"云平台"建设，吸引更多学生积极报考。

4.规划校区办学功能与定位，统筹办学资源配置

充分利用学校多校区办学资源，计划功能定位为社会化高端培训，校区整体规划、基础设施配套等按社会化培训需求进行调整，统筹办学资源配置。通过科学合理的办学资源配置规划，优化和提高物理空间利用率，保障继续教育工作和学校其他主要工作的资源共享，实现办学能力的最大化和最优化。

5.开展教育扶贫，助力扶贫攻坚

积极响应教育部脱贫攻坚任务安排和学校部署，针对学校中央定点扶贫盐津县积极开展县乡村三级干部培训和专业技能人才培训。量身定制《扶贫培训工作方案》，主动对接当地政府，选派学校"经、管、法"强势学科的优质师资开展教学，配齐后勤保障服务团队。

6.布局高层次培训教育，打造一流继续教育品牌

培育培训品牌。围绕"六个一流"，即"一流的管理团队、一流的师资队伍、一流的基础设施、一流的培训项目、一流的管理能力、一流的教学水平"，打造非学历继续教育品牌，以学校全面铺开智库建设的战略为依托，开展高层次继续教育项目品牌建设，同时开发国际访学项目，引进国外一流大学的优质教育资源。逐步形成项目和种类齐全、高水平服务国家经济社会发展大局的继续教育工作局面。

创新培训模式。通过加强培训教育统一管理，健全培训机构，完善规章制度，整改培训资源，理顺工作机制，改进培训方式，推进培训教育理论创新、制度创新、实践创新；有效整合校内培训资源，集中人、财、物等优势力量办学；不断创新财政税务、会计审计、公检法司、党政管理等模块的培训项目，包装推广培训名师，策划推出热点短训产品，增强培训吸引力；继续推进继续教育高校联盟和校企联盟建设，共建继续教育培训基地。

加强培训宣传。通过完善培训教育网站，建立统一的对外网络推广宣传平

台，加大宣传推广力度，深度挖掘培训市场；在配套设施建设、人员队伍建设及分配政策激励等方面的有力保障下，降低办学成本。"十四五"期间，培训教育力争实现规模效益双提升，收入在2020年的基础上实现翻番。

7.调整机构设置，优化队伍结构

以高标准、严要求进行继续教育机构调整，形成协同高效的办学体系，加强制度执行的刚性；优化学校继续教育队伍结构，扩充非学历教育办学管理团队，选聘专职班主任，为高质量办学提供人力保障。

8.解放发展思路，科学制订保障对策

学校应充分认识到继续教育供给侧改革的重要性，进一步明确继续教育发展对社会人才培养的重要性，不断建立健全继续教育保障体系。第一，要明确继续教育在学校发展中的定位，明晰继续教育管理体制机制，将继续教育纳入学校"双一流"建设大格局，纳入大学章程，纳入中长期发展规划。第二，要主动服务国家发展战略，定位"高端培训、品质培训"，推动继续教育走国际化发展道路。第三，推动继续教育质量评价体系构建与继续教育质量评估制度建设。

9.深入理论研究，准确把握发展趋势

积极参与学术研讨、论文征集、科研立项等活动，多渠道、多形式大力开展继续教育领域的理论研究。加强调研探索继续教育发展的新路径，不断对继续教育的体制、理念、管理、内容、模式等进行全方位的研究。通过理论研究，准确把握继续教育发展趋势和政策走向，形成具有理论和实践价值的继续教育理论成果。

10.拓展国际继续教育，走国际化发展道路

经济全球化时代，网络信息技术迅速发展，随之而来的中西文化的互相碰撞、相互交融愈加频繁、深入。"双一流"建设所提出的建设世界一流大学与学科也是教育国际化趋势的体现。为匹配世界一流大学的建设目标，继续教育也应该具备国际化视野，走国际化发展道路，在国际市场中占据一席之地。扩展国际继续教育，走继续教育国际化发展道路，一方面要坚持"走出去"战略，高校应积极开发继续教育国际化项目，如中外合作办学等，打开国际市场；另一方面要坚持"引进来"战略，高校应吸收国外继续教育发展的先进经验与成熟模式，同时将国外一流大学优质的继续教育项目吸收进来，让受教育者不出国门，也能学习到国外文化与技术，提高自身格局、开阔自身视野和提

升自身能力。

## 四、"一体两翼"发展模式的实现路径

学校继续教育"一体两翼"发展模式的实现路径应当从四个方面着手。

### （一）构建继续教育体系，推动继续教育系统化与全覆盖

继续教育是一种追加教育。在整个教育体系中，继续教育与基础教育、普通教育有所区别又相互联系。在建设终身学习型社会，贯彻落实"大教育"理念的今天，学校应该推动继续教育与普通高等教育的深入衔接，让继续教育共享学校教育资源。同时，学校应在继续教育办学中，嫁接各类社会教育资源，充分利用社会组织、企事业单位的教育培训资源。通过校内资源共享、校外资源延伸的方式，构建起系统化、社会化的继续教育网络体系。在此过程中，学校应该牵头做好校方、企业方和社会方的联动，推动继续教育跨界融合发展。

第一，学校应以社会需求为导向，推动校方教育链、企业方产业链与社会人才链的有机融合。在传统的学历继续教育教学中，根据继续教育特点与受教人群特征，提升实践类教学比重，探索知识学习与能力培养"双提升"的教育模式。在非学历培训教育中，实施订单式培训服务，根据各行业特点和培训参与人的需求，为委托单位提供精准而有效的学习。

第二，不断更新继续教育知识体系，突出解决问题的学习导向。学校在进行继续教育中，应注重与时政的紧密联系，根据各行业最新热点、最新问题不断更新专题与课程。突出解决问题的学习导向，将党政机关、大中型企业亟待解决的新问题纳入继续教育学习内容体系；将社会学习者亟待提升的新技能纳入继续教育培训内容；将职业资格培训、素质提升培训等内容以适当方式融入继续教育学习中，让继续教育学习真正成为本领提升的学习、解决问题的学习和推动社会良性发展的学习。

第三，积极推动学分认定、积累和转换工作。学校应根据《教育部关于推进高等教育学分认定和转换试点工作的意见》文件精神，逐步建立继续教育与其他层次校内学历学位教育的课时学分互认制度，探索非学历培训教育学习成果、职业技能等级学分的转换互认，鼓励社会学习者利用碎片化时间不断学习积累，提升自我。

第四，创设公益的普惠教育体系，更好地发挥继续教育服务社会的职能。

学校在继续教育办学中不应将创收作为唯一目标，更多地应该发挥继续教育反哺社会发展的作用。学校应开展各类扶贫培训，帮助贫困地区教师提高教学水平，帮助贫困地区民众提升专业技能与脱贫致富本领，帮助贫困地区农村基层干部提高履职尽责能力。同时，学校应提高站位，以适当方式对社会大众进行公益性的普惠教育，为"人人享有教育"贡献高校力量。

**（二）利用信息技术，打造多样化的继续教育学习支持系统**

21世纪是信息时代，无论是经济发展还是社会发展都离不开信息技术的推动。教育现代化不仅仅是教育思想的现代化与教育内容的现代化，也是教学手段的现代化与教学设施的现代化。学校发展继续教育，必须以教育现代化为根本，利用"互联网+"信息技术，构建多样化的继续教育学习支持系统。

第一，搭建在线学习平台。学校应积极与企业、党政机关合作，加强信息互动与资源共享，凭借现代远程教育手段，将各类教育资源进行整合，共同搭建在线学习平台，让更多社会学习者能够随时随地共享继续教育学习资源，实现泛在学习。

第二，变革继续教育教学模式。社会学习者与在校全日制学生不同，他们多为在职学习者，很难完全脱产学习；同时他们地域分布广，很难实现集中学习。尤其是高等学历继续教育（函授、业余）学生受到个人生活、工作束缚与地域分布等因素影响，往往难以全员全程参与继续教育学习。因此，学校应积极利用大规模在线开放课程（MOOC[①]）、小规模限制性在线课程（SPOC[②]）、微课、翻转课堂等新型教学手段，将传统线下面授教学与新兴线上在线教学结合，通过混合教学模式打破时空界限，让学生能够自主选择学习方式，提高学习完成率。

第三，优化教学管理模式。一方面，学校要对现有继续教育管理平台进行更新，开发微信小程序等线上服务功能，实现"在线申请+远程服务"，简化继续教育办事流程与手续，提高继续教育服务质量。另一方面，学校要在继续教育日常管理中引入信息化管理手段，通过微信群、QQ群、微信公众号、学院官方网站等交互技术工具有效组织继续教育办学各个环节。

---

① 百度百科.MOOC大型开放式网络课程缩写［EB/OL］. https://baike.baidu.com/item/%E5%A4%A7%E5%9E%8B%E5%BC%80%E6%94%BE%E5%BC%8F%E7%BD%91%E7%BB%9C%E8%AF%BE%E7%A8%8B/6821056?fromtitle=MOOC&fromid=8301540&fr=aladdin.

② 百度百科.SPOC小规模限制性在线课程缩写［EB/OL］.https://baike.baidu.com/item/spoc.

### （三）完善评价体系，推动继续教育质量提升

学校办好继续教育的关键在于保障教学质量，运用好继续教育质量评价这一重要工具，使继续教育办学有法可依、有章可循。

第一，将继续教育战略规划作为重要的评价标准。将继续教育办学纳入学校战略规划，像重视全日制普通高等教育一样重视继续教育。对继续教育发展定位、组织架构、教学管理与服务、业务拓展等内容进行战略性谋划，让继续教育走有方向的发展道路。

第二，将继续教育基础设施建设作为重要的评价标准。在财政支持的基础上，学校内部也要加大对继续教育基础设施和基本条件的建设，不断完善住宿、食堂、教室等硬件设施，为继续教育教学开展提供保障。

第三，将继续教育师资队伍作为重要的评价标准。继续教育师资队伍一方面指教学师资队伍，学校应利用好校内优质师资，同时选聘校外实务专家，打造一支理论知识扎实、实践经验丰富的继续教育教学队伍。继续教育师资队伍另一方面指的是教学管理队伍，学校应成立继续教育管理服务专班，为继续教育各环节工作开展提供保障。

第四，将继续教育教学资源建设作为重要的评价标准。继续教育教学资源包括教材开发与建设、网络课程资源建设、教学课件与讲义等内容。学校在继续教育办学中，应该针对继续教育的教学特色，不断丰富继续教育教学资源，避免继续教育"普教化"。

第五，将继续教育学员表现作为重要的评价标准。学员评价的内容应该囊括四方面：①学员参与度，包括学员到课率、上课时长、学员课堂表现等。②学员考核情况，包括课堂考核、笔试考核、实操考核等。③学员培养效果，包括学员自身学习感受与学习后的技能提升、职业发展等。④学员评价，包括学员对学校硬件设施、师资队伍、课程设置等方面的满意度评价。

# 第四章 学校以非学历培训教育为主体的发展路径选择

继续教育是人类社会发展到一定历史阶段出现的教育形态，是教育现代化的重要组成部分。办好继续教育是新时代赋予高校的使命和历史责任。

胡锦涛同志在党的十八大报告中要求推动高等教育内涵式发展，积极发展继续教育，完善终身教育体系，建设学习型社会。[①]在党的十九大报告[②]中，习近平总书记指出"要办好继续教育，加快建设学习型社会，大力提高国民素质"。教育部职业教育与成人教育司发布的《职业教育与继续教育2019年工作要点》中也明确提出，破解关键难题打造校企命运共同体，深化产教融合、校企合作的办学模式改革，推动各级各类学校开放资源，大力发展非学历继续教育，疏通高校培训办学的机制和渠道，有节奏、有步骤地促进各类院校向核心人群开展继续教育和培训。[③]

继续教育这一特殊形式的教育是我国高等教育的重要组成部分，也是国家终身教育体系的重要支柱。开展继续教育是高等院校的社会职责之一，非学历培训教育是今后高校继续教育发展的方向和重点。

早在2003年，清华大学已领先于国内众多高校，在继续教育领域迈出具有跨越式发展的一步，通过全面客观审视我国学历教育发展历程以及未来发展趋势，研判未来的学位需求容量，认清了我国高等教育改革的发展方向——高

---

① 人民网.胡锦涛在中国共产党第十八次全国代表大会上的报告 [EB/OL]. [2012-11-08] .http://cpc.people. com.cn/n/2012/1118/c64094-19612151.html

② 共产党员网.习近平：决胜全面建成小康社会 夺取新时代中国特色社会主义伟大胜利——在中国共产党第十九次全国代表大会上的报告 [EB/OL]. [2017-10-18] .http://www.12371.cn/2017/10/27/ARTI1509103656574313.shtml

③ 中华人民共和国教育部.职业教育与继续教育2019年工作要点 [EB/OL]. [2019-04-08] .http://www.moe. gov.cn/s78/A07/A07_sjhj/201904/t20190412_377623.html

等教育的普及极大压缩了高等学历教育的需求，高校的继续教育事业发展必然是非学历教育。清华大学主动停办高等学历继续教育，将非学历培训教育作为今后继续教育事业发展的主体。经过近二十年的建设与发展，如今清华大学继续教育学院已成为国内高校非学历培训的标杆与龙头，其在高等教育建设领域所做出的决断以及所彰显的政策领先性、开拓性和示范性，使得全国各高校纷纷效仿，并带动了继续教育事业的重心转向非学历培训教育。近年来，浙江大学、武汉大学等众多名校逐步退出高等学历继续教育市场，将非学历培训教育作为主要发展领域。可以预见的是，这是一个必然的发展趋势，今后将有更多的高等院校，特别是研究型大学必然将非学历培训作为继续教育的重点来抓。

中南财经政法大学是中华人民共和国教育部直属的一所以经济学、法学、管理学为主干，兼有哲学、文学、史学、理学、工学、艺术学等九大学科门类的普通高等学校，其培训教育有着厚重辉煌的历史。早在1948年创校之初的中原大学时期，学校就通过干训班和短培班等办学形式，为即将成立的新中国培养了大批急需的人才。20世纪七八十年代，学校曾通过联合办学为"二汽"培养了大量的优秀人才，李岚清同志也因此与学校建立了深厚的友谊。2000年2月，国务院批准教育部的方案，中南财经大学和中南政法学院合并，于2000年5月26日组建成新的中南财经政法大学。自此以后，中南财经政法大学非学历培训教育进入新的发展历程，广泛与政府部门合作，建立了许多重要培训基地。2001年，时任中共中央政治局委员、中组部部长曾庆红同志曾在全国领导干部教育培训大会上，对学校的干部培训工作给予了高度肯定。2006年5月，时任中南财经政法大学校长吴汉东教授为中央政治局第31次集体学习做了关于《国际知识产权保护和我国知识产权保护的法律和制度建设》[①]的讲解。经过几十年的发展以及在培训教育事业中的不断锤炼，中南财经政法大学干部培训教育已形成了"立足湖北，辐射中南，面向全国"的良好格局。

目前，中南财经政法大学的非学历培训教育事业由继续教育学院牵头并主管，各办学单位组建成立非学历培训教育工作专班，实施非学历培训教育管办分离体制改革。在未来的发展中，学校将继续探索和谐统一、市场认可的非学历继续教育发展模式，打造一套中南财经政法大学特有的非学历培训教育人才

① 凤凰网.第三十一次：国际知识产权保护和我国知识产权保护的法律和制度建设［EB/OL］.［2007-05-27］.http://news.ifeng.com/c/7fYokqwOKDd

培养体系，建立完备的办学管理体系和统筹兼顾的协调机制。

教育创新，服务社会，进入新时代，中南财经政法大学以习近平新时代中国特色社会主义思想为指导，努力服务国家战略和社会大众终身学习需求，探索一条学科特色鲜明、培养目标明确的非学历继续教育发展路径，在"品牌打造、市场挖掘、服务发展"三条路径上，努力寻找符合社会发展、国家需要的培养模式，积极助力学习型社会建设，促进学校继续教育事业跨越式发展。

## 第一节　聚焦品牌建设

品牌是经济领域的概念，包含着"品"与"牌"的双重含义，"品"指代着等级和定位，代表着美誉度；"牌"指代着标识、符号，代表着知名度。二者之间既有区别又相互依存，组合在一起则形成了一种错综复杂的象征，可谓"依品定牌、以牌彰品"。品牌建设是一个系统性工程，前提是明确自身定位，找准薄弱环节，凝心聚力进行重点突破。

近年来，全国高校通过多年的学科建设和高等学历教育的办学积累，尤其是国家重点高校在国家的大力支持下，培育了较高的社会知名度和美誉度，为非学历培训教育积攒了良好的口碑和社会影响力。但即便如此，我国高校的继续教育事业放眼全国，却还未做到真正普遍意义上的品牌化。目前，开发非学历培训教育的高校已过百所，但真正占据较大市场份额、具有广阔发展前景和社会影响力的高校不过半数。

高校继续教育品牌的打造，很大程度上依托高校自身的科研水平、学科建设以及教学质量。在进入21世纪后，中南财经政法大学围绕"六个一流"①，在高校品牌的创建上，始终保持着良好的发展态势。值得一提的是，中南财经政法大学在中国大学智库的建设上取得突出成绩——5个智库入选中国大学智库百强②（具体智库建设成果见附录一），这为学校建设一流继续教育品牌提供了扎实基础和发展方向，为咨政建言成果转化提供了新渠道。智库成果进入继续

---

① "六个一流"，即"一流的管理团队、一流的师资队伍、一流的基础设施、一流的培训项目、一流的管理能力、一流的教学水平"。

② 5个智库入选"CTTI高校智库百强榜"："知识产权研究中心（2018年，位列A+级智库）""中国收入分配研究中心（2018年，位列A-级智库）""法治发展与司法改革研究中心暨湖北法治发展战略研究院（2018年，位列A级智库）""'产业升级与区域金融'湖北省协同创新中心（2018年，位列A级智库）"。

教育的课堂教学，直接更新在职人员的认知观念和知识结构，成为智库成果传统"自上而下"转化模式的有力补充，将形成高端科研成果转化"上下共同发力"的良好局面。

中南财经政法大学以学校全面铺开智库建设的战略为依托，开展高层次品牌建设。自2000年两校合并以来，非学历教育事业经历了模式探索期、基础建设期、发展平台期到2020年的高速发展期。经过近二十年的发展，学校成为财政部定点培训基地[①]、湖北省干部教育培训高校基地[②]、国家知识产权培训（湖北）基地、教育部全国首批"卓越法律人才培养"基地、国家煤矿安全技术培训中心等。为了加强培训教育的协同创新能力，学校与中央财经大学、上海财经大学、东北财经大学、西南财经大学、江西财经大学、山东财经大学携手成立了全国高等财经院校教育培训联盟。经过多年的努力，2019年学校的非学历培训学员已超2万人，并逐步建立起以"经、管、法"为特色的党政干部培训、金融培训、企业培训、高级研修培训等培训品牌，学员遍布全国甚至海内外。

## 一、打造教学品牌

要在教学品牌上取得优势，培训课程模块开发和培训师资队伍建设是学校的核心工作，其中师资建设更是重中之重。在培训课程方面，中南财经政法大学有其特有的学科优势——拥有财政学、会计学、金融学、民商法学四个国家重点学科和经济史国家重点培育学科。学校"经、管、法"三大优势学科和"应用型、融通性、开放式"人才培养特色是中南财经政法大学继续教育打造特色品牌的依托，且与当代高级人才"懂经济、知法律、精管理"的时代要求高度契合，凸显非学历培训教育的科学性、时效性和针对性。在培训师资方面，经过十几年的办学积累，学校储配了较完备的师资库。师资库以社会实战派和经典学院派两大类别为主。社会实战派培训师资除邀请各行各业的领军人物外，还包括邀请政府事业单位的资政专家和研究人员、大型企业的创始人和高层管理人员等。经典学院派培训师资除了本校的师资外，还聘请华中科技大学、武汉大学、华中师范大学、中国地质大学（武汉）、上海财经大学等国内

---

① 2013年，中南财经政法大学被财政部授予"财政部定点培训基地"。

② 中南财经政法大学自2010年获得湖北省委组织部颁发的"湖北省干部教育培训高校基地"，每三年进行一次投标，连续10年获得该项资质。

外知名高校的专家教授,以及湖北省委党校、武汉警官学院等专业类型院校教授作为经典学院派培训师资队伍的补充。在授课内容上,社会实战派的培训教师通常会结合实践中的真实案例来剖析背后的学科智慧,课堂互动性强,氛围的感染力和共情感往往能让学员有较好的体验感。经典学院派的培训教师凭借扎实的学科背景,带领学员通古今、知未来,往往能将表象事物挖掘出更深层次的内涵。两种类型的培训师资各有特色,在培训课堂上进行配合教学效果更佳。在培训师资安排上,根据培训学员的职业性质、人群特点和培训需求,选择合适的师资,安排经典学院派和社会实践派师资交叉授课,以达到令人满意的培训效果。

目前,中南财经政法大学非学历培训教育培训师资库共有187名教师,以"经、管、法"优势学科教师为主,涵盖财政、税务、会计、金融、经济、工商管理、公共管理、法律、党政、教育、语言、新闻等多个学科的培训教师。师资库中具有博士学历的占总数的92.5%,详见表4-1。具有副教授以上职称的占总数的86.0%,详见表4-2。教师获批人才称号情况见附录二,近年来学校科研成果获重要批示情况见附录三。

表4-1 中南财经政法大学非学历培训教育师资库学历构成

| 学历 | 占比 |
|------|------|
| 博士 | 92.5% |
| 硕士 | 7.4% |
| 本科 | 0.1% |

表4-2 中南财经政法大学非学历培训教育师资库职称构成

| 职称 | 占比 |
|------|------|
| 教授 | 56.1% |
| 副教授 | 29.9% |
| 讲师 | 4.3% |
| 其他 | 9.6% |

打造我校非学历培训教育教学品牌,其重心就是要立足师资培育和管理,打造一支高水平的培训师资队伍。

（1）广开门路，广纳贤才，积极拓宽非学历培训师资的扩充路径，建设一支既有内容深度又要覆盖面广，既能保证授课效果又深受学员喜爱的复合型师资队伍。要扩充师资，既要充分挖掘校内资源，以教师分类管理为制度导向，吸纳一批社会服务岗优秀教师加入继续教育教师队伍；又要向外积极拓宽师资渠道，通过公开招聘、校校合作、校企合作、校政合作等方式大量聘任研究机构学者、行业领军名师、学者型的政府官员和企业家、咨询培训机构的专业人士等扩充继续教育师资队伍，使继续教育师资库的学科结构、行业结构、智能结构等分布更加趋于合理，形成层级构架合理的师资队伍体系。

（2）创新制度设计，调动更多的校内教师参与非学历培训教学和研究的积极性。要调动校内教师的参与积极性，必须改变以往非学历培训教育教师游离于学校人事考核体系之外的局面，通过合理的考核奖惩制度管理师资，激发本校优秀教师在培训教育上的工作热情。结合教师分类管理制度，各学院可以根据继续教育规模设置专职岗位数量；同时，学校可以针对培训教育教学特点，设立系统的、科学的、可行的评估体系，将培训教师的教学评估和考核纳入管理规范中，制订既符合学科特点又满足学员培训需求的评审标准。结合学校继续教育发展战略转型目标，实施"继续教育核心师资队伍建设计划"，选拔部分高水平教师进入核心师资队伍，以满足开展高端品牌项目的师资需求，增强继续教育发展的核心竞争力。

（3）建设全校师资管理统一平台，建立资源共享机制。目前，学校各办学单位的继续教育师资聘请和管理相对独立，没有开放共享，资源整合效应没有体现出来，管理和聘请教师成本较高。为改变同一学校不同办学单位之间师资资源互相割裂的状况，管理部门需要在全校范围内搭建统一的师资管理平台，办学单位按照共同约定的协作原则共建共享，以最大限度整合校内的师资资源，提高资源利用效率。通过建立海量的培训师资和课程共享平台，学员、办学中心管理员、教学管理人员等运用统一的评价体系对教师讲课效果进行评价，实现校内师资基本信息和评价信息的互通共享。

（4）采取多种模式，形成教师能力提升和成长机制。主管部门可以考虑成立师资培养机构，负责继续教育教师队伍的能力提升和培养。教师能力的提升可通过如下途径实现：①通过教学技能比赛、示范观摩课堂等途径持续提升校内继续教育教师的教学能力水平；②通过校企合作，搭建产学研平台或基地，使继续教育教师能定期深入企业第一线进行现场调查和实践研究，增加教学的案例素材，增强解决实际问题的能力；③通过特色课程和特色教材建设、名师名家培育工程等，培养一批继续教育教学的核心师资，形成继续教育教师队伍梯队体系。④通过不定期地召开教学研讨会、教师与学员座谈会以及教学效果评价信息反馈等形式提高教师的教学理论和教学技能，多途径、多方式提升教师的教学能力，形成良好的个人成长机制。

教学品牌的建设是打造非学历培训教育品牌的重点，师资建设是教学品牌的核心，卓越的非学历培训教育办学机构都有着一支师德高尚、业务精湛、结构合理、充满活力的专兼职教师队伍，体现着它们的办学核心竞争力。中南财经政法大学立足70多年的建校成果积累，在现有的雄厚的师资力量下，适应社会发展需求，用市场无形之手和管理有形之手来加强教学品牌的建设和管理，促进非学历培训教育事业可持续发展。

## 二、打造项目品牌

我校非学历培训教育坚持"理论探讨与问题分析、专业知识与能力提升、党性锤炼与传统文化、情操陶冶与国际视野"相结合的项目设计体系，努力为建设学习型社会贡献力量。学校非学历培训事业开展的十多年来不断为不同阶层人士提供持续进修的机会，并且为国内不同类型的培训主办单位，如工商机构、事业单位、企业和政府部门设计及组织专业进修和培训课程。中南财经政法大学具有开办优质继续教育的丰富经验，并有大量学科能力过硬的导师，能了解学员在工作中所需的实际知识及技术，并设计课程加以配合。学校所举办的不同专业进修及培训课程均广受欢迎，尤以财政、税务、会计、审计、法律及管理类课程最为显著。与此同时，学校提供一站式的全方位培训服务，有课程设计、教授及教学评估等，同时为异地学员提供优质的网络"云课程"，为远程教育提供了更多选择途径和便利。

我校坐落于湖北省省会武汉，在历史沉积、地理位置以及经济文化等方面，武汉市都给予了学校较大的发展空间。武汉是楚文化发祥地之一，享有江城、黄鹤故乡等美名，千年发展历史致使武汉不仅具有大都市的现代风采，还拥有浓厚的历史文化底蕴。武汉拥有九省通衢的重要交通地理地位，水、陆、空相连，中国高铁"四纵"干线贯通，武汉"承北启南、联系东西"，具有南北文化水乳交融的绚丽特色，在中部崛起中扮演重要角色，成为全国"4小时经济圈"的中心城市。武汉也是全国重要的科教基地和历史文化名城。中南财经政法大学首义校区紧邻武昌起义旧址、辛亥革命纪念馆和黄鹤楼。在中国的近现代历史上，中南财经政法大学与祖国一同创立成长，为共和国培养了一批批重要人才，学校拥有最前沿的学术建设和最先进的管理理念，十分有利于来自全国甚至世界的学子进行学习和交流。

本小节以我校继续教育学院从2014年至2020年期间所举办的培训项目为案例进行分析，从项目来源省份、项目来源单位、项目学习领域、项目开展时间、项目学员数量以及项目学习时长六个方面总结我校继续教育的项目特点，探索中南财经政法大学继续教育项目品牌的发展路径。

### （一）项目来源省份

培训项目主要来源于广东省和湖北省，分别占项目总数的20.3%和16.2%，广西、山东、江苏和河南为培训频率较高省份，具体占比见表4-3。

表4-3　项目来源省份

| 省市名称 | 占比 |
| --- | --- |
| 广东 | 20.3% |
| 湖北 | 16.2% |
| 广西 | 13.1% |
| 山东 | 10% |
| 江苏 | 10% |
| 河南 | 6.2% |
| 其他省份 | 24.2% |

### （二）项目来源单位

培训项目中，73%的学员来自政府机构与事业单位，尤以政府单位最多，具体占比见图4-1。全国大部分省份的政府及企事业单位都与武汉、中南财经政法大学有着不同程度的合作与交流。

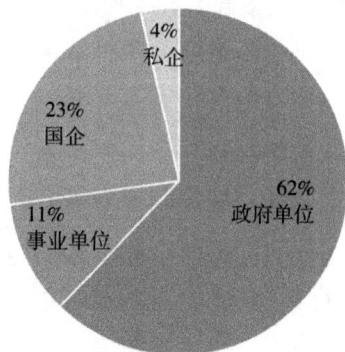

**图4-1 项目来源单位占比**

## （三）项目学习领域

我校基于人文社科类大学特色、经法管学科专业优势，培训教育服务主要面向全国各级财政系统、税务系统、公检法系统、会计系统、金融系统以及各类企业开展。培训主要覆盖六大项目体系，包括财政税务、公检法、会计、金融、企业等，详情见图4-2。

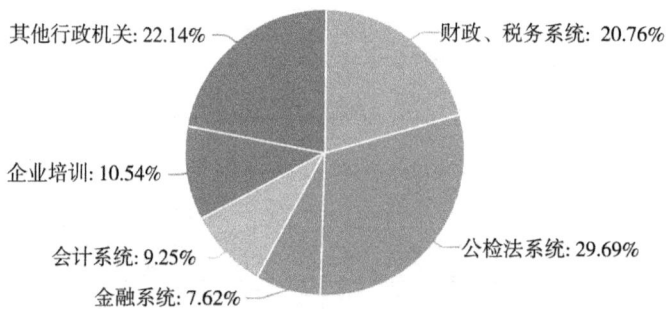

**图4-2 项目体系分类**

## （四）项目开展时间

培训项目根据学习需求安排在全年的各个月份，但培训高峰期出现在春季3月至5月之间，在12月份一般会出现一波小高峰，详情见图4-3。

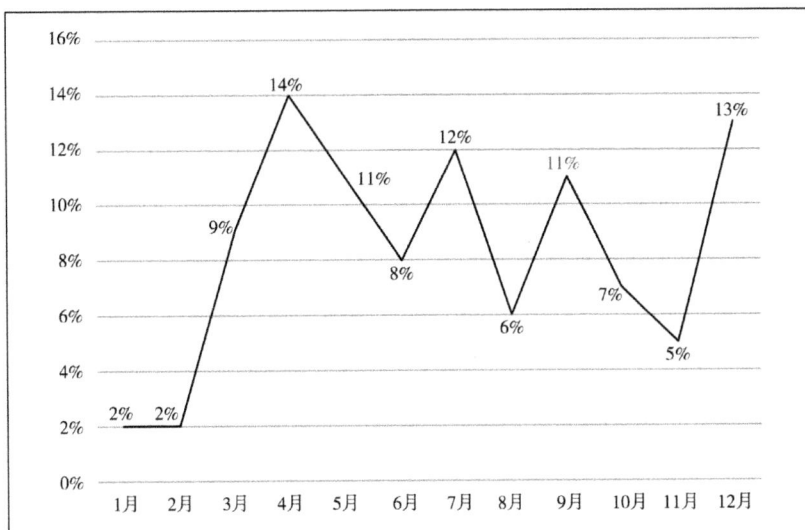

**图4-3　项目开展时间分布图**

## （五）项目学员数量

培训项目根据不同系统、不同业务要求和培训需求，培训人数差异会比较大。大部分项目每期学员在50至70人之间，详情见图4-4。

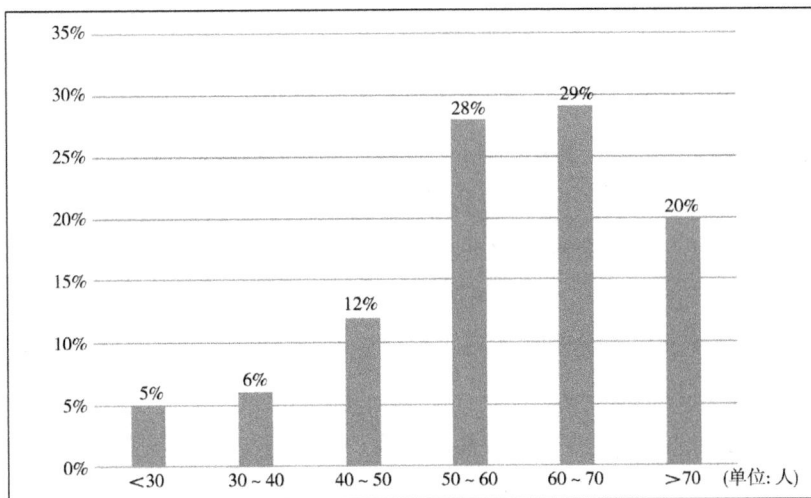

**图4-4　每期项目学员数量占比**

## （六）项目学习时长

根据学习需求和目的，每期培训班学习时长差异较大，多数以5天培训时长为主，详情见表4-4。

**表4-4 项目学习时长**

| 时长（天） | 3 | 4 | 5 | 6 | 7 | 7天以上 |
|---|---|---|---|---|---|---|
| 百分比 | 10.6 | 13.2 | 32.4 | 20.2 | 13.8 | 9.8 |

从以上数据分析，可以总结出以下几个特点：①由于地理位置的便利，广东省来中南财经政法大学培训项目数目占比大，涉及领域广；进一步分析二三线城市，沿海城市基于改革发展程度高和对知识更新的需求，来武汉学习的项目更容易得到支持。②学习项目覆盖领域广泛，包括政府职能运作体系、人员素质、市场经济、财政税务、教育、金融及服务业等方面的问题。③"樱花"是武汉特有的城市名片，因此在每年的春季3月至5月是培训高峰期，而每年12月多为政府系统总结工作阶段，党政类型培训需求较大，此阶段培训项目也出现一波小高峰。④基于保证课程质量，促进学员更好地与授课老师交流互动，合理安排现场教学参观，学习人数在50至70人之间为合理数量，部分高端学习项目甚至会将学习人数控制在20至40人之间；而学习天数为期5天也比较合理。

基于上述的数据分析和总结，将从以下几点对打造中南财经政法大学继续教育项目品牌进行探索。

（1）继续深度挖掘市场。通过分析，全国尚有辽宁、黑龙江、青海、宁夏等省、自治区未曾与中南财经政法大学开展培训教育合作，这些省、自治区都将是日后尝试突破的着力点。除此之外，教育资源相对缺乏的省份，特别是财经类、政法类教育资源不突出的地区，可作为日后重点攻关的目标。

（2）开启校际联合发展。在众多培训项目中，不乏与其他兄弟高校合作的项目，如2019年与西南财经大学联合办学的成都工商联培训班。为了能让学员在学习知识和技能的同时具备国际视野和前瞻性思维，各地高校也可以考虑与国内外各高校开展更多的合作项目，包括定制化或常规化的项目，以便对学员进行全方位的培养与发展。

（3）量身定制项目方案。各地区政府、企事业单位的需求差异会相对比较大，在项目初期的沟通非常重要。必须跟项目负责单位的联络人确定学习项目的领域、范围及学习的具体需求，同时对学员背景等基本情况有所了解，才能更好地进行项目设计与授课老师的安排。而在此期间，学校也可以基于以往的经验和对项目的认知给予专业的建议和意见。通常，在项目前期会进行多次沟通与交流，并经过双方确定，才能保证项目设计与需求相匹配，确保培训内容精准对接培训需求。

（4）项目质量保证。中南财经政法大学非学历培训教育有着一套完整的质量保证体系，同时这个体系随着时代发展实时更新提高。确保项目在前、中、后期得到系统的保障。其中包括项目沟通、项目设计、项目调研、课程导入、课程教学、课程评估、课程检讨及项目复盘全过程的跟进。具体课程评估问卷见附录四。

（5）充分利用地域历史文化优势。进行培训教育时，可结合武汉的历史文化、地方特色，如盘龙文化、荆楚文化、革命历史等加以介绍、宣传，不仅使培训本身更具现实性和生动性；同时有利于打造具有地域特有优势的项目品牌，激发其他地区的培训对象前往武汉、前往中南财经政法大学进行培训的意愿。

### 三、打造管理品牌

非学历培训教育的发展最终依赖于管理品牌的打造，管理水平的高低决定了非学历教育的发展。研究非学历培训教育管理品牌的打造，服务市场发展需求，为办学主体在市场竞争中取得先天优势和后勤保障，促进非学历培训教育的长足发展。

《国家中长期教育改革和发展规划纲要（2010—2020年）》已经指出要"大力发展非学历继续教育，稳步发展学历继续教育"。面对新时代背景下对于终身学习的倡导，非学历培训教育转型发展对传统办学理念和体制机制发起挑战，僵化的办学机制和落后的队伍管理无法满足日日更迭的市场需求，高校非学历培训教育事业亟待开辟新模式。

回顾历史，中南财经政法大学曾于2008年制订了《中南财经政法大学培训教育管理办法（试行）》（中南大继教字〔2008〕2号）。但由于缺乏管理抓手等原因，该办法未能有效实行，仅有少部分单位举办培训时在继续教育学院登记备案，继续教育学院无法及时准确了解其他单位的培训办学情况。2018年，学校提出了强化培训管理职能，加强防范办学风险的要求。继续教育学院立即对原管理办法进行了全面修订，并多次召集校内培训单位和相关职能部门召开了意见征求座谈会。2019年，新版的《中南财经政法大学培训教育管理办法（试行）》经学校2019年第7次校务会议审议通过。为简化管理手续，同时结合培训单位反馈的一些建议，学校根据管理流程在学校OA办公系统开发了培训项目登记备案功能。2020年年初我校出台并印发《中南财经政法大学培训教育管理办法》（中南大继教字〔2020〕1号），这也体现了学校对于做好继续教育办学与管理的愿望与决心。

面对激烈的市场竞争形势，继续教育学院主动出击，积极抢占培训市场，着力推进培训教育供给侧改革，不断提升培训管理服务质量。非学历培训教育的管理品牌打造可以从以下几个方面进行探索。

### （一）办学理念上体现市场性

办学理念上体现市场性是高校顺应时代发展的必然结果。其中市场性并不代表时刻以效益最大化为首要目标，而是要求高校在办学行为过程中，以市场的需求为导向。围绕培训需求，敏锐捕捉市场变化和发展趋势，对市场的走向进行研判，进行培训模块开发、项目更迭、课程更新等，最终提高办学质量、人才培养质量。

传统的非学历教育市场通常缺乏对学员的个性支持，学员项目之间交流以及学员与教师之间互动，各种相关对象之间缺少信息的流动和整合。以市场为导向的办学理念，需要将学员的培训需求作为核心挖掘对象，围绕学员来配套教学硬件环境、教学活动模式、教师资源以及文化传递载体。同时，按照市场性需求，学校对非学历培训教育工作的考核激励机制需要进行分类指导、分类考核和分类评价，市场化与教育机制体制的深度融合是提高继续教育资源配置效益的关键。信息流动是影响构建办学管理理念的重要因素，为了得到更多及时的反馈，将教学方式和手段、教学资源和平台集成于一个学习管理集群中，构建现代化非学历培训教育管理体系，使学员主体之间、学员主体与校园文化主体之间、学员主体与教学资源之间以及学员主体与教学设计之间达成充分的互动和交流。

综上，基于办学理念上体现市场性的特点和运行机制，探索办学理念上的新的建设思路和思考维度势在必行。

### （二）发展思路上体现经营性

市场化办学理念让高校在办学管理思路上越来越重视整体效益。教育本身具有公益属性，但非学历培训教育不仅有服务社会这个目的，同时也需要核算办学成本与办学收入，其中办学收入还将作为学校开展学科建设和学校发展的重要资金来源。因此，高校非学历培训教育发展思路上要体现经营性，在完成高校应尽的社会服务使命的同时，也保证学校的收益和发展。这样多赢的局面才是高校非学历培训教育事业可持续发展的未来。

故学校需要围绕非学历培训教育市场高效率的资源配置和高产量的经营模式，着力解决市场开拓和办学管理中出现的体制不顺、机制不活、效益不高等突出问题，激发内生发展动力，增强市场竞争力，提高学校资本运营效率。经营性的发展思路可以从以下五个方面思考：①明确学校继续教育学院功能定位，完善监督管理，统筹协调校内各单位办学活动，营造良好的办学环境。②由继续教育学院牵头，建立"信息库"，全面掌握、整合、优化校内非学历培训教育资源。充分利用中南财经政法大学多校区办学资源，将首义校区的培训业务定位为社会化高端培训，统筹办学资源配置。通过优化和提高物理空间利用率，保障非学历培训教育工作和学校其他主要工作的资源共享，实现办学能力的最大化和最优化。③加强顶层设计，完善办学体制机制。夯实非学历培训教育发展的基础，梳理规章制度，对培训教育归口管理，指导院系间差异化发展，评估各二级单位办学情况，培训办学全过程管理，培训学员全人员管理，培训服务全方位管理。④布局高层次培训教育，打造一流培训教育品牌。围绕"六个一流"，以学校全面铺开智库建设的战略为依托，进行高层次继续教育项目品牌建设；同时开发国际访学项目，引进国外一流大学的优质教育资源，逐步形成项目和种类齐全、高水平服务国家经济社会发展大局的继续教育工作局面。⑤主动收集市场讯息，畅通信息反馈渠道。围绕学员的培训需求，转作风、换态度，主动上门服务，形成"能上能下、能进能出"的动态服务意识。规划和制订回访调研计划，利用节假日时间，开展大调研、大回访，主动收集一线客户需求和反馈，增加客户黏性，培养一批优质"超级用户"。

中南财经政法大学始终坚持要处理好社会效益与经济效益的关系，坚持两种效益的辩证统一，重视非学历培训教育这一重要的创收渠道，同时坚持非学历培训教育工作的教育公益本质特征和非营利性特点，服务于终身教育体系建设，坚决杜绝"逐利"导向偏差，维护好社会效益与经济效益的共生关系。

### （三）办学方式上体现竞争性、创新性和科学性

适者生存是市场规律，发展非学历培训教育也应突出竞争力。中南财经政法大学继续教育学院作为管理部门，要制订合理的管理机制，优胜劣汰，促进

办学主体的持续发展。在办学运营方面，需要选择恰当的竞争方式，保持良性竞争，刺激办学主体不断提高教育质量，形成公平竞争的用人机制。通过组建专业型管理团队，选聘专家型师资团队，匹配最合适的培训对象。

中南财经政法大学面对差异化、个性化、精细化的培训趋势，考虑群体差异将培训对象分为党政机关干部、企事业单位干部、专业技术人员、青年干部、基层干部五大类，设置不同培训目标，量身定制培训方案；考虑行业差异将项目类型分为财经、法律、综合三大类，充分结合学校专业学科特色，建设特色师资库与课程库；考虑委托培训单位的行政级别差异将培训项目分为省部级、厅局级、县处级、乡镇科级四类，根据不同的特点与需求，匹配相应的管理服务方案。从内容、方式、方法和载体等环节，推进培训工作改革创新：①利用信息化手段，运用好大数据、"互联网+"等理念和技术手段，采用更多维、更生动的教学方式。②改革创新宣传手段，完成中南财经政法大学培训教育H5微传单的设计制作，将《干部教育培训选课指南》《培训学员手册》等材料加以整合提炼，增加微信、QQ、微博、邮箱等线上宣传方式，全方位、多渠道推介学校品牌培训项目，彰显培训办学实力，扩大社会影响力。

积极探索科学的培训管理模式，推行"培训前重设计、培训中重互动、培训后重评估"的"培训链"管理模式。培训前注重方案设计，紧密对接培训需求，量身定制培训方案。培训中重视互动研讨，丰富现场教学主题和课堂教学形式，增强师生之间、学员之间的交流互动。培训后重评估，从课程设置、教师配备、教学方式、教学条件、服务管理、餐饮食宿等方面进行量化评估，在项目结束后形成质量分析报告，并逐渐形成质量跟踪体系。将当前的培训教育网站改版升级，充分发挥网页平台的宣传和服务作用。通过优化培训网站的线上功能，更好地展现学校风采，展示宣传培训教育成果，服务培训对象学习需求，深化与培训单位的交流合作，提升学校培训教育的社会影响力。

面对大规模和高规格的培训需求，为应对事务繁杂、人员有限、分工交错重复、信息共享不足、工作对接周期长等问题，学校改变了以往的流水线工作模式，全面推行了培训项目管理负责制。培训项目管理负责制是以培训班为项目单位，在原工作分工不变的基础上，选定一名项目负责人对该项目（包括项目洽谈、方案设计、协议拟定、教学安排、班级管理以及总结归档）的每一个环节进行全过程管理，保证每个环节落实到位、责任到人，实现整个培训项目的"无缝对接"。培训项目管理负责制增强了培训工作团队的相互补位、通力协作意识，同时也让项目负责人的综合素质和业务能力得到了极大提升。

**（四）办学管理上体现制度性**

保证办学管理的制度性建设是管理部门的中心任务。坚实且健全的制度是非学历培训教育市场正常运行的保障，除了需要外在环境对非学历培训教育提供充分的支持，学校的管理部门也要注重制度建设，保证非学历培训教育健康发展，加强制定和完善办学与市场间的政策和机制。更要以培训质量、效益和成本为核心，整合各类教育资源，以市场需求为导向，运用市场规则和手段来组织各类继续教育工作，以满足社会各类各层次人群对非学历培训教育的要求。市场机制的建立和运用是促进高校非学历培训教育办学质量提高的重要形式，优化学校环境配置起着基础性作用。对持续形成的管理进行控制和监督，是保证市场形成机制充分发挥作用的重要途径，也是非学历培训教育管理环节中产生的重要功能。

在非学历培训教育事业发展中，建章立制是基础。中南财经政法大学围绕战略目标和定位，制订一系列非学历培训教育规章制度。2020年，继续教育学院成立"继续教育事业发展中心（筹）"，各院系设置非学历培训教育机构和培训工作专班，明确职责要求、财务分配政策、绩效考核奖励政策、违规办学行为处理办法等。

当非学历培训教育规模化发展后，根据业务新形势和新要求，学校需要不断完善政策和制度。从多方面、多维度，按照全过程标准化管理要求，通过制度完善，对规范办学、风险防控、质量保障、品牌提升等起到长效机制作用。2019年重新修订《中南财经政法大学培训管理办法》并于2020年印发；2020年起草《中南财经政法大学社会培训办学资源配置与统筹方案》，通过走访十余个主要培训办学二级单位，协调学校后勤保障部、校园建设部、校园财政部等多个部门，旨在提高校内办学资源使用效率，提升办学社会效益和经济效益，通过划拨部分校内硬件资源由继续教育学院集中统筹配置与管理，尤其是培训教室管理权限，以满足市场化的培训教育服务需求，并避免培训教育与学历教育互相争夺办学资源的情况。对此中南财经政法大学继续教育学院成立专门工作协调小组，建立更加顺畅高效的学校归口管理与其他相关部门的联动协调机制。

中南财经政法大学的非学历培训教育事业处于发展的关键时期，进一步建立有效的管理、激励、监督和制约等机制，建立高质量服务管理机制和高水平培训办学制度尤为重要。目前由中南财经政法大学继续教育学院牵头，制订出台系列规章制度（详见表4-5），旨在主动适应市场经济的发展模式，使非学历培训教育事业的发展真正具有平台和保障。

表4-5　自2019年修订的相关规章制度

| 序号 | 名称 | 文件级别 |
| --- | --- | --- |
| 1 | 中南财经政法大学培训教育管理办法 | 校级 |
| 2 | 关于进一步加强计划外办学使用校内教育资源管理的通知 | 校级 |
| 3 | 关于成立中南财经政法大学非学历培训教育工作专班的通知 | 校级 |
| 4 | 中南财经政法大学计划外办学使用校内教育资源的暂行规定 | 校级 |
| 5 | 中南财经政法大学开展校内非学历培训教育项目合同的备案流程 | 校级 |
| 6 | 关于开展推动校内培训教育办学主体责任落实工作的通知 | 校级 |
| 7 | 关于非学历培训教育工作月度统计表 | 校级 |
| 8 | 中南财经政法大学教学单位社会服务与办学收入管理办法（试行） | 校级 |

根据非学历培训教育的办学特点和办班流程，中南财经政法大学继续教育学院培训中心牵头制订了《培训咨询接待登记表》《培训班级管理任务书》《培训项目前期洽谈拟定事项表》《培训工作流程示意图》《培训费用支出表》等，规范了《合同审批表》《培训班经费预算表》《非学历培训教育项目合同》的使用管理方式。将服务对象和工作任务明确和细化，工作流程和工作环节规范化，有效提高了工作效率。根据《中南财经政法大学授权委托书管理规程》和《中南财经政法大学合同文本起草指南》，为防范合同法险，培训中心严格按照学校相关文件规定，重新修订了《中南财经政法大学培训合同》，取得了《中南财经政法大学培训授权委托书》，并在学校法律事务部登记备案。同时培训中心也全面推行了"责任到人、从头到尾"的培训项目负责制，让每个培训项目都责任到人，每个环节都由专人负责，每项工作都要统筹考虑，每个细节都要精益求精，切实提高培训工作实效。在优化工作流程后，培训工作得到了培训单位的积极反馈，"以班带班"口碑效应得到凸显。昆山市财政局在学校连续举办三期培训班，对学校的培训教育工作给予了充分肯定。山东省财政厅、广西省财政厅、湖北省财政厅连续委托学校办班，且办班规模

都在百人以上。

中南财经政法大学非学历培训教育采取"归口管理，分层办学"的管理体制改革，健全管理制度，进一步细化相关职能部门和各学院的职责分工和利益分配规则。分步骤、有重点地推进继续教育的专业化建设，在深化内部管理体制改革的基础上，引入市场机制，核定目标任务，赋予一定的经费和用人自主权，激励继续教育队伍主动立足基地、立足行业、深入基层、深入企业，寻找新的合作机会和方式，服务人才培养，服务地方经济发展。高校非学历培训教育在近十几年的高速发展和探索实践证明，管理品牌的打造已经成为目前拓展发展空间和渠道的重要措施。必须在办学理念、发展思路、办学方式、办学环境上下大功夫，体现非学历培训教育发展新的突破。这就要求相关管理部门抛弃旧的思维模式，扬弃旧的管理方式，建立科学严谨的市场化组织结构，形成能适应市场变化的责任体制，为非学历培训教育的高质量发展奠定坚实的基础。

## 第二节　聚焦改革创新

当前，非学历培训教育市场化发展与继续教育终身化、产业化和社会化要求是一致的。经济社会的转型发展为现代大学的转型发展提供了直接动力，世界各高校的非学历教育办学都力求与经济社会的前进步伐相协调，其发展必然走向市场化道路。高校非学历培训教育事业在逐步创建特色和促进引导市场化发展的同时，还需要整合和吸收从外在环境获得的一系列新思潮、新资源。本节从中南财经政法大学非学历培训教育市场属性分析入手，全面探讨和研究大学非学历培训教育市场。

### 一、直面市场竞争

以实现全社会成员的高等教育普及为目标，构建终身学习型社会，助力我国经济结构转型、促进经济增长方式转变、增强自主创新能力，我国势必大力发展非学历培训教育。发展非学历培训教育是保证我国管理中坚力量充电续航的重要举措，是构建终身教育体系、建设人力资源强国的重大战略部署。

市场的竞争性是高校非学历培训教育的重要特性。新的国家政策与社会形势要求我们必须用全新的视角审视全球化背景下的高校非学历培训教育,用竞争市场理念打造"走向市场"的非学历培训教育事业,在开放的市场中,以市场需求为导向,通过竞争的方式,强调资源的最大化利用,实现合理配制。

以市场需求为例,财政干部培训是中南财经政法大学为广大财政干部专业能力提升倾力打造的培训教育精品项目。经过多年的实践与积累,学校的"财政干部培训"已经成为全国颇具影响力的培训教育品牌。自2012年教育部、财政部和湖北省人民政府共建中南财经政法大学以来,作为财政部定点培训基地,每年积极承接部省共建培训任务。在共建培训班的辐射带动下,全国各级财政系统纷纷来校办班,同时作为湖北省委组织部"干部教育培训高校基地",为湖北省财政系统轮训了上千名青年干部。这是落实部省共建精神的实践之举,进一步增强了我校培训教育的影响力。

本着"以服务求支持、以工作促共建"的工作宗旨,我校积极承接财政部共建任务。依托部省共建平台,2013年,财政部干部教育中心分别于4月22日至27日和5月14日至18日在中南财经政法大学成功举办了"全国财政系统教育培训管理者岗位培训班"和"全国财政国库支付系统应用安全开发培训班"。2014年,财政部干部教育中心与办公厅于12月1日至5日在学校举办"2014年度部门决算培训班"。2015年,财政部干部教育中心与教科文司于5月12日至16日举办"2015年度全国财政教科文业务培训班"。2019年,财政部干部教育中心于5月7日至11日在学校举办了"地方国库现金管理培训班",同年5月13日至17日举办"西部地区财政局部长培训班"。2020年,财政部干部教育中心与会计司计划在学校举办"政府会计准则制度和行政事业单位内部控制培训班",财政部干部教育中心与中国资产评估协会计划在学校举办"资产评估行业管理人员培训班"。历年来,财政部与中南财经政法大学持续保持良好的合作关系,开展的系列培训班无不体现出财政部对于学校非学历培训教育工作的肯定和支持,多次委以重任,是共建院校开展合作的重要举措,也是学校积极落实共建任务的主要途径。

由于国家发展的战略部署、产业结构的调整升级、劳动力的变动转移、时代的知识经济属性和人民群众的精神追求,从国家治理到人民群众,对继续教育的需求日益增长,使得非学历培训教育市场空前繁荣,但只有在竞争市场中保持本校的学科优势和服务管理品牌,才能在竞争市场中获得更多的机会和选择。

## 二、融合社会资源

近年来国家越来越重视各种教育形式的紧密结合，科学、技术和经济发展的密切融合，为此国家还专门出台相关政策予以倾斜和支持。高校的培训教育资源和企业实践探索资源相互依赖、相互补充。高校与企业的教育融合，协同创新发展，大力发展企业教育，将社会资源进行优化与转化，已成为高校非学历培训教育的重要探索方向。

如今越来越多的企业意识到企业的发展与员工的成长和发展密不可分，纷纷开始重视对员工的继续教育和再培训。推动构建高校教育和企业发展形成命运共同体，是探索社会资源转化路径的根本目的。有助于企业厚植责任文化环境，完成智慧建设。激发企业参与的积极性，构建校企合作的长足发展。

中国建设银行将现代职业教育与自身核心价值观及雄厚实力相结合创立建行大学。建行大学（China Construction Bank University，简称CCBU）是中国建设银行于2018年12月17日在北京宣布正式成立的一所企业大学。建行大学既是面向内部员工的职业教育平台，也是以"新时代、新金融、新生态企业大学"为发展愿景，以"专业化、共享化、科技化、国际化"为办学理念，推进产教融合、赋能社会的教育培训平台。建行大学下设十个区域学院①、十个专业学院②、八个专业研修院③，在地域和专业上涵盖极广。

中国建设银行创立建行企业大学，是高举习近平新时代中国特色社会主义旗帜，贯彻党的十九大和全国教育大会精神，落实中央深化产教融合、加快发展现代职业教育要求的重要举措，也是行业龙头企业和国内重点高校深度合作、共同履行政治责任和社会担当的重大实践。长期以来，中南财经政法大学与中国建设银行建立了良好的合作关系，结下了深厚的情谊。2018年10月29日至11月2日，受中国建设银行总行委托，在学校首义校区举办了建行学院的首期脱贫攻坚能力提升培训项目。银校合作，培训先行。承接建行学院培训，有助

---

① "十个区域学院"包括华北学院、东北学院、华东学院、华中学院、华南学院、西南学院、西北学院、香港学院、伦敦学院、纽约学院。

② "十个专业学院"包括领导力学院、北京党建学院、井冈山党性教育学院、青岛普惠与零售学院、上海金融创新学院、上海国际金融学院、苏州金融科技学院、苏州金融保险学院、大湾区金融创新学院、杭州民营企业学院（筹）。

③ "八个专业研修院"包括普惠与零售研修院、住房金融研修院、金融科技研修院、客户关系研修院、资管业与投行研修院、国际金融研修院、风险管理研修院、账务与审计研修院。

于学院培育稳定的培训项目，有助于学校培训教育事业整体发展。同年，中南财经政法大学与中国建设银行签订合作办学协议，揭牌建行大学华中学院暨中南财经政法大学建行学院，为银校合作翻开崭新一页。中南财经政法大学与建行携手共进，将产教融合贯穿人才培养、科学研究、社会服务、国际交流全过程，实现优势互补、共同发展。

透过中南财经政法大学与中国建设银行战略合作，不难看出高校非学历培训教育事业与企业事业发展息息相关，构建一个行之有效的高校与企业教育深度融合的合作机制具有一定的必要性。在政府的宏观调控和政策支持下，以政府、高校、企业为核心要素，三者协同创新、形成联盟，促进高校非学历培训教育事业与企业教育深度融合，才能共同构成事业发展命运共同体。

（1）从政府的角度促进校企教育一体化发展的建议：①在宏观背景下，从人力资源发展战略的大局思考。当前，我国的经济进入高速发展时期，努力探索经济结构转型，优化产业结构，力争早日跻身世界经济强国行列，而人才的短缺成为制约经济高速发展的关键因素。在这样的背景下，高校探索继续教育与企业发展的融合显得尤为重要，致力于培养创新型、融通型、实用型技术人才。探索构建高校继续教育与企业教育融合的新平台成为我国人力资源建设的新方向。②大力发展政府部门的主导因素。中国高校区别于国外高校最明显的特质就是必须坚持社会主义办学方向，政府是推进高校和企业融合发展的主导部门，政府部门出台促进融合机制构建政策和做好政策支持工作。高校继续教育效果显现本身需要时间维度的积累，往往是以"润物细无声"的方式对学员产生潜移默化的影响与启示，但是这与企业所需要的"短、平、快"的要求是矛盾的。企业通常关注培训效果是否在短时间内能对利润产生"飞跃"增长，资本的逐利性与教育规律是相违背的，使得高校继续教育在与企业教育融合时产生阻力。为了使得高校继续教育和企业教育真正产生有效融合，满足我国人才发展战略的需求，政府在出台扶持机制的同时，更应该积极鼓励各行业重视对企业员工的继续教育、终身培养，根据企业特点，量身定制人才培养长期规划。详略得当、稳中有进地参与校企融合发展，平衡教学质量与经济利润之间的关系。③惠以校企教育融合真实之利。高校为政府在建设人力资源强国和教育强国方面提供"智"的帮助，也必然要为学校和企业提供良好的合作环境，不限于税收调节、政策支持、法律保障和资金扶持，在办学方面同样也有出台相应的配套扶持机制，只有这样，才能快速促成一批高校和企业更好地协调与合作，刺激办学积极性，让高校继续教育与企业教育可持续融合发展成为可能。

（2）高校视角下推进校企教育融合的措施：①以学校平台为背景，充分整合各院系所的资源，让各院系所的优势项目得到充分的发挥。回顾过去传统的校企合作模式，往往是老师和院系在孤军奋战，忽略了学校资源的综合利用，欠缺对学校大平台的利用，没有形成院所协同、院院协作的格局，稀释了高校的服务优势和综合实力。良好高效的校企合作应当站在全校的舞台上，汇聚本校各方面力量包括相关科研机构等，紧密配合，促进企业的发展，体现当代高校继续教育与企业教育融合的规模性、系统性、增效性、职业性和产业性等特征。②增强企业对高校的依赖和黏性。近年来，我国致力于发展科技强国，上至上市大型企业、下至民营中小型企业，资金和技术创新已成为发展的首要制约因素，人力资源排在其次。因此，高校作为引领学科发展、推动知识更新的前沿阵地，有义务、有职责、更有资源帮助企业厘清需求，精准问题，靶向施药。企业更离不开高校的"智慧"支持：一方面，高校的教育资源可以帮助企业解决发展中所遇到的技术问题，推进科研项目的市场化运作、产教研融合、科研成果转化及实际生产；另一方面，高校开展的培训教育，解决了企业管理层次上的资源匮乏问题，企业员工学历提升和非学历专业技术提升，提升企业员工的管理、销售和服务水平，都是企业进行优化配置、实现高效发展所必需的。利用好高校的平台和资源，从多方面、多维度，帮助企业发展，服务地方经济，这为高校和企业的融合打下良好的基础。③加快高校继续教育教学改革。高校非学历培训教育与企业教育的发展最终需要落脚在高校的培训教学质量上。非学历培训教育的市场化发展已成为不可逆转的现实，高校必将走上继续教育改革创新的道路来提升非学历培训教育的教学质量，要根据企业的事业发展需求、人才培养标准来打造一套满足企业教育需要的培养体系，教学方法与时俱进，构建网络学习平台进行辅助学习，建立相关专业的动态发展机制，满足中小企业技术技能亟须人才培养的需要。

当前，在高速发展的社会中，人们必须加快学习新知识和旧知识更迭的步调，中国社会现代的学习观表现出对终身学习的日益重视，我国更是将继续教育事业列入国家战略。在这样的历史环境背景下，继续教育事业迎来了新的发展机会。高校应该主动出击，抓住机遇，适时转变传统继续教育发展模式，大力发展非学历培训教育，引入"产学研"模式，构筑企业和高校的"立交桥"，服务地方经济发展，服务社会发展。

### 三、坚持守正创新

在优胜劣汰的生存环境中，高校非学历培训教育竞争同样十分激烈。在以清华大学为首的高校，开辟我国继续教育的转型发展先河，浙江大学、武汉大学、上海交通大学等紧随其后，在近十几年的发展中迅速抢占市场份额。纵观这段历史，现阶段留给其他高校的机会和市场空间并不太多。因此，为了占据一定的市场，谋求自身发展，中南财经政法大学非学历培训教育事业的繁荣不能仅采用单线方式，更为广阔的市场的挖掘与开拓要通过守正创新的模式来探索，努力为国家和社会培养财经政法深度融通的人才，力争突出重围，打造旗帜鲜明的中南财经政法大学非学历培训教育事业。

2013年，中南财经政法大学为湖北省各级财政系统、税务系统、企事业单位等培训干部1231人次，占全年培训总人数的52.5%。2014年，由于国家出台了一系列的管理制度，在很大程度上限制了跨省异地培训。面对新政策，学校果断出击，着力开发省内培训市场，为湖北省财政厅、湖北省国税局、湖北省地税局、武汉市国税局、湖北广电集团、湖北知识产权局等单位培训干部2702人次，占全年培训总人数的69%。从历年的培训规模看，省内培训规模最大，所占比均达到了50%以上，且规模比例呈现递增的趋势。

2015年5月5日，武汉市国税稽查局2015年跨区域房地产行业稽查培训班在中南财经政法大学顺利举办。以本次培训合作为契机，以多年的武汉国税系统培训经验为基础，我校继续教育学院探索出了由干部培训、课题研究和工作案例听证咨询组成的全方位深度立体合作新模式。在课题研究方面，目前有两项研究课题正在进行，一是"武汉市房地产行业稽查工作指南"，二是"武汉市第一稽查局内部管理与控制建设"。同时，双方拟定通过以下形式为武汉市国税第一稽查局提供工作案例咨询服务：当遇到疑难案件时，召集和建立专家咨询组共同讨论，得出结论和决策，或者针对案例直接做出结论和对策，请专家进行论证分析。我院将在以后的合作中继续为对方推荐资深的专家学者，建立稽查专家委员会，对武汉市国税局房地产稽查工作案例进行实时论证分析与指导，帮助税务部门提高依法稽查能力。这不仅是依法治国理念在具体工作中的贯彻和落实，也是学校创新培训模式、服务社会发展的新渠道。

## 第三节　聚焦服务建设

### 一、服务人才开发战略

#### （一）区域人才培养

由于现代科学技术迅猛发展，知识更新周期大大缩短，加上我国还面临产业结构调整、技术升级换代的挑战，这使得国家经济发展对人才和知识提出了越来越高的要求。通过开展非学历培训教育，帮助现有从业人员及时进行知识更新和补充，从而提高劳动者和管理人员的素质，不仅对于社会管理和经济发展而言是必不可少的，而且对于坚持以人为本、全面协调可持续的科学发展观而言也具有重要意义。

党的十一届三中全会后，我国在多次区域政策的助力下，实现了经济和社会的飞速发展。发展重心逐步形成四大经济区域：珠江三角洲、长江三角洲、中西部地区和东北老工业基地。我国在今后较长时间内该如何实现区域可持续、全面协调发展，大力发展继续教育，实施人才开发培养战略成为首要紧迫任务。中南财经政法大学作为一所学科特色明显的研究型大学，以"经、管、法"强势学科为背景，在长期的办学实践中，形成了独具风格的非学历培训教育办学体系，在区域人才培训上积累了丰富经验。区域经济发展的新需求、新机遇与新挑战赋予继续教育非学历培训教育新的时代担当。服务大政方针、服务国家经济发展战略，把握新的形势，发挥特色学科优势，区域人才资源的开发和再培养是我校非学历培训教育今后发展的重大课题。

中南财经政法大学非学历培训教育始终紧紧围绕区域人才培养而展开。在培训办学过程中，我校立足湖北，服务中西部等经济发展区域，把人才培养的需求放到非学历培训教育发展的首要位置。把高层次领导干部、中高级专业技术人才、企业高级管理人员作为继续教育的主要培训对象，利用政校合作、校校合作、校企合作等联合培养模式，先后为国家有关部委、地方政府和大中型企业培养了大批经济建设急需的政府领导干部、中高级科技骨干和企业管理人才，积累了丰富的培训教育办学经验。

中南财经政法大学通过近十几年的非学历培训教育发展，形成一批较稳定的具有品牌效应的区域人才培训项目。①长三角区域人才培训项目：中南财经政法大学非学历培训教育的"重头戏"是立足湖北经济发展，面向长江三角洲区域人才需求，开展各类多层次特色鲜明的培训项目。这些培训项目主要涵盖两大类：一是培训单位委托培训。我校继续教育非学历培训重在做好经济战略人才培养和培训管理服务，通过逐渐积累良好的社会声誉，提升社会办学影响力。例如，从1999年12月开始，受湖北省委组织部委托，连续6年举办"浙江省县处级领导干部研修班"和各地市政府委托的培训项目40多期，截至目前已为湖北省培训了省、市科局级管理干部1500余人，县处级领导干部500余人。二是针对长江三角洲区域人才需求开发的专项培训项目。针对本区域急需人才培养要求，我校充分发挥学科优势，打破原有的传统培训教学模式，直接面对市场需求，重新制订培养方案。近几年更是成功举办"职业经理工商管理高级研修班"和"职业总裁实战班"等项目。同时我校坚持多层次、高质量、高效益和精英化的办学宗旨，针对不同层次的学员学历水平进行科学有效的课程设计，提供"中南方案"，切实体现研究型综合性大学的水平，贡献"中南智慧"和"中南力量"。面对学员的培训需求，项目开发人员精心设计课程模块，采取以核心课程、专题讲座和实地考察相结合的教学形式，提供良好的教学体验，培训过程得到了学员们的高度肯定。②中西部地区人才开发项目：为了积极深入贯彻中共中央扶贫精神，我校在中西部地区人才培养工作方面狠下功夫。在中共中央提出西部大开发的战略构想后，我校主动服务国家战略，为西部地区培养实用型人才贡献学术力量。多年来，援藏援疆，服务大局，扎实地开展了智力援藏援疆培训工作。滇西扶贫，勇挑重担，积极落实学校"滇西扶贫'文澜·金孔雀工程'"。立足湖北，扎根基层，我校通过培训教育服务湖北扶贫事业，特别是大力开展湖北贫困基层地区党员干部培训，为湖北省打赢脱贫攻坚战提供智力支持和人才保障。截至目前，扶贫培训遍及中西部地区21个省（区市），培训内容涵盖经济、税务、法律、金融、管理、农产品开发与推广、特色旅游等多个领域。在合作办学过程中，中南财经政法大学紧紧围绕培养更多中西部地区优秀人才这一需求，注重开拓学员工作思路和培养实际工作能力，培训教学体系构建采用理论教学和实践教学相结合，讲座、研讨与考察、观摩相融合，实习与挂职锻炼相匹配的扶贫扶智方法，甄选领域内的优秀教授教学，保证培训教学质量。

**（二）行业人才培养**

中南财经政法大学开展非学历培训教育有着悠久的历史和光荣的传统。进入21世纪以来，中南财经政法大学根据不断发展变化的社会现实形势，根据自身创建世界一流大学这一目标的需要，进一步明确了非学历培训教育的指导思想和发展目标。

2020年，中南财经政法大学出台的《中南财经政法大学培训教育管理办法》中明确提出了非学历培训教育的指导思想，即"控制规模，调整结构，提升层次，提高质量，重点发展高层次的大学后继续教育，积极、稳步发展现代远程教育，努力为建设与世界一流大学相称的继续教育新体制奠定必要的基础"。

在此基础上，又进一步明确了中南财经政法大学非学历培训教育的发展目标，即"发挥中南财经政法大学名校、名师、名课对社会的影响和作用，依托中南财经政法大学的经、管、法优势学科以及与国际知名大学广泛联系的优势，广泛吸纳社会资源，积极发展高层次非学历培训教育，努力把中南财经政法大学的非学历培训教育办成高校师资、高级公务人员、高级商务人员和高级技术人员的重要培训基地，创建具有中南财经政法大学特色的非学历培训教育品牌"。

因此，举办高层次、高水平、高效益的非学历培训教育，重点培养高校师资、高级公务人员、高级商务人员和高级技术人员便成为中南财经政法大学非学历培训教育追求的目标和努力的方向。近年来，中南财经政法大学先后为广东、广西、云南、宁夏、内蒙古、山东等省（区市）举办各类高级研修班，培训各类人才，为培养这些地区高级人才做出了贡献。

干部教育培训是建设高素质干部队伍的先导性、基础性、战略性工程，是加强党的执政能力建设和先进性建设的重要途径，是推动科学发展、促进社会和谐的重要保证，在建设和发展中国特色社会主义事业中具有不可替代的地位和作用。

学校开展过以下具有代表性的干部培训班，均获得了良好的教学成果和社会反馈。

1.财政部第二期西部地区地（市、州、盟）财政局局长培训班

由财政部干部教育中心主办、我校承办了2016年和2018年"财政部第二期西部地区地（市、州、盟）财政局局长培训班"。来自西部地区（地、市、州、盟）的财政局局长参加了培训，先后培训财政局局长100人次。

举办该班的宗旨是认真学习贯彻习近平新时代中国特色社会主义思想和党的十九大精神以及全国财政工作会议精神，深入研究探讨新时代西部地区地市财政工作，全面落实财税改革发展的各项工作任务，不断提升工作水平和履职能力，进一步促进西部地区的经济发展和社会进步。培训课程设置在理论教学环节，邀请了全国各地的知名专家授课；在现场教学环节，计划考察湖北尤其是武汉市财政改革发展的成就；在座谈交流环节，邀请了武汉市财政局的相关领导针对学员们关心的问题进行座谈。

2.中国农工民主党广东省委员会2017年全省专职干部培训班

为了树立先进的管理理念，掌握科学的管理方法，提高政治素养，开阔工作视野，增强处理各种事务的能力，为今后开创性工作奠定基础，中国农工民主党广东省委员会2017年全省专职干部培训班于2017年在我校顺利举办。中国农工民主党广东省委员会的53名专职干部参训。按照培训班课程计划，学员们进行了"国学素养""宏观经济""公务员政策提高" 等专题学习，参加了"辛亥革命博物馆""武昌起义纪念馆"等现场教学。

3.科级干部研修班

广西壮族自治区财政厅分别在2016、2017年和2019年举办广西财政系统科级干部知识更新联合培训班。累计举办培训班3期，培训科级干部400人次。学校与广西财政系统的合作由来已久，为跟踪评估培训项目效果，深入了解干部教育培训需求，学院专门组建了一支培训调研团队，利用暑假时间赴广东省肇庆市委党校、广西财政厅以及防城港市、钦州市、北海市财政局等单位进行培训市场开拓与回访调研活动。该活动得到了相关单位的大力支持和培训学员的热烈欢迎，调研成果十分丰富。不仅收集了一线财政干部在培训需求、课程设计、教学组织、学员管理等方面的意见和建议，还与各单位就今后的培训达成了战略合作意向。

中南财经政法大学在围绕人才培养这个办学方向，举办非学历培训教育的过程中，积累了以下经验。

第一，积极开展大学后继续教育，培训高层次人才。高层次人才对于区域经济发展所起的贡献是一般人才难以比拟的，中南财经政法大学根据社会发展的需要以及自身的历史使命，提出重点发展高层次的大学后继续教育，将我校建设成为高校师资队伍、高级公务人员、高级商务人员和高级技术人员的培训基地。

第二，顺应时代潮流，自觉承担为区域经济发展培训人才的重任。中南财经政法大学高度重视各省（区市）党委和政府提出举办的非学历培训教育。

第三，开设的课程针对区域经济发展的实际。课程内容一般涵盖政治、经济、法律、管理、组织行为等领域，针对性强且具有学科综合性。

第四，所聘请的教师一般都是本领域的杰出专家和学者，或者本行业的政府管理人员、企业管理人员。

## 二、服务经济发展战略

人类社会进入21世纪以来，随着知识经济时代的来临，知识日益成为经济增长的内在核心要素；作为人才培养、科学研究、文化传播、知识和技术创新中心的高等学校，在促进经济发展中起着越来越重要的作用。高等教育从来没有像今天这样，与地区乃至整个国家的经济振兴、科技发展和社会进步如此紧密地联系在一起。继续教育作为现代高等教育的重要组成部分，它是沟通高等学校与社会的重要桥梁，是高等学校服务社会的重要窗口。高等教育对区域经济发展所起的推动作用，其中一个重要的途径便是通过开展继续教育为区域经济发展培训高层次人才。

2015年，依托财政部定点培训基地平台，中南财经政法大学继续教育学院一直为各级财政系统提供培训管理与服务，积累了丰富的财政干部培训经验，在全国打响了湖北财政干部教育培训品牌。由湖北省财政厅引荐，山东省财政厅干部教育中心培训考察组一行于当年10月来我校进行了实地考察。考察结束后，山东省财政厅当即决定委托我校继续教育学院举办两期培训班。10月30日，山东省财政系统第九期纪检监察干部培训班成功开班，来自山东省财政系统的85名学员参加了培训。本期培训班是山东省财政厅与学校的首次合作，学校给予了高度重视，在各个环节都做了周全的安排。11月23日，山东省财政系统教育培训管理者研讨班在我校顺利举办。培训结束后，山东省财政厅对我院的培训管理与服务给予了高度的评价，并有意向将我校作为其定点培训基地，开展多形式的培训合作。这两期培训班还产生了"以班带班"的良好效应，培训结束后山东省多地市的财政部门也纷纷来电咨询培训业务，并表达了明年来校培训学习的意向。

## 三、服务政策发展战略

根据中央要求，自湖北省负责对口支援新疆博州、新疆生产兵团农五师以及西藏山南市以来，学校依托财经政法的专业优势和师资人才优势，开启了"请进来、走出去"智力援藏援疆模式，轮训了一大批财政业务骨干；同时按照《教育部定点联系滇西边境山区工作方案》[①]的总体要求，学校提出并实施了"滇西扶贫'文澜·金孔雀工程'"，精心选聘顶级培训师资助力滇西人力资本培育工程。根据我校与瑞丽市签署的《全面战略合作协议》，受德宏州委邀请，2014年12月继续教育学院培训中心赴云南德宏州开展继续教育主题调研活动。在此期间，学校与云南德宏州委达成了一系列干部教育培训合作意向。

2020年是决胜全面建成小康社会、决战脱贫攻坚之年。脱贫攻坚战疫是一场必须要攻克的硬仗，有不少的硬骨头要啃。但是庚子年初，突如其来的新冠肺炎疫情带来了史无前例的困难和挑战。我校各级领导、知名教授密切跟踪分析疫情防控情况，为国家和政府调研分析疫情对脱贫攻坚的影响，进一步贯彻落实精准扶贫、精准脱贫任务，实施分类施策，采取科学有效的扶贫措施。在符合疫情防控要求的情况下，针对疫情较重地区，我校及时改变扶贫工作方式，充分利用在线学习平台等新兴信息化手段，积极开展扶贫培训项目，稳妥推进脱贫攻坚重点工作。

2020年，中南财经政法大学正式承担中央单位定点扶贫任务，加入定点扶贫工作"国家队"。学校自接到中央定点扶贫盐津县任务以来，积极响应教育部脱贫攻坚任务安排，4月谋划布局，5月"组合拳"出击，高质量完成学校部署的培训任务，考虑脱贫攻坚实际关键期，灵活采取脱产培训与不脱产培训相结合的方式，针对财务、电商、卫生、农业科技等系统人员，量身定制《扶贫培训工作方案》，主动对接当地高校开展合作，选派我校"经、管、法"强势

---

① 中华人民共和国教育部.教育部定点联系滇西边境山区工作方案 [EB/OL]. [2012-07-05]. http://www.moe.gov.cn/jyb_sjzl/moe_1695/tnull_36809.html

学科的优质师资开展教学，配齐后勤保障服务团队。

**（一）开展审计系统培训，依法服务大局**

2020年4月29日下午，由我校继续教育学院承办的"中南财经政法大学中央定点扶贫盐津县扶贫和乡村振兴审计培训班（第一期）"正式开班。本期培训班采取腾讯线上课堂形式。我校财政税务学院教师、资深培训专家王银梅教授为盐津县审计局、财政局等单位111位管理干部做了专题培训。开班式由继续教育学院院长刘建明主持，校党委组织部部长刘琳琳出席开班式并致辞。

王银梅教授以《行政事业单位会计制度与财务改革》为题为参训学员做了专题培训。王教授从改革背景（为什么）、改革成果（是什么）、成果功效（怎么样）、贯彻落实（怎么做）四方面为全体学员带来一次别开生面的网络直播"云"课堂。盐津县审计局、财政局及县机关的参训学员在两个分会场、网络直播平台共同参加了此次网络直播培训。

培训结束后，盐津县审计局、财政局及县机关的参训学员纷纷表示，本次网络培训紧扣行业系统前沿、内容扎实、教学生动、直播效果良好，充分体现了"双一流"高校的学科实力、教师素质和责任担当。此次网络直播课堂是疫情防控期间学校开展定点扶贫工作教育扶贫的首次尝试，确保高质量完成人员培训等帮扶任务，助力盐津县打赢打好脱贫攻坚战。

**（二）开展产业技能培训，服务农村经济发展**

2020年5月8日至13日，中南财经政法大学与盐津县联合举办了中央定点扶贫盐津县农业产业技能培训班。盐津县挂职副县长龚家友、盐津县农业农村局副局长王朝贤和盐津县农广校校长孔令权等参加了培训班开班式。本次专题培训班分为3期进行，每期培训班为期两天，由农业技术专家集中入村开展现场教学工作，累计培训农业技术人员183人，开展了48学时的培训教育活动，培训内容是乌骨鸡和肉牛养殖技术、动物疾病防治技术、新冠病毒防疫知识和禁毒防艾知识等。

大力开展农业技术人员培训，是学校以人才培训助力盐津脱贫攻坚的重要举措。学校高度重视盐津县教育扶贫工作，委派继续教育学院组建扶贫培训项目工作专班，自4月以来多次与盐津县委组织部、农业农村局等部门沟通联系，确定培训方案，加压奋进、精心谋划、周密部署、多措并举。学校认真分析村情民情，认清优势与短板，结合疫情影响，因地制宜聘请盐津县农广校专家赴村镇举办养殖技能系列现场专题培训班，做到精准施策、精准培训，为盐津县培养了大批农业技术人才，实现以智力扶贫，为贫困群众脱贫致富创造了内生动力。中南财经政法大学旨在通过一系列教育扶贫培训，帮助当地的扶贫干部、技术骨干和农民们把技术真正学到手，成为新时代的新型职业农民，实现"富口袋、富脑袋"，振兴家园。

**（三）开展特色农业培训，服务现代农业建设**

农业是我国国民经济的基础，推进现代农业的发展是推动农业进步、农民实现增收致富的必由之路。想要带动农民因势利导、实现农业产业结构的优化，开展针对现代农民的特色培训势在必行。

自正式承担中央单位定点扶贫任务以来，学校牢记习近平总书记"实事求是、因地制宜、分类指导、精准扶贫"的重要指示，建立"校地联动、精准扶贫"机制，依托地方农业资源、人文资源和生态资源打造新型特色农业项目，并从资金、技术、管理等多方面加以扶持。在具体的农业扶贫培训工作中，学校将"扶志""扶智""扶技"和"扶业"相结合，在精准扶贫的主战场和第一线扎实开展各项工作，校地紧密合作携手打赢脱贫攻坚战。

2020年5月19日，学校为盐津县农技人员定制的特色农业扶贫工作培训班圆满结束。在为期4天的培训中，当地共有129名农业技术骨干参加了培训辅导。学校和盐津县农业农村局在开班前多次交流当地自然资源禀赋和生态环境状况，做到因地制宜、精准施策，最终敲定了一个可复制、可推广、接地气、服水土的特色农业扶贫培训方案。校地联合紧抓农业扶贫这个"牛鼻子"，让一方水土"富养"一方人，邀请农广校专家"把脉问诊"，提供技术指导，指明未来特色农业发展方向。

本次专题培训在盐津县举办，共分为两期进行，累计4天32个学时，由具有丰富实践经验和科研积累的盐津县农业农村局农广校研究员朱世文、涂云凤和高级畜牧师唐仲林进行授课。在培训过程中，他们围绕畜牧家禽培育等主题，抓住脱贫攻坚的关键点"培育贫困户的自我发展能力"，让贫困群众心热起来、身动起来，靠自己的双手摆脱贫困，解决贫困群众"没有抓手"的恐慌，切实增强了贫困群众的信心和农业技能本领，起到了不错的效果。

**（四）开展实用技术培训，服务农业产业增产**

农业特色培训相较其他培训项目，更加注重培训习得的相关技术的实用性，能真正作用于农产品的增产增值。

2020年5月21日，由学校继续教育学院承办的中南财经政法大学定点扶贫盐津县实用农业技术扶贫培训班圆满结束。本次培训班为期两天，共为盐津县培训农业技术人员69人。学校挂职干部、盐津县副县长龚家友同志参加了培训活动，并与参训学员调研交流。

在理论教学环节，学校从盐津县当地聘请的农业技术专家们从畜牧家禽的生长特点和疾病表现着手，围绕如何养、如何防、如何提高养殖收入进行讲解，向学员传授农业实用技术，力求使他们能够现学现用、学以致用，实现"用什么教什么""干什么学什么""缺什么补什么"。

学校委派挂职副县长龚家友与参训学员开展调研座谈，进行了现场互动交流。座谈会就参训学员关心的国家有关扶贫政策、乡村振兴战略有关问题、盐津县扶贫工作有关政策和项目等安排做了说明介绍，并就继续开展好扶贫领域专业技术人员培训工作听取了学员的意见和建议。

培训学员表示通过专业培训不仅能够学到实用农业技术，还有机会跟扶贫挂职干部反映自身脱贫受助的感受和具体诉求。下一步，学校党委将统筹疫情防控和扶贫工作安排，因地制宜、因材施教，继续开展好盐津县基层干部和专业技术人员培训工作，助力盐津县不断提高扶贫干部队伍素质和贫困群众脱贫致富内生动力。

**（五）开展法院系统培训，服务基层法治建设**

2020年5月21日上午，中南财经政法大学中央定点扶贫盐津县法院系统业务能力与综合素质提升培训班开班。开班式由继续教育学院院长刘建明主持，校党委组织部部长刘琳琳出席开班式并致辞。本次培训班采取腾讯线上课堂形式，在盐津县法院视频会议室主会场和三个法庭分会场同时进行。我校会计学院黄洁莉副教授和刑事司法学院付凤副教授为盐津县法院系统87名法官和干警做了专题培训。

学校坚决贯彻落实中央决策部署，把中央单位定点扶贫工作作为一项重大政治任务，摆在突出重要位置进行认识、谋划、推进等。刘琳琳在开班式上致辞，她表示盐津县是我校贯彻落实教育部党组、国务院扶贫办要求，今年正式结对的对口帮扶县。校县结对以来，校地双方高度重视，积极对接，今天的法院系统业务能力与综合素质提升培训班是进一步落实校地对接工作会议精神的具体举措。她向培训学员简要介绍了我校基本情况，法学学科的历史底蕴、师资力量和社会影响。她表示，人才培训是学校与盐津县帮扶合作的重要内容，学校党委将充分发挥财经政法学科、师资人才、智库平台等优势，选派校内外有关领域优秀师资为盐津县司法系统干部人才开展专题培训，助力广大学员理论素养和职业技能双提升，为盐津县经济社会发展贡献"中南大"智慧和"中南大"力量。

黄洁莉副教授和付凤副教授分别以《法律专业人员职业沟通礼仪与艺术》和《司法心理健康与调适》为题为参训学员做了专题培训。针对"法治扶贫"过程中存在的职业沟通问题，黄老师以理论结合司法工作实际的方式分别对工作礼仪、个人职业形象和沟通技巧进行了生动讲授，重点剖析"同理心"沟通的三层境界、"同理心"沟通的语言要领和有效沟通的方法，意在提升参训学员的"同理心"沟通能力。针对在提供涉贫领域司法保障中存在的心理调适问题，付老师分析了领导干部尤其是基层干部在日常"挂点、包村、帮户"的扶贫工作生活中面临的压力困惑及其症结所在，详细讲解了压力调适对维护心理健康的重要意义，在轻松愉悦的氛围中学会了如何舒缓情绪、排解压力、自我减负。

培训结束后，盐津县法院系统的参训学员纷纷表示，通过本次培训让自己从思想认识上再得到提高，攻坚能力上再得到提升，能够以更加饱满的热情投身脱贫攻坚，确保打赢脱贫攻坚战。

### （六）开展基层干部培训，服务基层组织建设

2020年5月27日，学校中央定点扶贫盐津县农业扶贫基层干部培训班圆满结束，共有199名来自盐津县各镇乡村的基层干部参加了集中培训。结合学校挂职副县长龚家友之前与扶贫培训学员座谈调研的结果，学校对"农业扶贫干部培训班"的授课内容进行了及时调整，传达了"产业发展扶贫"的最新政策精神，在巩固以往普惠性政策的基础上，制订"一对一"个性化帮扶措施，由普遍号召的工作方法向具体指导的工作方法转变，做到对本地推进措施"一口清"。本轮时长3期6天的扶贫培训教学，不仅完成了政策传达和专业技术指导，还为基层干部提供了难得的大规模工作交流探讨机会，实现人员互动、技术互学、观念互通、产业互补、作风互鉴，共同发展。

"其作始也简，其将毕也必巨。"脱贫攻坚战已进入攻坚拔寨的关键阶

段，新政策密集出台、考核体系日趋完善、工作标准越来越高、考评标准越来越细，这些客观情况都对盐津县和学校的扶贫培训工作提出越来越高的要求。面对这样的挑战与考验，学校与盐津县紧密联系，按照分层次、分类别、有重点的原则，对盐津县三镇一乡实施"基层干部和农业技术人员"的规模化培训，获得当地基层干部和农业技术人员的认可。

学校自接到中央定点扶贫盐津县任务以来，开展的一系列农业扶贫培训教学，旨在发挥学校教育资源、人才和学科优势，紧扣"人"这个关键因素。狠抓学习培训提高，着力培养一支懂扶贫、会帮扶、作风硬的扶贫干部队伍，打造一支地方离不开、业内都认可的农业技术骨干人才队伍，在田间地头随时解决群众的技术问题。

### 四、服务国际交流战略

为深入贯彻习近平总书记在第二届"一带一路"国际合作高峰论坛上的重要讲话精神，推进共建"一带一路"高质量发展，助力中国企业家"走出去"，共建全球企业合作平台，学习国际先进的企业技术、汲取领先的管理经验和创新思维，打造世界级企业，浓缩世界级商业思想。继续教育学院积极与国外大学进行合作，创造继续教育的国际交流环境，致力于帮助中国企业提升参与国际竞争的能力，帮助有家国情怀和进取精神的创业者和管理者立德、立功、立言，实现中国企业家的时代担当。

"资源是大学所拥有或支配的能够实现大学战略目标的各种要素组合，大学只有不断地获取优质外部资源，才能够为自身创造持续竞争优势。"[①]2016年7月，教育部印发《推进共建"一带一路"教育行动》明确提出："沿线各国携起手来，增进理解、扩大开放、加强合作、互学互鉴，谋求共同利益、直面共同命运、勇担共同责任，聚力构建'一带一路'教育共同体，形成平等、包容、互惠、活跃的教育合作态势，促进区域教育发展。"[②]中南财经政法大学积极尝试与政府部门联合培养中国企业家赴境外进行学习培训，加深各方的交往与协作。

---

① 孙健，王沛民. 基于资源观的大学发展战略初探——以印度理工学院为例[J]. 高等工程教育研究，2008（3）：74

② 中华人民共和国教育部.推进共建"一带一路"教育行动[EB/OL].[2016-07-15]. http://www.moe.gov.cn/srcsite/A20/s7068/201608/t20160811_274679.html

根据学校"引进来、走出去"的教育国际化发展思路，学校积极进行培训教育国际化的有益尝试。首先，积极创造条件，鼓励支持培训教育师资和管理人员学习交流国际先进的培训教育理念、教学方法和管理经验。其次，积极发展与港澳地区、欧美发达国家的交流与合作办学，并争取新办一个国际合作项目，逐步形成具有国际水平的培训体系，为高层次培训提供培训载体。

为丰富培训形式，促进国际项目新发展，学校与加拿大布兰登大学走向世界留学服务中心、新同文等多家出国留学服务机构开展了合作意向洽谈，谨慎甄选优质培训项目。为服务本校学生英语学习，扩大雅思培训项目招生，2015年9月29日邀请"雅思之父"Micheal Milanovic先生[①]为我校学生举办了大型英语学习座谈会，并取得圆满成功。全校有100多名学生参加，讲座现场整体气氛热烈。在招生工作方面，继续教育培训中心借势雅思品牌效应宣传，在首义校园进行宣传推广，通过学费打折优惠、分小班精品授课、赠送课外实训辅导服务等方式吸引学生报名。雅思培训班短期内招到学生20人，并实现100%生源保有率，招生工作取得明显成效。在教学管理方面，教学计划、师资、评价系统逐步形成标准化，实现滚动式流程化开班模式，全力打造国际培训特色品牌，不断推进继续教育国际化窗口与平台发展。

## 五、服务文化传承战略

在非学历培训教育中，现场教学作为一种普遍受欢迎的教学方式，已经成为培训教学过程中的重要一环，也是最具特色的教学环节。现场教学是指组织学员到社会生活现场学习有关知识和技能或接受思想品德教育的教学形式。与传统的室内授课模式相比，现场教学在时间维度和空间维度上更为灵活，往往根据教学任务和目的来决定，同时还会充分尊重培训学员的意愿，选择学员方和教学方均满意的方式进行。通过现场调研、观摩和实践，丰富学员的感知，通过"五感"来强化学员对知识的理解和印象，引起内心的共鸣，促进学员对理论知识的掌握和理解。

中南财经政法大学在培训教学方案设计中，将武汉城市特色和独有的历史底蕴与课程设计进行融合，让学员们通过体验式教学可以了解城市文化、历史

---

① 百度百科.雅思之父：迈克尔·米兰诺维奇博士［EB/OL］. https://baike.baidu.com/item/%E9%9B%85%E6%80%9D%E4%B9%8B%E7%88%B6/5267139?fr=aladdin

文化。同时学校通过实地教学的方式，为培训学员提供更为生动直观的感受，让学员主动融入情景中获得经验指导，有助于理解和掌握课堂上的理论内容，是课堂教学的补充。同时现场教学要坚固目的性，要有导师的课程研判和指导，有组织、有计划地进行。选择合适的教学地点，科学合理的计划安排，充分的教学准备，教学内容不偏离学习主题以及教学安全工作是确保现场教学成功开展的重要保障。

根据学员的培训学习需求，中南财经政法大学充分挖掘现场教学资源，通过近几年不断的课程开发和完善，围绕武汉城市圈，现场教学点已达到近三十个。目前，现场教学课程划分为党的建设、社会管理、产业园区以及城市名片四个模块。党的建设现场教学模块，以历史博物馆、纪念馆为主要内容，讲述中国共产党的发展历史和新中国的近代史。城市名片现场教学模块，以武汉的城市发展特色和文化特色为主题。社会管理现场教学模块，与新农村建设、社区特色管理联系紧密，包括新农村建设典范、乡村振兴与美丽乡村建设、城乡一体化试点、全国优秀社区等。产业园区现场教学模块，与产业、行业、企业联系紧密，包括光谷现代服务业园区、武汉光谷展示中心、烽火科技集团、武钢博物馆、光谷生物城等。

作为为党服务的干部教育培训基地，我校非学历继续教育坚持将"高校基地姓党"这一原则贯穿培训办学全过程，完善红色教育课程体系，丰富党的基本理论教育与党性教育课程库。充分利用红色教育资源，组织学员到革命教育基地开展多种形式的现场教学，引导学员实现从历史到现实、从理论到实践的转换，促其完成自我教育。

# 第五章　学校以成人教育与自学考试为两翼的发展路径选择

## 第一节　高等学历继续教育发展路径选择

学校高等学历继续教育始于1955年，经过65年的发展，已成为学校人才培养和服务社会体系的重要组成部分。我校成人教育从无到有，规模逐渐扩大，特别是改革开放以来，高等学历继续教育的恢复开展，扩大了高等教育的覆盖面，培养了大批高素质人才和劳动者，为经济社会发展和高等教育大众化做出了巨大贡献。

### 一、发展高等学历继续教育的现实意义

当前我国经济社会发展正处于增长速度转换、产业结构调整、经济增长动力变化、资源配置方式转换等全方位转型升级的新时期，对教育领域的综合改革提出了前所未有的新任务、新要求。高等学历继续教育肩负着衔接高等教育和终身学习体系的重要使命，既是国民教育体系的重要组成部分，又是教育与经济社会发展联系最为紧密的区域，其改革发展和培养质量对拓展高校社会服务功能、促进高等学历继续教育可持续发展以及构建学习型社会具有非常重要的意义。

#### （一）有利于拓展高校的社会服务功能

高等学历继续教育是高等教育的重要组成部分，为社会输出了大量高技能实用型建设人才，促进了我国社会经济的发展。在社会经济飞速发展的当下，为高等学历继续教育找到适合的发展路径，能进一步拓展高校的社会服务职能。高等学历继续教育是高校服务经济社会发展的重要渠道，同时承担了为学

校创造社会效益和经济效益的双重任务。相比其他类型的高等教育，高等学历继续教育具有一定的区域性，随着市场化、信息化、全球化的发展趋势，高等学历继续教育在与经济社会发展中的联系越来越紧密，其健康发展离不开经济社会发展的支持，经济社会的良性发展也缺少不了高等学历继续教育的智力支持。因此，高等学历继续教育在人才培养过程中要更加注重实践性、职业性，在专业设置上更多地突出服务区域经济与社会发展，以区域规划为引领，以地方行业发展为需求。无论是人才培养方向还是专业设置理念都要与政府政策导向相契合，与行业标准规范相融合，与企业任职要求相对接，以实现培养目标明确、培养方案可行、培养人才符合区域经济社会发展需求的目标。因此，发展高等学历继续教育对拓展高校社会服务功能意义重大。

### （二）有利于我国高等学历继续教育的可持续发展

近年来，我国经济社会转型向纵深发展，社会转型的影响体现在多方面，其中社会发展的理念、经济发展的运行机制、产业结构的创新变革，这一切使得高等学历继续教育在招生规模、培养质量等方面面临困境，亟须转型发展。新时期，高等学历继续教育必须紧跟新变化，不能固守传统，在经济社会发展进入新常态的当下，继续深化教育领域综合改革、进一步推进高等教育结构优化调整就必须把我国高等学历继续教育的可持续发展作为着力点。做精学历继续教育，把继续教育学院打造成能够将学校"双一流"建设成果应用于助推国家经济社会发展的转换平台和服务平台。推动高等学历继续教育改革，针对成人特点，提出适应当下社会的发展对策，实现我国高等学历继续教育的可持续健康发展。

### （三）有利于我国学习型社会的构建

党的十九大报告中，习近平总书记明确指出："建设教育强国是中华民族伟大复兴的基础工程，必须把教育事业放在优先位置，加快教育现代化，办好人民满意的教育；办好网络教育，完善职业教育和培训体系，深化产教融合、校企合作；办好继续教育，加快建设学习型社会，大力提高国民素质。""十三五"规划中也明确指出要"大力发展继续教育，构建惠及全民的终身教育培训体系"。可见在完善终身学习体系以及建设学习型社会的新形势下，高等学历继续教育起到十分重要的作用。人们对于职业发展的需求以及精神文化的需求日益增长，高等学历继续教育作为一种职后学习方式，承担着人们对知识与技能学习的重要任务，为无数社会成员终身学习提供了有效的途径。因此，加快推进高等学历继续教育信息化进程，为实现全体人民，特别是劳动人民"人人皆学，处处可学，时时能学"，构建全民学习、终身学习的学习型社会，具有十分重要的推动作用。通过发挥高等学历继续教育信息技术优势，不断为城乡务工人员、新型职业农民和退役军人等重点人群提供继续教育，提升其知识和学历水平，推动学习型社会的构建。

## 二、高等学历继续教育现状分析

当前，如何做精学历教育，把继续教育学院打造成能够将学校"双一流"建设成果应用于助推国家经济社会发展的转换平台和服务平台，是我校高等学历继续教育改革发展所面临的一项重大课题。

高等学历继续教育是社会在职人员继续教育发展的基本教育形式。我校是湖北省以及中南地区最早举办成人高等学历教育的高等学校，在六十多年的办学历程中，继续教育学院始终秉承"办特色、创一流"的理念，致力于传统成人教育向现代继续教育转型升级，依托学校雄厚的师资力量、优质的教育资源，立足新时代，明确新担当，不断拓展学校"教育服务社会"功能的平台，积累了丰富的办学经验，以科学规范的管理、良好的教育质量赢得了社会的广泛赞誉。我校始终贯彻实施"立足湖北、面向全国、特色鲜明、主动服务"的思想，发挥学科优势，全力缔造财经政法领域思想库，努力打造"中部崛起"的智力服务品牌，形成了为国家知识产权战略、法制建设、经济建设提供强大智力支持的格局。同时，学校积极开展国家、行业、区域经济社会发展中重大理论和实践问题的研究，坚持主动服务国家战略，加强协同创新，服务社会能力不断增强。六十年来共计为社会培养了近20万名应用型人才，同时在办学规模、办学层次、办学模式方面也取得了一定的成绩。

### （一）办学情况

1.办学规模

表5-1 2015—2019年中南财经政法大学高等学历继续教育统计表

（单位：人）

| 年度 | 录取人数 | 在籍人数 | 毕业人数 |
|------|----------|----------|----------|
| 2015 | 3610 | 8062 | 3608 |
| 2016 | 2556 | 6255 | 3600 |

| 年度 | 录取人数 | 在籍人数 | 毕业人数 |
|------|----------|----------|----------|
| 2017 | 2791 | 5370 | 3509 |
| 2018 | 662 | 3471 | 2341 |
| 2019 | 1931 | 2593 | 2689 |

从表5-1中不难发现，中南财经政法大学高等学历继续教育从2015年至2019年，完成了共计11550人的招生录取、15747人的毕业证书发放工作，现仍然保持近3000名在籍学生的办学规模。目前，就全国范围来看，高等学历继续教育发展困难重重，从上述数据我们看到中南财经政法大学继续教育学院近五年来保持着一定的高等学历继续教育（函授、业余）办学规模，在学历教育方面取得了可喜的成绩。高等学历继续教育在开拓招生渠道、扩大招生规模的同时，进一步规范办学行为，防范办学风险，优化生源结构，提高教学质量。

2. 办学层次

学校依托学科专业优势，面向社会市场需求，构建了科学合理的继续教育学科专业体系，建立了学科专业动态调整机制。学校的高等学历继续教育分为"高起专"和"专升本"两个层次，设有函授、业余两种学历教育办学形式。目前，学校共有8个教学学院参与并承担函授教学任务，涵盖经济学、法学、管理学和工学4大学科门类。

3. 专业结构设置

根据教育部《高等学历继续教育专业设置管理办法》（教职成〔2016〕7号）及《补充通知》的要求，结合学校的继续教育专业发展规划，学校主动减少和暂停了部分社会需求不足、水平不高或者不符合继续教育事业规划的专业。学校逐步减少了高等学历继续教育（函授、业余）"高起专"层次的专业数量，仅保留两个优势专业，不再设置金融学、行政管理、人力资源、市场营销、法律事务、安全工程、计算机科学与技术7个专业。同时，在专升本层次集中力量发展优势专业。通过动态的专业调整，学校专科、本科生源结构进一步优化，专业优势得到进一步发挥，为高等学历继续教育（函授、业余）平稳健康发展奠定了良好基础。

根据继续教育对象的特点，学校继续教育以"重需求、强能力、强应用"为工作导向，突出"立德树人、以人为本、以学生为主体"的教育理念。2019

年完成了新版《高等学历继续教育专业全程培养方案》的修订工作，制订了具有实用性和可操作性的人才培养方案和教学大纲，构建和完善适应新时代岗位需求的继续教育人才培养体系。新版培养方案准备在2020级新生中使用，涉及高起专、专升本两个层次15个专业，在培养目标、培养模式、培养规格、课程结构、框架体系等方面做了诸多改进。

根据《教育部关于推进高等教育学分认定和转换试点工作的意见》（教改〔2016〕3号）和《中南财经政法大学继续教育改革和发展"十四五"规划》文件精神，新版培养方案首次引入学分制，为进一步实施学分互认和学分制银行制度提供了可能。

4.校内外资源

1）教师资源

学校注重高等学历继续教育的师资队伍建设，坚持专兼结合、分类发展的原则，遴选具有丰富教学实践经验的教师承担继续教育教学任务。为保证教师队伍的整体素质，学校把安排优秀教师为继续教育学生授课纳入各学院年度考核指标中。

学校高等学历继续教育（函授、业余）授课教师主要由本校专任教师和函授站点自聘教师两部分组成。本校教师承担校直属函授站夜大学全部课程及校外各函授站点总课程量的20.5%。本校专任教师总数1443人全部都可以承担学校函授、业余教学任务，其中副教授及以上职称人数占近60%。

表5-2　学校专任教师队伍职称、学位、年龄结构统计表

| 项目 | | 数量 | 比例（%） |
|---|---|---|---|
| 总计 | 1443 | / | |
| 职称 | 正高级 | 304 | 21.07 |
| | 其中教授 | 303 | 21 |
| | 副高级 | 570 | 39.5 |
| | 其中副教授 | 569 | 39.43 |
| | 中级 | 511 | 35.41 |
| | 其中讲师 | 502 | 34.79 |
| | 初级 | 19 | 1.32 |
| | 其中助教 | 19 | 1.32 |
| | 未评级 | 39 | 2.7 |

续表

| 项目 | | 数量 | 比例（%） |
|---|---|---|---|
| 最高学位 | 博士 | 967 | 67.01 |
| | 硕士 | 381 | 26.4 |
| | 学士 | 95 | 6.58 |
| 年龄 | 35岁以下 | 336 | 23.28 |
| | 36~45岁 | 499 | 34.58 |
| | 46~55岁 | 442 | 30.63 |
| | 56岁及以上 | 166 | 11.5 |

2）课程资源

学校对13门国家精品课程、12门国家级精品资源共享课、6门国家级精品视频公开课、6门国家级双语教学示范课程、5门国家精品在线开放课程、4门省级精品视频公开课、3门省级精品在线开放课程等网络教育资源均向继续教育学院开放。同时发挥学校经、法、管、文、史、哲、理、工等学科综合发展优势，在各专业课程设置时增加管理学、经济学等基础课程，培养学生成为自身专业核心过硬、兼具多学科融通背景的综合型人才。

3）教材资源

高等学历继续教育（函授、业余）严把教材使用审查关，保证"马工程"教材使用率达到100%，优先选用获得国家或省部级奖励的优秀教材（包括获教材奖、教学成果奖、科技进步奖）和新出版的国家级、省部级重点教材，并根据发展需要，及时更新教学内容。

4）设施设备

学校基础设施完善，办学条件优良。学校占地2800余亩，建筑面积110万余平方米，是全国最早开通校园网络的百所高校之一。校直属夜大办学主要集中在首义校区，校区内设有5栋教学楼，共134间教室（每个教室都配有多媒体教学设备），4个计算机机房（共266个机位）。继续教育授课均选用多媒体性能完善、实验设备先进、教学辅助设施齐全的场所进行教学，并给授课教师提供课间休息场所，给学员提供开水服务。学校财务部、后勤保障部、保卫部、校医院等部门共同配合做好学员的收费、安全保卫和医疗保健工作。

5. 站点管理

在函授站点管理上，学校坚持"宁缺毋滥、选好配强"的原则，进行全国合理布局，不定期督察和评估，确保函授站点工作的规范性。学校现行的人才培养模式突出了学校的经、法、管学科专业优势和融通性、开放式的办学特色，提升了高等学历继续教育（函授、业余）的教学质量，为学校人才培养奠定了基础。学校充分发挥主办学校主体责任意识，严格把关校外教学点准入条件，认真做好站点的年检工作，强化校外教学点在招生宣传、教学管理和费用收取方面的底线意识和红线思维。定期安排工作人员到函授站所在地省级招生办参与招生录取工作，不定期安排工作人员对函授站办学资质、规章制度、师资力量、软硬件设施、教学计划和执行等情况进行检查和评估，并积极配合各函授站所在地省级教育主管部门开展站点年度检查备案工作。截至目前，我校函授站优化为12个，主要分布在湖北、广东、广西、新疆、云南、海南等省份。

## （二）存在的问题

我校高等学历继续教育作为终身学习体系的重要组成部分，对建设学习型社会起到重要的推动作用，属于社会事业，其蓬勃发展离不开政府以及社会各界的有力支持，同时，我校继续教育60余年来为社会培养输出了大量人才。然而对比高等学历继续教育中的成人高等教育曾经的盛况与目前的窘境可看出，随着科技高速发展与社会分工深化，国人教育观念也发生深刻变革，终身学习思想越来越得到广大省会成员的认可，大量学习者希望能够在从业后依然"充电"学习，以掌握本行业领域的前沿理论与技术。但是，我校现行的高等学历继续教育并没有突破"象牙塔内办学"的种种限制，没有将学历教育与其他多种教育有机结合起来，打破学历教育现在的模式，将高等学历继续教育的办学模式从先前的生产优势转变为现在的消费者优势。高等学历继续教育向社会提供反哺的情况越来越少，其根本原因主要是以下几点。

1. 宏观层面

1）学历教育需求的萎缩导致高校继续教育面临生源危机

我国普通高校的招生人数不断攀升，从2000年的376万增至2018年的791万，根据国务院的工作部署，2019年普通高校的招生人数将接近900万人，又创新高，高职院校招生人数将达到100万人，2019年全国高考报名考生人数为1071

万人。一方面，普通高等教育的不断扩招将高中毕业生接受普通高等教育的机会大大提高，同时，普通高等教育的扩招降低了高等教育的入学门槛，大大减少了高考失利的人数，造成高等学历继续教育在招生规模上不断下滑。一些学者认为，通过继续教育进行补偿性教育的任务基本在21世纪大学扩招后已完成。学生人数下降和学生质量不佳已成为常态，这将严重影响大学的继续教育发展。因此，学校的继续教育必须找到新的增长点，如果继续坚持大力发展学历教育而不顾学生的需求，发展空间将越来越受到阻碍。

2）普通高等教育挤压高等学历继续教育办学空间

随着我国高等教育即将进入普及阶段，高等教育资源不断增加，供需矛盾基本得到解决，大多数高校的普通高等教育也将面临生源短缺和竞争日趋激烈的局面。随着高等教育的普及，人们对学历继续教育的依赖逐渐减弱，进入普通高等教育的学生更多，继续教育的学生人数不断减少。国务院总理李克强在2019年政府工作报告中提出"加快发展现代职业教育，鼓励更多应届高中毕业生和退役军人、下岗职工、农民工等报考，今年大规模扩招100万人"。这些成人学习者也是我国高等学历继续教育学生的主要来源，高等职业教育的跨越式发展将对高等学历继续教育的发展空间产生严重影响。

2.学校层面

1）人才培养观念落后

一方面，继续教育是终身教育体系的一个非常重要的组成部分，作为完成教育可持续发展和人才强国战略的一种重要手段，在实际中，继续教育与基础教育、普通高等教育以及职业教育不同，没有被足够地重视和支持，在资金、教师以及教育资源的投入方面相对较差，在一段时间里，继续教育的教育补偿功能使其成了一项"高收入"的赚钱产业，学校落后的教育理念以及对实际办学管理缺乏监督，导致继续教育的地位和作用不能被深刻理解，继续教育人才培养服务社会的功能不能很好地发挥，继续教育的发展呈现出表面繁荣景象，但实际上，继续教育内部问题百出，这不利于继续教育人才培养的发展前景。

另一方面，我校只有单一形式的高等学历继续教育来进行人才的培养，办学思想不是开放的，以函授夜大为主的高等学历继续教育开始于20世纪50年代，并且已经发展了60多年，它在前30年中确实得到了巨大的发展。20世纪八九十年代，我校高等学历继续教育供不应求。高等学历继续教育经历了蓬勃发展的阶段，考虑到当时社会现实的需要和继续教育本身的需要，关注学历教育有其历史的重要性和必然性。但是近年来，随着高等教育不断扩大规模，高等教育的继续教育市场逐渐萎缩，普通高等教育已经从原来的"精英教育"发展为"大众化教育"，为此，继续教育人才培养原始形式和侧重点已经不能适应当前经济和社会发展需求。但是，就形式而言，诸如企业教育、学企合作、社区教育等办学形式还处在概念阶段，并未取得重大进展。我校高等学历继续教育很大程度上是为了满足成人学生的晋升、职称评聘以及提薪目的而进行的学历教育，这导致我校高等学历继续教育的人才培养发展滞后，培养质量难以得到社会的真正认可。

2）人才培养目标片面单一

所谓高等学历继续教育人才培养目标，即高等学历继续教育要培养什么样的人，而这一培养观念很大程度上影响着人才培养目标的制订，换句话说，人才培养目标是教育理念的具象化，这一人才培养目标对人才培养的预期效果有着具体的规定，这不是一个单方面的，而是多维的、全面的总体目标。这样的培养目标在协调整个人才培养活动中发挥着无形而有力的作用，为人才培养指明了方向。

当前，我校高等学历继续教育的办学观念还很落后，办学思想还不够开放，高等学历继续教育作为一种学历补偿教育早已存在，但它没有在现实的教育环境和背景下真正发挥强大的教育功能服务于社会。虽然在最初的几年中，我校高等学历继续教育也发挥了巨大的人才培养功能，培养了一批有学识、有能力的群体，为当时经济社会的发展做出了重大贡献。然而，此后很长一段时间，我校高等学历继续教育越来越流于形式，形成了没有明确目标的高等学历继续教育人才培养模式，高等学历继续教育单纯地为了培养具有某种学历的人才而存在，满足的是广大成人学习者升职和提薪的需要，而没有真正从经济发展和社会进步的角度出发考虑成人学习者在经济发展和社会进步方面的具体工作、适用性以及个人特殊的需求，缺乏针对性和应用性。

3）人才培养普教化严重

人才培养的实施过程即实际的教育过程，从我校高等学历继续教育实践的实际情况来看，我们的人才培养主要采用了普通高等全日制教学组织模式，然而继续教育学生具有成年人的年龄特征，以及大多是学历基础上的再教育，这些被严重忽视，普教化很严重。

一方面，我校高等学历继续教育人才培养实施过程继续采用常规的全日制教师授课模式，并采用了传统教育的"三个中心"：知识中心、教师中心和教室中心。单方面专注于知识的传播，教学内容枯燥、实用性差，教学形式和教学方法单一，依旧是教师讲授为主，学生被动接受，师生之间教学互动较少，教育实践也较少。此外，我们没有使用最新的信息网络技术来进行各种适合成年人的灵活自由的教育方法，如多媒体教学和网络教学，忽视了继续教育人才培养对象——成人学习者的特征，因此，要获得理想的人才培养效果是很困难的。

另一方面，传统教育的"三中心"教育模式脱离实际需要，使得高等学历继续教育人才培养普教化严重，盲目地效仿普通高等全日制教育的办学模式，继续教育失去了自己的特色。但是，在实际的教学过程中，教育者普遍认为教学过程不必像普通大学生那样严格，在学习的主动性、学习成绩、学术能力和实际应用能力方面也降低了对成人学习者的标准和要求，所以实际结果就是，高等学历继续教育的人才培养非但没有达到普通高等全日制教育人才培养的效果，反而因为缺乏自己独特的教学实施特点、没有针对成人特点及考虑个体需求，直接导致人才培养质量普遍不高。

4）专业结构与课程设置有待调整

我校高等学历继续教育专科层次和本科层次在专业建设方面，均是根据教育部下发的《高等学历继续教育专业设置管理办法》（2016年），从全日制教育培养专业中筛选出来，因此，沿用全日制教育培养对象学习特征设计，更倾向于学科性而非职业性。目前我校高等学历继续教育无法在全日制专业范围外提出增补专业并实时动态管理，这就导致高等学历继续教育的专业设置调整、培养方案确定、教学计划制订、课程体系设计等基本按照全日制教育模式。在专业结构和课程方面，我校高等学历继续教育（函授、业余）的主要问题是无法满足现代成人教育和成人学习者的需求。这反映在三个方面：第一，交叉学科专业很少。我校高等学历继续教育（函授、业余）主要基于传统的学科分类，口径窄，适应性差，难以满足不同成年学习者的多样化学习需求，主要集中在工商管理、法律和会计这三个主要领域，特征还不够鲜明。第二，专业结构和课程建设的理念已经过时、理论色彩过重，无法满足成人学习者的需求。

由于成人学习者的年龄、职业、学习目标和个性存在差异，高等学历继续教育在专业与课程设置方面应以成人为中心，并努力满足成人学习者的学习需求。第三，人才培养方案的滞后性和专业特点未得到充分体现，培养质量较差，成人教育的教育要求难以满足，并且未考虑成人专业化和职业发展的需求，得不到当前学生和社会的广泛认可。

与全日制教育相比，高等教育中的继续教育具有更强的市场特征，首先要考虑的是服务市场，并强调培养过程的实用性和专业性，专业设置应以当前的国家发展方向和市场需求为指导。基于区域性行业发展需求，在广泛研究的基础上，与政府政策指导相一致，并与行业标准和规范相结合，与职业的工作要求相关联，以满足当地经济和社会发展需求。

高等学历继续教育课程设置是专业建设的重点内容之一。长期以来，我校高等学历继续教育课程体系由于需要参考全日制专业标准，以学科体系为中心，课程以学科的逻辑结构排列，课程内容也基于学科理论。但在当今社会，学习者除了系统性学习专业知识，更关心所掌握的知识能在职业提升中发挥何种作用。对高等学历继续教育学习者来说，"做"是学习要考虑的第一要素，即学习过程中要"做"、要进行实践、要付诸行动，并且学习要与自身工作和职业发展紧密联系。

目前，我校的高等学历继续教育课程体系经过一系列改革后仍然相对缺乏以实践技能为导向的实践教育，难以和大多数实际需求相适应，职业匹配度较低。为了打破现状，应该对高等学历继续教育课程体系进行重组，以便学生可以通过实践来学习。下一步的专业课程体系改革中，要将实践性作为改革的重中之重，在培养方案中体现出与全日制教育不同的课程侧重面，教学内容以实践为重要构成部分。

5）师资队伍建设需要加强

教学管理是我校继续教育维持稳定发展的坚强保障，一支良好的师资队伍是继续教育教学质量与内涵的重要保障，高效的管理模式可以保障我校继续教育活动的有序进行。然而我校高等学历继续教育在师资保障方面仍然存在一些问题。首先，大多数老师是兼职的，这些老师大多是我校全日制学生的任课老师或者是函授站聘用的教师。在函授站聘用的教师可以为我校高等学历继续教育输入新鲜的教学内容，但是其弊端不容忽视。就聘用专职教师而言，一方面普通全日制教育和继续教育的教育目标和内容是不同的；另一方面专职教师自己也需要做大量的工作，缺少时间和精力。就聘请全日制教师而言，一方面本科教育与继续教育的教学对象和教学内容都不同；另一方面全日制教师本身的工作量就大，无法全身心投入继续教育教学，影响教学质量。其次，大多数教师不了解继续教育的特点，不了解学生水平上的差异性，因此他们继续将传统思维和教育模式应用于继续教育。传统教育以教师、教材和教室为中心，忽视学生的个性，使学生成为知识的被接受者。最后，尽管现代技术在教育领域迅速普及，基于信息化的教学方法已经存在了很长时间，但是在继续教育领域，仍然有很多教师无法有效地使用这些技术将他们丰富的知识教授给学生。

6）学分制改革未取得全面突破

目前，我校高等学历继续教育刚刚开始由学时制向学分制转变，但学分制的真正意义和价值还没有体现出来，主要存在以下问题：一是跨学科、跨专业的选修课程，如何建立综合的学分制体系还没有完善；二是学校内外的学分制转换具体做法有必要进一步完善；三是学历教育与非学历教育的学分制衔接有待进一步加强；四是学校关于如何整合学分制管理和成人学习者个性化的学习需求两者之间的关系，需要进一步科学系统地思考。

毫无疑问，学分制在有限的时间和精力下减轻了成人学习者的学习压力，激发了成人学习者的学习兴趣，整合了继续教育资源，并规范了继续教育的教学管理。然而，为了解决上述问题，需要来自国家、地区和学校等教育管理部门的更多资本投资和政策支持，以改善学分制的管理。改善学分制度需要清晰明确的措施和办法，还需要深厚的教育和广阔的继续教育学科思想。

7）信息化建设滞后

我校高等学历继续教育教学已经处于滞后阶段，因此迫切需要普及信息化教学和管理方式方法。目前，我校高等学历继续教育教学更多地使用传统方法，主要是课堂教学，这是一种教师在教室里教书、学生在教室里学习的教学模式。随着科学技术的跨越式发展，现代教学技术和教学方法得到了更新，信息化教学的方式受到了各学校继续教育领域的广泛好评。高校继续教育可以依靠不同的教学平台，如电视、互联网、手机、计算机等来创建一种立体式教学方式。我校继续教育正在积极推广基于多媒体和信息的教学方法，但是在实际的学校管理过程中仍然存在许多未解决的问题：一些教师仍然使用传统的教育模式，老师在教室里教书，学生由老师带领着学习，使用"书和粉笔"的教学方法传授学生知识，教学方法落后，完全是将普通全日制高等教育的教学方法照搬过来，再加上陈旧的教学设备。随着信息化教学技术的不断发展，这种传统模式明显无法赶上技术的进步，不足以完成高效的教学。

未来社会发展的特征是全球化、信息化、知识化、智能化。当前，国内和国际高等教育的政策正在大力促进信息技术与教育的深度融合。一方面，它反映了信息技术对高等教育的重要影响，并重塑了大学原有的学校管理生态。同时也表明，与经济、金融和医学领域的信息化相比，信息技术和高等教育的融合效果还远远低于人们的期望。随着信息技术的飞速发展，尤其是中国的第五代移动通信技术（5G）和人工智能的跨越式发展，高等教育正变得越来越智能。与普通高等教育相比，高等学历继续教育更易于接受信息化和智能化，这有效弥补了高等学历继续教育中师资、技术和实验教学设备的严重短缺，对提高高等学历继续教育的人才培养质量是有益的。可以预见，信息技术将重塑中国的大学，并在高等学历继续教育中取得重要成果。随着成人学习者通过非正式、非正规学习成果认证获得相应学历继续教育课程学分，越来越多的成人学习者会选择高等学历继续教育进行终身学习。

3.高等学历继续教育学生层面分析

1）学习动力不足

高等学历继续教育（函授、业余）的学生一部分是在职工作者，目的是获得文凭，因为需要在社会上找到一席之地或从事一份实际工作。一个积极的学习目标，可以激发成人学习者学习的动力，不断思考并树立自己的学习目标，否则，学习的动力就会不足。成人学习者学习的目的是补偿学历并获得文凭，因此学习动机不佳，学习效果不好。

2）工学矛盾突出

我校高等学历继续教育（函授、业余）课程一般安排在晚上和周末，但由于学生工作性质与工作时间的原因，出勤率并不是很理想，这样不但浪费资源，还大大影响成人教育的教学效果。

成年学习者会受到工作和生活压力的影响，他们扮演着多种角色，因此时间和精力有限。这就要求要在丰富的教学内容、多样化的教学手段、现代化的教学方法以及对学习质量的多元评估等方面发展高等学历继续教育，激发成人学习者的积极性和主动性，提高学习效率和质量。

## 三、高等学历继续教育发展路径

纵观我国学历继续教育的发展历程可以发现，继续教育的外延在不断扩大，其中每一种教育形式都是特定历史条件下的产物，都是与社会、经济、文化、教育、科技进步紧密相连的。每一种教育形式都曾经在某一特定时期内在我国学历继续教育发展中占据着重要地位，发挥着积极作用。具体来说，新中国成立初期，面对着繁重而艰巨的经济建设任务，以及方方面面人才的急缺，函授教育和夜大学教育因为利用业余时间办学，有效地解决了受教育者的工学矛盾，较好地彰显了自身的办学特色，允分地发挥了自身的教育作用。随着改革开放的不断深入，我国经济建设进入快车道，普通高等教育已经不能满足社会日益增长的各类教育需求，成人脱产教育、自学考试教育由于有效地降低了高等教育的入学门槛，从而进入快速发展时期。而广播电视教育凭借突出的成本优势和规模效益使得学历继续教育规模迅速扩大。进入21世纪后，随着信息技术的迅猛发展，尤其是互联网的广泛应用，使得基于计算机网络技术和数字多媒体技术的学习和教育成为一种现实。现代远程教育的出现进一步突破了受教育者在时间、空间上的束缚，为更大范围内满足社会的各种教育需求提供了有效途径，从而得到快速发展。

为适应新形势新变化，学校提出以大力发展非学历培训教育为主体，以稳步发展高等学历继续教育（函授、业余）和高等教育自学考试为两翼，探索实现"一体两翼"的稳健发展模式。成年学习者在进行一系列继续教育学习后可以获得相应的学历证书，这是高等学历继续教育一直在大学的继续教育中占有一定地位的原因。同时，继续教育的发展受到了极大的影响，挑战来自两个方面：第一，在过去，由于学位文凭的垄断优势，学历继续教育系统变得巨大。高等学历继续教育没有对教育市场化的强烈认识，依然坚持传统教育模式，限制了高等学历继续教育的发展。第二，高等学历继续教育改革问题。高等学历继续教育应继续摒弃传统的学科导向，转变为以应用为导向的继续教育。只有意识到这些问题并采取各种改革措施，我校的高等学历继续教育才能实现人才培养的目标。

学校继续教育"一体两翼"发展模式是要稳定控制高等学历继续教育在我

校继续教育中的比重，有计划地逐步管理入学人数，改革高等学历继续教育，处理好规模、结构、质量、效益之间的关系，在提高其培养质量的基础上优化专业结构。要基于地方实际开设专业，将大量重复的、大众化的专业减少，梳理专业设置，避免从众心理，多开设对地方实际发展有益的专业。学校应在开设专业前做好相关工作，成立调研组进行充分了解和论证，未来重点发展旅游、外贸、服务、信息技术等专业，对学位发放和考试考核要进行严格管理，严格把关毕业生的质量，保证学历教育的质量。

### （一）创新培养模式

我校高等学历继续教育在促进区域经济和社会发展、社会服务和提升大众文化方面发挥了积极作用，对地方经济社会的发展、社会服务和群众文化方面都起到了积极的促进作用。高等学历继续教育不仅是促进学习型社会建设的重要平台，也是学校在社会中发挥有益作用的重要窗口。因此，我校高等学历继续教育在改革过程中，应该端正对继续教育的认识、提高对继续教育的重视，不应该把它纯粹地看作一种创收的工具。在确定我校高等学历继续教育的定位时，应基于区域经济发展的模型，基于学校的办学条件、学校特点和其他实际情况，确定自己的优势和劣势、面对的机会和挑战。此外，准确定位高等学历继续教育的位置，并为继续教育的改革发展做出努力。

我校高等学历继续教育要定位于学习型社会的建设。美国教育家罗伯特·哈钦斯最先提出"学习型社会"[①]，历经半个世纪的发展，这一概念逐步转变为现实。学习型社会是在终身教育思想影响下形成的一种新的教育观念，是人类文明进步的全新发展模式。它的基本特征是实现教育和学习的社会化，在整个社会发展过程中发挥积极作用。

因此，我校高等学历继续教育应定位于学习型社会的建设，建立新的教育体系，以全体社会成员终身学习为基础，依靠学校丰富的资源平台，创造机遇，实现自身的可持续发展。

我校高等学历继续教育要定位于服务地方经济发展。我校高等学历继续教育应以社会发展需求为导向，以地方的企业、行业为主要服务对象，服务区域经济的发展。我校高等学历继续教育必须考虑当地经济发展的特点，不同的区域产业具有不同的特征和不同的经济发展模式，要把握区域特色，发挥办学优

---

① 周晟.哈钦斯"学习社会"理论的本质与启示 [J].教育发展研究,2011(23):30-34.

势，突破我校高等学历继续教育发展瓶颈。我校高等学历继续教育要充分考虑当地产业的特点，根据当地产业的要求制订培训目标，坚持产业融合的地方服务模式，以需求为导向，关注当地社会发展的特点。学校要注重与区域社会和工业特征的结合，找到与自身发展相称的定位，培养大量应用型人才，促进社会发展并服务于该地区，最大限度地发挥继续教育的功能，实现自身的持续健康发展。

我校高等学历继续教育要定位于高等学历继续教育学生的个性化发展。高等学历继续教育旨在培养人才，尤其是应用型人才。但是，有许多因素影响着高等学历继续教育人才培养，如国家政策要求、人才的社会需求、学校类型和学生素质。因此，我校高等学历继续教育就要突出它的特点，以应用型和技能型为重点，结合当地经济和社会发展的需要，确定教育对象的特征，然后为在职人员提供知识更新和技能补充的教育与培训，确保教育的实用性。学生素质的差异意味着教育者需要分析每个学生的个性，并针对不同的学习条件、不同的学生特点采用量身定制的教育方式和手段。另外，高等学历继续教育还需要认识到社会在新环境下对新型人才专业技能和科学知识的新要求，以便准确地制订人才培养目标。

高等学历继续教育的活力度和竞争性取决于办学的特点。为树立高等学历继续教育品牌，必须重视区域经济发展的需要，结合当地产业发展，利用学校独特而丰富的资源，积极开发专业领域，利用特色探索发展之路。注重质量建设，树立品牌知名度，建立具有质量控制的继续教育品牌，并通过品牌建设提高继续教育的质量，这是高等学历继续教育发展和转型的战略选择。要打造一个好的品牌，一是需要整合社会发展的需要和每个地区的办学优势，这强调了产业发展的现实性和针对性；二是保持质量，当人们选择良好的教育时，就像在商场中选择优质的产品一样，如果质量好，自然有更多的人选择它；三是加大内涵建设，内涵建设与教育资源的开发密不可分，学校的专业设置与经济和社会发展紧密联系。因此，需要通过调查了解当地行业的特征，利用自身学科建设的优势，创造独特的品牌效应，如教科书创作、培训基地的合作、培训宣传等。

**（二）推行弹性学制**

弹性学制是一种以课程选择为框架模型，以学分为评估标准，通过教师指导的教育管理模型。通过引入弹性学制，学校教育的行政管理被淡化，学习的主题从学校转移到了学生身上，创造了良好的学习环境。灵活是弹性学制最重要的特征，从时间角度来看，弹性意味着学习时长的灵活性，根据学业进展，学生可以在规定的学制之前获得其专业的必修学分，提前毕业；若无法在规定的学制内获得专业所需的学分，则可以推迟毕业。从空间角度看，灵活意味着学习课程的多样化。课程共有三个模块：必修课程、有限选修课程和选修课程。必修课程主要是学术和文化基础科目，主要目的是打牢专业基础；有限选修课的目的是拓展专业知识，提高技术技能；选修课程的目的是培养学生的兴趣，激发学生的潜能，并拓展跨学科的知识。

1. 我校高等学历继续教育实施弹性学制的必要性

（1）引入弹性学制是发展和改善我校高等学历继续教育的重要途径。我校高等学历继续教育从传统教育向社会终身学习转变，具有自己的特点和规律。未来社会肯定是学习型社会，而高等学历继续教育必将在建设学习型社会中发挥越来越重要的作用。因此，高等学历继续教育必须顺应国家政策和国内外教育的发展趋势，必须走在教育改革的前沿，随着知识经济和信息时代的到来，高等学历继续教育已趋向于弹性学制。

高等学历继续教育承担着建立终身学习社会的压力。学年制教学模式阻碍学生创新精神和创新能力的发展，必须进行改革，在高等学历继续教育中推行弹性学制。

（2）弹性学制的引入反映了学生在高等学历继续教育方面的个人独立性。高等学历继续教育学生在学习过程中面临两个挑战：第一，"工学矛盾"突出，也就是说，工作与学习时间经常发生冲突。在我校《高等学历继续教育课程考核与成绩管理办法》中，对于高等学历继续教育学生的缺勤有明确规定，缺勤率超过三分之一的学生，不得参与期末考试与正常补考。引入弹性学制是基于学生个人学习能力的差异，学生可以提早毕业和延期毕业，这样有明显"工学矛盾"的学生就可以制订一个全面的工作学习计划。通过减少每个学年的学分数并延长学习期限，可以解决"工学矛盾"，保证工作和学习质量。同样，具有卓越智力才华或充足学习时间的学生可以提前毕业。

高等学历继续教育的学生面临的第二个突出问题是专业要求和工作要求之间不匹配。高等学历继续教育的学生选择继续学习的大部分原因是希望通过理论学习来促进工作。考虑到高等学历继续教育学生工作中的可变性和流通性问题，许多学生在经过一两年的专业学习后通常需要转到其他专业。引入弹性学制成功解决了这个问题。根据弹性学制规则，学生仅需获得相应专业文凭所需的专业相应学分即可。也就是说，在弹性学制下，专业转移的权利从学校的行政职权转为学生的自主选择权，学生可以依靠自己的努力来获得自己工作所需或兴趣所在的专业的毕业证书。

（3）推行弹性学制是高等学历继续教育办学形式多元化和统一性的体现。我校高等学历继续教育办学形式有函授、业余两种。多学年制基础上引入学分制，建立学分银行，一定程度上给予学生选课自由，激发了学生的学习热情。在弹性学制下，学分是用于计算学生的学习量的单位。换句话说，尽管不同形式的继续教育具有不同的学习方式，但对学生的学习过程仍然需要进行统一的核定，并对学习成果进行审查。因此，弹性学制规范了继续教育的多元化，是高等学历继续教育办学形式多元化和统一性的体现。

2.我校弹性学制实施下教学管理面临的改革

（1）教学计划改革。在弹性学制下，在制订课程教育计划时被分为三类。第一类是必修课，制订依据是人才培养计划中的专业方向，目的是学生获得必要的文化基础知识和相关专业知识。学生可以在一定范围内选择相应的学分，通常占总学时的65%。第二类是有限选修课程，其目的是拓展专业知识和提高专业技能，通常占总学时的25%。第三类是选修课，旨在加深学生的兴趣，激发学生的潜能并拓展跨学科知识。学生可以根据自己的兴趣和爱好自由选择。课程设置时，要根据学生的实际需求，可以按照课程的内在递进关系在每个学期科学设置必修课程和有限选修课程，凸显出广阔的知识面，同时加强不同专业之间的知识渗透。

（2）教育改革过程。为了实施弹性学制，在制订相关的教育管理政策时学校必须首先允许学生在学习过程中调整其专业方向或课程，当然，学生必须遵循调整专业方向或课程的相应程序。其次，学生可以申请免修或免听相应课程。如果学生通过了社会认可的更高水平的英语、计算机、专业技能等证书，学校则可以免除学生修读该课程。在班主任的指导下，成人学习者根据自己的人才培养计划从学校提供的课程中进行选择。同时，对于具有渐进和持续关系的课程，必须根据其时间要求，不可以随意选择。

（3）建立基于信息化的教育管理平台。建立信息化和网络化的教育管理平台尤为重要，因为在引入弹性学制后，教育管理的工作量将大大增加。因此，必须改善信息服务平台，如录取管理、注册管理、课程选择管理、成绩管理和毕业管理等。首先，我们将使用注册管理系统来加强推广，并规范招生；其次，使用注册管理系统规范管理学生学籍和费用；第三，使用课程选择系统以确保有效选择课程；第四，使用成绩管理系统有效地管理学分和成绩；第五，利用毕业管理系统做好毕业服务。实施弹性学制的关键在于选课制，通过选课系统，学校将各种主要人才培养计划公布在平台上，同时利用在线课程资源，使学生能够在线试听，避免盲目。学校在学期末之前公布下一学期每个专业课程的情况，包括相关课程的名称和学分、评估方法以及教师信息，学生进行在线选课申请。

（4）弹性学制是基于目标管理的，具有灵活自由的特征，学生可以采用不同的学习方法来满足课程的评估要求。因此，学校需要系统、严格地进行评估，实现有效的目标管理。第一，也是最重要的一点，必须建立一个课程试题库，以便学校可以有效地将教学与考试分开，并确保考试公平；其次，负责课程的教师应做好不断更新考试题库的工作，将知识点从浅到深按层次铺开，从而可以在弹性学制下实现教学目标；最后，必须增加考试次数，以确保学生在所选课程的评估时间上保持一致，以便在弹性学制下真正享受自由选课的好处。

（5）学籍改革。在弹性学制下，有必要将创新带入传统的学生学籍管理中。首先，应忽略年级和班级的概念，淡化基于年级的、基于专业分类班级的惯例，弱化学年制特征；其次，将学分用作学生管理的基础。在弱化班级概念之后，必须使用学分作为完成每个学生的入学、课程选择、成绩和毕业管理等工作的唯一参考标准；最后，采用学分收费模式，在弹性学制下，有必要将学费模式从学年制改为学分制。

3.我校高等学历继续教育实施弹性学制存在的问题及解决办法

（1）消除传统思想，树立"以人为本"的高等学历继续教育办学指导思想。高等学历继续教育是我校继续教育的重要组成部分，历经半个世纪的发展，已成为我校发展规划中很重要的一部分。但在很多情况下，社会各界包括学校内部对继续教育存有偏见，认为其是学校的边缘化部分，具体来说，这些偏见包括继续教育发展前途黯淡和经济利益至上。因此，不能忽视继续教育作为高校发挥社会服务的纽带功能，而仅仅把开办继续教育当成创收的重要来源。在这种"边缘化"的偏见思想中，在高等学历继续教育领域推进实施弹性学制改革往往举步维艰。

通过对高等学历继续教育的学生进行分析，不难发现他们具有以下显著特征：向往主导权。接受高等学历继续教育的学生是具有自我思想意识的成熟成年人，他们渴望自主选择学习目标并自主管理学习过程。这些学生大多数都具有实际工作经验，但是缺乏系统的学术知识的支持。在学习过程中，希望能有教师引导自己构建适应自己工作所需、适合社会发展所需的知识体系。弹性学制的引入使学生可以自由选择专业方向、课程、上课时间和毕业时间，完全满足了高等学历继续教育的学生自主学习的愿望，学生的学习热情在自主性的基础上被极大地调动起来。与此同时，导师的科学指导将帮助学生在专业学习过程中建立适合其职位、适合市场经济发展的知识体系，通过系统的知识学习达到促进工作的目的。在高等学历继续教育中推行弹性学制，充分体现了人本主义思想，满足了高等学历继续教育学生的实际需求。

（2）稳步推进弹性学制教学改革工作。消除"弹性"和"质量"分开的情况，弹性学制中的弹性仅指诸如专业指导、课程设置和毕业时间之类的灵活性。就教育质量而言，绝对不允许有灵活性。在高等学历继续教育实行弹性学制的过程中，出现了一些现象，如学校必修选修课范围很小，课程承接度不足，所谓的必修选修课程不能拓展学生的专业知识。此外，选修课程不是选择性的，如果学校提供选修课程数量少、种类少，并且课程的专业性也不广泛，导致学生没有选择的余地，那么选修课程将无法拓展学生的知识、加深学生的兴趣和爱好、培养学生的学习能力。高等学历继续教育学生在没有正确理解学校教学计划的情况下，会导致盲目选课。最后，学校在引入弹性学制后，有些学生往往会激进追求学分，以便尽快获得文凭。在课程选择过程中，学生经常以获取学分为标准而不是以课程实际价值为标准，造成选课的单一性。

从这些现象可以清楚地看出，如果在实施弹性的过程中不把握好"质量"的概念，就会出现没有"质量"只有"弹性"的现象。因此，我们必须稳步推进弹性学制教学改革工作。在制订教学计划的过程中要求对课程加强目标管理，学习过程可以是灵活和自由的，但评估考核是严格的。同时，学校可以建立导师制度。导师制可以保证导师指导学生的专业学习、指导学生的学习过程，并通过导师的辅导和支持，帮助学生组织和建立自己的知识体系。

### （三）推进学分认定与转换，建立终身教育立交桥

在终身教育和终身学习理念下，继续教育学分认定与转换成为连接校内教育与职后教育、学历教育与非学历教育学习成果的"立交桥"。为此，我校高等学历继续教育梳理了继续教育学分认定与转化的重要意义，探讨了目前学分认定与转化存在的困境，并提出了继续教育学分认定与转换应遵循的原则、办法、流程，指导制订合理的继续教育学分认定形式与转换机制，为构建学习型社会、实现终身教育目标提供参考。

在终身教育和终身学习理念下，畅通不同类型教育之间的学分认定与转换通道，完善人才成长的立交桥，促进各级各类教育纵向衔接、横向沟通，是构建学习型社会的必然要求。《国家中长期教育改革和发展规划纲要（2010—2020年）》中明确提出，继续教育要"搭建终身学习'立交桥'，建立继续教育学分积累与转换制度，实现不同类型学习成果的互认和衔接"。毫无疑问，这为我国继续教育发展体系的构建指明了方向，继续教育作为终身学习体系中的重要组成部分，如何加快搭建终身学习"立交桥"，推进各级各类学习成果的相互认定与转换，为继续教育学分银行的推广打下坚实基础，是继续教育改革发展的一项重大课题。

继续教育作为我国终身学习体系的重要组成部分，其学习形式多样，随着我国经济社会的不断发展，继续教育的覆盖人群也越来越广，这就导致继续教育与普通高等教育在很多方面存在着不同，其学分认定和转换机制也区别于普通高等教育。本研究在借鉴普通全日制高等教育学分认定转换机制的基础上，基于我国继续教育发展现状，对继续教育学分认定与转换机制进行系统性研究。

1.确立继续教育学分认定和转换机制的重要意义

当前，我国学历继续教育纷纷转向学分制模式。在学分制管理模式下，学习者的学习成果能够在一定规则中被认定为学分，并实现转换。学习者不仅可以通过学习学历课程获取相应学分，也可以通过相关的非学历课程获取相应的学分，在获得相关机构承认的基础上，认定为学分，让不同类别、不同等级的学习成果相互转换成为可能。2016年，《教育部关于推进高等教育学分认定和转换工作的意见》明确要求，"探索建立多种形式学习成果认定机制，畅通

不同类型学历教育、学历教育与非学历教育、校内教育与校外教育之间转换通道，促进优质教育资源开放共享，建立具有中国特色的学习成果认定和转换体系"。作为我国继续教育发展的主要趋势，加强继续教育学分认定与转换研究，对于我国终身教育体系的完善具有重大意义，具体表现为以下几点。

1）有利于提高成人培养质量

目前，我国学分互认制度已在普通高等教育领域推广试行，但在继续教育领域并未得到实施。这很大程度上限制了广大继续教育学习者，降低了学习者进行继续教育学习的便利性，也在一定程度上降低了继续教育学习者的兴趣。继续教育的学分认定与转化对我国现有继续教育教学管理制度改革无疑是一种挑战。学分认定与转化作为学分制的延续和发展，将学习者的各种学习成果转化为学分，积累的学分是个人的学习成果，并且还是获得各种学历或资格证书的凭证。学分认定与转换不仅可以覆盖各级各类学习形式，真正实现继续教育领域学习通道的畅通，同时，也能在一定期限内为学生保留其积累的学习成果，这一弹性使得学习者的自主选择权扩大，通过学分认定与转换取得一定资格或学历。

2）有利于优化继续教育的教育资源配置

继续教育学分的认定与转换是学分制的延伸，其机制的建立有利于充分利用教育资源，促进现有教育资源的合理配置。目前，我国继续教育机构的办学体系总的来说相对封闭，未形成资源共享模式，学习者只能享受其所在机构的教育资源，但是在全国范围内，教育资源分布不均，且教育资源在单个继续教育机构中是有限的，在终身学习理念的影响下，学习者对继续教育要求越来越高，现有教育资源配置无法完全满足学习者的需求。对继续教育学分认定与转化机制的研究，有利于实现不同类型学习成果之间的相互转化，一定程度上避免了学习者重复学习，同时促进各类教育教学的合作与交流，实现校际、学历与非学历之间、区域间教育资源的共享，是优化继续教育资源配置的良好契机。

3）有利于构建终身学习的学习型社会

当前，在全社会终身教育和终身学习的背景下，继续教育作为终身教育体系中不可或缺的重要一环，必须加紧适应这一趋势，将学分转换制度在继续教育领域推广，全面建立继续教育学分制和学分互认制度，以期为各类学习者提供多种类型、多种层次的教育服务，满足学习者的不同学习需求，促进各级各类教育纵向衔接、横向沟通，拓宽继续教育、终身教育的人才成长通道，搭建终身学习"立交桥"，为我国学习型社会的构建和人才强国做出贡献。

2.继续教育学分认定与转换面临的困境

继续教育学分认定与转换是一项既庞大又复杂的系统工程，涉及校内与校外、学历与非学历等诸多方面。但目前我国继续教育学分认定与转换发展时间相对较短，缺乏统一的学分与转换制度与机制，各机构之间学分互认困难，严重影响了继续教育学习者的积极性。具体表现：

1）学分认定与转换的体制机制不健全

建立并实施继续教育学分认定和转换制度是继续教育制度改革的发展方向，是建设学习型社会的重要手段。但是，我国目前只在部分文件中提出学分积累与转换制度，如国务院办公厅《关于开展国家教育体制改革试点的通知》（国办发〔2010〕48号）[1]提出"探索开放大学建设模式，建立学习成果认证和学分银行制度"；教育部《关于推进高等教育学分认定和转换工作的意见》（教改〔2016〕3号）中要求"探索建立多种形式学习成果认证机制，畅通不同类型学历教育、学历教育与非学历教育、校内教育与校外教育之间转换通道"；中共中央《关于制定国民经济和社会发展第十三个五年规划的建议》提出"建立个人学习账户和学分累积制度，畅通继续教育、终身学习通道"[2]等，各级管理机构也出台了相关配套的政策性文件，但这些文件的出台距离落实继续教育学分积累与转换以及学分银行具体工作，还缺乏相应的详细的体制机制。继续教育学分认定和转换在实施中涉及各个方面，体制机制的缺失使得学分认定和转换的实际展开变得困难。

2）缺乏统一的认证机构和认证标准

当前我国继续教育学分认定和转换机制缺乏统一性和权威性，纵观世界，无论是欧洲学分积累与转移制度，还是韩国学分银行体系，均建立了统一的认证机构和认证标准。2010年，国务院办公厅《关于开展国家教育体制改革试点的通知》中将北京、上海、广东等地作为试点地区，将试点地区的广播电大作为试点学校，开始对学习成果认证和学分银行制度进行合理的、有益的探索。

---

[1] 中华人民共和国教育部.国务院办公厅关于开展国家教育体制改革视点的通知[EB/OL].[2010-10-24]. http://www.moe.gov.cn/jyb_xxgk/moe_1777/moe_1778/201101/t20110113_114499.htm.

[2] 中华人民共和国国家互联网信息办公室.中共中央关于制定国民经济和社会发展第十三个五年规划的建议[OB/EL].[2015-11-03].http://www.cac.gov.cn/2015-11/03/c_1117029194_8.htm.

试点地区已经纷纷制订了相应的实施办法，但是这些办法适用范围有限，基本是一地区一办法，即使在相同的省市，也存在针对普通全日制和继续教育无法统一转换学分的情况。这也是为什么大学之间很难相互认可学分的原因，因为同一课程的学分、授课时间、评估方法和教材都存在差异。总之，缺乏统一的认证机构和认证标准，一方面使学分转换标准的制订推行变得困难，另一方面也会导致学分跨机构转换通道不畅。

3）非学历证书学分认定与转换困难

我国继续教育学分认定和转换还存在着两大难题：一是证书种类繁多，二是证书所对应的课程和学分不明确。当前，非学历证书多种多样，但是能够接受认定的非学历教育证书的范围相对狭窄。通常，高校普遍接受的非学历证书多为2～3个，能够接受的学分是1～2个，且各高校对认定的非学历教育的证书类型、证书颁发单位和认证的成绩也都有所不同。而对于已获得普遍认可的非学历证书，对证书的时间限定并不严格。非学历证书学分互认现状比较混乱，严重影响继续教育学分认定与转换的良性发展，学分认定与转换发展受限严重，非学历证书学分认定与转换成为继续教育学分互认中亟须解决的重要问题。

3.学分认定与转换机制及策略研究

继续教育学分认定与转换工作复杂而又关键，因此，在研究继续教育学分认定与转换机制时，要充分考虑到继续教育学习者的具体情况，研究制订学分认定与转换系统，包括学分认定与转换原则、学历继续教育项目之间课程学分认定、非学历学习成果认定、学历继续教育课程学分的认定与转换规则及实施流程。继续教育学分认定与转换如何操作运转，除了外在的政策规章和权威认证机构的有力支持，更为核心的是学分认定与转换的学习成果转换机制，这是实施不同类别学习成果认定和转换的准则和依据，是继续教育学分认定与转换的重点与难点。

1）坚持实质等效的认定与转换原则

继续教育学分认定与转换，必须在坚持"实质等效"的总原则下开展。具体原则：

第一，针对学历学位层次相同、教学内容相同或相近的课程，可以按照横向对比"同级、同类、同量"原则来认定与转换学分，即学历层次相同的课程申请认定时，同一类型的课程如果课程内容、知识点的重合度达到一定比例，可以等量认定。这样可以最大限度地激发学习者的积极性，促进学历层次相同的继续教育的横向沟通。

第二，针对学历学位层次不同、教学内容相同或相近的课程，按照纵向对比"以多换少、以难换易"原则来认定与转换学分，即学历层次低的课程向学历层次高的课程申请认定时，同一课程中按照一定比例将学分多的课程折算为学分少的课程、内容难度大的课程认定为内容难度小的课程。如当低学历层次的课程学习成果要认定为高学历层次的课程学分时，可按照80%的比例进行学分折算；当高学历层次的课程学习成果要认定为低学历层次的课程学分时，可按照120%的比例进行折算，这样既保证了继续教育的教学质量，同时，也避免了教学资源的浪费。

第三，继续教育学分认定与转换应当坚持"成果的唯一性和有效性"原则，同一个学习成果不得进行重复的学分认定和转换，课程及学分认定后原则上不得修改。不同学历之间相互折算学分的幅度最高不超过目标层次和课程总学分的40%。

2）坚持明确可行的认定与转换办法

（1）学分认定与转换的课程类型。继续教育学分认定与转换应当在同类课程中进行，不得跨越课程类型。对同时具有多种类型学时的课程，根据其学时所占比例进行相应认定。如一门课程具有理论学时和实验学时，可视学时比例情况相应拆分为理论课、实验课或实践课的学时。

（2）学分认定与转换的课程内容。继续教育学分认定与转换应当在相同教学内容之间进行，不得罔顾课程内容差异。如原学习成果的教学内容必须与申报认定转换的课程内容相同或相近内容达到70%以上。

（3）学分认定与转换的时效性。继续教育学分认定与转换涉及的学习成果应当有一定的时效性，根据课程的性质，认定与转换的学习成果一般是申请之日起前五至八年内取得的。部分学习成果可根据其性质酌情缩短或者延长其有效期，如涉及时事政治、经济、法规等时效性较强的课程或内容更新换代较快的前沿课程应缩短认证的有效期。

（4）学分认定与转换中的非学历学习成果。非学历学习成果主要包括职业技能（资格）证书、培训证书及非正式类学习成果等。相较于学历教育学习成果，非正式学习成果更为多样化，认定与转换更加困难。由于当前社会上流通的各类职业技能（资格）证书种类繁多，因此在设置学分认定与转换规则时，申请认定职业技能（资格）证书课程的学分，其证书应尽量属于国家级机构颁发，且可以认定的数量和种类不宜太多。同时，各类职业技能（资格）证书只可认证与其相关的课程，可认定的学分总数也应当加以控制。

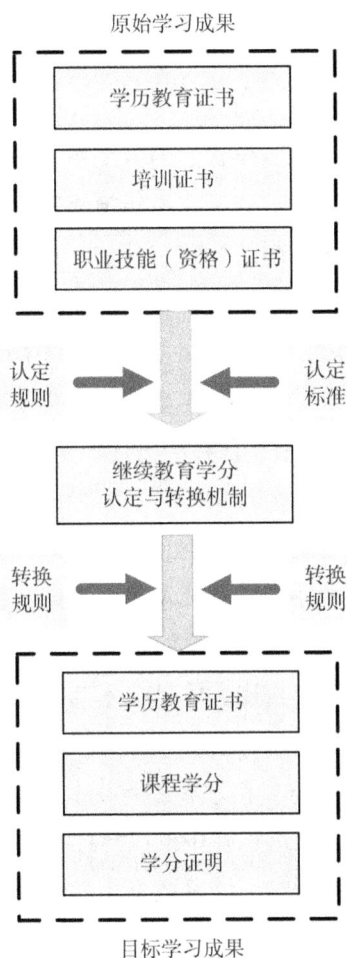

原始学习成果

学历教育证书

培训证书

职业技能（资格）证书

认定规则　→　←　认定标准

继续教育学分认定与转换机制

转换规则　→　←　转换规则

学历教育证书

课程学分

学分证明

目标学习成果

**图5-1　继续教育学分认定与转换模型**

3）坚持规范有序的认定与转换流程

规范有序的继续教育学分认定与转换流程是学分认定机制得以成功运行的保障。在对继续教育学分认定与转换的原则和办法进行探讨的基础上，本研究认为学分与转换需严格遵循相应的流程要求。继续教育学分认定与转换的申请者凭有效的学习成果证明，向其申请认定与转换的管理机构递交申请材料，管理机构可要求申请者的学习成果证明辅以课程教学大纲、课程简介等相关材料。学分认定与转换机构对学习者的申请材料进行审核评估，并得出是否认定成功的结论，学分转换管理机构要对认定与转换的结果公示三天，并对认定与转换材料进行存档备查。

继续教育学分认定与转换所蕴含的内容是极为丰富的，所涉及的现实问题也是极为复杂的。对继续教育学分认定与转换机制进行探索，是在学分制基础上做一些尝试，不仅是对学分制的补充和延伸，更是为当前我国继续教育改革发展提供一个新的思路。建立完善的继续教育学分认定与转换机制不仅需要相应的政策制度的认可和保障，也需要加强对继续教育学分认定与转换相关理论的研究，为继续教育学分认定与转换的全面推广提供相应的保障，完善人才成长的"立交桥"，促进我国学习型社会的构建。

### （四）加快信息化建设

未来社会发展的特征是全球化、信息化、知识化和智慧化。当前，我国在高等学历继续教育领域大力促进信息技术与教育的深度融合，重建传统学校的生态，这反映出信息技术对高等学历继续教育的重要影响，同时也表明，与经济、金融和医学领域的信息化相比，信息技术与高等教育，特别是高等学历继续教育的融合效果远未达到人们的期望。随着信息技术的飞速发展，尤其是中国的第五代移动通信技术（5G）和人工智能技术的发展，教育领域越来越智能化。与普通高等教育相比，继续教育中的高等学历继续教育更容易接受信息化和智能化，必将有效缓解高等学历继续教育中教师资源、技术和实验教学设备的严重短缺情况，大大推动高等学历继续教育综合改革，有利于提升高等学历继续教育的人才培养质量。可以预见，信息技术将重塑中国的大学，将在高等学历继续教育领域取得重要成果。随着越来越多的成年学习者继续通过非正式学习成果认证获得相应的继续教育课程学分，信息技术促进了我国学分银行的建设，激励成人学习者通过高等学历继续教育来进行终身学习并获得文凭。

　　信息技术的飞速发展和传播，为继续教育的发展提供了无限可能，为学生的自主学习提供了便利。《国家中长期教育改革和发展规划纲要（2010—2020）》第五十九条提道："信息技术对教育发展具有革命性影响，必须予以高度重视。"加速数字技术教育设施的传播和普及，为我们实现继续教育信息化、继续教育现代化带来许多优势。首先，可以加快教学方法和管理模式的转变，提高教育质量，提高管理效率，促进创新型人才的发展。其次，在继续教育领域使用信息技术创建庞大的教育资源库，如开放大学和知名学校的MOOC，汇集来自世界各地的高质量教育资源，带给学生去著名学校接受优质教育的良好体验。第三，信息技术改变了传统课堂教学互动的方式，学生可以通过电子邮件、QQ、微信等与老师进行交流，并逐步提升自己的能力。在高等学历继续教育领域实施信息化，主要从三个方面进行。

　　（1）做好建立网络基础的工作。继续教育学生的范围相对较大，需要大力发展继续教育信息化以确保健康的网络基础设施。通过多媒体教室、资源中心计算机室、学生宿舍和办公室空间建设，增强学校的信息基础设施。校外信息化的建设使学校可以使用互联网技术来开放优质的教学资源，并为学生提供便捷的学习方法和优质的教学课程。

　　（2）加强教育资源建设。教育资源是继续教育信息化的核心内容，它结合了学校继续教育的研究成果，这些丰富的资源是继续教育信息化的基础。教育资源的整合不仅限于学校内部开展自主研发和不断更新教材，还应当加强校内外教材的引进和共享。随着信息技术的飞速发展，在线课程的建设也成为高等学历继续教育课程改革的重点，在线课的教育理念、教育质量、服务质量、管理水平和技术应用在一定程度上体现了在线教育的水平。当前社会上对在线课程的理解存在误解，将"在线视频"等同于"在线课程"。实际上，在线课程必须具备两个属性。第一个是"课程"属性。在线课程必须包括课程的所有特征，是一个完整的闭环教学过程。"在线视频"是课程通过网络进行数字化呈现的，是一部分课程，但教学内容不完整，没有教学服务、教学评估或其他实施过程。第二个是"网络"属性。在当前，现代远程学习和在线教育之间存在混淆，有人认为两者能代替使用。实际上，现代远程学习方法更为丰富，互联网通信只是其中之一。另外，有许多教育方法使用互联网作为交流手段，有些主要基于视频课程的传递，仅提供网络资源；另一些主要基于教育活动，并且学习过程是传统的,如老师答疑、课后学习任务、在线考试等;一些课程着重于在线和离线学习的混合。不同的教学方法具有相应的教学过程,不同的教学过程对资源组织、学习支持和课程评估的影响也不同。在"互联网+"时代的背景下,除了为教师开展面对面和现场教育活动外,我校高等学历继续教育还应结合使用云存储的在线和离线教育,大力开发在线课程以进行继续教育,为继续教育建立在线学习库提供技术支持,帮助我校高等学历继续教育学习者获得超越时间和空间限制的知识,同时降低继续教育的成本。网络直播技术用于提供实时在线教学,为学生和教师提供便利的互动方式。从高等学历继续教育的角度来看,在线课程的质量是教学设计的精髓所在,教学设计的重点是如何利用在线教育和自主学习的理论来适应学习者和学习内容的特征,将其合理地利用,并最大限度地发挥其技术优势。第一,教育资源是中心。能激发学习者兴趣的只有丰富和多样化的媒体资源。第二,学习活动是关键。对于在线教育,教师资源使用为"教育",学生资源使用为"学习"。只有通过在各种教育活动中进行指导,如课后讨论、动手活动、案例分析等,学习资源才能得到充分利用,以提高教育效果。第三,服务支持是保证。在线学习者可能发现他们在开始学习时缺乏必要的学习技能,学习过程中产生孤独感,与老师和同学缺乏沟通,家庭和工作带来的负面情绪无法解决等各种不利因素。这时,教育者提供的学术、管理和情感支持将极大地影响在线课程的效果。第四,考核评价是激励。考核评估可以在测试学习效果、激发和鼓励学习者方面发挥作用。国内外许多学者发现,在网络教育中,唯有进行大量的形成性评估考核,才可以形成教学内容和考核方法,适应成人学习者的生理和学习特点。

(3)运行机制建设。继续教育信息化是一个系统工程,其设计、技术实现和管理需要完善的运行机制来支持。因此,在我校高等学历继续教育信息技术建设中,有必要注意各个环节的控制,保证规范有序发展。高等学历继续教育在线学习系统包括开课计划、课程管理、学习管理、题库管理、学习监督管理、学习成绩综合评估系统等,是一项具有系统性、经验性、专业性的大规模教育改革项目,要科学合理地约束教与学的过程,还需要能够随时收集学生学习数据和教师教学数据,并对这些数据进行统计分析。这些数据,客观地反映给教育管理者,做出科学合理的决定。在线学习服务的分析中许多没有考虑业务和数据收集,仍然有许多方面需要改进,如对学习条件的限制、管理课程结构以及收集学习过程参数。在高等学历继续教育在线教育系统的功能设计中，有必要尽可能多地考虑教育过程中的痕迹管理，并在教育过程中尽可能实现学习监督的智能化管理。随着教育信息化的快速发展，高等学历继续教育在线学习系统已经改变了业务或功能，这种变化为业务需求和功能设计带来了新的变化，为将来的系统升级做准备。

随着整个社会的信息化进程，在信息化指导下的线上和线下混合教育模式已成为当今世界的教育趋势。"四教融合"并非指使用在线教育代替学生传统的书本学习或面对面的教育，而是改革传统的教育方法，倡导"互联网+教育"的模式。形成理论与实践整合，在线与离线整合，大学教师与行业专家整合，学校与企业整合，职前教育与职后教育整合，正式与非正式教育整合的纵向衔接、横向贯通的教育系统。在职人员的继续教育不能像全日制学生那样统一，定期在学校长期学习，因此，远程教育要使用信息技术来提高教育质量并加强在线学习支持。泛在学习、智慧学习成为在职人员继续教育的关键学习方法。

**（五）推进"混合教学"，实现继续教育变轨超车**

混合教学（BL）是在线教学结合了面对面（F2F）教学，在信息技术中结合了媒体和工具，是一系列教学方法的结合。它通过在线和课堂干预来鼓励和支持学习，有效地避免了在线学习方法包括师生分离、混乱、孤立、反馈有限、缺乏责任感以及缺乏与老师面对面交流的局限性。因此，教育工作者将面对面教学与在线学习结合起来以形成混合学习模式。由于混合教学模式同时利用两种学习方式，因此已成为减少面对面教学和在线学习的重要替代方法。分析表明，混合教学模式远远优于面对面或完全在线模式。实践和研究表明，混合教学模式增加了沟通和交流的灵活性，降低了学习成本，提高了效率。教育专家严继昌认为，为了贯彻教育公平理念，相同教育形式下，应对传统成人教育、网络教育、开放教育、自学考试四种教育形式实行同一政策，以便改善办学秩序，有效地提高人才培养质量。这要求教育管理部门能够统一四种教育形式（传统成人教育、网络教育、开放教育和自学考试）的出入政策，并通过信息化提高人才培养质量，促进"四教融合"。

国外许多大学已经成功实施了混合教育改革，形成了系统的混合教育改革管理和实践模式，其丰富的实践与理论经验值得国内大学学习和推广。但是，由于我国高等学历继续教育有其自身的主观和客观原因，如学生工作学习冲突、招生的恶性竞争以及对各函授站的管理不当，很难保证教育质量。随着"提高教育质量、加快教育现代化、办好人民满意教育"的要求不断深入人心，一些高校开始尝试在学校一级进行混合教学模式的改革。

混合教学模式是一种学习方案，结合了多种教学方法，所以能够提供最有效的教育经验。混合教学模式在高等学历继续教育中最实际的效果是同时提高能力和学历，同时进行在线教育和离线教育，同时兼顾工作和学习。

混合教学模式可以满足成人学习者零散时间的学习需求，并提高学习效率。学生可以利用零散的时间随时随地学习，在线学习突破了学习的时间和空间限制，并促进了自主学习和合作学习、在线教育和离线教育的结合。

混合教学模式可以实现资源共享，改变对学习的传统看法，拓宽视野，更新思维，扩大优质教学资源的覆盖面，对课程、材料和课件的跨地区共享起到有效的推动作用。同时，有效促进了高级教学理念、现代教学方法和教育管理模式跨地区的传播和整合。

### （六）站点建设是专业建设的保障

校外函授站充当了我校高等学历继续教育与成人学习者之间的桥梁。一方面，校外函授站必须严格遵守主办大学的指示，并创造条件实现所在大学的学校理念和教育目标。另一方面，函授站直接管理我校高等学历继续教育成人学习者，帮助学习者理解我校的办学理念和方针，为我校高等学历继续教育成人学习者提供积极的服务，它既具有从属地位又具有管理组织功能。函授站是我校高等学历继续教育要进行改革发展的先锋和保障，专业建设最终服务于校外函授站自身的发展。

校外交流站是先锋。为了高等学历继续教育专业的持续性发展，必须充分考虑当地经济和社会发展的需求以及产业结构的变化。对本地人才市场的深入研究、分析和论证需要一些人力，我校建立的高等学历继续教育函授站遍布全国，与当地用人单位有着紧密的联系，可以预测未来当地人力资源的需求，而且拥有丰富的招聘经验，通过进一步研究潜在学生的实际需求提供详细的数据，为我校高等学历继续教育提供"专业优势"。

校外函授站是保障。我校高等学历继续教育更新了教学计划、修订了培养方案、创建了教学资源，校外函授站是否能"不打折"地履行和赞同我校的指令，为学习者提供高质量的学习支持服务是这些措施能否提高我校高等学历继续教育专业建设成效和成人学习者的教育质量的关键。此外，由于"工学矛盾"问题突出，主办高校也不可能将所有的成人学习者集中到一个地方封闭实训，因此，当地的详细情况以及我校的函授站是否能保持与地方政府和企业的良好关系，是高等学历继续教育课程实践的重要保障。

从事非学术技能培训和学历教育的各种类型的社会培训机构已经出现。生存和发展是校外函授站在竞争激烈的教育市场中要面临的一大问题，著名的学者迈克尔·波特认为差异化管理是一种选择。例如，一家企业基于自身技术或管理的优势，开发出有一定的市场需求、质量不低于市场平均水平的创新产品。差异化战略发展到高等学历继续教育领域，则应包括学生组织创新、专业发展创新和服务支持创新，这就创建了一个完整的差异化的竞争系统。该系统不仅可以为校外函授站赢得良好的办学声誉，各项工作还可以形成一个互补的循环系统。围绕差异化战略，专业发展和创新是其中的主要问题，规划的主体是大学，而实施的主体是校外函授站。校外函授站可以根据当地人力资源的特点，就地聘请熟练的技术人员为兼职指导老师，同时在校外建立一个稳定、个性化明显的培训基地，以满足成人学习者发展差异化能力和实现差异化战略的需求。

校外函授站是促进专业发展，帮助大学建立品牌，增强专业优势特征的核心力量。当前，大多数我校高等学历继续教育成人学习者如果要在校外函授站更好地发挥作用，进一步提高大学的继续教育社会服务能力，就要充分了解主办大学建立重点专业的意图，毫不保留地完成专业要求，并收集信息以进行前期专业研究和后期反馈。只有这样，才能为经济和社会发展培养更多高素质、应用型、复合型人才。

**（七）加强我校高等学历继续教育专业建设**

1. 校企合作是专业建设的必由之路

进入21世纪，我国产业结构转型和升级，随着新材料、新工艺、新技术的广泛应用，劳动密集型产业逐渐被技术密集型产业取代，产品标准进一步规范，劳动分工更加复杂，岗位技术要求越来越高。我校高等学历继续教育要坚持"开放办学"理念，改变落后于技术进步和产业发展的继续教育人才培养目标，建立与现代经济发展和社会职业领域相适应的专业培养体系。除此之外，学校还要加强和企业的合作，以合作为突破口，共同研究和预测高等学历继续教育成人学习者的需求，动态调整专业结构，创建新型专业。校企合作可以实现理论与实践相结合的课程建设，实现大学教师与企业技术人才相融合的师资建设，实现校企融合的实习培训，实现内部评估和外部评估相适应，从而使高等学历继续教育专业建设更好地服务于区域发展，更好地满足区域企业的人才需求。

（1）校企共办专业，是专业创新的有效途径。目前，继续教育市场尚不稳定。一方面，为了自我发展，企业希望年长的员工及时获得行业中最新的知识和技能，新员工可以在没有职前培训的情况下工作，从而降低企业的聘用风险。另一方面，继续教育办学不可能为老员工提供针对性很强的非学历培训，而学历教育则忽略实践技能的传授，广大新员工无法立即开始工作。为了解决这一矛盾，高等学历继续教育与企业联合以"订单班""指导班"等形式创建专业，通过建立特殊的校企合作专项建设指导委员会，对与特定行业相关的企业公司和毕业生进行研究，并掌握一线技术人员和管理人员必须具备的知识和技能结构，了解本地专业团队的人才需求，科学判断未来发展前景。在此基础上，学校和公司共同创建特殊专业，共同制订培养方案，共同建立课程体系，共同组成一个教师团队，实施非学历培训全过程管理，并构建了学历教育和就业的"零距离"合作模式。这种合作不仅满足了企业高端技术人才和现代管理人才的需要，而且使高等学历继续教育有效地与该地区的区域经济联系起来，以支持"差异化"开展高等学历继续教育和品牌培训项目，实现共赢。

（2）校企共同建立教师队伍，为专业发展提供师资保障。高等学历继续教育是针对应用型人才的，它需要专业的基础，并且可以及时更新该专业的最新知识。因此，高等学历继续教育相较于全日制教育，对教师在市场洞察力、实践指导以及现场组织和协调方面有更高的要求。目前，高等学历继续教育教师来自具有丰富的理论知识和科学研究能力的专职教学教师，但由于他们不了解高等学历继续教育成人学习者的实际需求，认为目前的水平足以满足高等学历继续教育成人学习者的需求，不愿意继续学习。另外，尽管这些老师热衷于研究专业，但他们不清楚与该专业相关的行业现状，如行业标准、未来趋势等。高等学历继续教育专业能否内涵式发展的关键就在于能否解决这一教师胜任能力的问题。没有高等学历继续教育与企业的紧密合作，专职教师就无法更好地了解行业中新兴的技术、新趋势和新设备，并弥补他们缺乏的专业实践经验。只有在高等学历继续教育与企业的合作下，企业的管理骨干、技术骨干、专家学者才有机会参与专业建设和教学，从而提高"双师"结构，为高等学历继续教育技能培训注入新能量，满足高等学历继续教育成人学习者的需求。

（3）学校和企业共同创建课程并为专业发展提供核心支持。当前，高等学历继续教育课程的建设仍由大学主导，大学教师很多缺乏对该行业的有效参与，他们对企业中实际职位的技术要求没有深刻的了解。此外，他们对高等学历继续教育课程的建设不了解，不能打破传统学科体系的局限性，由此开发的高等学历继续教育课程与企业职位的需求相距太远，高等学历继续教育成人学习者在教育过程中无法解决实际问题，其专业适应能力仍然相对较弱。为了解决这一问题，引入"社会参与机制"，将企业专家吸引到开发团队中，并共同构建高等学历继续教育课程体系。该体系以工作过程导向为特征，解决了学习者实际工作中的许多困难。

当前存在企业缺乏参与认识，课程开发周期长、时效性差，缺乏有效的信息协调机制，学校和企业在建立高等学历继续教育课程过程中合作不足等问题。鉴于此，在建立高等学历继续教育校企联合教育课程时应确定三个关键点：首先是对多主体交互的清晰认识。课程开发包括课程负责人、课程经理、行业专业人士、高等学历继续教育专业人士等。在课程建设过程中，不同的人承担着不同的责任，这使传统课程建设成为过去，并在学校、企业和政府中通过多方互动建立共同发展课程的机制。其次是及时更新课程内容。校企共建课程将行业专家和高级企业技术人员加入开发过程，这样一来就可以根据最新最前沿的专业和技术制订最新的教学计划和课程内容。通过这样的构建过程，课程开发与行业保持了一致，这无疑有利于学习者综合技能的提升，并为未来的高等学历继续教育课程可持续发展奠定了坚实的基础。再次是建立有保证的互动课程开发运行机制。必须保证充分授权机制，使老师可以从课程管理人转变为决策者或设计者，以便专注于课程建设工作。另外，通过强大的激励机制，使大学教师专注于高等学历继续教育的研究。

2.特色（重点）发展是专业建设的重要内容

近年来，接受高等学历继续教育的学生人数急剧减少，各种学校管理机构之间的竞争不断加剧。高等学历继续教育办学机构生存和发展的关键在于是否有自己的特色。但目前高等学历继续教育专业的设置非常相似，仅重视增加专业数量而忽视专业建设是一个严重的问题。造成这一现象的根本原因在于缺乏高等学历继续教育差异化管理理念。利用差异化战略思想，在某些方面发挥专业特色，就能优于其他院校类似专业的相同方面。目前，在高等学历继续教育中建立重点专业仍然存在缺陷。首先是缺乏有效的制度支持。所有学校全权负责资助高等学历继续教育专业的建设，即使被选为重点专业，也没有财政支持和奖励。对于参与专业建设的教师，没有明确的工作量转换和绩效奖励的规定，但是重点专业的建设标准要求每个专业至少包括两门优秀的资源共享课程。相关经验表明，建设高质量的在线课程通常需要6~9个月，并且需要50，000~80，000元人民币的资金支持。这些客观原因导致缺乏资金支持，高校教师的参与度低，只能在高等学历继续教育中使用全日制课程资源，难以满足成人学习者的需求。

3. 构建专业评估制度势在必行

如今，高等教育变得越来越复杂，需要更加合理系统的指导来使高等教育适应中国的社会发展和经济改革。作为一种有效的管理方法，各种评估已被广泛用于全日制教育管理的实践中。近年来，人们对大学综合评估提出了越来越多的问题，并且专家进行独立评估的呼声越来越大，主要是由于专业评估相较综合评估要少劳动强度和时间，并且在评估内容和评估方法上更容易组织、实施。专业评估可以有效地提高专业设置的教育效益和社会效益，可以如实地体现本专业的人才培养质量。

随着高等学历继续教育专业发展社会化、课程实践化以及非学历化发展，高等学历继续教育专业发展的质量变得越来越重要。专家评估是高等学历继续教育专业发展质量保证体系的重要组成部分，应被视为高等学历继续教育专业人才建设和发展的重点。但是，对高等学历继续教育专业发展领域当前组织的评估，一般内容包括注册管理、教学管理、考试管理、教育资源建设和站点管理，都是综合评估。尽管评估项目很复杂，涵盖各个方面，但诸如专业设置是否满足社会需求、教学计划与培训目标的匹配程度这些专业评估中涉及的关键要求并未反映出来。这体现了人们对高等学历继续教育综合评估与专业评估之间关系的理解模糊。因此，建立科学有效的专业评估体系是高等学历继续教育专业的一大重点。

全面的专业评估必须包括内部和外部评估。内部评估是一所高等学历继续教育机构的日常教育管理手段，将高等学历继续教育办学单位作为评估主体，定期安排相关的专业评估，以评估为中心建立过程监控系统，形成自我完善和自我约束的良性运行机制。外部评估是指高等学历继续教育办学部门以外的组织的专业评估，包括各级别教育部门、行业协会和其他组织。外部评估的实质是指导内部评估系统的建立和完善，帮助学校建立自我检查和自我约束的系统。两者之间存在差异也存在必然联系，可从各个层面反映高等学历继续教育的质量。

专业评估是一种旨在促进高等学历继续教育专业的建设与发展，提高专业人才培养质量的手段。通过专业评估动员、教育理论研究、教学方法讨论、教育过程检查、横向比较来发现差距，达到更新专业建设概念、精准专业定位、加深专业理解的目的。两种评估从内容来看，并没有太大的区别，但是每个部门的评估重点是不同的。例如，内部评估将专业设置是否与经济和社会发展相吻合、培养方案是否满足行业的培训需求作为重点，而外部评估将教育质量、学习者的学习效果作为重点。两种类型的评估具有相同的效果。首先是诊断效果。两类评估都能真实了解专业的教育质量，发现专业建设中的不足，为专业发展提供数据支持与理论依据。其次是识别效果。评估都具有结论说明。外部评估通常涉及学校机构之间的横向比较，得出诸如减少专业计划和暂停专业招生等处罚；内部评估基于垂直比较，对专业的等级进行分类，并确定整改措施。最后是激励作用。两种类型的评估都促进了学校之间和学校内部专业的交流和比较，在评估过程中注入了动态的竞争机制，促进了学校专业建设工作。

## 第二节　自学考试发展路径

在当代和未来的社会发展中，继续教育已不再是学历教育的终点，而将成为人民群众继续学习和终身学习的新起点。党的第十九届四中全会上明确提出："构建服务全民终身学习的教育体系……完善职业技术教育、高等教育、继续教育统筹协调发展机制……发挥网络教育和人工智能优势，创新教育和学习方式，加快发展面向每个人、适合每个人、更加开放灵活的教育体系，建设学习型社会。"

学历继续教育是我国高等教育事业和继续教育事业的重要组成部分，是建设学习型社会的重要支柱，是高校人才培养和社会服务的重要形式，是彰显学校特色和优势的重要阵地。习近平总书记在全国教育大会上指出："加快推进教育现代化、建设教育强国。"继续教育现代化是一个国家步入教育强国的重要标志,是推动人类文明进步、促进人的全面发展、调整结构性改革的重要工具。高等教育自学考试(以下简称"自学考试"或"自考")作为继续教育体系的组成部分,坚持"积极发展,开拓创新,规范管理,确保质量"的方针,为继续教育的高质量发展奠定了坚实的基础。

自学考试是一种将个人自学、社会助学和国家考试三者有机结合的高等教育形式。自1981年被创设以来,自学考试制度经历了近40年的发展,帮助2000多万人实现了高中升专科、专科升本科的学历提升之梦,为我国各行各业输入了大量人才,为我国社会的进步和发展做出了巨大贡献。在当今教育体系下,自学考试链接了多种教育形式,包括普通高等教育、成人高等教育和网络高等学历教育,甚至还包括证书转换系统等,其权威性和含金量在社会上也得到了普遍认可。与此同时,自学考试除了具有灵活性、适应性、开放性、多样性外,还兼具"以人为本"的特点。在考生学习知识和技能的同时,帮助其养成良好的自学习惯,提高其个人素养,因此从根本上帮助学生实现个人发展。同时,自学考试参与者在自身成才的过程中,又可带动全社会的学习风气。这表明,自学考试对丰富高等教育的教育形式、拓宽高等教育的教育渠道、加快高等教育从精英化向大众化的转变,起到了不可替代的作用。

但随着我国高等教育的普及和发展,自学考试的优势在逐渐丧失,并面临着严峻挑战,因此,自学考试必须适应时代需求进行转型,以供给侧结构性改革为切入点,以构建不同教育形式之间的人才成长"立交桥";同时以我国终身教育体系为根本目标,通过夯基础、调结构、补短板、扬长项,不断推进我国自学考试制度的改革与创新。

## 一、发展自学考试的现实意义

### (一)促进了国家终身教育体系的构建

"终身教育"这一术语是法国教育学者保罗·朗格朗于1965年在促进成人教育发展的国际会议上提出的。他认为:"终身教育是完全意义上的教育,它包括了教育的各个方面和各项内容,是指一个人从出生的那一刻直至生命结束为止的不间断的发展。"由此,"终身教育"的理念在世界范围内逐渐得到赞同。中国也积极响应联合国"教育首位"的倡议。2013年,习近平总书记在联合国普及教育的倡议活动上指出："中国将坚定实施科教兴国战略，始终把教育摆在优先发展的战略位置，不断扩大投入，努力发展全民教育、终身教育，建设学习型社会，努力让每个孩子享有受教育的机会，努力让十三亿人民享有更好更公平的教育，获得发展自身、奉献社会、造福人民的能力。"随后，在2019年党的第十九届四中全会上，再次强调了终身学习的重要性："要构建服务全民终身学习的教育体系，加快发展面向每个人、适合每个人、更加开放灵活的教育体系，建设学习型社会。"

长久以来，人们仍将"教育"的概念与传统教育体系（小学教育—初中教育—高中教育—普通高等教育）相等同，而忽略了继续教育的重要性。自学考试作为学历继续教育的重要组成部分，有助于变被动的教育活动为主动的教育活动，打破"全日制才是教育主阵地"的传统观念，让更多高校的优质教育资源不再"遥不可及"，帮助搭建职业教育与普通教育之间的"立交桥"，有助于"终身教育"理念在我国得到普及与认可。因此，自学考试是促进我国终身教育体系构建的重要举措。

**（二）推动了教育产业链条的发展**

普通高等教育、成人高等教育和高等教育自学考试是我国国民提升学历的三大主要途径。其中，自学考试的学生体量最大。为不挤占普通高等教育和成人高等教育的教学资源，自学考试的主要教学方式为高职高专助学和社会助学。根据《高等教育自学考试暂行条例》的规定，社会助学指的是具有法人资格的社会团体、企事业单位、民主党派和个人，根据国家考试委员会和各省各自治区考试委员会颁布的自学考试大纲和专业计划，通过课堂面授、电视广播、网络等多元化形式来辅导学习者开展学习的一种助学行为。[①]因此，随着自学考试的不断发展，社会经济活动中出现了各类社会助学机构。它们辅助自考生获取各类自学考试专业知识，并逐渐形成了一条规模大、生命力强、功能全面的教育产业链条，在帮助学习者提升学历的同时，还为社会增加了许多就业岗位，推动了经济产业结构的整合与优化，在一定程度上实现了自学考试服务社会的职能。

与此同时，面对纷繁复杂的经济形势，以及社会对高素质人才需求量的不

---

① 中华人民共和国教育部.高等教育自学考试暂行条例[EB/OL].[1988-03-03].http://www.moe.gov.cn/s78/A02/zfs__left/s5911/moe_620/tnull_2737.html

断增加，自学考试通过推动知识和人才两者有机结合，在培养专业人才、提升人力资本方面起到了重要作用。作为大学后教育和职业后再教育的重要手段，自学考试帮助学习者不断汲取知识，促进其知识结构优化完善，为相关专业领域输送了大量成熟人才。这样的良性循环，让自学考试成为联合人才培养、教育产业、经济发展、生产经营等各领域的重要载体。

### （三）拓宽了专科以下学生的学历提升通道

随着人民生活水平的不断提高和知识付费时代的到来，越来越多的人（尤其是高职高专的学生）认识到了知识对自身发展的重要性，甚至是决定性作用，同时也对学历提升和继续深造有了更高且更迫切的需求。但相较于普通高校的学生，专科以下学历的学生往往因为种种主客观原因，很难实现其"名校梦"。加之高考毕竟是"千军万马过独木桥"，"211""985"等高等学府更是普通高等教育中的"象牙塔"，对于专科以下学历的学生而言，"可望而不可即"。于是，自学考试这个被称为"没有门槛的大学"应运而生，给了这些学生一个圆梦的机会。因此，对于个人而言，自学考试已逐渐成为个体管理自身、跟随社会快速发展形势和提升生活品质的有效手段。

自学考试制度亦是对我国高等教育体系结构的有力补充。作为具有中国特色的高等教育办学模式，我国自学考试与普通高等教育相区别，凭借"寓学于考""以考促学"的独特办学形式，可以帮助学习者提高知识的拥有度、创造度和应用度，为专科以下学历的学生平等接受高等教育提供了机会，是化人口压力为人才优势的催化剂。因此，在我国，自学考试是普及和推广高等教育不可或缺的重要手段。

### （四）向高职高专院校的师资队伍提出了新要求

自学考试的学习者中除了已参加工作的社会人士外，还有很大一部分为高职高专的在校学生。针对此类学生的教学活动，主要由高职高专院校负责组织与实施，并以主考院校自学考试主管部门进行审查与监督的方式开展。

借助主考院校的社会美誉、学科优势和悠久历史，高职高专院校的专升本项目可以吸纳大量在校生报考。这就对高职高专院校的教学管理提出了更高的要求，并间接促进了其学校学科建设的可持续发展。同时，在主考院校的指导、管理、审核与监督下，根据主考院校的学历学位授予要求，高职高专院校在本校的专升本教学组织中，往往会优先选派有经验的高素质教师实施教学。

在主考院校的"传帮带"下，高职高专任课教师的本科教学经验会得到明显进步，如此可以有效提升高职高专院校师资队伍的综合水平，提升学校的整体教学能力。

## 二、自学考试的现状分析

考生需求对自学考试的创新发展至关重要。及时掌握自学考试的发展现状，探索新的增长点，才能为增强自考生的就业竞争力提供强有力的依据，为自学考试制度的可持续发展提供源源不断的动力。

### （一）我校自学考试助学班教育的发展现状

在开展招生注册方面，如图5-2所示，我校自学考试助学班教育2017年全年招生2354人。其中，报考人数最多的三个专业分别为工商企业管理902人，占总人数的38.3%；投资理财454人，占总人数的19.3%；会计（注册会计师方向）294人，占总人数的12.5%。其余，金融61人、金融管理283人、商务管理162人、物流管理58人、工程管理21人、人力资源管理82人、计算机信息管理13人、市场营销1人、法律5人、商务英语2人、视觉传达设计16人。

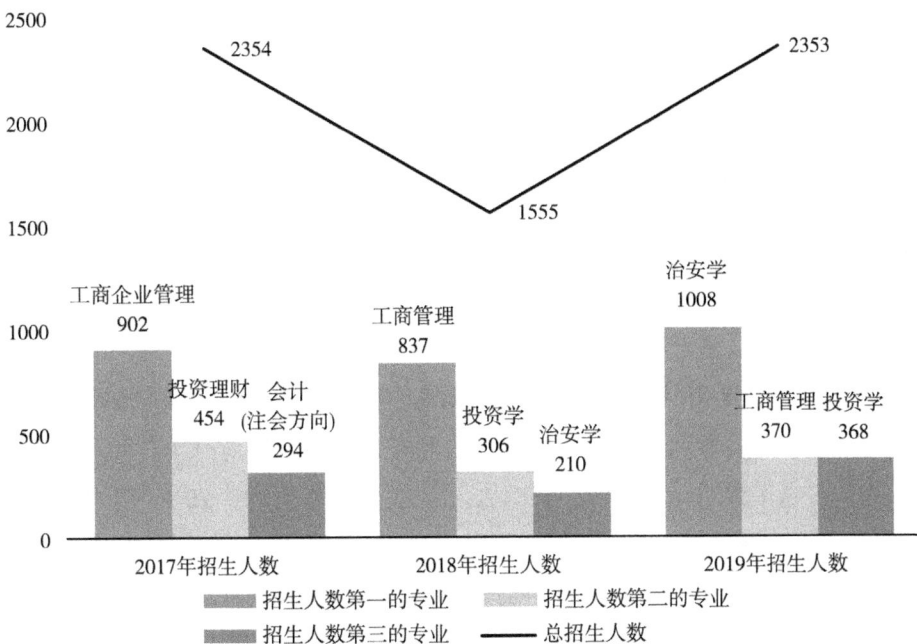

图5-2　中南财经政法大学高等教育自学考试近三年专业招生情况分析图

2018年全年招生1555人。其中，报考人数最多的三个专业分别为工商管理837人，占总人数的53.8%；投资学306人，占总人数的19.7%；治安学210人，占总人数的13.5%。其余，会计学118人、金融学83人、网络新媒体1人。

2019年全年招生2353人。其中，报考人数最多的三个专业分别为治安学1008人，占总人数的42.8%；工商管理370人，占总人数的15.7%；投资学368人，占总人数的15.7%。其余，金融学255人、会计学184人、网络与新媒体166人。

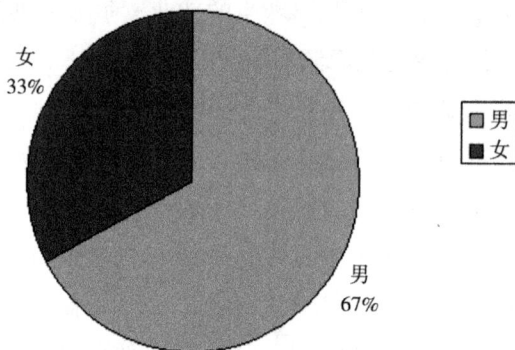

图5-3　2019年中南财经政法大学高等教育自学考试招生学生性别分析

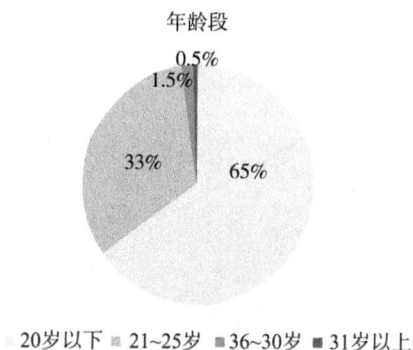

图5-4　2019年中南财经政法大学高等教育自学考试在校本科生年龄段分析

如图5-3和5-4所示，2019年招收的自学考试非全日制专升本学生中，男生1569人，占总人数的66.7%；女生784人，占总人数的33.3%。20岁以下占总人数的65%，21～25岁占比33%，26～30岁占比1.5%，31岁以上占比0.5%。

在优化助学形式方面，2018年初，经过评审，我校与武汉启明讯网信息技术有限公司签订合作协议，认可其开发的"中南大云平台"（以下简称"云平台"）作为开展我校网络助学的平台之一。与我校合作的各助学单位可选择通过该平台开展助学工作，亦可按鄂自考〔2017〕7号文件[①]要求开展课堂面授助学（即传统线下的方式）。至此，我校助学工作进入了课堂面授助学与网络助学相结合的新局面。截至2019年底，经过专家评审和湖北省考试院备案，我校会计学院、金融学院、工商学院、刑事司法学院等已研究开发了55门课程的学习课件并上传至"云平台"。网络助学平台的构建不仅实现了我校优质教学资源与社会的共享，显著提高了学生的自考通过率，还能通过对学生学习全过程的痕迹检查，督促其主动学习，实现师生线上交流，帮助我校自考工作人员在助学的各个阶段及时发现学生的作假行为并立即采取相应措施。

在加强过程管理方面，2016年起，我校开始开展学业综合评价工作，并将其纳入日常助学工作的重点。目前，我校网络助学人次约占湖北省总数的三分之一，所有参与我校网络助学的自考生均需参加我校统一组织的学业综合评价、综合测验。2019年，我校接受自考生学业综合评价报名60000余科次，共审核7000余科次学业综合评价电子数据与纸质材料，共组织4次计7000余科次学业综合评价综合测验，最终上报成绩面授形式7035科次、网络助学形式33615科次、网络试点形式6033科次、社会网络形式13819科次。

在调整课程设置方面，为紧跟自学考试内涵式转型和湖北省经济社会发展的需要，并落实《湖北省高等教育自学考试第六轮专业课程体系改革方案》的工作要求，2019年，学校持续推进自学考试专业课程体系改革和调整工作。一是进一步调整专业课程体系，将课程设置中原来的四个部分（公共课程、专业基础课程、专业核心课程、实践课程）变更为三个部分（公共课程、专业核心课程、选考课程）；二是加强助学过程管理，不断扩大学业综合评价的课程适用范围，提升助学质量监督管理水平，提高考生考试通过率。

通过对以上图表和数据的分析，我们可以发现：一是我校自学考试非全日制助学班教育近三年的总体招生规模尚未实现大的突破，在2018年的湖北省自学考试课改时期，甚至一度出现大幅度下滑；2019年，我校结合工作实际，积极推进"减点增效""开展网络助学""学业综合评价"等一系列措施后，才使我校自学考试招生规模再次"回暖"。二是三年期间，我校对自学考试非全日制助学班教育的专业设置进行了结构性调整，主要措施是充分发挥了我校独有的治安

---

① 湖北教育考试网.关于进一步加强我省自学考试社会助学课程过程评价管理工作的通知[EB/OL].[2017-7-5].http://zikao.hbccks.cn/zkzx/2017-07/138132.html

学专业优势,从而使我校自学考试的发展在湖北省独树一帜。

在工作取得初步成效的同时,我们仍需清醒地认识到,新形势下,自考发展"不进则退"的态势只会愈发明显,只有与时俱进、直面挑战、创新思维,才能使自学考试制度更好地服务于学习者和社会发展。

### (二)目前我国自学考试发展所面临的普遍问题

#### 1.普通大众对自学考试的认识不全

随着高等教育普及化程度的加深,各类教育形式如雨后春笋,严重挤压了自学考试的发展空间。加之部分高等院校和政府管理部门对自学考试定位不准,不重视近年来自学考试发展中所面临的种种困境,亦忽略了自学考试在我国构建学习型社会中的重要地位,导致我国许多省市的自学考试制度建设缺乏中远期规划,创新变革程度低,发展步伐落后于时代需求。

许多人认为,自学考试是一种"补充教育",主要是为那些不能考入普通高校的学生提供学习机会。在这种思想的指导下,不少普通高校不重视自学考试的建设和发展,没有把自学考试摆在应有的位置,没有纳入人才培养体系和建设发展规划,甚至忽视自学考试的公益性。在许多普通高校中,自学考试等继续教育仅被当作学校的创收手段。学校并未从学科建设、课程调整、教材编撰等方面入手,开展自学考试的制度建设和理论研究,导致自学考试在普通高校中被边缘化。

特别是在高考录取率不断提升和自学考试生源不断萎缩的背景下,有的高校对举办自学考试缺乏动力,缺乏经费支持和制度保障,师资队伍和教学设施无法满足需要,管理人员的工作积极性普遍较低。这都导致自学考试的管理结构、专业体系和培养计划无法及时得到合理调整,培养出的学生也逐渐不再符合社会要求。由此,自考发展便出现恶性循环:自考生在学习过程中所面临的困难不能得到及时消除—学生学习积极性日渐减退—自考对求学者吸引力下降—自考报考人数更少—决策者更易忽视自考的发展与改革需求。

#### 2.生源逐渐萎缩

自学考试从20世纪80年代开始出现以来,凭借其开放性、社会化的特点,在当时普通高等教育还不能够满足国民教育需求的情况下,一定程度上满足了普通大众对接受教育的渴望。因此,"高考落榜生"是自学考试的主要生源。但从1999年起,全国高等学校开始实行大规模扩招,使得自学考试的生源逐渐萎缩。

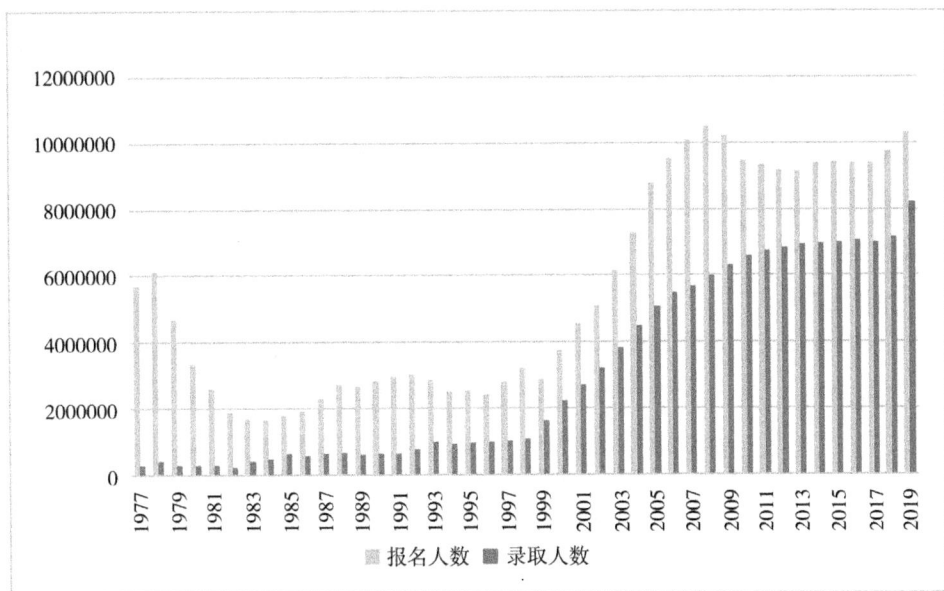

**图5-5　1977—2019年高考报名人数和录取人数统计图**

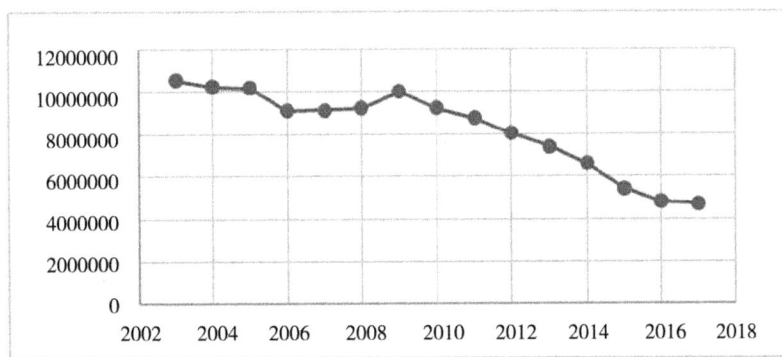

**图5-6　2003—2018年全国自学考试报考总规模变化趋势**

如图5-5和图5-6所示，自1999年起，高考报名人数和录取人数都得到大幅度提升。普通高等学校的招生比例较1998年增加了47.4%；到2019年，高考报名人数已达1031万人，高考录取率保持在79%以上，高等教育毛入学率提高到了45.7%。大学生不再被誉为"天之骄子"，取而代之的则是"人人有书念"的现实状况。于是"高考落榜生"越来越少。作为"没有围墙的大学"，随着普通高等教育门槛的逐渐降低，自学考试也慢慢失去了"高考落榜生"这个群体。

因为高校毕业生数量的大幅度增加，"精英教育"被"大众教育"所替代，导致本科毕业生面临着前所未有的就业压力。在就业市场上，同样的薪酬待遇，几乎所有用人单位都把高学历作为员工入职的敲门砖。那么，相对于普通高等教育，自学考试毕业证书的含金量就远不能及了。因此，自学考试在1983年到2012年的发展期间，报考人数总体呈上升趋势。其中，1994至2000年间，增速一路飙升，于2001年达到1400多万人次的最高峰；但2001年后，后劲不足，报考人数有所下降，2006年已下降至950万人次；近两年，自考报考人数更是呈逐年下滑的趋势。

与此同时，随着社会经济的发展，人们接受教育的途径也越来越多。除了普通高校教育、成人高等教育、高等教育自学考试之外，又发展出了许多其他教育形式，比如，普通专升本教育、网络教育（远程教育）、高技中技等技能教育、中外合作的各类留学项目，等等。其中，成人教育入学门槛降低，甚至有的学校实行先入学后考试的制度；函授教育因为其不脱产和通过考试即可获得毕业文凭的便捷特点，吸引了大部分年纪偏大的在职人员；近年来方兴未艾的网络教育，利用现代化科技手段突破时空的限制，缓解了工学矛盾，加速了生源的分流；各种更具有针对性的资格认证和职业认证教育，让大量持有"实用主义"态度的人群趋之若鹜。

另外，相较普通高等教育的"严进宽出"，自学考试则是"宽进严出"并且不需要入学考核。学生入学前的教育背景各不相同，有初中、高中、中专、中技、大专、高技，素质参差不齐。自考生的自制能力较差，学习的自觉性和主动性较弱，对学习更是缺乏热情和动力，且自卑心理严重，不愿意和人交流；助学机构的学生和教师之间也缺乏沟通，这导致教师无法进一步了解学生，学生亦不能和教师产生亲切感，于是学生更加厌学；再者，许多高职高专院校直接聘请其他普通高校的在校研究生来给自考生授课，全然不顾及这些在校研究生教学经验不足，对知识缺乏系统、准确把握的特点，而使自考生学习效果不佳；学校自考助学管理人员配比严重不足，导致管理不到位。据调查，自考非全日制助学班的在校考生，缺席率大多在20%～50%之间，个别科目甚至高达50%～80%。学生学习没有良好的氛围和指引，看不到光明的前途与发展，长此以往，恶性循环，学生步入社会更加困难，从而严重打击了学生报考自学考试的积极性。

### 3.专业设置不合理

虽然开展自学考试的目的是满足国民大众对专业知识的需求，提高整体国民素质，但大众报考自学考试的主要目的是为了解决自身的就业难题。这是与普通高等教育的重要区别。因而，自学考试对专业设置的实用性需求更强。自学考试的学习者除了有对理论知识的需求外，更重要的目的是为了满足其现有工作的需要或者增强自身就业竞争力。同时，由于工学矛盾突出，他们更希望能够在最短的时间内学到最有用、最有效、能立刻解决实际问题的方法。其学习目的更侧重知识的实用性、应用性，而不是学术性、理论性。参加自学考试的学习者往往是为了获得更好的就业和晋升的机会。

当前国家经济进入深化改革期，社会结构不断调整，市场对人才的需求也在不断更新，但社会发展与自考专业调整周期两者无法匹配，导致自学考试毕业生没有就业市场。近年来，互联网等高新科技的迅猛发展，相关从业人员收入颇丰，使得一些与互联网有关的理科专业炙手可热。高收入、高社会地位、广阔发展前景的诱惑，使这些专业火爆一时。相反，人文社会科学类专业的报名者门可罗雀。大众普遍青睐这些热门专业，在完全忽视了自身的兴趣、爱好、优势和教育背景的基础上盲目报考，导致最终的求职结果与自身预期脱轨。一些已经落后于社会发展需求的自考专业设置易造成"毕业即失业"的现象。为了不误导学生，笔者建议将这部分专业尽早进行调整。

在学生报考时，主考高校、高职高专院校和社会助学机构有责任通过各种宣传形式，让学生客观而全面地认识到各种专业的特点，帮助其理性报考。"冷门"和"热门"只是某个时期内市场表现出来的用人需求差异，不能代表市场的长远需求。学校应当坚持市场导向，随时关注社会需求变化，并根据变化适时调整某些专业的招生指标，引导学生根据自身学习背景、优势、喜好来选择适合自己的专业。同时，我们还应当改进教育行政部门审批周期长、程序复杂的问题，从程序上减少自考专业设置调整的阻碍。与此同时，在自考教材的编纂方面，目前很多自考教材照搬照抄普通高等教育本科院校的相关专业计划，不顾及自学考试整体生源质量特点，也不考虑省里编写的自学考试大纲。教材内容偏理论、轻实践，知识陈旧，直接影响了考生的学习效果和毕业生的就业情况。

以湖北省为例，湖北省自学考试的有些专业设置不符合社会发展对人才的需求。2019年课改以后，原由我校主考的法学类专业（经济法、律师）并入"法学"专业，并改为由武汉大学主考，但武汉大学已于近年停止了自考助学活动，导致湖北省法学专业自考助学出现空缺，我校"财经政法类"高校的资源优势无法得到充分运用；再比如，自考物流管理专业的专业计划原由一所理科类高校制订，现由我校主考，但我校物流管理专业属文科类培养模式，导致我校无法给该专业的考生提供合适的教材、教师和培养计划，因此物流管理专业从最高峰时的一万多人到现在的少有学生报名。

4.招生市场混乱

自学考试的教育对象涵盖了大专以后甚至高中以后的各个年龄层次和市场中的各行各业，人数庞大，且在文化程度、家庭背景、学习能力、学习需求等方面都存在巨大差异。同时，学生所在地也非常分散：有的学生通过自己所在的高职高专报名，有的学生通过第三方中介机构报名，有的学生在自己所在的地、市、县的招生办公室报名。以上报名渠道让自学考试的学习者分散在省、市、县各地。因而，学生获取教育政策、制度等信息的渠道亦复杂多样。目前，我校自考助学只有非全日制助学方式，因此主考院校与自考生之前信息不对称的情况难以避免。许多第三方机构利用这点进行虚假宣传，以我校名义承诺"包过"或开展"全日制教学"，收取学生大量费用却不对学生开展合理有效的培训与管理，导致很多学生受骗，严重耽误其学习、考试与毕业。

实践中，许多社会助学机构、招生院校和招生代理为了自身的经济利益，盲目夸大自考含金量和自身的师资力量、软硬件环境和教学管理能力，以扩大招生，争夺生源。因此，五花八门的宣传广告相继出现：首先是传统的广告形式，在地铁站、公交车、共享单车、电梯、外卖送餐盒上随处可见；更多的是页面弹窗、微信推送、微博广告这类互联网终端的网络广告。这些宣传广告的用语大多极具误导性，比如："边工作边拿证""轻松上本科""专升本末班车"等，对那些自身判断能力不强又亟待提升学历的受众极具吸引力。同时，很多宣传广告打着"名校"的幌子，利用广大群众对公办高校的信赖心理偷换概念，打擦边球，把非全日制专升本教学与全日制本科教学相混淆，欺骗学生和家长。甚至有些社会助学机构并不具备《高等教育自学考试暂行条例》规定的办学资质，仍然违规办学，办学后又不对学生负责，刚收完学生"学费"就突然失踪。以上这些行为严重损害了学生利益，扰乱了市场秩序。

　　然而，多数社会助学机构、招生院校和招生代理并未兑现其广告中所提及的各项"承诺"。有些社会第三方中介机构盲目开设专业，完全不综合考量自身的招生能力和招生效果，导致有些专业因报名人数太少而没有利润，又得说服学生办理转专业手续。有些社会第三方中介机构硬件设备非常简陋：为了节省开支，直接在学校校园内的孵化园里租几间办公室，简单置办一些桌椅、电脑、风扇、空调、黑板和投影设备；任课教师也直接由高校的退休老教授或在读研究生兼职；宿舍是以单位名义在学校附近租用一栋还建楼，再改造为胶囊房，供学生居住，没有门禁、辅导员、水电限制和专职保安，安全隐患大。

　　5. 考试通过率低

　　如图5-7所示，2016—2019年，我校自学考试毕业生人数总体呈下降趋势。究其原因，是自考生越来越难通过自学考试。自考生的学历起点低，他们的高考分数较低，有些甚至没有参加高考，因此其普遍学习能力较差，缺乏系统学习的意识和规划，学习积极性差，所处的学习氛围也不够，之所以选择自学考试，更多是从众心理或者就业需要。

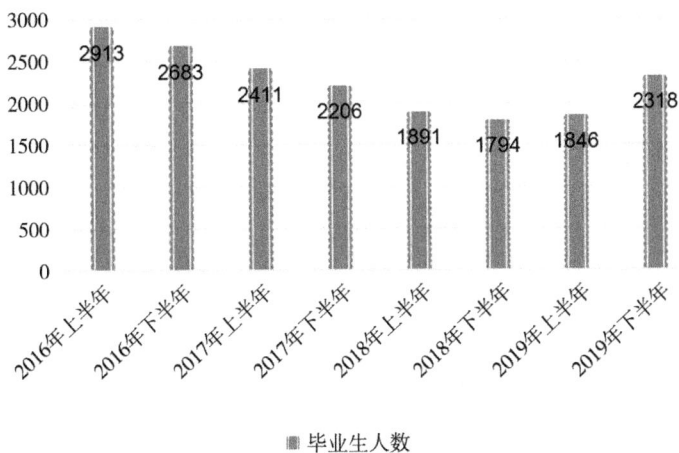

图5-7　2016—2019年我校自学考试毕业生人数统计图

　　自考生可根据其注册类型分为两类：社会考生与助学班考生。如果学生为社会考生，那么他的学习过程基本完全靠自己。没有好的教学计划作为引导，没有好的老师进行指导，没有好的政策信息获取渠道，也没有同学伙伴互相督促，对于本身基础就较薄弱的自考生而言，要想熟练掌握一门新的知识是非常困难的；如果该生同时还是在职人员，那么工作会分散他大量的精力，攻读自学考试，对他自律意识和自学能力的要求会更高。

如果学生为助学班考生，那么由高职高专等助学机构对其授课。但多数助学机构因普遍存在"重考试轻教学"的现象，而对自考生的引导管理极不到位。自学考试具有学生流动性大、成分复杂、人数较多、分布广泛的特点，使得不同的自考生其各方面情况很有可能千差万别；加之自学考试的灵活性特点，更使得学生的学习情况非常依赖于自身的自制力。因此，如果助学机构仍采用传统的线下管理方式，则具有极大的局限性。同时，主考高校对自学考试也不够重视，因健全监督机制的缺乏，导致高校对这些助学机构的监督整改工作流于形式。综上原因，从助学机构到主考院校均对自学考试教学管理松懈，导致两者的社会服务和人才培养目的无法得到落实，直接影响了自学考试制度的良性发展。

同时，自学考试出题人均为来自主考院校的在职教师，这些教师一般只对该校全日制本科生、全日制硕士生开展教学，对学历继续教育学生的整体素质没有把握，出题难度与学生学习程度脱节，一些理工类的课程甚至难到让自考生无从下笔。加之严格的考场纪律和评卷要求，自考生的考试通过率普遍较低。

自学考试一年有两个考期。若按理想状态进行假设，学生一个考期能报考两门课程，一年就能报考6门课程，一年大概能通过4～6门课程。那么该生完成一个专业的所有课程考试一般需要经历两年半的时间，再加上毕业申请和学位申请的时间，学生从报考到自考学习结束大概需要2～3年。这绝对是一个漫长的过程，对于需要兼顾学习、工作、家庭的社会人士而言，压力可想而知，也会导致大多数人很难坚持到最后。

综上所述，据不完全统计，我国自学考试的平均通过率仅在10%～30%之间。低通过率严重打击了自考生的学习积极性。

### 三、自学考试的发展路径选择

笔者结合我校自学考试工作实际，对目前我国自学考试工作中存在的普遍问题进行了分析与讨论。在此基础上，本研究建议从改革课程体系、探索"互联网+继续教育"模式、实行学业综合评价、开展教学监督指导、调动主考院校积极性、加强自考品牌宣传、构建自学考试"学分银行"等方面对自学考试制度进行变革和创新。

### （一）改革自学考试的专业和课程体系

自学考试发展需在充分的市场调研基础上，坚持能力导向的教育理念，从素质、知识、能力等方面的统筹协调发展入手，根据市场情况和职场需求确定人才培养目标，面向未来市场，设置具有前瞻性的专业及课程。当前，自学考试的专业设置基本上完全参考普通高等教育的专业设置情况。这种做法是一把"双刃剑"，虽然保留了自学考试的群众认可度，但是也丢失了自学考试本身的优势与特色，导致自学考试完全变成本科以下学历的国民大众获取文凭的途径，其含金量和社会声誉都有所降。虽然各高校均结合自身学科优势与特点开展自学考试，并且主考院校在课程教授与师资储备方面都有优势，但仅立足于本校的学校发展愿景、教师共同期望和本科办学定位，忽略了自学考试生源萎缩且质量不高的现实，其培养目标的构建忽略了自学考试市场需求方的要求。因此，很多高校的自考专业设置和课程设计不仅没有体现广大在职人员和专科学生的就业需求，还处处烙着普通全日制高等教育人才培养计划的印记。由此可见，目前的自学考试在掌控社会发展方向方面的能力很弱。我们应当认识到，自学考试专业设置最迫切的改革需求就是充分体现前瞻性。

1. 优化专业结构，培养符合市场需求的实践性人才

不同地区的经济发展水平各不相同，人才需求偏好便截然不同。因此各高校设置自学考试专业时，应该因地制宜地对当地的经济发展水平、教育水平和发展优势进行考量，着力打造符合地方发展需要又具有地方特色的专业体系计划。同时，还应根据地方市场需要，适时新增或调整专业设置内容，力求所培养的毕业生能真正实现"学有所用"。我们应当认识到，相对新兴产业的飞速崛起、市场需求的瞬息万变和社会经济的突飞猛进，教育教学所涉及的人才培养转型总是具有一定的滞后性。所以，在调整专业设置时，相关单位应立足于未来市场发展趋势，合理调整自学考试的专业设置并科学规划学科发展。具体可以从以下三个方面入手。

首先，优化自学考试专业设置和结构调整，建立具有特色的学科体系。面对新时代，我国自学考试在专业课程的教学内容上，不仅要像普通高等教育那样强调对学科基本理论知识的系统性学习，更重要的是要考虑成人学生的教育基础和实际工作需求，适当地降低理论课程的考核难度。自学考试的教材内

容不能完全照搬照抄普通高等教育的本科教材，而是要结合国情和学生实际，更多地向学生教授专业课程内容的实践意义和实践方法，帮助学生将所学知识尽快运用到工作中，及时转变为现实的生产力。比如，对于高等数学、财务管理、初级（或者中级、高级）财务会计等课程，老师应当在教学时多讲授一些公式、分录的实际运用方法，多与行业、企业、市场、成本、利润、费用等相结合，通过自身工作经验，告诉学生有关知识在具体工作中的运用技巧。

其次，应时开设与管理和学生工作有关的专业课程，积极探索实用型人才培养路径。当前，很多社会从业者已具有相当的专业技术能力，但他们中的大多数并未接受过专业的高等教育，没有成体系地学习相关知识。为加快相关专业技术人员的人才培养，提高行业从业人员整体的综合素质和业务水平，要求自学考试的教学计划和教材内容要将理论性和实践性有机结合起来，重点培养生产、管理、服务第一线的人员。其中，实践性内容在计算机、会计学、护理学等专业的课程中表现得尤为明显。

最后，可以紧紧围绕"精准扶贫""教育扶贫""服务三农"的理念，大力推进薄弱地区（尤其是乡村等不发达地区）的继续教育发展。我国的教育资源呈现城乡分配不均的局面，未来的教育发展应着眼于广大农村地区，农村地区或可发展为进行自考的教育基地。在农村普及自考，可以将终身学习的机会普及到农民群众。这也是符合我国终身学习的教育理念、提升国民素质水平的有效方法。我国各地区有许多重点的农业大学，这些高校具有先进的农业技术和科学的种植方法，可以通过开办对口农业、农民的专业学科，让课本上的知识成为农民手中"学得会、用得上"的武器。这是使自学考试走进千家万户、将教育红利普惠到每一位群众的重要手段。

2. 调动社会资源，全方位提升学生的业务水平

自学考试具有开放性的特点，有关部门应依托自学考试的自身优势，促进社会各行业与继续教育的多方合作，努力实现"产学融合"。这样不仅可以提升自考生的学历，同时也有利于扩大自学考试的招生范围。

主考院校也应充分利用自身的教育教学优势，鼓励有关的助学机构积极参与自学考试的实践性考核。通过与助学机构的合作，对自学考试的考评计划进行改革，注重学生实践能力和理论能力的综合培养，强调实践性考核与笔试考试应具有相同的评价位置。不仅在考核方式中要注重实践的地位，还要在学生

的日常教学中将知识的讲授与实践相融合。在办学过程中寻求专业相关的实践部门，安排自考生开展毕业实习并计入学分，从而提高自考生的就业竞争力和综合素质能力。

3.规范实践性环节考核，结合国家职业资格考试授课

首先，学校需要组织专人编写自考毕业论文（设计）指导手册和课程实践性考核大纲，并严格遵照审定程序，以保证手册和大纲的质量，让实践性环节考核的每个阶段都"有章可循"；组织力量对实践性环节考核开展过程评估，保证实践性考核能真正提升学生的知识应用水平。

其次，教师在讲授专业课程时，还应更具针对性地采用案例分析、真题讲解等方法，结合国家职业资格考试的最新内容进行授课，以有意识地训练自考生的思辨能力和应对职业资格考试的应试能力。比如，在讲授会计学专业的课程时，不论是成本会计、财务会计、审计学还是财务管理，教师都需要结合全国中级会计师考核或者国家注册会计师考核的有关内容进行讲解。这就要求教师要时刻关注会计实务的最新变化。再比如，在教授金融学专业的课程时，教师则需要结合国际金融分析师、注册信贷师、经济师等相关职业资格考核内容进行讲解，在拓展学生金融知识的基础上，激发学生的学习积极性和自主性。

最后，教师授课时，各助学机构也可以尝试将教师的面授过程进行全程录像，并将录像的完整内容上传至学校网站或者网络助学平台，以供学生反复学习。这样才能真正帮助学生实现"温故而知新"，并有效解决学生的家学矛盾和工学矛盾。

**（二）探索"互联网+继续教育"的自考助学模式**

随着移动互联网技术、大数据、云计算和人工智能的普及与发展，高等教育也随之不断向网络化、数字化和智能化方向转型。

探索"互联网+继续教育"的自考助学模式是教育技术在继续教育领域的革新，也是对自学考试组织管理模式、助学方法、教学模式的全方位改革。当前，自学考试助学主要包括课堂面授与线上教学两种方式。其中，线上教学是利用"互联网+"技术与教育相结合，以相关教学理论和教育思想作为指导，以互联网技术作为知识传播途径，充分利用线上教育资源的优势，让学生们在网络中实现"教"与"思"的有效结合，开展以学生为中心的教育教学活动。线上教学消除了时间和空间的限制，有效降低了自考生的学习成本，构建了高校

优质教育资源的共享模式，帮助学生实现"随时、随地、随需"的学习，满足学生的个性化学习需求。

1. 搭建网络助学平台顺应时代需要

在全民终身学习的时代，如何将学历继续教育和个人职业发展进行无缝对接，是一个重要的时代命题。互联网与自考助学的深度融合，为自学考试教学与管理的推陈出新提供了新的渠道，是实现继续教育高质量内涵式发展的重要途径。网络助学平台可以实现学习形式丰富化、学习时间弹性化、学习内容定制化、学习评价过程化，还打破了"自考生无法与主考院校授课教师直接交流"的窠臼，推动了学历继续教育的助学模式改革。网络课堂是对学校线下授课的有力补充，更是时代发展的必然趋势。网络助学平台推进了传统教育、非传统教育和非正式学习经验之间的协同与整合，从"时间、空间、关系"三个层面拓展了传统课堂的教育途径。积极探索网络助学模式，对学校继续教育转变教学方式、分享优质教育资源和构建终身学习体系具有重要意义。通过网络传输学习资源与服务，使学习随时随地发生，提高教育的规模效益，有效整合优质教育资源，让教育更加广泛、更加平等。网络助学平台的搭建，使高效跟踪和管理学生档案成为现实，帮助主考高校最大限度地挖掘自学考试助学的优越之处，充分探讨其运行机制，并总结归纳出适合学历继续教育发展的普适规律，从而加快构建终身教育体系。

2. 自学考试网络助学探索实践初见成效

鉴于网络助学的以上优势，2018年初，我校与第三方公司合作开发了自学考试助学"云平台"。目前，我校"云平台"上可以实现的自学考试助学工作主要为网络课件学习、学业综合评价管理、课程实践性环节考核、毕业论文指导与答辩、自考学位申请等（如图5-8所示），大幅度提升了我校自学考试助学和管理的水平。

1）"全受控"指导更到位

在网络课件学习过程中，"云平台"可通过视频抓拍技术，及时采集学生面容，以核验学生身份的真实性，防止"找人替学"等不良现象的发生。学生每次进入学习界面，需要通过电脑或其他移动终端的摄像头进行实时拍照，采集的头像数据将进入该生的平台学习档案。我校可以从管理后台随时调取学生每次学习时的头像数据进行检查。此监督机制可有效地督促自考生（特别是非在校学习的自考生）主动学习，同时有利于院校和相关机构对学生的学习进度和学习质量进行统计和分析，促进助学指导质量，使助学指导更到位。

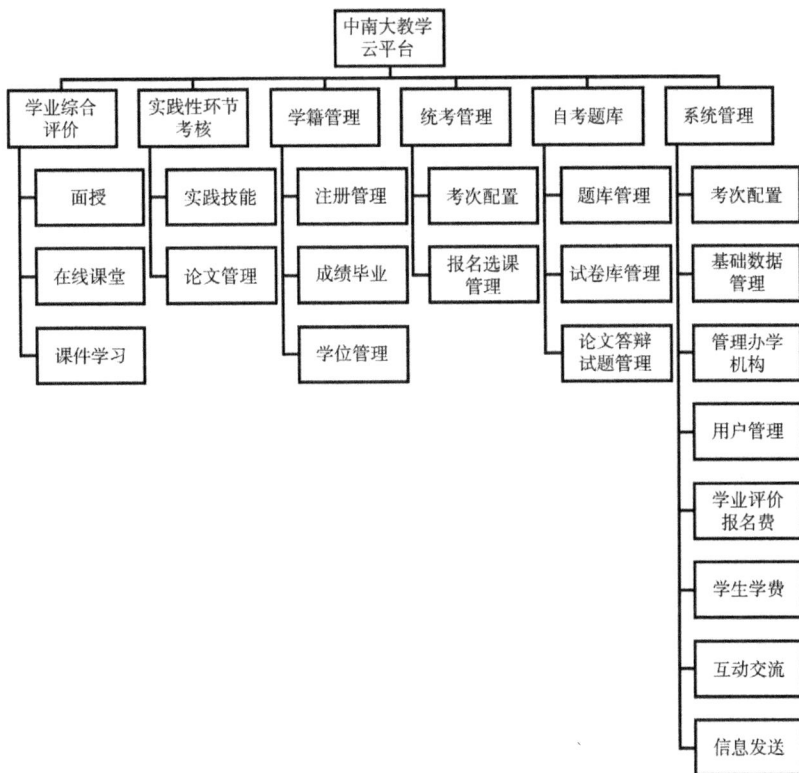

**图5-8　"中南大教学云平台"功能结构图**

2）"全留痕"备查更规范

主考院校对助学过程的介入，为师生的高效沟通搭建了线上桥梁。平台对论文指导过程的留痕备份，帮助我校随时掌握论文修改进程，实现可量化助学管理；指导教师可以及时掌握论文的查重数据，帮助学生有针对性地修改论文；通过平台日志的记录，工作人员亦可在助学的各阶段及时发现并制止学生的弄虚作假行为。

3）"全对接"数据更准确

2019年，我校上报网络助学形式学业综合评价成绩33615科次，完成4163人次的论文指导，审核了663人次的学位申请。工作量大，学生信息多。"云平台"可链接湖北省考试院的信息数据库，直接导入考生准考证号、姓名、成绩等信息，免去了手动录入的麻烦和易引起的错误，显著提高了自考工作水平。

4）全方位服务助考通过更有力

网络助学显著提升了我校自考招生规模和自考通过率。2019年，我校招生人数较2018年上升了52.3%，参与网络助学的学生人次提升至湖北省的三分之一。经过对2019年10月自考成绩的统计与分析，我们发现，参加网络学习的学生的自考通过率更高，总体通过率超过70%。并且，网上综合测验成绩与自考成绩正相关度可达到90%以上。

3. 探索人工智能与自学考试的融合发展道路

说到当前国际竞争的新焦点，就不得不提到人工智能技术。目前，各个国家为将人工智能发展成维护国家安全、提升国家竞争力的重大战略，纷纷出台了一系列政策和规划。我国也不例外：2017年，我国发布《新一代人工智能发展规划》，首次将"人工智能"的研发写入政府工作报告，并明确提出要"完善人工智能教育体系"、建设人工智能高端人才队伍；[①]2018年，随着《高等学校人工智能创新行动计划》[②]的发布，推动了各高校运用人工智能技术的创新进程；2019年2月，我国发布《中国教育现代化2035》，提出建设智能化校园，同时统筹规划智能化管理的一体化进程、建立相关教育和服务平台，以加快大数据背景下教育的深化改革和教育人力资源发展模式的创新；2019年，我国在党的四中全会上再次指出："发挥网络教育和人工智能优势，创新教育和学习方式，加快发展面向每个人、适合每个人、更加开放灵活的教育体系，建设学习型社会。"

因此，学历继续教育也应该在教学中融入人工智能技术，为自学考试的管理、教学、评价提供新的发展空间。这是实现自学考试高质量内涵式发展的重要途径。人工智能技术对个性化教育的支持，高度契合自学考试发展理念，在其助力下的网络助学平台可以拥有丰富的教学形式、多样化的课程，获取学习评估结果，从而实现灵活运用时间进行碎片化学习和学习目标个性化等目的。如此便缓解了网络学习上课人数过多，使得教师无法对学生进行针对性教学的困境，极大地改善了自学考试的办学条件。同时，人工智能数据分析系统还可为自学考试建立智能化教学诊断平台。一方面，通过对学生平时学习情况的检

---

① 中华人民共和国中央人民政府.新一代人工智能发展规划[EB/OL].[2017-07-08].http://www.gov.cn/zhengce/content/2017/07/20/content_5211996.htm

② 中华人民共和国教育部.高等学校人工智能创新行动计划[EB/OL].[2018-04-13].http://www.moe.gov.cn/srcsite/A16/s7062/201804/t20180410_332722.html

查和期中、期末综合测评的成绩统计，科学地分析学生的理论知识学习情况，准确定位学生在学习课程上的问题和缺陷；另一方面，通过统计及智能分析，可帮助主考高校、助学机构和教师及时把握学生的学习进度、知识应用能力、认知发展方向，以便形成诊断性评价。比如，平台通过对学生利用网络平台工具的情况，对学生学习信息做客观系统的定量分析和思维加工，从而做出对学生的交互程度评价。如此才能真正实现因材施教，满足自学考试庞大受众的个性化需求。

人工智能可重构自学考试师生之间的角色和关系，以解决长期影响远程教学质量的教师缺乏问题。现如今多数主考高校的继续教育学院并未配备专职教师，为自学考试学员上课的多半为函授、高职高专或者其他第三方机构聘任的教师，主考院校的网络助学平台上虽有本校教师的授课课件，但学生与主考院校教师之间并没有直接沟通的机会，这不符合"教师向学生教授知识"的教学规律。但人工智能的引入可将未来的自学考试代入人类教师与人工智能教师协作的新时代，人工智能教师可弥补学历继续教育这方面的缺陷。值得注意的是，AR和VR技术还可以解决操作安全性问题和实训基地匮乏等不足。

在当今全球化背景下，国家综合能力的提升离不开具有高新技术与创新能力的人才。自学考试是培养具有创新精神与创新能力人才的重要方式，是终身教育理念落实的具体体现，其教学模式的创新不仅是我国教育策略发展的必然要求，也能为继续教育事业的发展提供重要保障，是我国国民素质整体提升和创新能力强化的必要途径。在高校开展自学考试则是拓展继续教育渠道、培养符合社会发展需求人才的重要手段。要想最大限度地发掘自学考试的优势，提升自学考试教学效果，就需要深入研究其运行机制，总结归纳出自学考试的普适性规律，根据其区别于普通全日制高等教育的特点因材施教。同时，我们也应当注意到人工智能的浪潮已席卷教育领域，人工智能的教育运用研究已进入爆发式增长态势。在教育应用研究取向上，以理论探讨为主，还包括学科发展与人才培养、内涵概念辨析、教学内容与教学方法优化、教学环境的重构、教师角色转变，等等。在人工智能时代，自学考试应抓住机遇，以培养智能时代的核心能力为宗旨，建设具有前瞻性的专业与内容，着力从设施、管理、教学、评价方面走向智能化。如此，才能进一步提高我国学历继续教育的教学效果，为我国国民创新能力的强化和整体素质的提升提供强有力的依据。

### （三）利用学业综合评价改革自考单一评价的模式

当前，自考的评价方式依然是以笔试成绩评估居多，注重刻板的应试教育，以卷面分数的60%作为合格线。这种陈旧死板的评估形式通常会出现本末倒置的情况：学生更注重考试结果而不是过程、只会死记硬背理论而非灵活实践、文凭至上而忽视学习的重要性。与此同时，这也使得继续教育教学性质发生了变化：由以帮助学生学习的"培训班"转变成以考试为中心的"应试班"，使得本应系统学习的专业知识教育转变为以考试技巧和押题为主的"上岸捷径"。这种以应试教育为中心的教学理念，容易固化学生思维，不利于帮助学生开拓思维和提升实践能力、业务水平，阻碍了专业人才的选拔。

自学考试是构成我国高等教育的重要一环，自设立以来为社会输送了大批高技术水平的人才。当前，我国正处于社会经济结构发生深刻变革的关键时期，一方面，各类专业技术认证方式不断更新，人们可通过多种方式获取相关技能认证，使得自考的评价形式也应与时俱进、不断改进。另一方面，自学考试的报考要求也在不断变化，报考对象不局限于"高考落榜生"而是将范围扩大到对学习提升有需求的各类社会人士；培养目标由文凭至上的学历教育升级为提倡终身教育的需求。自学考试制度不断完善，以往的"一锤定音""六十分万岁"的应试考试模式已不能满足市场需求。由此可知，未来的自学考试评价体系应关注学生的学习过程，注重学生对课堂的参与率和互动性。不能将评估限定在评定细则中的条文要求，而是要善于肯定学生的学习成果。这说明自学考试应由以往关注学生的考试结果转化为既关注学生的学习成果又关注学生的学习过程。这就需要我们及时更新自学考试的评估手段。

当前，高校普通全日制课程考核已在普及过程性评价（也可称为"学业综合评价"）方式。该评价方式已被实践证明，不仅有助于学生复盘自己的学习效果，更有助于教师全面地掌握学生的课程学习情况。我们也可以将学业综合评价工作普遍运用到自学考试的教学过程中，帮助省教育部门及主考院校加强对自考生学习过程的监督、检查、指导和管理，督促学生自主学习，提高学生综合素质和能力，保证助学机构的教学质量。

我校作为湖北省自学考试综合改革的试点院校之一，以实际工作经验证明了正常而真实的学业综合评价能够给自学考试事业注入新的生机。它可以有效调动师生的积极性，提高教学质量，完善学风建设。学业综合评价是将自考生平时学习过程的整体表现纳入该生该课程考核的一部分。其中，学生的学习过程包括出勤率、课堂学习表现、平时作业完成情况、期中期末测试成绩等。学业综合评价成绩将按一定比例，计入该生该课程的最终成绩。一般情况下，学生的课程总成绩为全国统一自学考试成绩（占70%）和学业综合评价考核成绩（占30%）合并而成。这样，学生会更加注重学习过程，积极自主学习，大大提高其学习积极性；教师授课也可以不再以应付考试为导向，而可以将更多精力运用于教学方法的多样化和教学内容的实用性上，以此提高自学考试的教学质量，凸显学历继续教育服务社会的教育功能。

在学业综合评价工作中运用互联网终端，还可将自学考试从传统的课堂面授模式拓展为"线上与线下"相结合的方式。通过网络助学平台开展网络学业综合评价，主考院校不仅可以全程了解学生的学习过程，更可以对学生的学习过程进行多维度分析。如此产生的考核评价更客观，从而为学生提供更有力的学习支持，达到智慧助学的目的。在切实加强自考生学习监管辅导的同时，网络助学模式不仅契合了自学考试"教育对象分散"和"教学形式多元"的需求，而且该学习模式的"碎片化"和"便捷化"成功地为学生增加了学习时间，还形成在线学习团队，增强学习氛围，实现业余学习效率的极大提高。另外，大力发展和使用网络学业综合评价体系，充分调动信息技术应用于教学的优势，不仅有利于学生充分发挥自身的主观能动性，也能充分发挥助学过程中主考院校的帮助和支持作用。主考院校通过对自考生在线学习情况的大数据分析，便可以为学生提供实时的专业课程学习支持服务。同时，网络学业综合评价可以增加课后辅导和课后互动功能，增强学习环境和文化的熏陶，满足学习者之间的沟通交流需求，互促互进，有利于群体信念的形成，有益于终身教育的发展。可见，网络学业综合评价的建设可将"学习过程评价"和"考试结果评价"、"线上线下"学习评价、"课堂正式"学习和"网络非正式学习"的考试评价生态模式逐步构建起来。

因此，以终局性评价为主的单一评价方式不再适用于当前自考的发展，未来将以学业综合评价为切入点，将自考生的学习过程和自考的考试结果有机结合，将自考人才培养目标逐渐从学术型转变为技能型，将自考评价体系逐步从单一型转变为多元型，从而建立起科学、规范、多元的自考学业综合评价体系。

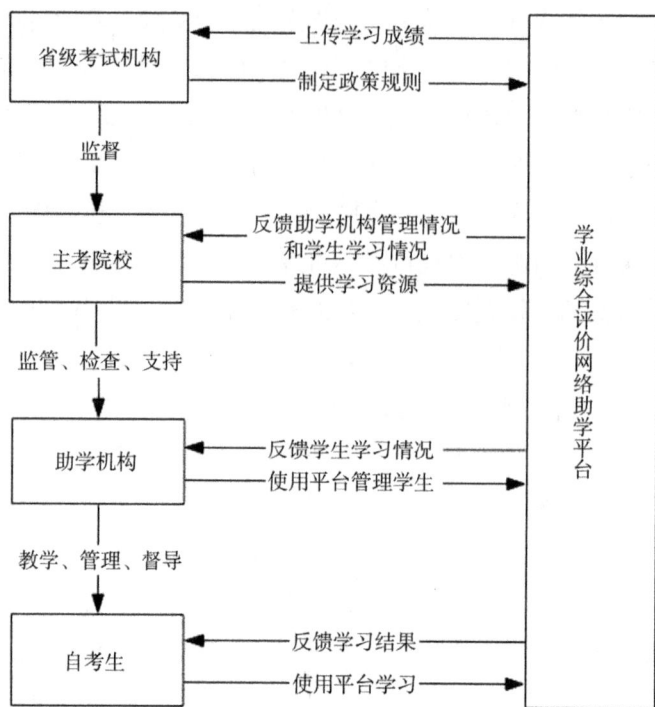

**图5-9　学业综合评价网络平台实现的技术路线图**

## （四）健全教学指导、监督和评价体系，保障助学质量

自学考试的教学质量是自考的生命线，为了维护自学考试的可持续发展，应注重"教师教学""学生学习"和"考试质量"的三方提升。实际上，我们国家的自考体系具有"宽进严出"的政策倾向，以学生通过自学考试为毕业标准，教师教学也以参加考试为目标，因而某些高校在教育教学中背离教学初衷，追崇"以考统教"的教育方式，加之自考生的生源质量下降，使自学考试最终陷入应试教育的牢笼。科学的自学考试助学方式应充分尊重其"教考分离"的特点，在考虑学生能力差异和目标差异的基础上，根据学生多元化的学习需求，实现"考学兼顾"，以此提升我国继续教育的教学质量，深化我国自学考试的改革进程。此外，自考也要注重构建"高校主导、机构助学、行业指导、企业参与"四者有机整合的教育模式。其中，高校主导是构建自学考试科学助学的基础。作为主考院校的高校不直接开展助学活动，因此，需充分发挥其对助学机构助学过程的指导、监督和评价作用，保证专业设置符合市场需求，督促合作机构实施科学的教学方案。

1. 组建自考教学专家委员会，完善助学督导和评价体系

一支独立的相对稳定的专家型助学督导团队，有利于学校准确把握自考的政策变化与市场的发展动向，维护高校自考助学工作的有效性和权威性。学校应制订科学的甄选和聘用制度，选用自学考试工作经验丰富、秉公办事、待人诚恳的高素质自考助学督导人才。同时，学校还应当重视自考助学专家委员会成员结构优化工作，定期组织督导人员开展自考业务培训，始终保持每位督导人员的业务专业度。

另外，自考生的学习质量是评估自考助学行为的基本标准。学校应建立起兼具教育性与科学性、专业性与系统性的自考教育体系，在组建自考助学专家委员会的基础上，对自学考试的招生宣传、教学管理、助学方式、考试分析和毕业等环节进行统一管理，单独设立相关自考评价体系。因此，对自考教育的信息管理平台建设应关注消息传播、用户反馈和制度保障等相关版块建设。这份工作应交予助学质量保障管理处的人员维护，通常是由各助学督导、助学机构信息管理处的工作人员对自学考试的情况、教师水平和学生学习进度进行全面评估。助学专家委员会应重视各级各类的自考助学调研报告和助学投诉处理意见，及时整理自考助学信息，定期对反馈数据进行统计与分析。在此基础上，应建立督导效果的评价机制，即设立督导岗位后对自学考试的助学质量是否有促进作用，分析其实施效果并及时对督导工作进行修正，加快推动自学考试助学工作的反馈机制建设。

2. 健全高校对助学机构的审查监督制度，加强社会助学管理队伍建设

教育部推出的《关于高等教育自学考试社会助学工作的意见》中指出，社会性的自学考试助学机构取得相关营业许可证之前必须满足一定条件才可开办社会性助学班；在取得相应的营业资质之后，也需要主动向有关主管部门对其专业设定、培养方式、教师培训、报考科目和毕业就业等情况定期汇报。[①]因此，主考院校应严把助学机构助学质量关，加强对助学机构的领导与指导，建立涉及考籍管理、教材管理、报考管理、命题制度等内容的助学机构审查监督制度。具体可从以下三个大方向入手：一是对各合作单位助学班制订统一的助学执行计划；二是按照主考院校的任课要求，严格对各高职高专聘请的助学班

---

① 桂林理工大学南宁分校.关于高等教育自学考试社会助学工作的意见[EB/OL].[1995-11-03].http://departs.glutnn.cn/jxjyzx/news/ShowArticle.asp?ArticleID=7

任课教师开展资格审核；三是认真履行好职责，指导各高职高专助学单位开展助学活动。对各高职高专助学单位的助学活动安排，由主考院校派出教务管理人员，在各大助学机构中履行监管职责。

此外，社会性助学机构往往在助学管理中缺乏经验，导致课程设置不合理、课时不够，并且教师质量参差不齐，违背择优录取的原则。在教学中，为追求利益，聘请成本低廉的教师，导致教师流失率高的同时难以保证课堂质量，降低学生的学习积极性；此外，学校的管理岗位严重不足，各班辅导员既要管理班级事务，又要关注各位学生的情绪变化，用奖学金或设立榜样的形式不断鼓励学生进步。由此可见，高校管理人员和基层工作人员的培训也尤为重要，只有提高管理层的整体教学素质才能更加有效地培养学生。各高校应该明确自己的办学思想，为社会输出高质量人才，发挥终身教育的积极作用，同时也应为自考学生做好助学服务工作，促进学生学习的积极性。因此，健全高校对助学机构的审查监督制度，亦可保障高职高专院校自考专升本助学的健康可持续发展。主要从以下途径进行改革。

（1）办学条件。质量保证的一个先决条件是机构为自学考试提供相应办学必要的条件，包括住房、教师、服务管理、制度和政策支持等配备。同时，为了确保自学考试具有本科教育的资质水平，相应的助学资源配置上，专科的助学机构也需要满足专升本教育各层面的基本要求。

（2）教学管理。当社会人士备战自学考试时，难以获取专业助学和系统教学的资源，在通过自考方式进行专升本的人才培养过程中，助学服务是必不可少的，利用全面系统的学习辅导，加强教学管理，利用专科院校实践性较强的教学优势促进其助学管理。

（3）加强教学的督导工作。自学考试的助学行为必须是一个严格且受控制的运作系统，同时应保持严格的教学质量标准。这是助学教育和考试的质量保证。各级自学考试主管部门和高等院校必须多管齐下，共同努力。同时，应做到对自学考试助学服务的全程督导，将监管范围扩大到每一步教学工作当中。

（4）学费等相关费用的收缴与管理。加强对合作助学单位的日常工作管理，防范他们可能存在的乱收费与虚假宣传行为；同时，继续协助做好合作助学单位自考助学学费的清收工作，尽量做到学费当年清，不拖欠学费。

3. 优化自学考试考务管理措施，创造公平公正的考试环境

自考考务管理是保证自学考试顺利实施并达到预期目的的重要环节。自考考务管理工作的好坏直接影响到自考的质量，关系到自考的生死存亡。为了保障自考的可持续发展，增强自考的公认度，因此身为自考组织者的主考院校必须刻不容缓地以科学考试观为指导，规范考务管理。

1）建立指挥有力的考务组织机构

作为国家级考试，自学考试的顺利开展需要各职能部门的通力协作。实践表明，考试是否成功，首先取决于考试领导机构是否健全，各级职能部门是否真正重视、是否真正履行职责；其次取决于各个考点领导和监考员是否切实负责、狠抓严管。在考试过程中，如果没有强有力的审查机构，即使配备完善的考试制度和政策约束，也不能确保考试质量。因此，为确保考试高质量顺利进行，必须建立有强大指挥能力的考务组织，包括科学审查制度、政策和规则等。

因此，学校应在自学考试之前开展考前协调会，确立考务组织机构的具体成员。考试领导小组组长必须由学校分管继续教育工作的校长担任，成员由学校继续教育学院、教务部、保卫部、宣传部、后勤保障部、信息管理部、校医院等职能部门的主要负责人组成，并实行责任到人的制度。在考场安排上，教务部应积极协调，通过调配教学安排，以保证自学考试的考场需求；保卫部应保证每栋楼、每层楼均有保卫人员维持秩序以保证自学考试安全有序地进行；后勤保障部和宣传部应保证自学考试过程中的用餐需求得以满足，教育宣传工作得以落实；信息管理部应保证考试期间标准化考场的正常运行；校医院应做好考试期间考生的安全救护工作；继续教育学院应做好自学考试考务的组织方案与具体执行工作。责任落实到人之后，各部门的工作积极性调动也需得到关注，只有实现各部门之间的协同合作、形成合力，才能确保自学考试顺利进行。

2）以现代化技术严防考试作弊行为

加快现代化技术应用于考场管理的进程，这是肃清自学考试考风考纪的技术基础。当前已广泛应用的信息技术包括考场的标准化处理，通过使用监控技术对所有考场统一管理，实时监控；这一技术不仅可以准确对考场考纪进行全面监控，对可疑考生着重观察，还可以通过监控录像功能做到考后复查；考场电子化还可以连接互联网，实现省级自考部门对所有地区考场进行远程监控。使用金属探测仪和手机屏蔽仪，对可能进入考场的高科技作弊工具进行检查与

屏蔽。采用指纹对照和人脸识别的方法，通过与自考生报名时所收集的指纹与人脸信息进行比对，杜绝替考行为，及时处理违纪违规，增加自考考场的威慑力。

3）建设重大突发事件的应急预案制度

为应对自学考试过程中可能出现的突发事件，最大化降低其对考试的危害，各高校的考务委员会应制订事前应急预案。与此同时，考前的模拟演练也十分重要，这不仅可以评估应急预案的有效性，也有利于培养训练事件发生时工作人员的反应能力。因此，考务委员会应及时吸取以往的经验教训，收集可能发生的突发事件的应急方案，组织监考人员开展相关培训工作，从而有效降低突发事件的损害程度。

4）严格挑选与培训考务工作人员

要重视增加和发挥"人"在工作中的积极作用，减少和遏制其消极作用。对考试工作中的相关监考人员和协管人员等岗位人员要进行严格筛选，这是考试按质按量完成的基本要求。因为，他们是考场的"守护神"，没有高尚的道德修养和出色的业务能力是难以胜任的。

严格把控考务人员的聘用关。在考试的第一线，必须选任敢管敢抓、作风正派、敢于担当的教师，这样才能保证考场的严肃氛围，保证自学考试的考核质量。同时，在选拔优秀考务工作人员时，要始终坚持回避原则，有亲属、亲戚参加考试的教师要回避，无论其思想态度、业务能力、综合素质有多高。考前，学校也应组织监考人员等考务工作人员开展集中培训，再次强调组织好自学考试的意义和重要性，要求所有考务工作人员以高度的责任感，严格执行工作纪律，认真学习自学考试考务操作流程、监考规则、监考注意事项及工作纪律等，确保考试公平与公正，确保试卷安全与保密。

5）做好考后的试卷清点和考务总结工作

为做到全方位、多角度地规范自考组考，学校组考工作不仅要注重考前的准备和考中的监考与巡视，还应注重考后的试卷安全和考务收尾工作。每场考试结束后，首先各考点楼栋负责人应清点该考场的试卷、答题卡、草稿纸，保证数据准确无误之后通过电话报告至学校自学考试办公室，再由专门的安保人员将试卷护送至学校保密室，待自考办公室负责人通过监控确认试卷安全送达，完成了所有的数据交接工作（包括统计缺考、空白试卷、违规情况），并确认安全地完成了本场考试的所有工作以后，再向主考和副主考进行考场情况报告，以确保每场考试都能平稳地开始、安全地收尾。

**（五）充分发挥主考院校的办学积极性，整合优质教育资源**

自学考试的性质和特点决定了主考院校在自学考试中的作用和地位。《高等教育自学考试暂行条例》中强调："高等教育自学考试，是对自学者进行以学历考试为主的高等教育国家考试，是个人自学、社会助学和国家考试相结合的高等教育形式。"因此，在相关的助学教育中，作为最终学习效果的评价主体，主考院校组织的国家考试具有特殊的职能和作用，占据主导地位。考试质量的优劣是直接关系到能否培养合格的专业人才的关键；同时，它还对个人自学和社会助学起着指导和检验的作用。正是这一性质和特点，决定了主考院校在自学考试中占据主导地位。因此，进一步明确主考院校的地位并更好地发挥其作用，对于推进自学考试的发展至关重要。

1.进一步加强主考院校之间的沟通与研讨

自学考试往往实行"教考分离"和"主考院校多元化"的管理制度来确保其教学质量，提升其学历文凭的社会认可程度。但其弊端也十分明显，即对自学考试发展有一定的阻碍作用，因此各主考院校须对这一原则政策进行准确的解读，并对此积极作为。一方面，"教考分离"原则本意是在考试公正性上提出要求，是社会助学与国家考试管理的职责。主考院校应正确理解这一政策导向，着重研究考试命题，在课程考核中依据教材和考试大纲要求制订考核方式与内容。另一方面，"主考院校多元化"这一原则保证了自学考试的教学质量，但在一定程度上也弱化了主考院校在自学考试中的主导地位。主考院校多元化发展模糊了主体，使得自学考试教育被互相推诿、产生懈怠心理，同时各主考院校容易忽略自学考试的顶层设计。因此，为优化自学考试教育体制，应加强各院校之间的交流合作。主考院校间的交流和研讨可以是同学科的，也可以是跨学科的；交流和研讨的主题则应围绕如何加强自学考试的学科建设，使之更适合于自学考试的发展需要和社会经济的建设需要，围绕那些能够体现自学考试生命力的主题而展开。同时，各主考院校也需关注相关教学研究，包括专业设置、助学方法、教学规律、管理工作、考务工作等，也可以包括助学单位之间的交流与研讨，以利于全面保证和提高自考助学质量。

2.明确主考院校在自学考试中专业设置的引导作用

自学考试为响应时代对人才培养的号召，经历了由"补偿教育""补充教育"到"终身教育"的教育理念转变，同时自学考试的内容也随着教育理念的转变而改变。这意味着自学考试的专业设置也应该不断与时俱进、"推陈出新"，对于一些专业可能需要重新定位，即"从学科性、理论性向应用性、职业型发展方向转变"，如某些专业设置跟不上时代发展，应对其专业内容不断优化，在新时代找准新的定位。在自学考试管理机制上，应对主考院校实施激励措施，在完成学科规划的基础上发挥主观能动性，主动适应经济建设和社会需求，提升工作积极性和自我优化的能力，从而保证自考之树常青，并使其更好地发挥服务经济建设与服务社会的作用。

3. 进一步做好自学考试的命题和评卷工作

考试试题是保证自学考试质量的关键之一，它是具体落实考试大纲、坚持考试标准、引导自考生树立正确学习观、保证自学考试公信度的重要环节。同时，自考命题和评卷是主考院校切实履行社会服务职责的重要体现。学校应选派教学水平高、经验丰富、工作认真负责的教师参加命题工作。

在命题过程中，教师应从保证考试质量出发，切实按照考试大纲的命题要求，对试题的难易度、分数、题型、主观性试题和客观性试题的合理搭配进行认真研究，使以上内容既适应自学考试的特点，又能保证知识的覆盖面，不随意扩大和缩小命题范围。同时，还应注意对命题教师进行保密纪律教育，认真学习《高等教育自学考试命题工作规定》[①]，使其提高认识、严肃对待。

在评卷方面，认真组织，高质量地完成评卷任务。试卷评阅是主考院校管理工作的重头戏，评卷的质量与自学考试教育的声誉挂钩，也与国家人才培养紧密相关。首先，在开展试卷评阅工作时，认真研究评阅方案、严密组织并制订阅卷措施。其次，对阅卷、核分和复检的老师开展动员会，组织学习阅卷的有关规定、强调阅卷的保密原则、遵守评卷纪律，从而使工作人员提高认识，增强责任感。再次，认真制订卷面的评分细则。在开展阅卷工作之前，组织权威教师对试题进行认真研究、给出答案，同时，根据考生考情制订相关评分细则，在此基础上交由各课题组进行讨论、修正、试评，统一标准后，展开正式评阅工作。严格做到给分有理、扣分有据、宽严一致、始终如一，切实保证评阅质量。最后，成立评卷质量考核组对试卷评阅情况及时检查，及时处理问

---

① 中华人民共和国教育部.高等教育自学考试命题工作规定[EB/OL].[1992-10-26].http://www.moe.gov.cn/s78/A02/zfs__left/s5911/moe_621/tnull_4255.html

题，并对评阅质量差的工作人员提出批评，对其审阅的试卷进行重新批改，而屡教不改的工作人员及时撤出评阅队伍。只有多管齐下，共同维护试卷评阅质量，才能有效降低评阅差错率，从而确保阅卷质量。

4.进一步加强主考院校与政府主管部门之间的联系与沟通

国家设立自学考试之初，便以行政立法的方式确立了自学考试的制度，明确了自学考试的性质和任务目标、专业设置、考评方式和学生管理等管理办法，为自学考试的可持续发展提供了基础的制度保障。同时，建立健全自学考试组织体系，为自学考试管理与质量保障奠定了坚实的实践基础。当前，高等教育的覆盖面逐渐扩大，自学考试迎来了新的机遇与挑战。比如，自学考试制度的变革具有滞后性，使得该制度真正的优越性并未得到充分发挥；自学考试的专业设置较为固化，未能随时代变化而更新，且与学分制实质要求不相吻合。面对这些挑战，着眼自学考试的国家需求、社会需求、考生需求，促进自学考试的新发展，是目前自考工作者面临的新课题。

当今，我国高等教育的时代主题就是发展，通过发展高等教育来最大限度地满足人们的受教育需求，提高人民群众的受教育程度和劳动者素质，促进社会发展和教育公平。"没有高等教育的发展，就谈不上高等教育的质量。"发展的质量观和多元化质量标准的建立，不仅为自学考试的改革创新确立了目标、指明了方向，也凸显了进一步加强主考院校与政府主管部门之间联系与沟通的必要性和紧迫性。这种联系与沟通应当是多形式、多渠道、规范化、制度化的，而且不仅仅应着眼于考试工作的组织和实施，更应着眼于对主考院校学科建设、队伍建设、教材建设和管理工作的指导、培育和提升。

自学考试是适应我国经济社会发展需要而出现的一种独具特色的教育形式。同其他教育形式一样，都有一个与时俱进、不断提升和发展的问题。为了实现这一目标，更好地发挥主考院校的作用，这一问题应当引起我们的特别关注。

**（六）加强主考院校自学考试宣传工作，拓宽生源渠道**

宣传是自学考试工作不可或缺的重要组成部分，是拓展自学考试教育、咨询、服务功能的一个重要手段，是自考事业不断发展壮大的内在动力。当前，各类高等教育形式迅猛发展，各种办学体制和办学形式相继涌现，人们接受继续教育有了多种选择。这些对自考事业产生了一定的冲击和影响。自学考试要在激烈的竞争中继续占有一席之地，就必须以宣传为切入点，建立正确的舆论导向，才能抢占先机，赢得持续发展的空间。

1. 发挥新媒体优势，帮助自考生缩小自考政策的"盲区"

1）利用新媒体工具，打造自考招生品牌

作为互联网时代的社交媒体平台，抖音、B站、微博、微信公众号等往往具有强大的影响力，其便携易操作和信息交互的特点对年轻人具有吸引力。通过合理运用此类新媒体平台，主考院校能有效推动传统媒体和新兴媒体融合发展，拓展学校自考工作的宣传途径。比如，在招生宣传方面，主考院校可以制作微信版的招生宣传简章，使传统宣传资料以各种形式在新媒体中呈现；在自学考试报名方面，主考院校可通过制作二维码和扫描二维码进行招生，不仅方便学生查询相关信息，也能减轻宣传工作人员的负担；在继续教育信息平台建设中，自考办应做好平台的建设和维护工作，对自考招生信息进行全方位展示，全面解答报考人员的困惑，方便学生浏览咨询页面。此外，除了利用现场咨询和宣传网页建设，还可充分利用微信、微博等平台进行自考推广，克服传统宣传手段呆板、落后、没有闪光点的缺点，实现自考新老招生宣传手段的无缝链接。

如此，可在树立学校自学考试品牌的同时，向学生传递终身学习理念，及时向学生传达学校近期的工作要求，帮助学生打通第一手政策动态的获取渠道，以防学生上当受骗。给学生树立正面积极的形象，让学生了解自学考试是提高自身学历和综合能力的有效途径，是以学生个人发展为目的而不是营利为目标的正规考试。

2）建立自媒体宣传专业团队，推动自学考试招生宣传工作的转型和发展

主考院校应充分利用好"自媒体"这把利剑，努力形成点面结合、权威引导的联动宣传工作机制。例如，各高校的继续教育学院可以开通其专属的"自考微博"，并成立专业的公关团队负责管理和维持微博的日常工作，及时解答自考生的咨询疑问。还可以设置专员进行宣传工作，及时发布官方信息，对学生网络反馈的疑问进行整理，并做出专业解答。公关团队还应对网络上出现的突发事件第一时间做出应对策略，做好权威引导工作，及时化解矛盾，营造和谐文明的沟通氛围。同时，为了与考生形成良性互动，应当学会"接地气"，利用诙谐幽默的语言加强与考生的沟通。可以说，正是由于自媒体的应用，才拉近了自考办与学生的距离，提高了宣传效果。

3）定期举办网上直播答疑活动

在网络时代到来之前，现场咨询会以其直接交流的独特优势广受青睐。往常各高校的招生部门会指派工作人员进行现场宣传活动，通过面对面与考生进行沟通，及时了解考生的各类困惑并予以解答。实践证明，现场宣传活动往往使自考办和学生们均有所收获，实现共赢。但是这种现场宣讲会无法突破地域的限制，往往宣传范围过窄，影响力较弱。现如今，网络直播平台火爆，各种直播App用户流量大、关注度高。主考院校可以紧跟时代潮流，通过学生QQ群、网络直播平台等，定期举办网络现场咨询会，用更加丰富多彩的形式，使更多自考生和社会人士参与咨询会、宣讲会，让普通大众进一步认识自考、了解自考、选择自考。

2.丰富自学考试办学类型

解决自学考试生源萎缩的问题，不仅可以在原有基础上加大宣传力度，还可以通过主动"加宽马路"的方式，通过多类型办考，吸引更多生源。

一方面，主考院校仍需继续深度挖掘高职高专院校学生对本科学历的迫切需求，充分发挥主考院校的积极作用，努力帮扶合作办学单位，提升高职高专学生的综合素质；另一方面，通过各高校之间的合作，发展"校校联合共同体"平台，鼓励学生根据自身实际情况跨校报名参与"二学历"教育，实现高校间资源共享，对较弱高校的学生进行扶持。另外，主考院校还可以加强与行业机构的协调沟通，丰富自学考试课程实践中的职业培训种类，为学习者提供更多的实践方式和实习机会。这样由原来的"单行轨道"逐步向"多轨并行"转变，有利于为自学考试的发展提供更多上升空间。

3.树立终身学习意识，促进学生综合素质提升

人才建设是自学考试的核心目标，提升学生综合素质是自学考试的内在要求，在日常工作中提升自学考试的教学质量是扩大招生的基本前提。为提高自学考试的人才培养质量，各主考院校应当积极引入"互联网+"技术应用于教育教学的各个环节，充分利用自身的教育资源优势，对教学内容和教学手段不断改进和优化，为自考生创造良好的学习氛围和高质量的课程教学。同时，利用公众号、QQ和微博等网络交流平台，与自考生交流互动，对自学考试教育进行知识普及，通过这些方式让人们意识到自学考试是提升自身素质和教育层次的有效途径，也通过信息传播向人们传达终身学习的重要性，意识到参加自考不

应以获取文凭为最终目的，而应该是为提升自我、提高技能水平，为社会建设做出应有贡献，实现自我的人生价值。

4.积极建立信息反馈机制，优化教学服务

信息反馈机制的建立是自考事业宣传的重要组成部分，通过反馈机制可以使信息传播成为一个闭合的循环系统，而没有反馈的传输过程只是一个开放的链式系统。信息由上至下的链式传播方式无法向广大群众及时传导关于自考的有关信息。因此，在进行自考宣传工作时，及时进行信息反馈就显得尤为重要。通过反馈机制，管理部门能及时了解自考生的特殊情况，同时，也能对自考生对自考专业的感兴趣程度进行收集。所以，在进行自考的相关宣传工作时，要坚决落实信息反馈机制，深入开展自考宣传活动。

网络平台往往比其他电视媒体或纸媒具有更大的优势，因为传统的电视媒体或纸媒的信息传播是以"上传下达"的宣传形式，群众很难通过报纸或电视进行实时互动，这大大降低了宣传效果。而利用网络宣传可通过发放网络问卷及时了解自考生的需求，及时调整后期的宣传策略，以达到事半功倍的效果，这样才能在真正意义上促进自考宣传的发展。

**（七）与社会需求相匹配，构建自学考试"学分银行"制度**

党的十九大报告在"中华民族伟大复兴的基础工程"中加入了"建设教育强国"理念。报告中要求，立足于崭新的历史起点，要实现教育强国的建设，要突破群体和时空的壁垒，更重要的是要建立"人人皆学、处处能学、时时可学"的学习型社会，由"全民教育"的政策导向转为提倡"终身教育"。这一转变也标志着我国教育事业发生了巨大改变，开始逐渐关注人民综合素质的提升。在党的第十八届三中全会上也提出继续深化我国教育改革应实现各普通高校、专科院校和成人高校互通，实行学分转化政策用以增加终身学习的途径。《国家中长期教育改革和发展规划纲要（2010—2020年）》（以下简称《纲要》）也提出，为加快建设终身学习制度和构建学习型社会，提高人力资本积累，应建立健全"学分银行"的管理制度，以实现各种类型的学习成果认证工作。教育部发布的《关于推进高等教育学分认定和转换工作的意见》（以下简称《意见》）中指出，各高校之间应设立学分转换的试点，实行学分终身制、累计制，为完善我国"学分银行"管理制度探索新的途径。

"学分银行"是一种能够使学生自由选择学习内容、学习地点、学习时间的管理模式。它将"学分"作为货币，以模拟传统银行借贷功能的模式来管理学分制教育。构建"学分银行"可以使不同课程之间的学分得以通兑，促成不同教育形式之间的教学资源实现共享，还可以使非学历教育与学历教育之间的学分按一定比例进行兑换。因此，推行"学分银行"可以实现课程考核与实践考核的"互惠互通"，从而帮助学生缩短融入社会的时间，帮助学生更有目的性地安排精力和时间到对自己最有帮助的专业课程上去，而不需要为"性价比低"的课程浪费时间；学生亦能够根据自身实际情况，选择专业、学校、教师和学习方式等，从而实现了学校与学生之间的双向选择。如此，"学分银行"的建立可以加强对学生和教师的监督，在充分尊重学生个性发展的同时，让学生在学习中真切地体会到参与感和愉悦感，因此培养出来的人才也更加多元化。

1. 构建"学分银行"是发展自学考试的内在需求

"学分银行"的主要内容是对学分的积累和存储，而自学考试制度正好具备这种优势。首先，自学考试的学习者在报考自学考试时不需要参加入学考试，不受个人身体因素和职业限制，可以仅凭个人意愿选择报考。自学考试在招生方面也没有设置招生规模、师生比等硬性条件限制。报名成功后，自考生可以自由选择学习方式、学习时间以及每年的报考科目及科次，一定程度上可以兼顾学习、工作和生活。学生想拿到自学考试文凭，需按要求参加每年两次的自学考试。在国家自学委员会和各省级自学委员会的领导下，将对学生通过的课程考试进行课程学分计算。若学生未通过课程考试，可反复考试直至通过，当学生规定时间内完成个人培养计划并修满全部学分时，可通过本人申请获取国家认证的相应专业毕业证书，并附上主考院校的署名。当获取证书之后，学生均可享受全日制普通高等学校相同等级的毕业生同等文凭效力。因此，利用自学考试的优势也使得建立"学分银行"制度成为可能。

2. 自学考试免考制度为构建"学分银行"奠定了基础

《高等教育自学考试免考课程试行规定》中提道："国家承认学历的各类高等学校研究生、本科和专科毕业生以及自学考试毕业生报考自学考试第二专业时，均可按规定免考已学过且考试成绩合格的部分课程。"教育部考试中心（教试中心〔1999〕48号）和国家考委办发布的相关文件中也提到类似的政策导向，即承认学生的计算机和英语等级考试成绩，学生可根据考试成绩对自考相关科目申请免考。毫无疑问，以上政策的发布为更多学子打开了自学考试的大门，同时也为自学考试和非学历教育证书等搭建起合作的桥梁，让"学分银行"制度的建立在实际操作中成为可能。

3. 自学考试"学分银行"的创设思路

1）组建多层级"学分银行"管理机构

组建专门的、多层级的"学分银行"管理机构是建设"学分银行"这一复杂系统工程的组织保障。首先，应在国家自学考试委员会的指导下成立一个国家自学银行小组，并由国家自学考试管理委员会领导，而教育部国家考试委员会（国家考试管理委员会）和专业委员会将主要负责"学分银行"的顶层设计。随后成立"自学考试主考院校联盟"，旨在联通各省级自考领导机构，打破自学考试的地域和院校之间的壁垒，利用"互联网+"技术，最大限度地利用教育资源。最后，需要成立独立于各主考院校、助学院校的第三方监督机构，这样可以保持"学分银行"管理制度的独立性，使其在运行管理过程中不受其他因素影响，也有利于"学分银行"制度建设更加公平公正。

2）建设"学分银行"成果认证的指标体系

实现不同专业课程之间的学分互通、互认，实行统一的学分认证标准，是构建"学分银行"制度的基础。然而目前我国不同教育形式之间的培养目标和课程安排尚不相同，学分标准暂时无法统一。因此，建立全国范围内的"学分银行"制度首当其冲，这就要求管理"学分银行"的机构需要从国家层面对其制度标准进行统一建设，即建立"自学考试成果认证制度及统一标准体系"（简称"标准体系"）。同时这一标准体系应建立于科学严谨、规范制度的基本原则之上：从科学性角度观察，体系建设应顺应自考本身的规律与特点，由此建立配套的科学评估指标；严谨性则要求保证标准体系内的各个指标制订得重点突出、逻辑通顺、条理清晰；同时建设自考成果认证的标准体系要坚持"有法可依、有法必依"的原则，符合国家和地方的相关法律法规、规章制度。除了通过国家统一考试来对学生的学习成果进行认定之外，也应关注自考生利用其他方式获取学习成果或学分的认证方式，比如，各项以非考试形式或非全日制教育形式获取职业经验或专业技术认证的自考生，也应按照相关规定对其学习成果进行认证，并授予相应的证书。

3）完善自学考试的课程体系

"学分银行"制度的建设与发展，离不开自学考试课程体系的构建与完善，具体工作可以从以下几个方面开展。首先，国家专业目录、各类教育衔接课程标准等，均是课程标准子系统的重要组成部分，"学分银行"管理机构应下设专家委员会或者成立专家研讨会，对自学考试专业课程内容和标准进行实时监控，并及时更新和完善。其次，自学考试课程体系的改革重心应放在"学以致用""即学即用"的原则之上，强化自考生的岗位胜任能力和实践工作能力，将教育与课程从"以理论为主"转向"以能力为主"。最后，随着我国经济的飞速发展，知识的更新速度越来越快、更新周期越来越短，自学考试的课程内容应该及时更新，以满足自考生的多样性和个性化需求。并且，需要建立科学合理的学习成果评价反馈机制，推进多元化评价方式的建立。

4）搭建信息化管理平台

"学分银行"在具体实施中所要涉及的内容多而复杂，包括学分认证、学分积累、学分转换和最终取得学历证书。因此，利用信息技术，建设信息管理平台，能最大化提高"学分银行"制度建设质量和管理效率。

首先，自学考试的各级领导与管理人员应将"以学习者为中心""以学习者为本"的理念贯彻落实到"学分银行"制度建设中去，秉持"以学生为主体，尊重个人差异，注重个性发展"的教育理念，尽快将自身定位从"管理者"转变为"服务者"。其次，随着互联网技术的优化升级和大数据平台的完善，应加强自考"学分银行"与互联网技术相结合，并在全国推广，致力于为每一位自考生提供信息管理相关服务。比如，建立在线学习数据库，实现网上教学和答疑辅导等教学服务，并不断完善学习数据库，实现线上协同学习。为自考生开通个人学习账户。通过"学分银行"管理为每一位自考生开通学习账户，并对学生学习情况建立档案，也可以使用学习卡的模式记录学生所有的学习经历。最后，还应积极研究相关政策。国家应多鼓励自学考试相关的学者对"学分银行"管理制度开展系列研究，这有利于为当前背景下"学分银行"与互联网技术相结合提供理论基础。

# 第六章　学校继续教育发展展望

## 第一节　主要结论

1996年，加拿大教授比尔·雷丁斯在《废墟中的大学》一书中提出一个命题："大学在这混乱而又充满竞争的世界中该担负怎样的使命。"[1]随着全球化进程的推进和新时代的到来，高校继续教育同样面临着新挑战、新要求、新使命及重新认识、重新定义的问题。

党的十九大做出了我国进入中国特色社会主义新时代的判断，并提出："加快一流大学和一流学科建设，实现高等教育内涵式发展"，"办好继续教育，加快建设学习型社会，大力提高国民素质"。新时代经济社会转型、高校职能的拓展以及建设终身学习体系的政策推进着高校继续教育的科学发展。我校继续教育正处在转型发展的特殊时期，为了应对前所未有的冲击，直面转型的挑战，继续教育围绕新时代的新要求、新挑战、新机遇和新征程，"危"中寻"机"，用实践探索出一条适合校情的继续教育"一体两翼"发展之路。

### 一、回归继续教育的本质——终身学习

#### （一）终身学习理念提供了引领高校继续教育变革的新规则

自20世纪60年代法国著名教育家保罗·朗格朗出版《终身教育引论》[2]后，终身教育成为一种全新的教育思潮。终身教育、终身学习思想不仅仅是一种思想体系，更是一种教育改革和教育政策设计的基本原则，是构建未来教育体系的指针，终身学习理念引领下的高等教育变革已经成为一种世界潮流。 2008

---

① 比尔·雷丁斯. 废墟中的大学 [M]. 北京: 北京大学出版社, 2008: 10.
② 保尔·朗格朗·终身教育引论 [M].北京: 中国对外翻译出版公司, 1985.

年，欧洲大学协会制订并发表《欧洲大学终身学习宪章》[①]，明确提出在大学发展战略中应植入终身学习理念，大学的使命和发展战略中应包含构建终身学习体系的规划，为营造终身学习的文化氛围发挥关键作用。2015年11月，联合国教科文组织发布《教育2030行动框架》[②]，确立了"确保平等优质的教育，促进终身学习"的宏大目标，标志着全球教育进一步迈向了终身学习的新时代。 终身学习理念也是习近平新时代中国特色社会主义思想包括教育思想的十分重要的组成部分；2013年9月9日致全国广大教师的慰问信中，习近平特别要求"牢固树立终身学习理念"；2013年9月25日在"教育第一"全球倡议行动一周年纪念活动贺词中，习近平指出"努力发展全民教育、终身教育，建设学习型社会"；2014年5月在上海召开外国专家座谈会时，习近平向世界做出"中国要永远做一个学习大国"的庄严承诺。以终身学习理念作为主要支撑的高校继续教育，如何构建未来的发展蓝图？中南财经政法大学继续教育工作者选择重新回归继续教育的本质——终身学习体系架构。

**（二）技术与教育的快速融合为继续教育构建终身学习体系提供了新技术**

互联网技术、大数据、社会媒体技术、可视化技术、人工智能技术等一系列新技术在继续教育领域的广泛应用，为继续教育发展变革源源不断地提供创新基因，改变着学习习惯、学习方式，促进了学习认知的升级，深刻地推动了高校继续教育业态变革。只有更加热情地拥抱新技术，积极把新技术与传统的高校继续教育相结合，才能有效促进高校继续教育转型发展。

**（三）新时代高校继续教育职能定位再定义**

党的十九大报告提出"人力资本服务等领域培育新增长点，形成新动能"的战略要求，并明确了新时代人力资本的三大战略任务：一是"建设知识型、技能型、创新型劳动者大军"，以及"大规模开展职业技能培训，注重解决结构性就业矛盾"；二是"培养造就一大批具有国际水平的战略科技人才、科技领军人才、青年科技人才和高水平创新团队"；三是"加快建设学习型社会，大力提高国民素质"，这也是新时代赋予高校继续教育的三大战略任务，高校继续教育成为国家、组织和个人持续发展的赋能者和创新动能的提供者。基于

① 欧洲大学协会.欧洲大学终身学习宪章 [EB/OL].[2008-11-19].http://www.chinamission.be/chn/rwjl/jyhz/t563370.htm.

② 联合国教科文组织.教育2030行动框架 [EB/OL].[2015.05.11].http://www.unesco.org/new/zh/general-conference-36th/single-view/news/the_global_education_community_adopts_and_launches_education/.

新时代对继续教育的战略要求,继续教育的功能内涵可从三个维度理解:继续教育是国家终身学习服务体系的重要组成部分,与全日制教育共同构成我国体系完备的终身教育(学习)制度。继续教育是国家人力资源开发(人才资源开发)服务体系的重要组成部分,通过人才培养,集聚国家发展战略优势,提高国家战略竞争力;面向各类组织(政府、企业等)提供学习服务,提升组织学习力、创新力和竞争力;面向成人提供学习服务,提高人的创新力、职业发展力和岗位适应力。继续教育是国家社会(公共)服务体系的重要组成部分,坚持以人为中心的教育理念,汇聚各种优质教育资源,促进教育均衡发展,解决教育发展不平衡不充分的问题,满足人民日益增长的享受更公平更高质量教育的需求;促进教育公平,让社会大众充分享受到教育的权利公平、机会公平、规则公平。

## 二、在终身学习体系下学历与非学历培训教育均衡发展

由于受传统观念、体制机制、办学模式、评价标准等方面的影响,高校继续教育存在不少问题、矛盾和挑战,从学校事业发展总体布局来说,存在着全日制学历教育和继续教育、学历继续教育和非学历继续教育发展不协调、不均衡、不同步的问题,部分高校没有把学历教育和继续教育统筹规划、协调发展,忽视继续教育与职业教育,继续教育与全日制教育缺少有效的沟通衔接,学校各种教育资源不能够互通有无,影响了高校继续教育的办学质量、水平和效率。从高校继续教育发展现状来说,还存在着观念陈旧、定位不准、地位边缘、抓手不足、创新不够、特色不明、质量不高等问题。进入新时代,急需在国家终身教育体系框架下,解决高校全日制学历教育与继续教育发展不协调、不充分、不均衡的问题。

从世界范围看,发达国家教育发展的共同趋势是在终身教育(学习)理念指导下对高等教育进行改革,大学进一步开放,普通高等教育与继续教育间的边际逐步模糊并且相互融合,形成基于终身学习理念的终身教育、终身学习体系,这已成为世界高等教育改革的一个重要趋势。美国将继续教育摆到与普通高等教育同等重要的位置,几乎每所大学、学院都办有继续教育项目,进一步增加社会成员的学习机会成为大学改革的重要内容之一。法国颁布了《终身继

续教育法》①，明确规定了大学推进终身学习和继续教育的责任，成立了隶属于总理的常设小组，负责制定与实施继续教育政策，政府各部委代表组成全国继续教育理事会，各级教育行政部门也成立继续教育管理机构。英国号称"继续教育王国"，2006年其教育与技术部公布继续教育白皮书，强调了"高等教育与继续教育部门之间更加强有力、更为系统的整合"。

《欧洲大学终身学习宪章》在强调大学终身学习使命的同时，对于大学在终身学习理念指导下进行改革，提出了一系列指导性意见，如"为不同学生群体提供教育和机会……这些群体包括高中毕业生、成人学习者、在职专业人员、追求丰富文化生活的老年学习者以及其他群体，针对他们的不同学习需求提供贯穿终身的优质教育""调整学科，使其更具开放性并吸引更多的成人回流学习者"；"大学应向所有年龄段以及不同社会文化背景的各类学习者提供学业和专业指导以及心理咨询""认可传统教育之外的各种学习形式，大学应认可正规高等教育以外的各种教育形式""在终身学习框架下加强研究、教学和创新的关系""将大学自身建设成终身学习的典范"，等等。

我国对于构建终身教育体系也有基本的规划和设计。《中华人民共和国教育法》②第十一条"推进教育改革，推动各级各类教育协调发展、衔接融通，完善现代国民教育体系，健全终身教育体系，提高教育现代化水平"，提出了教育现代化的主体结构。第二十条"国家实行职业教育制度和继续教育制度"，把继续教育上升到国家制度层面。《国家中长期教育改革和发展规划纲要（2010—2020年）》③以及中共十八届三中、五中全会关于教育工作指示精神也勾勒出构建体系完备的终身教育的基本架构。具体概括为"四个融合"：一是普通高等教育与职业教育、继续教育融合；二是正规教育与非正规教育融合；三是学历教育与非学历教育融合；四是网络教育与普通教育融合。2015年5月22日，习近平总书记在致国际教育信息化大会的贺信中对终身学习理念和教育信息化进一步做出深刻阐述："当今世界，科技进步日新月异，互联网、云计

---

① 中华人民共和国教育部.部分欧美国家成人教育立法及管理情况[EB/OL].[2005-06-24].http://www.moe.gov.cn/s78/A07/moe_731/200506/t20050624_186757.html.

② 中国人大网.中华人民共和国教育法[EB/OL].[1995-03-18].http://www.npc.gov.cn/wxzl/gongbao/1995-03/18/content_1481296.htm

③ 中华人民共和国教育部.国家中长期教育改革和发展规划纲要(2010—2020年)[EB/OL].[2015-12-07].http://www.moe.gov.cn/jyb_xwfb/xw_fbh/moe_2069/xwfbh_2015n/xwfb_151207/151207_sfcl/201512/t20151207_223264.html

算、大数据等现代信息技术深刻改变着人类的思维、生产、生活、学习方式，深刻展示了世界发展的前景。因应信息技术的发展，推动教育变革和创新，构建网络化、数字化、个性化、终身化的教育体系，建设'人人皆学、处处能学、时时可学'的学习型社会，培养大批创新人才，是人类共同面临的重大课题。"习近平的论述不仅回答了为什么要"健全终身学习教育体系"，并且清晰地指明了终身学习教育体系的关键特征。在国家终身学习教育体系框架下推进新时代高校全日制学历教育与继续教育统筹协调均衡发展，既是适应世界高等教育在终身学习理念引领下高等教育改革发展的潮流，也是国家深化高等教育综合改革的战略要求，它有助于最大限度地实现各类教育资源的充分利用与共享，有利于教育均衡化、民主化、网络化、数字化、个性化、终身化、国际化发展，将是我国未来深化教育改革的一个重要方向。

一流的大学不仅要有一流的全日制学历教育人才培养体系，还要有一流的非全日制继续教育人才培养体系，在学校的发展战略中，二者相互协调、统筹发展。学校十分重视学历继续教育与非学历培训教育统筹协调发展，继续教育"秉承服务国家战略、履行社会责任的宗旨，坚持高层次、高质量、高效益的办学目标"。学历继续教育与非学历培训教育共同构成高校人才培养"一体两翼"，一同履行高校人才培养和社会服务的职能。

## 三、推动需求导向的继续教育高质量变革

实现高质量发展是高校继续教育改革发展的核心目标。进入新时代，我国经济已由高速增长阶段转向高质量发展阶段，为经济社会发展提供人才支撑的继续教育也要转向高质量发展阶段。继续教育是与经济社会距离最近、联系最密切、感知需求最敏捷、对需求反应最快速的一种教育类型。要站在新时代的历史方位，从国家、组织、个人长期可持续发展的高度，认识和重视高校继续教育质量，树立需求导向的继续教育发展新型质量观，推动高校继续教育质量变革，办好人民满意的继续教育。

以人为本，回归教育本质。党的十九大报告强调："必须坚持以人民为中心的发展思想，不断促进人的全面发展。"这应该是新时代教育，包括继续教育发展的根本宗旨。继续教育作为高等教育的重要组成部分，具有成人性、应用性、职业导向性等特点，其实质是学习者根据职业发展需要，树立终身学习

理念，学会学习；以问题为导向，提高学习者发现和解决问题的能力，促进学习者职业素养的养成，提高职业发展核心竞争力。高校继续教育要不忘初心，回归教育本质，坚持以人的全面发展为核心，立足现实，面向未来，明确育人标准，坚持正确的政治方向，"求真育人""立德树人"，"大力提高国民素质"，加强对学习者的人文素质、人文精神的培养和价值塑造，构建价值塑造、能力培养、知识传授三位一体的继续教育人才培养模式。

健全评价体系，完善评价标准。根据不同类型的继续教育，以人的全面发展为核心，以学历继续教育和非学历培训教育的教学标准、评估标准为主要内容，建立以学习者为中心的继续教育质量评价标准和质量保障体系。

以需求为核心，提高学习项目专业度和设计感。继续教育需求变化不仅受国家战略、政策的影响，也与经济社会发展、学习者需求变化紧密相连。应对这些动态性需求，要求继续教育从业人员提高应对需求变化的敏感度、洞察力，及时响应需求，优化学习，优化项目设计。迅速掌握并应用学习技术，推动高校继续教育专业化、规范化发展，这就要求高校继续教育从业者从忙于"组织师资"、"安排课程"、帮助客户匹配"课程需求"的培训事务专家向组织学习专家（学习工程师、学习设计师）转变，提高继续教育专业服务能力，像工程师一样设计学习，为组织战略落地、绩效提升提供基于人才发展和业务需求的系统性解决方案，用独特的学习内容、方法、方案帮助客户获得学习价值。

技术管控促进质量变革。云计算、大数据、物联网、人工智能等技术的发展，给继续教育质量管理变革带来了巨大助力，为创新继续教育质量管理理念和方式，构建基于现代信息技术的高校继续教育质量管理体系提供了有力的技术支持。我校要借助新技术，建立基于现代信息技术的继续教育质量监控平台，构建新型继续教育质量管理体系。从关注继续教育办学机构的空间、设备、人员等公共服务设施达标情况的监管转型到继续教育服务质量的监管；从对继续教育质量阶段性检查（如督导，督导属于抽查性质）的结果监管转型到基于大数据分析的伴随式、实时性质量监管；从事后补救型质量监管转型到实时信息采集分析的实时预警；从继续教育管理职能部门的单一监管转型到基于互联网的老师、学习者、委托方、第三方机构等多元主体参与的综合性质量监管。

## 四、优化高校继续教育供给结构

结构是高校不同类型、不同层次的继续教育的组合与比例构成，是高校继续教育内涵式发展的基本依托。优化结构，促进继续教育供给侧结构性改革，是高校继续教育内涵式发展的战略性支撑。当前，高校继续教育发展不平衡、不协调、不可持续的问题日益突出。新时代，以终身学习理念为经，立德树人为纬，通过对需求侧的深入研究和把握，实现继续教育机构结构、产品结构、资源（师资）结构"转型升级"，是高校继续教育内涵式发展的基础所在。

### （一）优化高校继续教育供给机构结构

高校继续教育供给机构可从宏观和微观两个层面来分析。从宏观层面来说，主要包括在高校设立的国家级继续教育基地和区域继续教育基地，它反映了高校继续教育的区域布局结构，如中组部"全国干部教育培训高校基地"、教育部"高等学校继续教育示范基地"、人社部"国家级专业技术人员继续教育基地"等，一些省市也在高校设立了多种类型的继续教育基地。这些基地的建设和发展，要紧密结合国家和区域经济社会发展，实现结构优化、布局合理、功能协调，发挥高校继续教育基地在事业发展中的辐射、引领和骨干作用。从微观层面来说，高校继续教育机构结构包括高校内部设置的继续教育学院等专门办学机构和各院系的培训中心等。优化高校内部继续教育办学机构，主要是各办学机构要定位准确、分工明确、业务清晰、优势互补。

### （二）优化高校继续教育的产品结构

产品结构主要是以项目为基础的项目结构，它反映了某一高校继续教育的项目类型和布局。从高校继续教育产品供给结构来看，存在着千校一面、结构趋同、同质严重、特色匮乏的困境。进入新时代，高校继续教育产品供给侧要与国家、组织和个人的学习需求侧结构要素全方位融合，建立需求导向的高校继续教育产品结构调整机制。高等学历继续教育方面，要聚焦学历继续教育升级提挡。目前，我国学历继续教育产品主要停留在专科、本科层次，社会上许多人几乎把它看成"低质、低端"的代名词，而面向在职人员的研究生教育，一般不纳入继续教育范畴。从国外高校来看，学历继续教育产品线比较完整，从专科到博士层次都有，我国高校学历继续教育也应按照学历层次完善产品结构、升级提质。要处理好四个层面的问题：一是要统筹协调处理好全日制教育与继续教育的关系；二是要处理好全日制学历教育与学历继续教育的关系；三是要根据学校定位，完善包括专科、本科、硕士、博士各层次在内的学历继续教育项目层次结构；四是要破除政策和体制机制的制约，积极发展国际合作的学历继续教育项目。

非学历继续教育方面，一是聚焦国家战略，发挥高校综合优势，大力开展国家战略引领的高层次继续教育；二是聚焦组织需求和个体需求，突出其市场化、专业化、终身化、全民化的发展趋势，开展特色鲜明，定位准确，与高校发展战略、规模、优势相适应、相衔接的非学历继续教育；三是聚焦国家经济社会发展需要和组织学习需求，提供人才培养方案、学习技术、学习平台、咨询产品等多元化继续教育产品；四是聚焦党的十九大提出的构建人类命运共同体，响应"一带一路"倡议，参与全球治理体系改革和建设，开发体现"中国智慧和中国方案"的继续教育项目，从而找到高校继续教育"走出去"的契合点、发力点，力争做到"一带一路"项目走到哪里，继续教育项目、资源和服务就跟到哪里。

### （三）优化学校继续教育资源结构

强大的资源整合能力是继续教育学院的核心竞争力。继续教育资源既包括课程、师资及大学文化、大学精神、科研、实验室、校史馆、艺术博物馆等校内资源，也包括校外资源，需要建立开放共享的继续教育资源整合机制。要树立"教师+"和"课程+"的概念，鉴于继续教育的职业导向性，继续教育师资来源应该是多元、开放的，高校理论型师资与来自社会教育培训机构、行业企业、党政机关乃至世界其他国家的师资，应该有适当的比例。而从课程体系来说，要加大开发复合型、交叉型新课程的力度，以满足学习者的需要。要加强与政府、企业、区域学习需求对接，建立市场导向、对接供需、精准服务、规范运作的继续教育产教融合服务机制，运用云计算、大数据等信息技术，建设市场化、专业化、开放共享的继续教育资源信息服务平台，为政府、企业和个人提供优质高效的学习服务。

## 五、以完善的制度和治理体系保障继续教育健康发展

完善的制度和治理体系是高校继续教育健康、持续发展的根本保障，是高校继续教育实现功能、提升质量、优化结构、促进公平的关键。

### （一）完善继续教育管理体制

继续教育管理体制包括政府继续教育管理体制、管理机构、管理制度和高校内部继续教育管理体制、管理制度与规则等。从政府职能划分来说，目前，教育部、中组部、人社部等各部委都有继续教育管理职能部门，行使各自行业、业务领域的继续教育管理职能，推动继续教育的发展。进入新时代，要重点推进制度完备、办学规范、监管有力的继续教育管理体制的建立。而从高校来说，完善继续教育内部管理体制，重要的是管理体制要与高校发展战略，继续教育定位、规模、学科等相适应，与继续教育办学开放性要求相适应，与高质量发展和推动继续教育质量变革的要求相适应，从而形成规模适当、结构合理、布局优化的继续教育可持续发展新格局。

### （二）完善高校继续教育治理的制度体系

继续教育治理的制度体系既包括继续教育管理运行的规则体系，也包括继续教育治理运行的组织体系。继续教育治理体系要重点在两个方面着力：一是建立规章制度，完善继续教育政策、制度和规定。二是完善继续教育的组织体系，建立高校继续教育治理的组织架构，明确各级继续教育治理的责任主体，高校党政主要领导为学校继续教育第一责任人、分管校领导为主要负责人，建立由高校主要负责人牵头，相关管理和办学部门负责人及部分教师参与的继续教育管理委员会，按照管办分离、权责明确的要求不断完善继续教育治理体系。

### （三）构建高校继续教育治理的执行体系

完善高校继续教育决策、执行和监督机制，形成高校继续教育决策权、执行权与监督权相互制约又相互协调的高校继续教育执行体系。一是明确高校继续教育服务供给的决策主体。继续教育服务供给的决策主体不仅包括职能部门和专家，还应包括办学委托方、组织者、学习者、社会机构等多元主体。二是加强继续教育学院（办学机构）的办学自主权。高校继续教育管理职能部门和继续教育学院（办学主体机构）应该是继续教育规则、标准制订者与执行者的关系。三是建立多主体参与的继续教育质量评价机制。继续教育质量评价主体应该由继续教育管理职能部门、办学机构、委托方组织、学员乃至社会第三方中介组织组成，继续教育的评价应该是多主体参与的评价。

### （四）强化高校继续教育治理的价值体系

继续教育治理的价值体系包括继续教育治理中所体现出来的思想理念、价值规范和道德规范。继续教育的价值体系往往体现了大学精神、大学文化、校风校训、教育规律、办学规律、市场规则、人才发展规律，体现了国家意志、国家教育方针政策、国家经济社会发展战略及组织发展的要求等。在高校继续教育治理中，要特别强调继续教育本身所蕴涵的价值理念、价值取向。

# 第二节 相关研究建议

## 一、总基调：继续教育发展稳中求进

2017年10月18日，习近平总书记在中国共产党第十九次全国代表大会上所作的报告中指出，"我们坚持稳中求进工作总基调"。万仞高山，始足于稳。继续教育发展也要借鉴经济发展稳中求进的发展总基调，在保持稳步发展节奏和步伐下，把握好稳与进的关系，要努力在稳中育新机，于进中求新局，既应稳字当头，又要开拓进取。

为了在继续教育发展中化解风险、破解难题，"一体两翼"发展模式提出"七稳"：学历教育要稳、办学目标要稳、办学规模要稳、办学秩序要稳、办学布局要稳、办学队伍要稳、办学步子要稳。全面做好"七稳"工作，是坚持稳中求进的具体体现。要把握好风险处理的节奏和力度，压实各办学主体责任，打好防范化解学历教育办学风险的主动仗，引导继续教育学历教育更好地服务社会和个人发展；要进一步落实"放、管、服"相关精神，做好全校继续教育工作，要补断点、通堵点、治痛点、解难点，既要构建"自上而下"的继续教育顶层设计，包括优化财务政策和人事政策，加大学校职能部门和科研机构的支持与配合，又要注重激活"自下而上"的办学活力，持续优化校内办学环境，让办学主体吃下"定心丸"，拥有更加广阔的发展空间，从而为继续教育发展打下坚实基础，为稳办学目标、规模、秩序、布局、队伍和改革步子提供强劲内驱力；要保持继续教育宏观政策连续性、稳定性，尽心尽责做好各项办学管理和服务工作，实实在在改善办学条件和办学资源，以实际成效取信于校内办学主体，不断稳定预期、坚定信心。

　　稳中求进，上下求索。"进"是积极进取、奋发有为。"一体两翼"发展模式突出"七进"，即非学历继续教育要进、社会效益与经济效益要进、办学质量要进、办学规范要进、办学风控要进、办学服务要进、办学模式创新要进。在稳的基础上，把握好继续教育工作的节奏和发展力度，保持办学发展的战略定力，落实好推动继续教育高质量发展的部署和各项具体措施。

　　从"七稳"到"七进"，"一体两翼"办学模式吹响了清晰而有力的创新号角，做好"七稳"工作和落实"七进"任务至关重要，"七稳"和"七进"是提升效益，规范和提升办学质量，增强继续教育办学风险意识，不断巩固和提高办学成效，提高队伍战斗水平，保持战略定力，促进继续教育健康平稳发展的强大内驱力。

### （一）学历教育要稳、非学历继续教育要进

　　为了认真贯彻落实党的十九大报告关于"加快教育现代化，办好人民满意的教育"和"办好继续教育，加快建设学习型社会，大力提高国民素质"重要指示精神，学校学历继续教育发展以"稳"为总的发展基调。中南财经政法大学继续教育学历教育的具体举措：一是由创新改革促特色学科转型，建立了学科专业动态调整机制，优化学历教育专业供给侧空间。根据教育部《高等学历继续教育专业设置管理办法》（教职成〔2016〕7号）及《高等学历继续教育专业设置管理办法补充通知》的要求，结合学校的继续教育专业发展规划，学校主动减少和暂停了部分社会需求不足、水平不高或者不符合继续教育事业规划的专业。依靠我校优势学科，集中力量，突出重点，紧密以社会各行各业企业切实需求为导向，重构学科设置，把国家和地方经济发展需要和社会需求联系紧密的、高端的、实用的和欢迎度高的专业设计出来，从而优化和完善继续教育学历教育的培养体系，保持稳健的步伐来发展大专教育，重点发展本科教育，逐渐往继续教育高端硕士、博士教育发展，培育"经、法、管融通性"高级专业技术人才。二是提供继续教育助学服务，以社会和学生的迫切需求为导向，大力挖掘学历教育的生源空间。根据继续教育对象的特点，学校以"重需求、强能力、强应用"为工作导向，进一步调整专业课程体系，同时加强助学过程管理，不断扩大学业综合评价的课程适用范围，提升助学质量监督管理水平，提高考生考试通过率。全面提高学历继续教育和非学历教育的统筹管理和教育服务层次，针对学历教育和培训教育的学习形式和方式进行积极探索，

形成互相衔接、融通整合的有效手段。针对学分互认和学位制度、招生考试等方面积极开展创新与改革工作，构建我校继续教育的学分积累和学分转换制度和操作细则，实现联通培训课程学分、非学历与学历管理、学位证书与培训证书，从而实现不同类型和不同层次的继续教育学习成果的衔接和转换，用学历教育带动非学历教育跨步向前；用非学历培训引流高学历需求者，真正实现继续教育"一体两翼"模式的创新功能。

要推进建设"人人皆学、处处能学、时时可学"的学习型终身教育体系。加快创建全民参与的学习型社会，实现全国各类各层次的学校开放资源，加大力度发展非学历继续教育。为此，学校把发展非学历继续教育纳入《中南财经政法大学章程》、学校"十三五"发展规划与学校年度重点工作，将其作为人才培养的重要组成部分，服务国家战略、地方经济和社会发展的重要载体，服务国家终身教育体系构建和建设学习型社会的重要形式。作为学校发挥社会服务职能的重要渠道，学校的非学历继续教育工作应直接加强与社会各行业系统的联系，打造高端的社会化培训品牌，为大学智库建设提供直接实现研究成果转化、作用于社会和获取社会反馈信息的平台。

**（二）办学目标要稳、社会效益与经济效益要进**

党的十九届四中全会审议通过《中共中央关于坚持和完善中国特色社会主义制度、推进国家治理体系和治理能力现代化若干重大问题的决定》（以下简称《决定》），明确指出在教育领域致力于构建服务全民终身学习的教育体系，为新时代我国教育治理体系与教育治理能力的现代化指明了发展方向。[①]

明确发展惠及全民的价值导向。即以发展为导向，以人民为中心，让经济社会发展与改革的成果惠及全民。坚持以人民为中心发展教育，办好人民满意的教育，是党的十八大以来习近平总书记关于教育的重要论述中的核心内容，是党以人民为中心的发展思想的重要体现，也是党执政为民的内在要求，是我国教育改革发展的基本遵循和指南。充分发挥我校的人才培养、科学研究、社会服务、文化传承创新、国际交流等功能，促进我校高等教育功能"外溢"，实现我校继续教育与区域经济社会发展的良性互动，为经济社会发展提供智力支持，进而让人民群众共享发展成果。

---

① 中共中央关于坚持和完善中国特色社会主义制度、推进国家治理体系和治理能力现代化若干重大问题的决定 [EB/OL]. [2019-11-05]. http://www.gov.cn/zhengce/2019-11/05/content_5449023.htm.

发挥新兴信息技术的创新优势。《决定》指出，发挥网络教育和人工智能优势，创新教育和学习方式，加快发展面向每个人、适合每个人、更加开放灵活的教育体系，建设学习型社会。我校将深入贯彻用创新技术建设学习型社会的办学目标。将先进信息技术与教育教学加快融合、拓宽信息技术运用领域，加速推进我校继续教育治理能力，推进教育治理体系和治理能力现代化进程。一方面，信息技术与教育教学的融合，有助于扩大优质教育教学资源的覆盖面，促进教育公平，实现社会公平与正义的治理目标。另一方面，信息技术与教育教学融合，有助于变革教学和学习方式，促进教育教学质量的提升，实现教育内涵式发展。

**（三）办学规模要稳、办学质量要进**

李克强总理2020年5月22日在做政府工作报告时为教育工作划重点，指出要"推动教育公平发展和质量提升"。相比其他学历教育，继续教育总体质量现状令人担忧。学历教育质量不高，我国继续教育量大，学校本着对广大继续教育学习者高度负责的态度，学历教育办学管理要加强领导、统一部署，坚持学历教育内涵式发展，采取强有力的质量管理措施，深入进行学历教育教学改革，全面打响提升继续教育质量的"攻坚战"，由注重招生规模向注重办学质量和效益"转轨变型"，为"办好继续教育"必须啃"硬骨头"，力争把学院打造成能够将学校"双一流"建设成果应用于助推国家经济社会发展的转换平台和服务平台。我校高等学历继续教育发展综合创新培养模式、过程式服务管理和构建与函授站点新型关系，打出一套提升教学质量的"组合拳"。自考学历教育依托改革自学考试的专业和课程体系，积极搭建自学网络助学平台，健全教学指导、监督和评价体系，以及学业综合评价，充分发挥主考院校的办学积极性，整合优质教育资源、探索自学考试与其他教育形式的学习成果认证和转换机制，拓宽终身学习通道等举措来提升自考学历教育质量。

学校注重加强继续教育质量标准和评价体系建设，定期开展教育质量评价工作，并接受上级专家检查，不断规范办学，提高质量。2019年12月，学校继续教育工作顺利通过了湖北省教育厅组织的专家检查组检查，学校自考工作接受了湖北省教育考试院、武汉市招生办等有关部门的指导、监督、管理与评估，荣获"湖北省优秀自考命题单位"和"湖北省优秀自考命题教师"两项表彰。

### （四）办学秩序要稳、办学规范要进

《中国教育现代化2035》强调指出目前教育发展的薄弱环节和突出问题，立足当前，着眼长远，重点强调了推进教育治理体系和治理能力现代化是面向教育现代化的十大战略任务之一。2019年度学校继续教育学院进一步梳理完善各项规章制度，深入推进院务治理。第一，以学院内部管理为抓手，完善内部制度建设，制订了《继续教育学院院长办公会议制度实施细则》等5项制度，确保做到以制度管人、按规章办事。第二，以推进业务发展、防范办学风险为目标，制订并完善了《中南财经政法大学自学考试助学管理办法》等16项制度，进一步明晰了招生录取、教学管理、站点管理、学籍学位管理及培训管理等业务工作规范。

在办学规范的改革发展上，一是要提高我校学历教育和培训教育的法治化水平，遵守国家关于教育的法律法规，制定和构建我校继续教育的法律法规体系，进一步完善学校办学和办班的法律支撑体系，在继续教育的法律实施和监管方面做到实效性。二是在自主管理能力提升方面要做到学校继续教育的治理结构完整，继续加强高等学校继续教育的章程建设。加快社会力量参与继续教育治理的常态化，尽快完善和健全社会力量参与我校继续教育管理、评价与监管的体制。继续教育要以办学规范发展促进办学管理水平，切实提升继续教育的办学质量。通过以上举措不断加强完善制度建设，实现继续教育的规范管理，强化办学的责任意识和质量意识，进一步增加办学效益，提高管理水平。

### （五）办学布局要稳、办学风控要进

学校充分发挥主办学校主体责任意识，严格把关校外教学点合格办学的准入条件，认真做好站点的年检工作，强化校外教学点在招生宣传、教学管理和费用收取方面的底线意识和红线思维，主要做了以下工作：首先，优化高等学历继续教育（函授、业余）函授站设置。一是续签合格站点；二是进行筹建考察，分别对有合作意愿的安徽、福建、海南等多省合作办学单位进行建站实地考察。其次，加强高等学历继续教育（函授、业余）函授站管理，调整高等教育自学考试站点布局，健全高等教育自学考试站点管理机制。一是严把入口关，二是严把督查关，将办学风险控制到最低。

### （六）办学队伍要稳、办学服务要进

加强师资队伍建设是构建服务全民终身学习的教育体系的基础。没有各级

各类教师的有效供给,服务全民终身学习的教育体系的建立就是一句空话。学校注重高等学历继续教育的师资队伍建设,坚持专兼结合、分类发展的原则,遴选具有丰富教学实践经验的教师承担继续教育教学任务。为保证教师队伍的整体素质,学校把安排优秀教师为继续教育学生授课纳入各学院年度考核指标中。同时,今后也要通过学历教育与非学历教育相结合、学校教育与网络教育相结合等多种形式培养、培训、培育各级各类教师,确保师资队伍的规模和水平。更为重要的是,要切实加强师德师风建设,让各级各类教师成为先进思想文化的传播者,确保全民终身学习的教育质量。

"加快推进教育现代化、建设教育强国、办好人民满意的教育。"在2019年9月召开的全国教育大会上,习近平总书记提出办好人民满意的教育。

在新时代,历史赋予我们新的使命,只要教育不忘初心,坚定不移走中国特色社会主义的教育发展道路,进一步切实认识和学习中国特色社会主义教育规律,让我们国家的教育发展成果惠及全体人民,实现公平、公正,我们国家的教育就可以让广大人民群众更加满意,为提高全体人民的综合素质、实现中华民族伟大复兴奠定坚实基础。办好人民满意的教育只有进行时,没有完成时。[①]学校要把服务贯穿整个办学过程。

### (七)办学改革步子要稳,办学创新理念要进

为适应新形势新变化,学校提出以大力发展非学历培训教育为主体,以稳步发展高等学历继续教育(函授、业余)和高等教育自学考试为两翼,探索实现"一体两翼"的稳健发展模式。"没有调查就没有发言权。"深入"一线"走访调研继续教育市场。为深入了解继续教育市场,提升继续教育服务质量,2019年,继续教育学院牵头开展了十余次走访调研工作,覆盖校内全体教学单位。围绕"如何提高学校高等教育自学考试的培养质量""规范管理提升质量,推动学校高等学历继续教育健康有序发展""提高管理服务水平,实现培训教育高质量发展"等主题,学院领导带队通过走访、座谈、发放问卷和撰写调研报告等方式开展系列调研。申报教育教学研究与成果:2019年,学校继续教育依托课题申报,科研工作硕果颇丰。继续教育学院院长刘建明牵头申报的"继续教育'一体两翼'发展模式与路径选择——以中南财经政法大学为例"

---

① 中华人民共和国中央人民政府.2019年全国教育工作会议召开[EB/OL].[2019-01-19].http://www.gov.cn/xinwen/2019-01/19/content_5359253.htm

获学校2020年度中央高校基本科研业务费高等教育管理研究项目立项，研究经费3万元；"新形势下加强高校领导班子建设研究"也获得了中央高校基本科研业务费项目立项，研究经费10万元。

教育治理能力创新。《决定》指出，坚持和完善共建共治共享的社会治理制度，强调要加强和创新社会治理，完善党委领导、政府负责、民主协商、社会协同、公众参与、法治保障、科技支撑的社会治理体系，建设人人有责、人人尽责、人人享有的社会治理共同体。教育治理体系与治理能力的现代化是实现教育现代化的重要保障，是构建和完善社会治理制度的重要组成部分。教育治理的核心是要协调好学校与政府、学校与社会之间的关系，实现学校内部治理体系和结构的优化，解决学校与政府关系不顺畅、学校与社会关系不协调、学校内部治理结构不平衡的问题。完善教育治理体系、提高教育治理能力，要回归学校的组织特性和本质属性，坚持依法办学、依法治教，推进学校的内涵建设和可持续发展。以高等教育为例，高等教育治理体系与治理能力现代化的重点是构建现代大学制度，要在实践探索中重点解决如下问题。

（1）加强和改善政府宏观管理。转变政府职能、简政放权，中央向地方放权、政府向学校放权，实现管办评分离、放管服结合，通过政策规划导向、经济杠杆调节、检查评估问责、教育信息服务等手段实现对高校的分类指导。

（2）完善党委领导下的校长负责制。从制度上明确党委和校长的职责，做到职责明晰、机制完善、规则明确、程序严谨；加强党对学校的全面领导，把握正确办学方向，凝聚人心，形成改革发展合力。

（3）优化大学内部组织结构。调整学术治理结构，优化院系所设置，促进学科交叉融合和学术创新；调整行政管理机构，职能部门精干、高效，管理人员专业、敬业，增强服务意识，重视问题研究，不断提高管理效能。

（4）保障大学民主管理。完善校务公开和信息透明机制，定期发布政务报告、发展年鉴、质量报告等，保障公众知情权、社会监督权和公共问责权；坚持以教师学生为本，关注师生权益，促进教代会、学生会、校友会等各利益相关群体对学校发展的多元参与，发挥干部师生的积极性。

（5）平衡学术权力与行政权力。从制度设计和规则程序上完善权力平衡与监督机制，克服"行政化"倾向，淡化"官本位"意识，调动学校二级学院、教授和教师的主动性与创造性。

（6）深化学校内部管理体制改革。调整人事聘任和考核制度，加强师德建设，促进教师职业发展；改革学习制度、教学管理制度和学生事务管理制度，加强条件保障体系建设，为学校内涵发展和质量建设提供制度保障。

（7）完善质量保障体系。抓住构建教育教学质量保障体系的核心要素，明确质量标准，设计指标体系，优化评价方式，持续改进工作，提供制度保证；当前尤其要重视高校内部教育教学质量监控和保障体系有效性的提高；进一步完善评价结果反馈和改进工作机制。

（8）营造优良的大学文化。努力营造优良的制度文化和育人氛围，为推进高校内涵发展和特色发展、实现立德树人提供内在支撑。

信息技术的创新。第一，发展以慕课、微课、翻转课堂、混合式教学等为代表的基于互联网的教学模式。突破学习时间和空间的局限性，促进优质课程资源的共建共享，改革传统教学方式和手段，鼓励教师研发网络课程，参与线上教学，引导学生自主学习、合作学习和探究式学习。第二，促进大数据技术与教育教学的融合。提高教育教学决策的科学化水平，实现管理精细化、学习个性化和教学信息化，提高教学效率和教学质量。第三，促进虚拟现实、增强现实技术和人工智能技术与教育教学的融合。探索创设虚拟学习情境，激发学习者的学习兴趣和创造力。同时还应明确，信息技术是教育治理能力现代化和教育教学改革的手段而不是目的，应理性看待信息技术带来的教育变革，回归教育本质，保持教育初心，重视提高师生的信息素养，发挥教师的育人功能，警惕对教育价值的背离，避免陷入"纯技术化"的误区。

终身教育学分存储创新。终身教育学分银行（以下简称"学分银行"）是面向全体社会成员、服务终身学习的学分银行，旨在促进各级各类教育之间的沟通和衔接，实现资历成果的认定、积累和转换，拓宽终身学习通道，搭建人才成长的"立交桥"。建立终身学习电子档案，资历成果终身存储。学习者可以通过注册并登录中南财经政法大学继续教育学院官网，建立终身学习电子档案，将学历和学位证书、单科课程、职业资格证书、专项证书（如技师教育证书）、竞赛奖励、科学研究、创新创业、社会服务、文化传承、工作经历、职称证书等资历成果终身存储；学习者可以申请认定学习与工作经历，避免重复学习；学习者可将证书等资历成果兑换成学分，提高学习效率。为构建终身教育体系、建设学习型社会做出积极贡献。

"稳"和"进"不是割裂的，而是辩证统一的，把"稳"和"进"作为一个整体来把握，保持稳中求进的办学工作总基调。"稳"不是对教育工作不思进取、束手束脚、消极应对，对外部环境发生的明显变化无动于衷，对继续教育出现的新挑战、新问题不作为，而是要把该稳的坚决稳住，扎实做好"七稳"工作，确保办学大局稳定；"进"不是急于求成、冲动蛮干，而是该进的要进取，就是要在保持办学大局稳定的基础上，深入推进继续教育供给侧结构性改革，加快建设现代化继续教育体系，打造一流的继续教育；把握"稳"与"进"的辩证法、以"稳"求"进"、以"进"促"稳"，积极应对新问题、新挑战，才能在推动实现高质量发展上不断取得新成绩。

行稳方能致远。以进求稳，稳中求进，全力确保实现中南财经政法大学继续教育发展总目标，继往开来，再铸辉煌。

## 二、发展创新：互联网+继续教育

为了加快教育现代化步伐，建设教育强国，办好让人民满意的教育，教育部于2015年上半年颁布《关于加强高等学校在线开放课程建设应用与管理的意见》的相关指导建议，积极推广MOOC（慕课）教学，如今，在线教育成为教育现代化的重要发展方向。当前世界进入大数据时代，互联网技术日新月异，已成为人们日常生活不可缺少的重要部分。2019年，党中央、国务院相继制定和出台了《中国教育现代化2035》《加快推进教育现代化实施方案（2018—2022年）》等一系列政策和规划，明确指出我国教育发展方向，即要建成以服务全民的终身学习为主要目标的现代教育体系，同时打破教育壁垒，进一步加强各级各类教育的全面沟通。2020年2月，教育部印发《关于在疫情防控期间做好普通高等学校在线教学组织与管理工作的指导意见》，更体现出建设在线课堂平台、搭建网络学习空间、开展线上授课等在线教学活动是我国教育现代化发展的必然趋势。①

"互联网+"代表一种新的经济发展形态，即充分发挥互联网快捷、便利、智慧的特点，实现生产要素的优化配置，将互联网的创新成果与经济社会的传

---

① 中华人民共和国教育部.关于在疫情防控期间做好普通高等学校在线教学组织与管理工作的指导意见 [EB/OL].[2020-02-05].http://www.moe.gov.cn/jyb_xwfb/gzdt_gzdt/s5987/202002/t20200205_418131. html

统行业进行深度融合，以互联网技术为基础，为实体经济注入新的动能，提高其生产力和创新力，从而形成高质量的经济发展新形态。"互联网+"给继续教育提供了新的发展契机，帮助继续教育能够在充分发挥自身独特优势的基础上克服教学和师资资源短缺的劣势，实现继续教育的可持续发展。因此，探索"互联网+继续教育"模式是互联网时代社会发展的内在要求。

"互联网+继续教育"即分别根据学历继续教育和非学历继续教育的学习特点，有针对性地利用互联网技术和互联网元素，使学校的教学方式、考生的学习方式、社会的服务方式等方面得到创新与改进，同时提升教学效果，创新继续教育模式。其实质是运用互联网思维来探究继续教育，通过网络信息技术和互联网平台，促进互联网与传统继续教育（主要指传统的教育教学模式与手段）进行深度融合，强调通过大数据、互联网和云计算来进行优质教育资源的整合，使教学方法、教学手段、教学内容、教学效果等方面得到全面改善与提升，促使继续教育的教学模式及管理模式实现改革创新，进一步促进终身教育的普及程度，一定程度上提升教育质量、改善教育公平。

在这样的时代背景之下，继续教育事业应与时俱进，及时从办学方式和办学结构两个方面展开战略转型。

### （一）办学方式转型

所谓办学方式的转型，就是在继续教育事业发展中，实现"继续教育+互联网"向"互联网+继续教育"的转变。

1. "互联网+"

在"互联网+"火爆中国经济转型时代的同时，随之而来又多了一个"+互联网"的概念。两者看似在内容上相融相通，但从行文顺序的不同中可以看出，两者在本质上还是存有差异。首先，两个概念的站位不同。"互联网+"更强调"逆袭革新"，比如"互联网+商业"的逆袭是电子商务，"互联网+金融业"的逆袭是电子金融，"互联网+传媒业"的逆袭是移动传媒。"互联网+"是一种由"旧"向"新"的突入式扩张，是互联网对某行业的开创性、震撼性革新。"+互联网"则更多强调的是"顺势而为"，比如"工业+互联网"是指在传统工业的基础上，利用互联网技术，提高工业的生产效率和产品。此种情况下，互联网只是一种生产工具，还不能成为一种全新的生产模式。其次，两个概念的优势不同。"互联网+"的优势是拥有新技术、新体制机制和更广泛的社会美誉。互联网的"随时、随地、随需"优势，可使用户操作更便捷、体验更舒适，同时使商品价格更优惠，因此可以促使该行业赢得大量消费者，实现爆发式增长。"+互联网"的优势则是存量优势、行业标准优势和公信力优势。传统行业历史悠久，如今在互联网技术和企业内部导向的双重作用下，传统行业会在自身发展基础上沿着"继承—创新—再继承—再创新"这条历史逻辑不断发展，并主动利用互联网技术提高企业的各方面能力，对企业的管理模式与产品服务进行自我创新。最后，两者的主导者不同。从行文顺序即可推断，"互联网+"是由互联网企业进行牵头，使用互联网技术、注册资本、培养人才和商业模式等各个方面对其他行业进行引导融合，实现互利共赢的局面；"+互联网"则是以传统行业为主导，选择使用互联网这一方式进行融合。

继续教育的战略转型首先就需要紧紧抓住信息技术变革的契机，以互联网为主导，探索"互联网+继续教育"的教育模式，从而真正实现继续教育事业的飞跃式发展。

2. "互联网+继续教育"是继续教育现代化发展的必然趋势

"互联网+"这一思维引发了教育者的深思，也为继续教育行业发展开拓了新的思路。现代继续教育的从业者可以利用互联网技术启发学生进行自主学习和探究性学习，并将这些理念贯彻到继续教育的整个过程，积极推动课程的整改计划，全面整合现有教学资源，进一步优化教育教学模式，坚持以学生为主体，促进继续教育事业的高质量转型发展。反观以往的传统继续教育，以课堂教育为主体，将学科培养固化在固定的课本教材当中，不利于培养学生拓展创新的思维。而"互联网+"的引进有利于信息技术与继续教育进行融合，充分利用了互联网的大数据和可移动性的优势，学生不再固定于教室面对课本进行学习，传统的教学手段转化为以慕课、云课堂为代表的线上即时学习课程。利用互联网平台的开放性、多元化、智能化等特征，打破时间和空间的局限，通过扩大教学范围、优化并整合丰富的教学资源，满足学生自主学习的需求，探索大数据时代下继续教育行业与学生互动沟通的新模式，同时完善教师的教学方法，顺应时代发展潮流。"互联网+"行业的快速发展也为继续教育相关评价管理体系的建立提供了有力支撑，推动了教育管理体制改革的发展。利用大数据平台对学生的学习情况进行分析，生成个性化教学方案，有利于教师对不同情况的学生实施差异化教学，进一步细化相关评价标准，对学生的学习效果和教师的教学成果进行全面评估。

同时，互联网的发展带来的是知识结构变化的日新月异、知识层次与内容更新周期的不断缩短，由此，社会个体对岗位转换的需求不断增加。在这种情况下，社会对人才的认可度及评价模式不再根据社会个体掌握知识的多寡来决定，而是看个体的知识结构能否适应社会发展的速度与趋势。因此，"互联网+继续教育"的构建必须以人民群众的期盼为出发点和落脚点，以学校的优势学科、核心专业和"双一流"建设成果的转化为支撑点和着力点，秉持"初心为民，服务社会"的理念，让人民群众享受到更多优质的名校资源、优质的名课资源和优质的名师资源。

面对"互联网+继续教育"的新形势，我校也在积极探索与实践。自2018年起，我校为加快继续教育信息化应用和变革，更好地适应"互联网+"时代条件下继续教育的发展与改革需要，搭建了自学考试网上助学平台，目前已经实现了对考生的课件学习、平时作业、综合测评、论文考核的全方位线上管理；同时，还将搭建培训教育在线学习平台，开发各类在线学习软件、视频教学课程、名家讲座等资源，将学习资源通过多种模式对外开放，利用网络信息技术服务平台开展高质量、高水平的远程培训教育；2019年，我校完成了《高等学历继续教育专业全程培养方案》的修订，新方案侧重教学理念的重塑、教学体系的重构、教学资源的整合、教学模式的转换，线下面授与线上教育的有机结合将成为高等学历继续教育与信息化建设融合的发展方向。实践证明，在云计算、大数据、物联网的助力下，搭建现代化继续教育服务平台是共享继续教育资源的重要保障。构建该教育服务平台可使教学资源重复建设、教学资源建设水平低等问题得到有效解决。平台还可以有效地将学习、教学、管理等功能有机结合，对师生的"教"与"学"进行统一管理，督促师生全面进步，致力于将优质的课程资源覆盖到每一位学生和教师，并且有效减少建设课程资源的技术平台时产生的不必要的成本损失。同时，互联网平台在课件开发、教材编写等方面可实现资源共享，使学生们可以高效、快速地获取所需知识，有利于继续教育事业的发展。从继续教育组织者和工作者的角度，应密切关注"互联网+"这种新型的教育推广平台的发展，积极研究"互联网+继续教育"这一新命题的融合发展，以融合促创新，紧跟时代潮流。最大化地利用互联网平台，以获取优质教育资源为目的，积极汇聚各种创新力量，优化继续教育的教育过程，使得教育资源多元化、教育方式便捷化、教育模式科学化，以期提供优质的教育服务。

**（二）办学结构转型**

所谓办学结构转型，就是调整高校继续教育中学历继续教育和非学历继续教育的结构比例，实现高校继续教育办学机制的优化升级。

高校尤其是知名高校，其继续教育事业往往具有较强的应用性、良好的市场声誉、高质量的教学水平等特点，可以有效提高学生的知识水平与技术能力，促进学生的全面优质发展，这种教育形式的优势是其他教育方式无法提供的。因此，高校的继续教育事业应找准定位，在致力于教学事业的同时，主动承担相应的社会责任，这一举措有利于继续教育事业的可持续发展，可有效促进我国终身教育体系的构建与发展。如今，高等教育广泛普及，低端化的教育需求不再是大众的首要选择，人们对高质量的学习需求越来越高涨。随着我国经济结构转型发展如火如荼，社会对于能力越来越看重，单纯的学历继续教育其补偿性功能逐渐被削弱，而国家提出高质量发展战略后，大众对继续教育的期望不再是由低学历跨向高学历的学历继续教育，而更多的是期待通过继续教育增加自身学识素养和知识积累的非学历继续教育。如果说，过去在我国高等教育落后、毛入学率较低的情况下，普通高校的继续教育以学历继续教育为主符合当时的时代发展需求，那么如今，继续教育处于青黄不接的处境与大众渴求获取高质量继续教育的需求之间存在明显矛盾，此时若普通高校的继续教育不及时转型，仍然以学历教育为主，就会偏离正确的发展方向。高校发展非学历继续教育，其主要受众是学历或技术能力已经达到中等层次的社会人士。这些学习者所需的，正是如今广大民众需求量较大的新知识、新技术、新理论、新方法和新技能。因此，新时代下，高校继续教育发展应坚持"创新、协调、绿色、开放、共享"五大理念，以高等学历继续教育、高等教育自学考试为两翼，大力发展高层次的非学历继续教育。事实上，据相关报道，自2016年教育部颁布《高等学历继续教育专业设置管理办法》之后，全国已有近10所普通高校如清华大学、北京大学、武汉大学、华中师范大学等对学校的继续教育进行了办学结构转型，将重点放在发展培训教育（非学历继续教育）上，呈现出了继续教育与普通高等教育之间良性互动的新态势。

大力发展非学历教育，可以从多方面入手。首先，学校可利用其自身的学科建设特色和专业技能优势，鼓励科研创新、深入挖掘继续教育资源的潜在价值，以市场为导向，分层次与类别制订具有竞争力、结构良好、多元化的培训课程和教学体系；其次，以学校为媒介，在继续教育学院和相关本科学院间建立合作平台。依托知名学者与学院优质学科进行继续教育学院品牌的联合开发，不同学院之间也可利用委托授权等方式签订权责协议，这不仅有利于继续教育学院的优势学科发展，也可以增加继续教育学院的文化底蕴与品牌效应，有利于学院的可持续发展，同时签订协议的学院也可以从相关的学科建设发展中获益；再次，学校可以通过与政府、相关行业和企业进行联动，通过定制目标项目和提供具体、创新、持续的培训服务，与其建立友好伙伴关系；从次，学校可以通过深入挖掘传统优势项目的红利，进行拓展并成立相关专项研究小组；最后，充分发挥各地的校友会作用，根据市场需要开发新的品牌项目。

并且，高校应在调整办学结构的基础上，对学历继续教育和非学历继续教育的教育手段进行供给侧结构性改革，以期各类人群在继续教育这一平台均能有所收获，落实继续教育的教学改革。各高校的继续教育事业也应积极做出转变，以往的以培养课本理论知识为重点的"知识记忆型"人才不再适应当前的社会发展，而以实践操作性为主的"技术应用型"人才已成为社会之急需，随之而来的教学模式与教学内容也应做出相应调整，以适应人才培养需要；同时，教学管理应引入"学分银行"制度，秉持"人无我有，人有我优"的办学理念，更加重视对学习者的创新、创造和创业意识的培养；并且，坚持以学习者为中心的教学理念，教师作为引导者，需要尊重个体的学习需求，由学习者对学习模式与学习计划做出积极调整。

## 三、改革举措：继续教育发展新征程

"终身学习"是外来语。联合国教科文组织（UNESCO）在冷战没有结束时就开始思考这一概念，旨在探讨人类教育与学习的未来。进入21世纪以来，国际组织政策文本中出现"终身学习"的频次远高于"终身教育"，意味着有可能迈向更广意义的"学习空间网络"。从20世纪70年代到现在，全球已经发生5次与教育与学习相关的革命性变化，基本上每十年一次，好像有一定规律可循，对我国教育发展具有十分深刻的影响。

第一次是教育理念的革命性变化。以1972年UNESCO《学会生存：教育世界的今天和明天》①报告为标志，"学习型社会""终身学习"第一次呈现在各国政府面前。此后是1996年的《教育——财富蕴藏其中》②和2015年的《反思教育：向"全球共同利益"的理念转变？》③。这三份报告具有里程碑意义，1972年报告确定了终身学习概念；1996年报告认为终身学习是人类通向21世纪的一把钥匙；2015年报告则认为教育需要从公益事业迈向更开阔的共同利益。除UNESCO报告外，经济合作与发展组织（OECD）的年度教育政策分析报告也值得关注，其主题之一是各成员国终身学习领域的进展，可以借鉴。

第二次是教育手段的革命性变化。20世纪80年代新的信息通信技术革命的兴起，为教育与学习的时间、空间打开一扇前所未有的"窗户"。这次革命性变化的影响，至今在很多地方潜力还没有完全发挥出来，数字化学习对传统面授方式产生的深远影响，已经跨越整个教育与学习领域。

第三次是教育支付方式的革命性变化。20世纪90年代世界贸易组织（WTO）推展了服务贸易总协定，教育在12类服务贸易中列第5，有4类提供方式：跨境交付（相当于远程教育）、境外消费（留学）、商业存在（合作办学）、自然人流动（外教），传统的福利性教育供给正与学习者交费选择的教育服务贸易并存。大约1/3的WTO成员方包括中国签订了教育服务贸易减让表。我国加入WTO后，教育对外开放迈开新步，中外合作办学、出国和来华留学呈现新的局面，不仅引入优质国外教育资源来华合作，国内大学也开始到境外设置分校和校区。

第四次是教育发展模式的革命性变化。21世纪第一个十年，可持续发展成为国际社会的重要主题之一，以此为导向来启动教育与学习发展模式革新。2015年9月联合国纽约峰会确定《2030年可持续发展议程》④，共有17项目标169个具体目标，其中，目标4是"确保包容和公平的优质教育，让全民终身享有学习机会"。同年12月UNESCO推出《教育2030行动框架》，中国政府参与了上述议程和框架商定，并在2016年出台国别方案。

---

① 联合国教科文组织国际教育发展委员会.学会生存：教育世界的今天和明天[M].北京：教育科学出版社，1996.
② 联合国教科文组织总部.教育——财富蕴藏其中[M].北京：教育科学出版社，2001.
③ 联合国教科文组织.反思教育：向"全球共同利益"的理念转变？[M].北京：教育科学出版社，2017.
④ 联合国.2030年可持续发展议程[EB/OL].[2015-05-27].http://infogate.fmprc.gov.cn/web/ziliao_674979/dnzt_674921/qtzt/20.

第五次是教育环境和业态的革命性变化。21世纪第二个十年，以互联网、大数据、云计算、人工智能为标志的新一轮科技革命和产业革命正在全球范围内兴起，开始重塑教育与学习的环境和业态。人工智能正在成为"超级风口"，与网络契合介入教育和学习领域，产生了前所未有的深刻影响，国际组织也纷纷跟进，各国正在开展探索实践。

在五次革命性变化的冲击下，各国宏观政策更多侧重于促进教育公平性、增强教育有用性、提升教师质量等方面，可以说是寻求最大公约数，这对我国教育与学习领域、深度开发人力资源的决策部署都具有较为重要的启示。站在2020年时间点上，展望21世纪第三个十年，绕不开的是新冠肺炎疫情。有专家分析，第三个十年经济全球化格局、世界产业链供应链将发生深刻变化，各国产业结构调整和就业结构变动对教育与学习环境和业态的影响，可能不亚于网络教育和人工智能。

新中国成立70多年了，我国大学在校生结构发生了显著变化，从改革开放之初高等教育毛入学率不到3%到2019年超过50%，我国已跻身人力资源大国，正向人力资源强国迈进。UNESCO的2017年数据显示，在各级教育毛入学（园）率方面，我国稳居全球中上收入国家行列。教育水平排位略高于人均GDP国际排名。教育发展为现代化建设所需的人力资源开发打下雄厚基础。党的十九大做出中国特色社会主义进入新时代、我国社会主要矛盾发生新变化的重大历史性判断，要求在2020年全面建成小康社会的基础上，向2035年基本实现社会主义现代化进军，到21世纪中叶把我国建设成为富强民主文明和谐美丽的社会主义现代化强国，迎来新中国成立一百年，中华民族伟大复兴将翻开崭新的辉煌篇章。

2018年党中央召开新时代第一次全国教育大会，习近平总书记做了重要讲话，为谋划2035教育现代化进程提出非常重要的指导性意见。党中央、国务院印发《中国教育现代化2035》，中办、国办印发《加快推进教育现代化实施方案（2018—2022年）》，期望到2035年总体实现教育现代化，迈入教育强国行列，这一目标比基本实现国家现代化的要求更高，必须加快超前推进。

理解2035年教育现代化主要发展目标，其中有一个板块是构建服务全民终身学习的现代教育体系，这是建成"人人皆学、处处能学、时时可学"的学习型社会顶层设计方案。党的十九届四中全会指出，"发挥网络教育和人工智能优势，创新教育和学习方式，加快发展面向每个人、适合每个人、更加开放灵活的教育体系，建设学习型社会"，为推进教育现代化指明了总的方向，也是继续教育事业的根本遵循。我校枕戈待旦，居安思变，开启继续教育发展新征程，主要从以下五方面着力。

**（一）确立构建终身学习体系的继续教育发展目标**

继续教育是学校人才培养和社会服务体系不可或缺的重要组成部分，是学校承担社会责任、彰显社会价值的重要平台和窗口。

中南财经政法大学继续教育的指导思想是以习近平新时代中国特色社会主义思想为指导，深入贯彻落实党的十九大和十九届二中、三中、四中全会精神，全面落实习近平总书记关于教育的重要论述精神，紧紧围绕构建服务全民终身学习的教育体系，坚持社会主义办学方向，落实立德树人根本任务，紧紧把握继续教育发展改革趋势，全面深化综合改革，不断推进继续教育现代化进程，切实提高教学质量，站在构建终身教育体系和建设学习型社会的高度重视继续教育的发展和转型，不断构建与"高水平、有特色人文社科类研究型大学"相匹配的继续教育体系，积极助力学校"双一流"建设。

中南财经政法大学继续教育的发展目标是围绕学校"双一流"建设这一核心任务，以大力发展非学历培训教育为主体，以稳步发展高等学历继续教育（函授、业余）和高等教育自学考试为两翼，探索实现"一体两翼"发展模式。完善体制机制，优化整合资源，实现信息技术与继续教育的深度融合，积极促进普通高等学历教育与学历继续教育、非学历培训教育与学历继续教育之间的相互沟通和衔接，拓宽广大学习者的学习成才之路；实现继续教育由传统的单一学历继续教育向现代多层次、多形式、纵向衔接、横向沟通的终身教育体系转型，努力实现学校优质教育资源的效益最大化，使继续教育成为推进产学研互动的平台，成为促进学校教育事业发展新的增长点。

学校在《中南财经政法大学章程》和《中南财经政法大学改革和发展"十三五"规划》中从构建终身学习教育体系和建设学习型社会的高度，对继续教育给予了科学定位，制订了发展规划，并在年度工作要点中对继续教育工作进行了统一部署，科学推动继续教育发展转型，不断完善体制机制，优化整合资源，稳步发展学历继续教育、大力发展非学历继续教育，为继续教育工作健康、可持续发展提供了有力的政策支持和良好的发展环境。

《中南财经政法大学章程》中明确规定："学校坚持社会主义办学方向，以立德树人为根本任务，在人才培养及其活动中贯彻'以本科教育为本、以研究生教育为重和兼顾继续教育'的方针，致力于培养融通、创新、开放式特色人才，依法自主办学。""学校实施普通高等教育的本科和研究生教育，积极拓展继续教育，其主要教育形式为全日制学历教育，并开展在职学历教育和非学历教育。"

《中南财经政法大学改革和发展"十三五"规划》中明确提出："以提高办学质量为核心，以改革创新为动力，着力推进继续教育转型升级，深化继续教育综合改革，不断提升信息化水平，创新发展模式，全面加强我校继续教育服务经济社会发展的综合实力，努力构建与我校发展目标相适应的终身学习教育体系。"

《中南财经政法大学继续教育学院改革和发展"十三五"规划》确定继续教育未来五年改革发展的总体目标："充分依托学校的学科优势和专业特色，大力推进内涵建设，统筹兼顾，协调处理好规模、结构、质量、效益的关系，到2020年初步形成适应需求、特色发展、资源共享、沟通衔接、灵活开放的具有学校特色的高质量、高水平的继续教育发展格局，力争把我校建成适应市场、管理规范、特色突出，有一定规模和影响，国内一流的开放式、高层次、国际化的继续教育基地。"

根据习近平总书记关于"构建衔接沟通各级各类教育、认可多种学习成果的终身学习立交桥"的总体要求，我校根据《教育部关于推进高等教育学分认定和转换工作的意见》（教改〔2016〕3号）文件精神，结合学校实际情况，制订《中南财经政法大学高等教育学分认定和转换工作实施细则》，畅通不同类型学历教育、学历教育与非学历教育之间的学分转换通道，促进优质教育资源开放共享，畅通继续教育、终身学习通道，促进各级各类教育纵向衔接、横向沟通，完善人才成长的立交桥。

**（二）确定管理服务相融合的继续教育功能定位**

明确继续教育功能定位。进入新时代，急需在国家终身学习等教育体系框架下解决高校全日制学历教育与继续教育发展不协调、不充分、不均衡的问题。要解决此问题，确定继续教育在学校教育事业中的功能定位尤为重要。中南财经政法大学2020年第10次校务会议中明确提出，继续教育学院要进一步明确功能定位，积极推进转型发展。

（1）当好"裁判员"，加强建章立制，完善监督管理，统筹协调校内各单位办学活动，营造良好的办学环境，优化高校继续教育供给机构。2020年以来，学校建立非学历培训教育工作专班，明确培训教育工作负责人和项目负责人，按照"谁举办、谁负责"原则对本单位培训教育项目负责，健全办学责任体系。

（2）当好"教练员"，与校内其他办学主体建立归口管理和对口服务工作。具体举措是帮助各办学主体定位准确、分工明确、业务清晰、优势互补，优化高校继续教育的产品结构。

（3）建立"信息库"，全面掌握、整合资源、优化学校继续教育资源结构。近年来，通过整合课程、师资及大学文化、大学精神、科研项目、实验室、校史馆、金融博物馆等校内资源，也包括所属地区人文资源、革命资源、智慧城市发展资源等，建立开放共享的继续教育资源整合机制。

（4）适时扮演"运动员"，聚焦国家战略、国家经济和社会发展、组织和个体需求，大力开展国家战略引领的高层次继续教育，创新孵化以市场需求为导向的人才培养方案、学习技术、学习平台、咨询产品等多元化继续教育产品，开展特色鲜明，定位准确，与我校发展战略、规模、优势相适应、相衔接的非学历继续教育，积极凝练、打造继续教育的"中南品牌"。

进入新时代，我国经济已由高速增长阶段转向高质量发展阶段，为经济社会发展提供人才支撑的继续教育也要转向高质量发展阶段。继续教育是与经济社会距离最近、联系最密切、感知需求最敏捷、对需求反应最快速的一种教育类型，要站在新时代的历史方位，从国家、组织、个人长期可持续发展的高度认识和重视高校继续教育质量，树立需求导向的继续教育发展新型质量观，推动高校继续教育质量变革，办好人民满意的继续教育。市场属性是高校继续教育尤其是非学历培训教育的属性特征，学校需要不断满足社会需求，实现发展变革。这就要求学校从教育的本质、育人目标、质量标准、质量评价体系、提升从业者专业度和产品设计等方面来设计适合市场需求的继续教育产品。

**（三）以完善的制度和管理体系保障继续教育新发展**

（1）完善高校继续教育的制度体系。建章立制，完善继续教育政策、制度和规定，确保继续教育有法可依、有制可循、依法治教。学校切实提高对继续教育的重视程度，以"加强制度建设、强化过程管理、严格依法办学"为原则，不断加强继续教育制度建设，将党的十九大精神贯彻落实到实际工作中，遵循继续教育办学规律，在完善学校内部的继续教育管理过程中，重视相应规章制度的修订，深化教学改革、严格依法办学，全面提升继续教育治理水平。

2020年是中南财经政法大学确定的"制度体系建设年"，是继续教育学院的"基础建设年"，学校自上而下在全校范围内开展了规章制度全面清理工作，继续教育学院高度重视，迅速行动，成立以继续教育学院院长为组长的专项工作小组，对学校继续教育相关的规章制度开展"废改立"全面清理工作，对2000年以来和学校继续教育相关的各类各层次规章制度进行了认真梳理。高等学历继续教育方面，经多次组织讨论并认真整理、修改，于2019年12月编制完成了《中南财经政法大学高等学历继续教育管理文件汇编》，涵盖部门职责、招生、学籍、档案管理、教学管理、学生工作、考试管理等方面。高等教育自学考试方面，对2000年以来与高等教育自学考试管理相关的所有国家级、省级和校级的规章制度进行了全面清理，并分国家及省级文件、校级文件两类，将现行有效的法律、法规、规章和规范性文件整理成册，形成《中南财经政法大学高等教育自学考试文件汇编》。非学历继续教育方面，面对落实"放管服"工作的需要以及大力开展创收的校内需求，学校继续教育学院对自身的定位从"以办为主"调整到"开展引领、增强管理、大力服务、以办为辅"上，并围绕这一新定位通过在线会议的形式向校内各单位征求意见，完成了《中南财经政法大学培训教育管理办法》的修订工作；为加强统筹管理和服务工作，发布《关于开展培训教育工作专班人员信息备案工作的通知》和《关于培训合同备案流程和收入确认的通知》，推动了各培训教育办学主体责任的落实，在法务部的支持下拟定了培训合同参考文本，进一步明确了培训合同的备案和收入确认要求与流程；制订了《培训教育工作酒店服务项目"公选入围"管理办法（征求意见稿）》来规范和加强部门内部质量控制工作。

（2）完善继续教育的管理体制。继续教育管理体制包括学校内部继续教育管理体制、管理制度与规则等。完善继续教育内部管理体制，重要的是管理体制要与高校发展战略，继续教育定位、规模、学科等相适应，与继续教育办学开放性要求相适应，与高质量发展和推动继续教育质量变革的要求相适应，从而形成规模适当、结构合理、布局优化的高校继续教育可持续发展新格局。

一是理清学院和大学在关键政策和管理制度方面的关键要素。高校继续教育的执行者或运营者是继续教育部门，办好继续教育的前提是要有大学的支持和依托，因此要明晰学院和大学的关系，以下归纳了八个关键要素：大学对继续教育的定位；大学对继续教育学院的具体要求；大学给予学院的财务政策；大学给予学院的人事政策；大学给予学院的激励机制；继续教育学院与学科院系的关系；继续教育办学权与监管权；校内教学场地与住宿等资源的配给。二是要理清学院内部的关键要素。包括学院内部的治理架构、部门设置、岗位设置、薪酬及激励机制、教学管理、师资管理、员工管理等，要建立规范的管理制度和良好的文化氛围，才能真正形成较好的发力状态。三是要学习和掌握教育培训的理论和方法论，学会如何开拓市场。开拓市场的套路和本领要逐步具备，在战斗中不断成长。不同客户的特点和需求不同，怎样了解客户需求，设计学习项目、管理运营培训项目，有效评估培训效果，给客户提供更好的服务和创造学习价值，是我们关注的重点。

学校实行的办学体制与管理体系：学校继续教育学院归口管理全校高等学历继续教育（函授、业余）、高等教育自学考试、非学历培训教育，兼有办学和管理职能。学校高等学历继续教育办学实行"归口管理、集中办学"管理体制；校内各教学单位负责落实继续教育学院下达的学历继续教育教学任务，安排教师授课、命题、评卷和论文指导等工作。学校非学历培训教育办学实行"归口管理、分层办学"管理体制；继续教育学院作为学校继续教育工作归口管理部门，代表学校履行管理、指导与服务职责，同时负责开拓非学历培训市场，发掘培训资源，开展综合性培训项目和新项目的开发孵化工作；在继续教育学院的宏观指导和管理下，校内各教学单位自主开展适合本学院的专业性较强的非学历继续教育，并接受继续教育学院的定期质量评估。

（3）建立健全继续教育质量保障体系。学校继续教育的发展要以符合人才培养标准和提高质量为核心。学历继续教育质量保障体系方面，中南财经政法大学深入研究各类人才素质能力标准，根据经济社会发展对人才培养的需求，不断完善培养方案，调整办学模式、课程体系和专业结构，改革教学内容和教学方法，积极推进以学生为中心、满足个性化需求的人才培养模式；完善继续教育的质量评估与监控体系，建立教学质量评估体系，实现全方位、全过程的质量管理，并将评估结果纳入教师和管理人员的考核体系；加强函授站和教学点的管理，坚决淘汰生源少、管理差的函授站和教学点，合理布局函授站和教学点，防范办学风险，提升办学效益和社会声誉。

非学历培训教育质量保障体系方面。非学历教育的质量首先在于教学项目设计的质量。策划一个项目，指导思想是要为客户解决问题，给客户带来价值，而不单是给学员讲课，或者把一些老师拼凑组织起来上一堂课，要有具体的课程目标和主线。其次是对老师的筛选和把控。教学过程中老师是最重要的，老师讲课的内容、形式、风格以及师德、人品都非常重要，所以老师的筛选是一个很重要的环节。最后是教学服务。教学服务体现在很多方面，把培训项目全过程中的每个细节都考虑周到并且做到了，就能实现高质量。模式上我们比较典型的做法是用行动学习、案例教学、对标学习等方法开展非学历继续教育。行动学习：我们面向企业的培训，前期都要做深入的调研，了解他们当下最困惑的问题。我们还会在培训之前给企业列出需要提前阅读的书目和材料，让他们剖析自己的痛点，总结好问题和我们一起讨论，回去后再实践，等到下次课要把实践总结带来，大家再进行分享和交流。这样边学习、边实践的培训往往持续一两年，学习效果非常好。案例教学：案例来自学员单位或行业经典案例，在课堂上进行剖析，讨论解决方案。对标学习：简单说就是带着学员到做得比较好的行业企业参观考察，现场交流讨论，这种学习的课堂遍布全国。

**（四）以加强继续教育的研究和人才队伍建设为发展源动力**

1.加强继续教育的研究工作

继续教育到底是什么？其学科基础是什么？理念是什么？工具和方法论有哪些？这是我们迫切要解决的问题。

2.专业化人才队伍的建设

继续教育培训管理者队伍的建设至关重要，没有一支好队伍就做不出好的培训。

（1）建立关键岗位，做有效培训。定义了业务部门的三个关键岗位：项目主任，主要负责策划培训项目、与客户沟通、项目实施；课程主任，主要职责是设计培训课程，师资的选择、挖掘、管理和聘请，完成课程设计；运营主任或叫班主任，学员到我们这里学习，食宿、交通、教学用品、通信等服务都由运营主任负责。这三个关键岗位是我们通过几年的总结定义的专业岗位。确定好这些岗位工作职责，在培训中将三个岗位的人员组合在一起就能较好地完成培训项目。加强培训工作者的内部训练。教授掌握行动学习方法，把它应用到培训中，带着学员挖掘和分析问题，通过实践解决问题；设计了"课程导读环节"。一个5天的培训班，刚开始由课程主任用40分钟给所有学员介绍这5天的安排，每个老师的特点、背景，课程的核心目标、亮点、特色等，让学员学习前就对培训内容有一个全方位的了解，这样学员就能目标明确，很快进入角色。要讲清楚这40分钟，课程主任要下很多功夫。他要了解老师的背景，提前听老师上课，还要听取以往不同学员对课程的反馈，了解学员单位及学员个人学习的需求，设计出培训项目教学大纲，最终才能为学员安排相匹配的老师授课。我们是通过"练兵"的方式来培训课程主任的。

（2）对重要的客户群体做深度了解和需求分析。要足够了解培训的业务流程、需求分析方法、课程设计方法，是否深入了解某一行业领域，能否通过各种各样的信息渠道跟客户接触并说服他们，为客户提供服务。开拓市场一开始不要想着做什么培训项目、请什么老师，要先了解客户有什么困难和困惑、要解决什么问题，再进行诊断分析，开出培训的"药方"。培训不是万能钥匙、万金油，客户有些问题是培训能解决的，有些则是培训解决不了的。要先明确培训的任务和目标，在此基础上去开拓市场，客户就会感受到你的专业水平和工作诚意，就会知道你是真正在通过学习项目帮助他们解决问题和困惑。加强高等学历继续教育和非学历培训教育项目的设计水平和管理水平，努力提升继续教育为客户带来的学习价值。

（3）有效的非学历继续教育。所谓有效就是学员学习以后有所启发，有所收获，能够付诸实践。学习专家用五点概括：第一，学。要知己知彼，既要了解自己单位的发展定位，还要了解外部的信息、思路、理念、方法、案例等，拓展思路，开阔眼界。第二，会。会不会在于学习完课程以后学员心中是否有"蓝图"，是否有新的打算；我们所教的东西是不是能打动学员，让他们有所启发和领悟。第三，用。主动把想到的"蓝图"用于工作，改变自身行为，提升工作绩效。第四，教。学员学完后，要会总结，把学到的东西分享给所在的团队，建立学习型团队。第五，创新。要不断更新发展。一个非学历继续教育项目，如果能使学员实现这五点，就是一个好的培训，这是培训的实质，也是在职人员学习所要遵从的路径。

### （五）以开放共赢合作促继续教育"战国时代"

2015年，教育部、国家发展改革委、财政部联合下发的《关于引导部分地方普通本科高校向应用型转变的指导意见》指出：全面深化校地、校企合作，专业特点明显的高校可以与行业部门、行业组织、大型企业实行共建共管二级学院。高校举办的非学历培训教育与委托单位之间是一种合作关系，要以合作共赢的理念建立开放办学、互相信任、资源共享的有效机制。[①]

（1）主动和国家部委、地方政府、企业联系，承接党政管理干部、专业技术人员等培训项目，实现互利共赢。目前，我校已积极争取到全国首批"卓越法律人才培养"基地、财政部干部培训基地、国家知识产权培训（湖北）基地、湖北省干部教育培训高校基地，构建了新型产学研战略合作联盟关系。

（2）集聚优质资源，共建协同体系，成立全国财经高校培训联盟。为了实现财经高校间的资源共享、优势互补，共同推进高等财经教育培训事业的发展。2012年11月，中央财经大学、上海财经大学、中南财经政法大学、西南财经大学、东北财经大学、江西财经大学、山东财经大学7所财经高校继续教育学院院长齐聚一堂，共同签约成立全国高等财经院校教育培训联盟。全国高等财经院校教育培训联盟的成立，为财经高校教育培训相互交流协作，发挥多校协同优势，提升财经教育培训水平质量，创建财经教育培训品牌，积极主动抢占开发教育培训市场，搭建了良好、广阔的平台。

（3）合作搭建培训平台，稳固合作关系，建立长效机制。2018年，中南财经政法大学与中国建设银行开启银校合作办学新模式，共同成立中南财经政法大学建行学院（建行大学华中学院），开启了校企合作新征程，非学历培训教育进入一个新的里程碑。

（4）跨区域合作培训。2019年，中南财经政法大学首次携手西南财经大学为成都市工商联的50名商会秘书长开展了为期5天的"学本领、促发展"综合能力教育培训。培训期间，两校工作人员共同完成了培训项目跟进、教学督导、培训服务等培训环节。这是两校合作办学的初尝试，是两校教职工之间交流合作的第一步，更是两校整合教育资源、拓展培养渠道、实现资源整合和共享的第一步。

---

① 中华人民共和国教育部.关于引导部分地方普通本科高校向应用型转变的指导意见[EB/OL].[2015-10-23].http://www.moe.gov.cn/srcsite/A03/moe_1892/moe_630/201511/t20151113_218942.html

（5）今后学校希望继续发挥继续教育的联盟合作模式，通过"继续教育转型发展院长工作坊"的形式，与各高校继续教育学院的主要领导进行更细致、更充分的交流，剖析具体的经验和做法，引发思考，把"如何开启继续教育的新征程，如何依靠终身学习走向未来"这个问题真正谈透。"院长工作坊"的形式可以让参与者进行深度交流、思想碰撞、共创共享，形成适合自己的行动方案，在今后的实践中大家可以携手同行，完成党的十九大提出的"办好继续教育"的目标，这样才有意义。

我国高等教育正在进入"战国时代"，一个明显特点是各种资源平台在相互融合中放大共享效应。根据党和国家新的部署，实现高等教育内涵式发展，将以提高质量为核心，以优化结构、深化改革为动力，更加注重同职业技术教育、继续教育的融合发展。现在高校多方位的校际、学科间战略联盟已经出现，高校继续教育类网络及区域联盟也在兴起，预计在后疫情阶段还需调整相关方略和运作方式。今后，立足基本国情打造终身学习相关服务升级版，将逐渐进入"蓝海"，多种资源协同开发，支持规范社会资本参与，都需要各方协力、把稳方向、统筹协调、加强合作，以开放共赢合作促继续教育"战国时代"。

### 四、继续教育信息公开

2008年我国就已针对信息公开进行相关立法，《中华人民共和国政府信息公开条例》（以下简称《条例》）①的发行意味着我国公民和组织均能依照相关法律规定合法地获取政府信息。该《条例》同时也对教育、医疗等与人们生活密切相关的公共行业的相关信息公开进行了规范。

随着政府以身作则，不断深化改革相关信息公开工作的开展，公民对信息知情权的呼声也越来越高，信息的准确性也更加细化，教育和其他公共行业的信息公开制度建设也逐步出台。《高等学校信息公开办法》（以下简称《办法》）②在2010年出台，意味着高等学校的信息公开工作也逐步标准化。《办法》对各高校信息公开的内容、流程和相关要求做出指示，并对信息公开的申请方式、收费标准、保密工作与制度建设等进行了详细规定。该《办法》是教

---

① 中国政府网.中华人民共和国政府信息公开条例［EB/OL］.［2001-01-17］.http://www.gov.cn/xxgk/pub/govpublic/tiaoli.html

② 中华人民共和国中央人民政府.高等学校信息公开办法［EB/OL］.［2019-09-01］.http://www.gov.cn/flfg/2010-05/11/content_1603696.htm

育部相应《条例》中的指导思想与要求，主动践行信息公开在教育行业的重要措施，为公众和社会组织等合法获取高校相关信息给予便利，也有效保障了各高校的依法治校制度建设。自从《办法》颁布后，各高校积极学习相关要求，并因地制宜地对本校信息公开工作实施制订细则，编制相关公开指南与目录，有序开展信息公开的相关工作。

教育行业对于相关的信息公开工作如何有效开展也经历了摸着石头过河的探索过程。自2011年起，教育部就颁布了一系列的相关工作指导意见：教育部办公厅印发的《关于进一步做好信息公开保密审查工作的通知》（教办厅函〔2011〕1号）中强调了对各高校在信息公开过程中需注重保密工作落实①；两年后提出《教育信息化十年发展规划（2011—2020年）》的指导意见，指出数字化平台建设的重要性②；一年后再次发布《高等学校信息公开事项清单》③，对《办法》中相关事项进行分类细化，明确信息公开中必须主动公开的十大类项目，同时明确各高校应及时建立相关的信息公开管理制度，实施年度报告制度，积极推动信息公开制度由以往的粗放型管理转变为更加高效的集约型管理。由此，高校进行的信息公开正式定义为以"互联网+"为平台，及时在线上对信息进行更新，同时开放公众监督的信息平台，并接受社会监督。因此，针对高校信息工作公开的评价也逐渐变得标准化，即从各高校信息公开网站的公开范围、网站维护和信息时效性等多方面进行综合评估。

**（一）继续教育工作信息公开的意义**

目前，从全国高校信息公开的整体情况来看，我国信息公开制度推进的这几年来，高校信息公开工作初见成效，但随着网络新媒体、营运号的出现，高校与学生之间信息不对等的情况更容易被加重。这点在高校继续教育工作中体现得尤为明显。

早在2016年年末，我国教育部针对继续教育的系统管理，颁布了《普通高等学校高等学历继续教育专业设置管理办法》（以下简称《管理办法》）。其

---

① 山东青年政治学院信息公开网.关于进一步做好信息公开保密审查工作的通知[EB/OL].[2014-10-29]. http://bgs.sdyu.edu.cn/info/1054/1800.htm
② 中华人民共和国教育部.教育信息化十年发展规划（2011—2020年）[EB/OL].[2012-03-31].http://www. moe.gov.cn/s78/A16/moe_789/201203/t20120331_133414.html
③ 中国政府网.高等学校信息公开事项清单[EB/OL].[2014-07-29].http://www.gov.cn/xinwen/2014-07/29/ content_2725968.htm

相关条例中规定："普通本科高校、高等职业学校须在本校已开设的全日制教育本、专科专业范围内设置高等学历继续教育本、专科专业。"[①]根据这一规定，一般高等学校将停止其继续教育从事与本校设立专业无关的人才培养；而对于没有设立全日制专科教育的本科高校，也不再具有培养专科学历的继续教育。换句话讲，高校继续教育的专业设置将取决于该高校是否具有本科与专科全日制培养资格，只有原本不具有专科全日制教育资质的高校才会受到影响，需停办相关的学历继续教育培训。因此，关于高校停止继续教育培训的说法系以偏概全的谣言。但是，某些媒体为谋取利益、博取关注，罔顾官方文件传递精神，大肆宣传所有高校不再举办继续教育考试，声称所有高校将于明年停办学历继续教育。这导致很多公众被舆论影响，在没有接收到官方政策的情况下不明真相。而自学考试社会培训机构却很乐意这样"标题党"的报道，因为他们可以利用所谓的"最后一年继续教育"为噱头进行宣传招生。通过社会招生机构与媒体舆论的"双重抹黑"，将原有的官方政策谣传得"面目全非"，使得关于继续教育的假新闻持续发酵，最终遭殃的还是广大的自考生。此时，及时、广泛又强有力的官方继续教育信息公开制度体系构建变得更为重要。

第一，有利于加强高校依法治校的落实情况。一方面，信息公开工作是继续教育保障公众、高校法人代表和其他社会组织对信息进行了解与监管的重要一步，能促进高校的民主治理和依法管理，也有利于公众与社会对我国继续教育事业的发展进行监督；另一方面，进行信息公开也有助于打击高校可能存在的腐败现象，对谣言传播及时进行处理。

第二，有利于加强现代大学制度建设。继续教育的信息公开建设是高校信息公开体系中的重要一环，也是对建设中国特色现代大学制度的重要补充和提升高校领导班子治校能力的重要因素。继续教育信息公开工作的落实，是进一步完善各高校的决议决策程序、挖掘继续教育的社会服务作用、拓宽自考生的信息获取通道等方面的重要举措。同时，继续教育信息的公开工作也是建立现代大学体系的重要组成部分和基本保证。积极开展继续教育的信息公开制度建设不仅使高校继续教育学院对学校继续教育事业的宏观管理产生积极作用，也

---

[①] 中华人民共和国教育部.普通高等学校高等学历继续教育专业设置管理办法[EB/OL].[2016-11-22]. http://www.moe.gov.cn/srcsite/A07/moe_743/201612/t20161202_290707.html

有利于学校自主办学和民主管理，体现了现代大学制度的内在规定性。

第三，有利于促进各高校继续教育发展国际化。加强高校的国际交流是发展现代大学的必要条件和必然趋势。高校不仅需要在全日制教学方面加强国际合作，还需要在继续教育事业中引入国际元素，提升我国学历、非学历人才建设的国际竞争力。这不仅要求继续教育及时汲取国际上先进的办学经验与管理模式，同时也应加强对外开放，使我国的继续教育事业"走出去"，为国际社会更好地了解中国继续教育提供窗口，展示中国特色终身教育体系的优势，也为我国高校与国外优秀高校的合作和交流搭建平台。

第四，有利于高校继续教育更好地服务社会。继续教育是一种开放式教育形式，是我国构建终身教育体系的一部分，利用信息公开这一途径可以增强高校与民众、企业和社会组织的交流合作，为高校继续教育事业的发展增添力量，从而使得高校更好地服务于我国的经济建设与社会发展。

### （二）优化继续教育信息公开的主要举措

#### 1. 信息公开意识需进一步提高

各高校管理者对信息公开的主观态度往往对继续教育学院相关政策的落实至关重要。故而，加强继续教育信息公开度、透明度，应以转变高校领导的个人意识为切入点。在实际工作中，继续教育的信息公开工作往往能用最低的投入获取较高的收益。这是由于信息公开有利于营造公平、公正的工作环境，降低个人为谋私利进行腐败的概率，减少集体的经济损失，同时也能促进学校内部的信息交流，提升工作效率。同时，对于高校树立良好的社会形象，扩大知名度，吸引广大社会人士报考等都具有积极效应。第一，高校的管理人员必须从"封闭自治"的思维转向多元化的"共同治理"的开放思维；第二，政策实施人员必须摒弃以往的懒散做法，应当及时认识到继续教育工作对学校的品牌、声誉和社会影响力等可能产生深远的影响，不应在信息公开工作的实施层面敷衍了事，而应该严格遵守国家颁布的相关法律法规和学校制订的规章制度对各项工作进行落实；第三，为进一步做好继续教育的信息公开工作，高校的相关行政部门也应更加重视相关人才培养，定期对信息公开岗位人员进行职业培训，增强其职业素养，以便能够更好地执行相应工作。

#### 2. 完善继续教育信息公开工作机制

学校继续教育学院应研究确定本院的信息公开相关制度，明确相关责任人并设置专人专岗，设立相关领导班子进行指导与监督，建立定期考核、评价制度。与此同时，有效的安全保密工作也需同步跟进，坚守信息安全工作中的范围、内容和底线原则，合理把握信息公开与保密内容的界限。一方面，必须改进继续教育学院信息公开的工作机制。需要综合考虑大数据时代下的新形势和信息公开的需要，制订相关制度，及时对信息公开系统进行优化处理，不断完善工作制度。根据工作机制制订信息公开工作的方法，逐步对信息公开过程进行标准化，同时实行分级管理，加强对信息公开工作的指导与沟通，以落实信息公开工作实现信息化与智能化发展。此外，高校的继续教育学院也不能忽视相关队伍建设的管理，应配备信息公开专职岗位，同时大力开展职工综合素质和业务能力等相关培训，并将学院主要工作人员的职能、联系方式等基本信息进行公开，以方便广大非全日制学生的疑问及时得到解决，从而促进继续教育工作迈上一个新台阶。

3. 优化公民参与继续教育信息公开的程序和途径

随着现代社会高速运转，信息处理的速度也更加高效，信息内容更新换代也更加快速，因此公众越来越关注信息的时效性。目前关于高校信息公开的条件、范围、时限等相关规定已经不能适应现今社会经济发展形势，因此，公众参与高校继续教育信息公开的程序和方法途径需要进一步优化。拟议取消《办法》中对依申请信息公开的公众条件的相关要求，降低高校对信息公开受理的门槛，以促进公民积极参与信息公开并与高校进行良性互动。

一方面，根据《办法》中的指导思想，各单位应该在信息内容获取、制作或变更当天后的20个工作日内对相应的信息进行公开与更新，依申请公开的信息则需要在15个工作日内给予回复。但在当前的信息时代下，这样的时限规定已无法满足公众对信息获取的需要。因此，建议各高校对自身信息处理所需的时间进行合理分析，适当调整信息公开的时间限制，以便公众及时地获取学校继续教育的相关信息。

另一方面，提高公众对继续教育信息公开的参与感。除常规的依申请公开以外，还应当给学生提供电话、邮件、微信、微博等联系方式，帮助学生及时了解继续教育办事流程和办事指南，并及时解决公开工作中出现的各种问题。各大高校应在其公开信息网站上设立一个具有搜索功能的在线咨询版块，用以方便公众快速获取所需内容。这不仅避免了在同一问题上重复应答而浪费人力资源，也能提高工作效率，为更多公众提供咨询服务，是一举两得的良好举措。

4.信息公开平台建设助力继续教育事业可持续发展

高校开办继续教育的根本目标是培养人才和提供社会服务，提高高校内部行政水平能力是实现这一目标的内在动力。当前，高校的内部管理必须从传统的手工劳动转向计算机化的大学管理，借助"互联网+"的大数据平台，由纸质化办公管理转向网络办公的信息化管理。因此，尽管大学在提高人员培训和社会服务方面投入了大量资金，也不能忽视对高校内部行政管理能力提升的投资。如今，部分高校由于不注重信息公开网络平台建设，导致网站信息过时、浏览器兼容性差和用户经验差等问题。

关于继续教育学院建设自身的信息公开平台，笔者认为首先应该增加对人力资本和物质资本的相应投资。首先，人力资源作为最重要的资源，所有的设备、程序和规则都必须由人进行开发、维护和管理，以确保获取最大限度的效率。为了在高等教育机构中建立的信息和通信平台能正常运作，高等继续教育学院应当聘请具有信息技术知识储备和缜密逻辑思维的专业人员，并发放与其能力和工作水平相匹配的薪酬。这样可以避免由于工资分配不合理而导致的人才流失。同时，应该特别关注人力资源的相关培训，以确保继续教育学院中人力资源的竞争力和业务能力。对于硬件投入而言，购买具有高速的信息处理能力和大容量的、能够安全稳定工作的服务器足以保障信息平台的成功运行。若自身无法支持信息公开平台建设，可以通过支付一定的运营和维护费用聘请专业公司为其创建信息公开平台。

高校的继续教育信息公开平台中，还应开发继续教育证书认证平台，帮助学生查询并验证学历继续教育证书与非学历继续教育证书，以顺应"无纸化"的社会发展趋势。开展继续教育证书的认证工作，有助于打击伪造证件和套取证件等非法提供学历认证的犯罪行为，有利于实现劳动力市场和社会中的公平和公正。伴随着我们国家高等教育事业的发展，招生规模的逐年扩大，文凭与学历成为人们获取优质工作资源的敲门砖。与此同时，许多非法机构在利益的驱使下进行了伪造文凭等违法勾当。这种行为严重损害了我国高等教育事业的声誉，并对我国高等教育系统的有序发展和可持续发展产生严重影响。因此，为了方便考生，维护社会公平秩序，学校应顺应"互联网+"的时代发展需求，让广大继续教育学习者可以灵活使用电脑和网络，随时访问任何地方、任何学校的认证受理页面，按照相关要求对个人资料、继续教育（非学历）证书信息、继续教育（非学历）证书的照片等项目进行填写，让继续教育（非学历）证书认证受理实现网络化，为学生节省时间、节约成本，亦可避免学生从居住地到认证机构来回奔波。

# 附　　录

## 附录一　近年中南财经政法大学智库建设成果情况

| 团队机构名称 | 年度 | 主要荣誉和业绩 | 重要成果 |
|---|---|---|---|
| 中南财经政法大学 | 2017 | 南京大学中国智库研究与评价中心和光明日报智库研究与发布中心发布了《中国智库索引CTTI来源智库发展报告（2017）》。第六点重点提到，"中南财经政法大学表现非常突出，撰写的内参获正国级批示2篇、副国级批示11篇、省部级批示26篇、副省部级批示6篇，可见该高校智库对于决策咨询起到了很大的作用" | |
| | 2016 | 《中国智库索引来源智库CTTI（2017—2018）名单》发布"211"高校智库MRPA测评综合分排序，我校以100分荣获第一名 | |
| 中国收入分配研究中心 | 2018 | 入选"ＣＴＴＩ高校智库百强榜"，位列A-级智库 | |
| 新时代科技革命与知识产权学科创新引智基地 | 2018 | 入选教育部和国家外国专家局联合发布的"高等学校学科创新引智基地"（即111基地） | |
| 知识产权研究中心 | 2018 | 入选"ＣＴＴＩ高校智库百强榜"，位列A+级智库 | |
| 环境与健康研究中心 | 2019 | 《城镇环境污染物的层次健康风险智慧管理系统》入选教育部"改革开放40年高校科技创新重大成就" | |
| 法治发展与司法改革研究中心暨湖北法治发展战略研究院 | 2019 | 《CTTI智库报告（2019）》认为"中南财经政法大学法治发展与司法改革研究中心在'法律与公共安全领域'排名第二" | 《智库基地积极参与湖北省"自治、德治、法治"三治融合基层社会治理创新试点工作方案的调研与拟制》入选"2019年度CTTI智库最佳实践案例" |
| | 2018 | 入选"ＣＴＴＩ高校智库百强榜"，位列A级智库 | 《关于〈"两院"组织法（修订草案）〉修改建议的研究》成功入选CTTI2018年度精品成果 |

续表

| 团队机构名称 | 年度 | 主要荣誉和业绩 | 重要成果 |
|---|---|---|---|
| 法治发展与司法改革研究中心暨湖北法治发展战略研究院 | 2016 | 入选首批中国智库索引 | |
| | 2015 | 入选中国法学会首家法治研究基地，系最高人民检察院检察基础理论与检察应用理论研究基地、湖北省人文社科重点研究基地 | |
| | 2014 | | 三项重大专家咨询报告《深化司法体制改革》《中国特色社会发育模式构建的法治路径》和《调整知识产权战略发展定位和实施重点的建议》被教育部采纳和被评为优秀稿件，获得奖励 |
| | 2013 | 成为中国高校文科类唯一入选"教育部社会治理法治建设创新团队" | |
| 城乡社区社会管理湖北省协同创新中心 | 2019 | | 2019年《三峡生态经济合作区生态治理"宜昌试验"》入选教育部"改革开放40年高校科技创新重大成就" |
| | 2018 | 2018年入选"CTTI高校智库百强榜"，位列A+级智库 | |
| | 2017 | 南京大学中国智库研究与评价中心和光明日报智库研究与发布中心发布《中国智库索引CTTI来源智库发展报告（2017）》，认为"城乡社区社会管理湖北省协同创新中心位列高校智库第二、社会政策领域智库第一" | |

**续表**

| 团队机构名称 | 年度 | 主要荣誉和业绩 | 重要成果 |
|---|---|---|---|
| 乡村振兴研究中心 | 2016 | | 《加强农业支持力度的制度创新和政策调整对策研究》获湖北高校智库十大决策咨询研究成果，得到时任国务院副总理、国家发改委副主任、湖北省副省长赵斌和省委副书记批示 |
| "产业升级与区域金融"湖北省协同创新中心 | 2018 | 2018年入选"CTTI高校智库百强榜"，位列A-级智库 | |
| 湖北深化改革发展研究院 | 2014 | 入选湖北十家改革智库体系 | |
| 湖北社会体制改革智库 | 2014 | 入选湖北十家改革智库体系 | |
| 反恐怖主义研究中心 | 2019 | 2019年入选首批中国智库索引 | |

资料来源：中南财经政法大学官方网站

## 附录二　近年中南财经政法大学教师获批人才称号情况

| 师资类别 | 姓名 | 所在学院 | 人才项目 | 获批年度 |
|---|---|---|---|---|
| 万人计划 | 王雨辰 | 哲学院 | 领军人才 | 2016 |
| | 杨灿明 | 财税学院 | | |
| | 姚莉 | 法学院 | | 2017 |
| | 马一德 | | | |
| | 陈柏峰 | | 青年拔尖人才 | 2016 |
| | 张忠民 | | | 2019 |
| 长江学者 | 张红 | 法学院 | 青年学者 | 2015 |
| | 陈柏峰 | | | 2016 |
| 文化名家暨"四个一批"人才 | 王雨辰 | 哲学院 | | 2016 |
| | 杨灿明 | 财政税务学院 | | |
| | 姚莉 | 法学院 | | 2017 |
| | 马一德 | | | |
| 百千万人才工程国家级人选 | 吴汉东 | 法学院 | 国家级百千万人才工程 | 1997 |
| | 张中华 | 金融学院 | | 1997 |
| | 杨灿明 | 财政税务学院 | 国家新世纪百千万人才工程 | 2003 |
| | 杨云彦 | 信息学院 | | 2005 |
| | 姚莉 | 法学院 | | 2007 |
| | 刘仁山 | | | 2009 |
| | 王雨辰 | 哲学院 | 国家级百千万人才工程 | 2014 |
| | 马一德 | 法学院 | | 2015 |
| 国务院政府特殊津贴 | 周骏 | 金融学院 | | 1992 |
| | 李贤沛 | 工商管理学院 | | |
| | 彭星闾 | | | |
| | 李茂年 | 信息学院 | | |
| | 刘淑鹤 | | | |
| | 胡乾顺 | 信息学院 | | |
| | 杨时展 | 会计学院 | | |
| | 王时杰 | 经济学院 | | |
| | 赵德馨 | | | |
| | 张寄涛 | | | |

续表

| 师资类别 | 姓名 | 所在学院 | 人才项目 | 获批年度 |
|---|---|---|---|---|
| 国务院政府特殊津贴 | 吴汉东 | 法学院 | | 1992 |
| | 覃有土 | | | |
| | 蔡次薛 | 财政税务学院 | | 1993 |
| | 陈启中 | 金融学院 | | |
| | 梁尚敏 | | | |
| | 刁田丁 | 公共管理学院 | | |
| | 郝侠君 | 人文学院 | | |
| | 谭寿清 | 金融学院 | | |
| | 曹龙骐 | | | |
| | 郑先炳 | | | |
| | 王祥麟 | 信息学院 | | |
| | 颜日初 | | | |
| | 张人价 | 工商管理学院 | | |
| | 周肇先 | | | |
| | 李晓丹 | | | |
| | 欧阳旭初 | | | |
| | 余鑫炎 | | | |
| | 帅重庆 | | | |
| | 林友孚 | | | |
| | 朱信诚 | 会计学院 | | |
| | 方正生 | | | |
| | 阎德玉 | | | |
| | 郭道扬 | | | |
| | 吴俊培 | 财政税务学院 | | |
| | 游少尹 | 法学院 | | |
| | 朱继良 | | | |
| | 乔克裕 | | | |
| | 张梦梅 | | | |
| | 陈小君 | | | |
| | 何盛明 | 财政税务学院 | | 1994 |
| | 夏兴园 | 经济学院 | | |

| 师资类别 | 姓名 | 所在学院 | 人才项目 | 获批年度 |
|---|---|---|---|---|
| 国务院政府特殊津贴 | 邬义钧 | 工商管理学院 | | 1995 |
| | 张明楷 | 法学院 | | |
| | 刘思华 | 经济学院 | | 1996 |
| | 方世荣 | 法学院 | | |
| | 倪平松 | 财政税务学院 | | 1997 |
| | 徐国栋 | 法学院 | | |
| | 齐文远 | 法学院 | | 1998 |
| | 万后芬 | 工商管理学院 | | |
| | 张中华 | 金融学院 | | 1999 |
| | 吕忠梅 | 法学院 | | |
| | 杨灿明 | 财政税务学院 | | 2000 |
| | 陈景良 | 法学院 | | |
| | 林汉川 | 经济学院 | | |
| | 罗飞 | 会计学院 | | 2001 |
| | 童之伟 | 法学院 | | |
| | 赵凌云 | 经济学院 | | 2002 |
| | 朱新蓉 | 金融学院 | | |
| | 范忠信 | 法学院 | | |
| | 杨云彦 | 信息学院 | | 2004 |
| | 卢现祥 | 经济学院 | | |
| | 刘茂林 | 法学院 | | |
| | 张龙平 | 会计学院 | | |
| | 刘可风 | 人文学院 | | 2006 |
| | 姚莉 | 法学院 | | |
| | 赵曼 | 公共管理学院 | | |
| | 张新国 | 工商管理学院 | | 2008 |
| | 曹新明 | 法学院 | | |
| | 汪海粟 | MBA学院 | | |
| | 陈全明 | 公共管理学院 | | |
| | 夏勇 | 刑事司法学院 | | 2010 |
| | 陈志勇 | 财政税务学院 | | |

续表

| 师资类别 | 姓名 | 所在学院 | 人才项目 | 获批年度 |
|---|---|---|---|---|
| 国务院政府特殊津贴 | 刘仁山 | 法学院 | | 2012 |
| | 陈池波 | 工商管理学院 | | |
| | 王雨辰 | 人文学院 | | |
| | 丁士军 | 公共管理学院 | | 2014 |
| | 邹进文 | 经济学院 | | |
| | 庞凤喜 | 财政税务学院 | | 2016 |
| | 宋清华 | 金融学院 | | |
| | 马一德 | 法学院 | | |
| | 徐涤宇 | 法学院 | | 2018 |
| | 张虎 | 统数学院 | | |
| 全国优秀教育工作者 | 郭道扬 | 会计学院 | | 1997 |
| 全国高校名师奖 | 万后芬 | 工商管理学院 | | 2003 |
| 全国优秀教师 | 李贤沛 | 工商管理学院 | | 1989 |
| | 王时杰 | 经济学院 | | 1991 |
| | 彭星闾 | 工商管理学院 | | 1993 |
| | 万后芬 | | | 2002 |
| | 刘茂林 | 法学院 | | 2009 |
| 教育部高校青年教师奖 | 张龙平 | 会计学院 | | 2000 |
| | 谷克鉴 | 工商管理学院 | | 2001 |
| 全国模范教师 | 杨云彦 | 信息学院 | | 2004 |
| 全国教育系统巾帼建功标兵 | 姚莉 | 法学院 | | 2007 |
| 全国模范教师 | 孙贤林 | 会计学院 | | 2019 |
| 教育部青年教师资助计划 | 杨云彦 | 信息学院 | | 1993 |
| | 张明楷 | 法学院 | | |
| | 吴汉东 | 法学院 | | 1994 |
| | 王益松 | 工商管理学院 | | 1995 |
| | 刘茂林 | 法学院 | | 1998 |
| | 刘惠好 | 新华金融保险学院 | | 1999 |
| | 赵兴球 | 信息学院 | | 2000 |
| | 向书坚 | | | 2001 |
| | 唐国平 | 会计学院 | | 2002 |

| 师资类别 | 姓名 | 所在学院 | 人才项目 | 获批年度 |
|---|---|---|---|---|
| 教育部新世纪优秀人才支持计划 | 杨云彦 | 信息学院 | | 2004 |
| | 杨灿明 | 财政税务学院 | | |
| | 范忠信 | 法学院 | | |
| | 卢现祥 | 经济学院 | | 2005 |
| | 姚莉 | 法学院 | | |
| | 庞凤喜 | 财政税务学院 | | 2006 |
| | 丁士军 | 工商管理学院 | | |
| | 曾繁华 | 经济学院 | | 2007 |
| | 石佑启 | 法学院 | | |
| | 向书坚 | 信息学院 | | |
| | 王金秀 | 财政税务学院 | | 2008 |
| | 刘笋 | 法学院 | | |
| | 王雨辰 | 哲学院 | | |
| | 胡开忠 | 法学院 | | 2009 |
| | 宋清华 | 新华金融保险学院 | | |
| | 张敦力 | 会计学院 | | |
| | 龚天平 | 哲学院 | | 2010 |
| | 李小平 | 经济学院 | | |
| | 彭学龙 | 法学院 | | |
| | 苏彩霞 | 刑事司法学院 | | |
| | 唐文进 | 金融学院 | | |
| | 戚建刚 | 法学院 | | 2011 |
| | 钱学锋 | 工商管理学院 | | |
| | 项本武 | 经济学院 | | |
| | 王雄元 | 会计学院 | | 2012 |
| | 陈红 | 金融学院 | | |
| | 胡川 | 工商管理学院 | | |
| | 陈柏峰 | 法学院 | | |
| | 周详 | 刑事司法学院 | | |
| | 李祥云 | 财政税务学院 | | |
| | 何威风 | 会计学院 | | 2013 |
| | 李志生 | 金融学院 | | |
| | 徐立 | 刑事司法学院 | | |
| | 张红 | 法学院 | | |

**续表**

| 师资类别 | 姓名 | 所在学院 | 人才项目 | 获批年度 |
|---|---|---|---|---|
| 湖北名师 | 刘京焕 | 财政税务学院 | | 2004 |
| | 唐国平 | 会计学院 | | 2005 |
| | 陈池波 | 工商管理学院 | | 2009 |
| | 许家林 | 会计学院 | | 2010 |
| | 朱新蓉 | 金融学院 | | 2012 |
| | 赵新泉 | 统计与数学学院 | | 2014 |
| 湖北省跨世纪111人才工程 | 张中华 | 金融学院 | | 2001 |
| 湖北省新世纪高层次人才工程 | 杨灿明 | 财政税务学院 | 第一层次 | 2002 |
| | 方世荣 | 法学院 | | |
| | 陈银娥 | 经济学院 | 第二层次 | |
| | 庞凤喜 | 财政税务学院 | | |
| | 聂名华 | 金融学院 | | |
| | 宋清华 | | | |
| | 朱新蓉 | | | |
| | 陈景良 | 法学院 | | |
| | 陈小君 | | | |
| | 齐文远 | | | |
| | 杨泽伟 | | | |
| | 胡立君 | 工商管理学院 | | |
| | 丁士军 | | | |
| | 张龙平 | 会计学院 | | |
| | 赵曼 | 公共管理学院 | | |
| | 杨云彦 | 信息学院 | | |
| | 范忠信 | 法学院 | 第一层次 | 2005 |
| | 赵凌云 | 经济学院 | | |
| | 卢现祥 | 经济学院 | 第二层次 | |
| | 曾繁华 | | | |
| | 姚莉 | 法学院 | | |

| 师资类别 | 姓名 | 所在学院 | 人才项目 | 获批年度 |
|---|---|---|---|---|
| 湖北省新世纪高层次人才工程 | 张龙平 | 会计学院 | 第一层次 | 2011 |
| | 王雨辰 | 哲学院 | | |
| | 项本武 | 经济学院 | 第二层次 | |
| | 李祥云 | 财政税务学院 | | |
| | 刘笋 | 法学院 | | |
| | 戚建刚 | 法学院 | 优秀青年骨干人才 | |
| | 钱学锋 | 工商管理学院 | | |
| | 李志生 | 金融学院 | | |
| | 张琦 | 会计学院 | 第二层次 | 2012 |
| | 李小平 | 经济学院 | | 2018 |
| 湖北省政府专项津贴 | 陈克文 | 公共管理学院 | | 1995 |
| | 吕忠梅 | 法学院 | | |
| | 谷克鉴 | 工商管理学院 | | 1996 |
| | 赵曼 | 公共管理学院 | | 1998 |
| | 聂名华 | 新华金融保险学院 | | 1998 |
| | 李念斋 | 新华金融保险学院 | | 2001 |
| | 陈全明 | 公共管理学院 | | 2002 |
| | 苏少之 | 经济学院 | | 2003 |
| | 胡立君 | 工商管理学院 | | 2004 |
| | 庞凤喜 | 财政税务学院 | | 2007 |
| | 刘仁山 | 法学院 | | 2008 |
| | 雷兴虎 | 法学院 | | 2009 |
| | 杨宗辉 | 刑事司法学院 | | 2010 |
| | 张华容 | 工商管理学院 | | 2011 |
| | 唐文进 | 金融学院 | | 2015 |
| | 王雄元 | 会计学院 | | 2018 |
| 湖北省有突出贡献中青年专家 | 郭道扬 | 会计学院 | | 1991 |
| | 朱延福 | 经济学院 | | 1993 |
| | 林汉川 | | | |
| | 赵凌云 | | | |
| | 许建国 | 财政税务学院 | | |

续表

| 师资类别 | 姓名 | 所在学院 | 人才项目 | 获批年度 |
|---|---|---|---|---|
| 湖北省有突出贡献中青年专家 | 罗飞 | 会计学院 | | 1995 |
| | 张中华 | 金融学院 | | |
| | 吴汉东 | 法学院 | | |
| | 方世荣 | | | |
| | 张明楷 | | | |
| | 杨灿明 | 财政税务学院 | | 1997 |
| | 陈小君 | 法学院 | | |
| | 王全兴 | | | |
| | 张龙平 | 会计学院 | | |
| | 杨云彦 | 信息学院 | | |
| | 万安培 | 经济学院 | | |
| | 卢现祥 | 经济学院 | | 1999 |
| | 朱新蓉 | 金融学院 | | |
| | 刘茂林 | 法学院 | | |
| | 关保英 | | | |
| | 许家林 | 会计学院 | | |
| | 赵兴球 | 信息学院 | | |
| | 刘可风 | 哲学院 | | 2001 |
| | 范忠信 | 法学院 | | |
| | 张新国 | 工商管理学院 | | |
| | 曾繁华 | 经济学院 | | 2003 |
| | 姚莉 | 法学院 | | |
| | 向书坚 | 信息学院 | | |
| | 陈池波 | 工商管理学院 | | 2005 |
| | 王雨辰 | 哲学院 | | |
| | 赵新泉 | 信息学院 | | |
| | 唐国平 | 会计学院 | | 2008 |
| | 宋清华 | 金融学院 | | 2009 |
| | 刘笋 | 法学院 | | 2013 |
| | 李小平 | 经济学院 | | 2015 |
| | 钱学锋 | 工商管理学院 | | 2016 |
| | 陈柏峰 | 法学院 | | 2017 |
| | 金荣学 | 财政税务学院 | | 2018 |

| 师资类别 | 姓名 | 所在学院 | 人才项目 | 获批年度 |
|---|---|---|---|---|
| 文澜学者 | 吴汉东 | 知识产权中心 | 资深教授 | 2014 |
| | 郭道扬 | 会计学院 | | |
| | 田天海 | 统计与数学学院 | 特聘教授 | 2014 |
| | 钱学锋 | 工商管理学院 | | 2015 |
| | 庞凤喜 | 财政税务学院 | | |
| | 方世荣 | 法学院 | | |
| | 刘笋 | | | |
| | 韩龙 | | | |
| | 孔东民 | 金融学院 | | |
| | 王雨辰 | 哲学院 | | 2016 |
| | 李祥云 | 财政税务学院 | | |
| | 马一德 | 法学院 | | |
| | 张琦 | 会计学院 | | 2017 |
| | 戚建刚 | 法学院 | | |
| | 李志生 | 金融学院 | | 2018 |
| | 庄子罐 | 金融学院 | 青年学者 | 2013 |
| | 蒋永生 | 统计与数学学院 | | |
| | 胡淑兰 | | | |
| | 王艳清 | | | |
| | 周详 | 刑事司法学院 | | |
| | 方珏 | 哲学院 | | |
| | 朱松峰 | | | |
| | 金荣学 | 财政税务学院 | | |
| | 陈红 | 金融学院 | | |
| | 张雪兰 | | | |
| | 戚建刚 | 法学院 | | |
| | 陈柏峰 | | | |
| | 胡川 | 工商管理学院 | | |
| | 费显政 | 工商管理学院 | | |
| | 陈勇兵 | | | |
| | 钱学锋 | | | |
| | 石军伟 | | | |

续表

| 师资类别 | 姓名 | 所在学院 | 人才项目 | 获批年度 |
|---|---|---|---|---|
| 文澜学者 | 张琦 | 会计学院 | 青年学者 | 2013 |
| | 胡开忠 | 知识产权研究中心 | | |
| | 何威风 | 会计学院 | | |
| | 李小平 | 经济学院 | | |
| | 李春涛 | 金融学院 | | 2015 |
| | 陈思翀 | | | |
| | 董邦俊 | 刑事司法学院 | | |
| | 石智雷 | 公共管理学院 | | |
| | 向华丽 | | | |
| | 余传明 | 信息与安全工程学院 | | |
| | 金大卫 | | | |
| | 王莹 | 统计与数学学院 | | |
| | 蒋锋 | | | |
| | 詹新宇 | 财政税务学院 | | |
| | 韩美群 | 马克思主义学院 | | |
| | 杨虎涛 | 经济学院 | | |
| | 张玖青 | 新闻学院 | | |
| | 罗晓静 | | | |
| | 张佳 | 哲学院 | | |
| | 吴海涛 | 工商管理学院 | | |
| | 韩翼 | | | |
| | 赵琛徽 | | | |
| | 高尚 | | | |
| | 刘继红 | 会计学院 | | |
| | 匡远凤 | 经济学院 | | 2016 |
| | 祁毓 | 财政税务学院 | | |
| | 周艳丽 | 金融学院 | | |
| | 顾露露 | | | |
| | 江河 | 法学院 | | |
| | 王新刚 | 工商学院 | | |
| | 李小玲 | | | |
| | 李四海 | 会计学院 | | |

续表

| 师资类别 | 姓名 | 所在学院 | 人才项目 | 获批年度 |
|---|---|---|---|---|
| 文澜学者 | 张广科 | 公共管理学院 | 青年学者 | 2016 |
| | 宁瀚文 | 统计与数学学院 | | |
| | 杨青龙 | | | |
| | 张璇 | | | |
| | 焦雨领 | | | |
| | 邓涯双 | 信息与安全工程学院 | | |
| | 张引 | | | |
| | 袁中华 | 法学院 | | 2017 |
| | 薛新东 | 公共管理学院 | | |
| | 董慈蔚 | 工商管理学院 | | |
| | 黄敏 | 哲学院 | | |
| | 耿江波 | 金融学院 | | |
| | 胡祥 | | | |
| | 庄子罐 | | | |
| | 杨璐 | | | |
| | 赵曜 | 工商管理学院 | | |
| | 张璇 | | | |
| | 邓远建 | | | |
| | 柳光强 | 会计学院 | | |
| | 金荣学 | 财政税务学院 | | |
| | 易思华 | 信息与安全工程学院 | | |
| | 李素芳 | 统计与数学学院 | | |
| | 宋延红 | | | |
| | 谷伟 | | | |
| | 朱松峰 | 哲学院 | | |
| | 尤明青 | 法学院 | | |
| | 田彬彬 | 财政税务学院 | | 2018 |
| | 石智雷 | 公共管理学院 | | |
| | 刘文兴 | 工商管理学院 | | |
| | 李海 | | | |
| | 徐浩轩 | | | |

续表

| 师资类别 | 姓名 | 所在学院 | 人才项目 | 获批年度 |
|---|---|---|---|---|
| 文澜学者 | 全怡 | 会计学院 | 青年学者 | 2018 |
| | 杨国超 | | | |
| | 刘嘉 | 信息与安全工程学院 | | |
| | 张波 | 统计与数学学院 | | |
| | 肖磊 | | | |
| | 张忠民 | 法学院 | | |
| | 胡东海 | | | |
| | 肖爽 | 金融学院 | | |
| | 韩姣杰 | | | |
| | 蒋锋 | 统计与数学学院 | | |
| | 詹新宇 | 财政税务学院 | | |
| | 魏福成 | | | |
| | 颜岩 | 哲学院 | | |
| | 毛海涛 | 工商管理学院 | | 2019 |
| | 魏永长 | | | |
| | 刘璠 | | | |
| | 冉雅璇 | | | |
| | 刘征峰 | 法学院 | | |
| | 孙宪明 | 金融学院 | | |
| | 刘树栋 | 信息与安全工程学院 | | |
| | 吴小芳 | 经济学院 | | |
| | 陈实 | 法学院 | | |
| | 赵颖 | 财政税务学院 | | |
| | 徐欣 | 会计学院 | | |
| | 高楠 | 文澜学院 | | |
| | 曹永秀 | 统计与数学学院 | | |
| | 魏金龙 | | | |
| | 曾婧婧 | 公共管理学院 | | |

资料来源：中南财经政法大学官方网站

## 附录三　近年来中南财经政法大学成果获重要批示情况

| 年度 | 主要作者 | 所在学院 | 科研机构及团队 | 类型 | 名称 | 批示人员 | 机构名称 | 具体意见以及措施 |
|---|---|---|---|---|---|---|---|---|
| | | | 成果信息 | | | | 批示情况 | |
| 2019 | 金荣学 | 财政税务学院 | | 教育部哲学社会科学重大攻关项目阶段性成果 | 湖北省防范隐性债务风险研究 | 省长王晓东圈阅，常务副省长黄楚平批示 | 湖北省政府 | |
| | | | | 专题调研报告 | 聚焦民营经济需求，透视营商环境建设——关于优化我省民营经济营商环境的调查与思考 | 常务副省长黄楚平和副省长杨云彦批示 | 湖北省政府 | 黄楚平批示"请发改委阅研"，并要求"进一步高质量、高标准推进我省营商环境建设"。杨云彦批示"调研报告有深度，请省工商局阅研" |
| 2018 | 张虎等 | 统计与数学学院 | 指数经济创新团队 | 专题调研报告 | 全面发力，加快推进湖北建设服务业强省——运用服务业发展指数的比较分析 | 省长王晓东 | 湖北省政府 | 作为省政府主要领导督办件，转送湖北省发改委阅研 |
| | | | | 专题调研报告 | 科学打造民营经济监测体系，精准把握湖北民企发展动态 | 全国工商联专职副主席黄荣、湖北省委统战部部长尔肯江·吐拉洪 | 湖北省委 | 为省委省政府掌握民营经济发展情况提供决策参考的做法值得充分肯定 |

续表

| 年度 | 主要作者 | 所在学院 | 成果信息 | | | 批示情况 | | |
|---|---|---|---|---|---|---|---|---|
| | | | 科研机构及团队 | 类型 | 名称 | 批示人员 | 机构名称 | 具体意见以及措施 |
| 2018 | 胡川 | 工商管理学院 | 湖北经济建设研究院 | 湖北省社科基金重大项目阶段性成果，刊载于《成果要报》2018年第49期 | 防范和化解湖北新能源和智能汽车产业升级转型风险的建议 | 常务副省长黄楚平批示 | 湖北省政府 | |
| | | | 湖北经济建设研究院 | 湖北省社科基金重大项目阶段性成果，刊载于《成果要报》2018年第30期 | 以创新驱动湖北供给侧结构性改革 | 统战部部长尔肯江·吐拉洪 | 湖北省委 | |
| 2018 | 杨云彦 田艳平 石智雷 | 公共管理学院 | 城乡发展研究院 江汉平原乡村振兴课题组 | 研究报告 | 把江汉平原打造成为乡村振兴战略示范区 | 时任省委书记蒋超良、时任省委副书记陈一新 | 湖北省委 | 你们提出的打造江汉平原乡村振兴战略示范区建议，已写入省委省政府文件。后续的问题研究和落实措施还需要你们提供智力支持 |
| 2017 | 徐汉明 | 法学院 | 法治发展与司法改革研究中心 | 咨询报告 | 关于《人民法院组织法（修订法案）》（征求意见稿）的修改建议 | 院长周强 | 最高人民法院 | 该意见具有重要的针对性和研究价值，值得研究室认真研究并致全国人大内司委参考 |
| | | | | | 《人民检察院组织法（修订草案）》（征求意见稿） | 时任检察长曹建明 | 最高人民检察院 | 要求有关部门认真阅研 |

续表

| 年度 | 主要作者 | 所在学院 | 科研机构及团队 | 成果信息 | | 批示情况 | | |
| | | | | 类　型 | 名　称 | 批示人员 | 机构名称 | 具体意见以及措施 |
| 2016 | 陈池波 | 工商管理学院 | 乡村振兴研究中心 | 决策咨询成果，入选"湖北高校智库十大决策咨询研究成果" | 加强农业支持力度的制度创新和政策调整对策研究 | 时任副总理回良玉、时任国家发改委朴鹰副主任、国家发改委财政综合改革办公室、时任湖北省人民政府副省长赵斌、时任省委副书记张昌尔 | 国务院、国家发改委、中央农村综合改革工作领导小组办公室、中共湖北省委、湖北省人民政府、湖北省委财经办（农办） | |
| 2016 | 郭永良 | 法学院 | | 中国法学会部级课题阶段性成果，刊载于《法学家》2016年第2期，经内参编 | 论我国反恐模式的转型——从精英模式到参与模式 | 时任国务委员、国家反恐怖工作领导小组组长、公安部部长郭声琨 | 公安部 | 组织召开"如何构建全民反恐格局"研讨会 |
| 2016 | 李波 | 财政税务学院 | | 研究报告 | 税收信息化与国地税征管改革研究报告 | 党委书记、局长王军同志和时任总经济师耿玉荣发 | 国家税务总局 | 转党组副书记、副局长等参阅，总会计师参阅，局各相关业务部门举行专题讲座，组织业务部门交流研讨 |
| 2016 | 黄玉烨 | 知识产权研究中心 | | 国家社科基金项目阶段性成果，刊载于《成果要报》2016年第16期 | 中国高铁"走出去"应专利先行 | 国务委员、党组成员王勇 | 国务院 | |
| 2016 | 徐汉明 陈实 | 法学院 | 法治发展与司法改革研究中心 | 资政报告，刊载于《省委支持决策成果汇编》（2015.4—2016.3） | 湖北省全面依法治省的新特点及其应对 | 时任书记李鸿忠、时任秘书长付国辉 | 湖北省委 | 以参阅作形式报省委、省政府、省政协领导，发省内各地各部门参阅 |

续表

| 年度 | 成果信息 | | | | | 批示情况 | | |
| --- | --- | --- | --- | --- | --- | --- | --- | --- |
| | 主要作者 | 所在学院 | 科研机构及团队 | 类型 | 名称 | 批示人员 | 机构名称 | 具体意见以及措施 |
| 2016 | 徐汉明 | 法学院 | 法治发展与司法改革研究中心 | 咨询报告，刊载于《国家与社会治理法治咨询报告》2015年第20期 | 完善农民土地财产权利体系保护法律制度 | 时任书记李鸿忠批示 | 湖北省委 | 中共广东省委农村工作办公室采用 |
| 2015 | 赵曼 | 公共管理学院 | | 湖北发展研究奖特等奖 | 关于将大众创业、万众创新细化为行动计划的建议 | 总理李克强和时任副总理张高丽、刘延东批示 | 国务院 | |
| 2014 | 孙群力 | 财政税务学院 | | 湖北省人民政府智力成果项目成果，刊载于《咨询参考》2014年第2期 | 实现湖北居民收入"倍增计划"问题 | 时任书记李鸿忠圈阅，时任省委书记张昌尔、常务副省长王晓东和时任副省长梁惠玲批示 | 湖北省委 湖北省政府 | |
| 2014 | 赵琛徽 | 工商管理学院 | | 刊载于湖北省《咨询参考》2014年第19期 | 湖北进入老龄化社会的问题与策应研究 | 时任书记李鸿忠 | 湖北省委 | 常务副省长王晓东同志批示财政厅和发改委主要领导同志，要求探索应对之策。省委组织部部长楼阳生同志批示省委老干局和省民政厅，要求研究成果内容，积极解决老龄化问题 |

资料来源：中南财经政法大学官方网站

## 附录四 中南财经政法大学非学历培训教育课程评估问卷

## 培训班质量评估测评问卷

### （此问卷由学员无记名填写）

培训时间：2019年5月5日—11日          班主任：

| 培训班名称： | | | 培训班 | 培训主办单位： | 中南财经政法大学继续教育学院 |
|---|---|---|---|---|---|

填写说明：请学员根据自己的真实感受，在每项"测评指标"右侧你认为恰当的"测评档次"下空格内打"√"，每项只能选一个档次，多选无效。

| 测评指标 | | | 测评档次 | | | |
|---|---|---|---|---|---|---|
| | | | 优 | 良 | 中 | 差 |
| 分项评价 | 方案 | 目标定位 | | | | |
| | | 计划安排 | | | | |
| | | 课程设置 | | | | |
| | 教学 | 授课内容 | | | | |
| | | 课件制作 | | | | |
| | | 交流沟通 | | | | |
| | | 语言表达 | | | | |
| | | 联系实际 | | | | |
| | 管理 | 人员配备 | | | | |
| | | 组织运行 | | | | |
| | | 管理水平 | | | | |
| | 保障 | 住宿情况 | | | | |
| | | 伙食情况 | | | | |
| | | 服务情况 | | | | |
| | 效果 | 获取知识 | | | | |
| | | 分享经验 | | | | |
| | | 促进工作 | | | | |
| 总体评价 | | | | | | |
| 具体意见和建议 | | | | | | |

**2019年武汉市军转干部非团级培训班（第三、四期）授课质量调查表**

| 授课专题 | 授课老师 | 授课内容（20分） | 课件制作（20分） | 语言表达（20分） | 交流沟通（20分） | 联系实际（20分） | 总分 | 建议 |
|---|---|---|---|---|---|---|---|---|
| | | | | | | | | |
| | | | | | | | | |
| | | | | | | | | |
| | | | | | | | | |
| | | | | | | | | |
| | | | | | | | | |
| | | | | | | | | |

对整个教学形式和内容的意见和建议：

# 后　记

　　本书由导论、国内外继续教育发展概述、学校继续教育发展简史、学校继续教育"一体两翼"发展模式构建、学校以非学历培训教育为主体的发展路径选择、学校以高等学历继续教育与高等教育自学考试为两翼的发展路径选择、学校继续教育发展展望7部分组成。导论部分从各高校共性问题入手，立足我校继续教育发展个性现状，提出探索继续教育"一体两翼"发展模式和路径选择，并从课题的研究意义、研究思路、研究方法、研究内容及研究的发现和不足等方面进行了概述；国内外继续教育发展概述部分主要对继续教育概念进行诠释，分析概括了国内外继续教育简述、发展历程及成就与贡献；学校继续教育发展简史部分简述了学校历史沿革，按照时间顺序从艰苦创业、曲折发展、蓬勃发展、转型发展和改革创新5个时期概括了学校继续教育发展简史；学校继续教育"一体两翼"发展模式构建部分重点分析了学校继续教育发展SWOT（优势、劣势、机遇和挑战），介绍了国内外高校继续教育的发展模式，提出我校继续教育"一体两翼"的发展思路、实现路径和构建重点；学校以非学历培训教育为主体的发展路径选择部分主要探析了非学历培训教育的品牌打造路径、市场挖掘路径和服务发展路径；学校以高等学历继续教育与高等教育自学考试为两翼的发展路径选择部分分别从高等学历继续教育和高等教育自学考试两个方面梳理了其现实意义、现状和发展举措；学校继续教育发展展望部分重点概括了"一体两翼"发展模式创新的重要性，从以稳中求进为总基调、互联网+继续教育的战略转型、继续教育管理体制改革和信息公开等方面提出相关发展政策建议。

　　本书具体撰写分工如下：中南财经政法大学刘建明负责全书框架设计；导论的第二、三、四部分，第一章第一节，第四章由中南财经政法大学郑博撰写，共计61228字；第一章第二节、第二章、第五章第一节、第六章第二节的第三部分由中南财经政法大学牛晓丹撰写，共计85016字；第三章，第五章第二节，第六章第二节的第二、四部分由中南财经政法大学叶昊撰写，共计81887字；第六章第一节和第二节的第一部分由中南财经政法大学王玥撰写，共计10435字；导论的第一部分由中南财经政法大学潘钊撰写，共计5073字。由于本书合作者较多，因此统稿任务比较繁重，前后经历多个阶段，全书由刘建明、牛晓丹、郑博、叶昊共同审校、统稿。

本书在继续教育"一体两翼"发展模式和路径选择研究和撰写过程中，凝结了众多专家学者以及行业领导者优秀的研究成果。特别感谢中南财经政法大学校长杨灿明教授为本书作序，同时也为学校继续教育发展指明了方向。本书得到了中南财经政法大学副校长刘仁山教授，中南财经政法大学继续教育学院各科室主任邹鸣、罗烈斌、何正平、潘晓明、袁园的支持，余希进、袁莉、刘以群、付瑜等同志的意见和帮助，在本书的出版过程中，出版社的编辑付出了大量的时间和精力，在此一并表示最诚挚的感谢！

真诚地期待本书为中南财经政法大学继续教育的发展和各位同仁及读者对高校继续教育发展路径带来新思想，激发新作为。尽管我们为本书的编撰付出了极大的智慧和努力，但是由于各种因素所限，难免存在错误和不足，敬请广大读者批评指正。